여러분의 합격을 응원하는
해커스공무원의 특별 혜택

FREE 공무원 영어 특강

해커스공무원(gosi.Hackers.com) 접속 후 로그인 ▶
상단의 [무료강좌] 클릭 후 이용

출제예상 핵심 어휘리스트[PDF]

해커스공무원(gosi.Hackers.com) 접속 후 로그인 ▶
상단의 [교재 · 서점 → 무료 학습 자료] 클릭 ▶
본 교재의 [자료받기] 클릭

공무원 보카 어플 이용권

VOCAHALF5

구글 플레이스토어/애플 앱스토어에서 '해커스공무원 기출보카' 검색 ▶
어플 설치 후 실행 ▶ '인증코드 입력하기' 클릭 ▶ 위 인증코드 입력

* 등록 후 30일간 사용 가능(ID당 1회에 한해 등록 가능)
* 해당 자료는 [해커스공무원 기출 보카 4000+] 교재 내용으로 제공되는 자료로, 공무원 시험 대비에 도움이 되는 유용한 자료입니다.

공무원 매일영어 학습

해커스공무원(gosi.Hackers.com) 접속 후 로그인 ▶ 상단의 [무료강좌] 클릭 ▶
[매일영어 학습] 클릭하여 이용

해커스공무원 온라인 단과강의 20% 할인쿠폰

CB243BBF2F9DEAQK

해커스공무원(gosi.Hackers.com) 접속 후 로그인 ▶ 상단의 [나의 강의실] 클릭 ▶
좌측의 [쿠폰등록] 클릭 ▶ 위 쿠폰번호 입력 후 이용

* 등록 후 7일간 사용 가능(ID당 1회에 한해 등록 가능)

합격예측 온라인 모의고사 응시권 + 해설강의 수강권

9734D78FDFF47AD9

해커스공무원(gosi.Hackers.com) 접속 후 로그인 ▶ 상단의 [나의 강의실] 클릭 ▶
좌측의 [쿠폰등록] 클릭 ▶ 위 쿠폰번호 입력 후 이용

* ID당 1회에 한해 등록 가능

쿠폰 이용 관련 문의 **1588-4055**

단기 합격을 위한 해커스공무원 커리큘럼

입문
탄탄한 기본기와 핵심 개념 완성!
누구나 이해하기 쉬운 개념 설명과 풍부한 예시로 부담없이 쌩기초 다지기
TIP 베이스가 있다면 **기본 단계**부터!

기본+심화
필수 개념 학습으로 이론 완성!
반드시 알아야 할 기본 개념과 문제풀이 전략을 학습하고
심화 개념 학습으로 고득점을 위한 응용력 다지기

기출+예상 문제풀이
문제풀이로 집중 학습하고 실력 업그레이드!
기출문제의 유형과 출제 의도를 이해하고 최신 출제 경향을 반영한
예상문제를 풀어보며 본인의 취약영역을 파악 및 보완하기

동형문제풀이
동형모의고사로 실전력 강화!
실제 시험과 같은 형태의 실전모의고사를 풀어보며 실전감각 극대화

최종 마무리
시험 직전 실전 시뮬레이션!
각 과목별 시험에 출제되는 내용들을 최종 점검하며 실전 완성

* 커리큘럼 및 세부 일정은 상이할 수 있으며,
자세한 사항은 해커스공무원 사이트에서 확인하세요.

단계별 교재 확인 및
수강신청은 여기서!

gosi.Hackers.com

2025 최신개정판

해커스공무원
매일
하프모의고사
영어 5

문제집

해커스공무원

해커스공무원
매일
하프모의고사
영어 5

문제집

해커스공무원

해커스공무원
gosi.Hackers.com

> "매일 꾸준히 풀면서 실전 감각을 유지할 수 있는 교재가 없을까?"
>
> "2025 출제 기조 변화가 완벽 반영된 모의고사로 실전에 대비하고 싶어."

해커스가 공무원 출제경향을 완벽 반영하여 만들었습니다.

매일 모의고사를 풀며 영어 실전 감각을 유지하고 싶지만 마땅한 문제 풀이 교재가 부족해 갈증을 느끼는 공무원 수험생 여러분을 위해, 공무원 영어 시험 출제경향을 완벽 반영한 하프모의고사 교재를 만들었습니다.

『해커스공무원 매일 하프모의고사 영어 5』를 통해
매일 10문제씩, 4주 만에 공무원 영어 실력을 완성할 수 있습니다.

실전 감각은 하루아침에 완성할 수 있는 것이 아닙니다. 공무원 출제경향이 반영된 문제를 많이 풀어 보면서 문제가 요구하는 바를 정확하게 파악하는 연습을 지속적으로 해야 합니다. 학습 플랜에 맞춰 매일 10문제씩, 하루 15분 학습을 꾸준히 반복하고, 본 교재가 제공하는 해설과 총평을 꼼꼼히 확인한다면, 4주 뒤 눈에 띄게 향상된 영어 실력을 발견할 수 있을 것입니다.

『해커스공무원 매일 하프모의고사 영어 5』는
2025 출제 기조 변화가 완벽하게 반영된 교재입니다.

해커스 공무원시험연구소에서 100% 자체 제작한 문제, 상세한 포인트 해설과 친절한 오답 분석, 해커스 공무원시험연구소가 제공하는 총평까지, 여러분을 위해 모두 담았습니다. 『해커스공무원 매일 하프모의고사 영어 5』는 오직 공무원 수험생 여러분의, 여러분에 의한, 여러분을 위한 교재입니다.

**공무원 시험 합격을 위한 여정,
해커스 공무원시험연구소가 여러분과 함께합니다.**

목차

이 책만의 특별한 구성	6
공무원 영어 최신 출제경향 및 합격 학습 전략	8
합격을 위한 학습 플랜	10

■ 문제는 half, 실력은 double! 문제집

DAY 01 하프모의고사 01회	14	**DAY 13** 하프모의고사 13회	62
DAY 02 하프모의고사 02회	18	**DAY 14** 하프모의고사 14회	66
DAY 03 하프모의고사 03회	22	**DAY 15** 하프모의고사 15회	70
DAY 04 하프모의고사 04회	26	**DAY 16** 하프모의고사 16회	74
DAY 05 하프모의고사 05회	30	**DAY 17** 하프모의고사 17회	78
DAY 06 하프모의고사 06회	34	**DAY 18** 하프모의고사 18회	82
DAY 07 하프모의고사 07회	38	**DAY 19** 하프모의고사 19회	86
DAY 08 하프모의고사 08회	42	**DAY 20** 하프모의고사 20회	90
DAY 09 하프모의고사 09회	46	**DAY 21** 하프모의고사 21회	94
DAY 10 하프모의고사 10회	50	**DAY 22** 하프모의고사 22회	98
DAY 11 하프모의고사 11회	54	**DAY 23** 하프모의고사 23회	102
DAY 12 하프모의고사 12회	58	**DAY 24** 하프모의고사 24회	106

무료 <출제예상 핵심 어휘리스트> PDF 제공

해커스공무원(gosi.Hackers.com) 접속 후 로그인 ▶ 사이트 상단의 [교재·서점 ▶ 무료 학습 자료] 클릭 ▶ 본 교재 우측의 [자료받기] 클릭하여 <출제예상 핵심 어휘리스트> PDF 다운로드

언제 어디서든 공무원 출제예상 핵심 어휘를 암기하세요!

해커스공무원 매일 하프모의고사 영어 5

■ 포인트만 쏙쏙, 실력 최종 완성! 해설집

DAY 01 하프모의고사 01회 정답·해석·해설 2	**DAY 13** 하프모의고사 13회 정답·해석·해설 74
DAY 02 하프모의고사 02회 정답·해석·해설 8	**DAY 14** 하프모의고사 14회 정답·해석·해설 80
DAY 03 하프모의고사 03회 정답·해석·해설 14	**DAY 15** 하프모의고사 15회 정답·해석·해설 86
DAY 04 하프모의고사 04회 정답·해석·해설 20	**DAY 16** 하프모의고사 16회 정답·해석·해설 92
DAY 05 하프모의고사 05회 정답·해석·해설 26	**DAY 17** 하프모의고사 17회 정답·해석·해설 98
DAY 06 하프모의고사 06회 정답·해석·해설 32	**DAY 18** 하프모의고사 18회 정답·해석·해설 104
DAY 07 하프모의고사 07회 정답·해석·해설 38	**DAY 19** 하프모의고사 19회 정답·해석·해설 110
DAY 08 하프모의고사 08회 정답·해석·해설 44	**DAY 20** 하프모의고사 20회 정답·해석·해설 116
DAY 09 하프모의고사 09회 정답·해석·해설 50	**DAY 21** 하프모의고사 21회 정답·해석·해설 122
DAY 10 하프모의고사 10회 정답·해석·해설 56	**DAY 22** 하프모의고사 22회 정답·해석·해설 128
DAY 11 하프모의고사 11회 정답·해석·해설 62	**DAY 23** 하프모의고사 23회 정답·해석·해설 134
DAY 12 하프모의고사 12회 정답·해석·해설 68	**DAY 24** 하프모의고사 24회 정답·해석·해설 140

이 책만의 특별한 구성

■ 매일 15분으로 공무원 영어 실력을 완성하는 하프모의고사 24회분!

① **매일 15분 집중 학습으로 실전 감각 극대화**
매일 15분, 하루 10문제씩 집중 학습을 총 4주간 꾸준히 반복하며 실전 대비와 문제 풀이 시간 관리를 동시에 할 수 있습니다.

② **공무원 출제경향 완벽 반영**
실제 공무원 영어 시험과 가장 비슷한 난이도와 문제 유형으로 구성된 하프모의고사 24회분을 제공하여 탄탄한 공무원 영어 실력을 쌓을 수 있도록 하였습니다.

③ **Self Check List를 통한 자기 점검**
매회 하프모의고사가 끝나면 모의고사 진행 내용을 스스로 점검하여 개선점을 마련하고, 앞으로의 학습 계획을 세울 수 있도록 각 회차마다 Self Check List를 제공하였습니다.

■ 한 문제를 풀어도 진짜 실력이 되는 상세한 해설 제공!

① **각 회차마다 총평 제공**
해당 회차의 전반적인 난이도와 영역별 핵심 분석을 제공하는 해커스 공무원 시험연구소 총평을 통해 반드시 짚고 넘어가야 할 포인트와 앞으로의 학습 방향을 제시하였습니다.

② **취약영역 분석표**
취약영역 분석표를 통해 자신의 취약영역을 스스로 확인할 수 있습니다.

③ **포인트 해설 & 오답 분석**
문제에 대한 정확한 해석과 상세한 해설, 그리고 필수 학습 어휘를 제공하였습니다. 포인트 해설과 오답 분석을 통해 정답이 되는 이유와 오답이 되는 이유를 확실히 파악할 수 있습니다.

④ **이것도 알면 합격! & 구문 분석**
해당 문제와 관련된 추가 어휘·표현과, 문법 이론, 구문 분석을 제공하여 심화 학습을 할 수 있도록 하였습니다.

■ 어휘 암기까지 확실하게 책임지는 학습 구성!

① **문제집 내 QR코드를 통해 핵심 어휘 확인**

매회 문제 풀이를 끝낸 직후, 해당 하프모의고사에 나온 중요 어휘와 표현을 정리한 〈출제예상 핵심 어휘리스트〉를 바로 확인할 수 있도록 각 회차마다 QR코드를 삽입하였습니다.

② **Quiz를 통한 학습 내용 확인**

간단한 Quiz를 통해 〈출제예상 핵심 어휘리스트〉의 어휘와 표현을 확실히 암기했는지 확인할 수 있습니다.

■ 체계적 학습 계획으로 목표 점수 달성!

① **합격을 위한 학습 플랜 제공**

총 24회분의 하프모의고사 풀이를 4주 안에 자율적으로 진행할 수 있도록 구성한 학습 플랜을 제공하였습니다.

② **학습 방법 제공**

실력을 최종 점검하고 취약점을 보완해 목표 점수에 도달할 수 있도록 학습 플랜에 따라 적용할 수 있는 효과적인 학습 방법을 제공하였습니다.

공무원 영어 최신 출제경향 및 합격 학습 전략

■ 문법

문법 영역에서는 **어순과 특수 구문, 준동사구, 동사구**를 묻는 문제가 자주 출제되며, 세부 빈출 포인트로는 **병치·도치·강조 구문, 수 일치, 분사**가 있습니다. 최근에는 단문 형태의 보기에서 묻고 있는 문법 포인트에 밑줄이 적용되거나 한 문제의 모든 보기가 하나의 문법 포인트로 구성되는 등 다양한 형태의 문법 문제가 등장하고 있습니다.

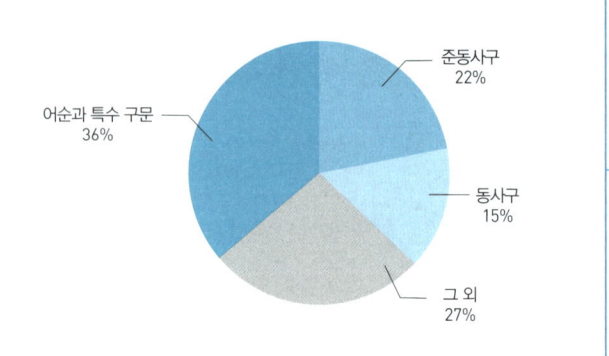

■ 독해

독해 영역에서는 **주제·제목·목적·요지 파악**과 **내용 일치·불일치 파악** 유형의 출제 빈도가 증가하고 있습니다. 한편, **빈칸 완성(단어·구·절)** 유형의 경우 항상 높은 출제 비중을 꾸준히 유지해 왔으며, '문단 순서 배열'을 비롯한 논리적 추론 파악 유형도 매시험 빠지지 않고 포함되었습니다.

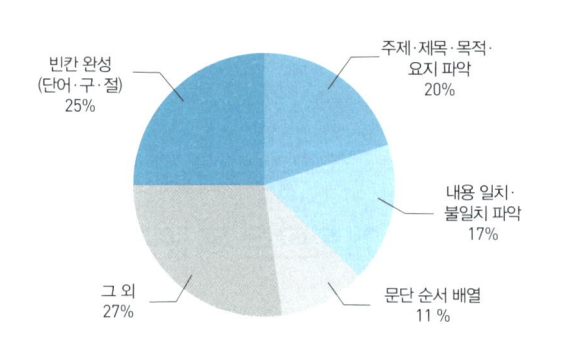

■ 어휘

어휘 영역에서는 **유의어 찾기** 유형의 비중이 가장 높으며, 최근에는 문맥 속에서 **빈칸에 들어갈 적절한 단어를 추론**하여 푸는 문제가 증가하고 있습니다. 생활영어 영역은 **실생활과 밀접한 주제**의 대화가 주로 출제되고, 때로는 **직무 관련 대화**도 출제됩니다.

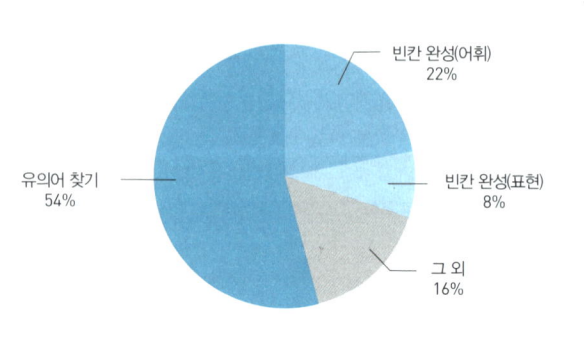

📁 **2025년 대비 학습 전략**

실생활에서 자주 쓰이는 활용도 높은 문법 포인트 위주로 반복 학습합니다.

- 기존에 출제되던 단문형 문제의 비율이 점차 줄어드는 대신, 묻는 문법 포인트가 명확한 지문형 또는 빈칸형 문제들이 출제될 수 있습니다.
- 기본 개념을 탄탄히 한 다음 세부적인 문법 요소를 학습해 나가며 실력을 쌓는 것이 중요합니다. 문법 영역은 이론을 알고 있더라도 실전에서 혼동하기 쉬우므로, 반복적인 문제풀이를 통해 빈출 포인트들을 확실하게 확인합니다.

📁 **2025년 대비 학습 전략**

기존 문제 유형들에 대한 감을 유지하면서 다문항·실용문 등의 신유형에 대비합니다.

- 문제 유형에는 변화가 거의 없지만, 한 지문에서 두 개의 문항이 출제되는 다문항과, 이메일·안내문·웹페이지 등 새로운 형태의 지문에 익숙해질 필요가 있습니다. 유형별 문제풀이 전략을 완벽하게 숙지하고, 실제 문제풀이에 전략을 적용해보는 연습을 하는 것이 중요합니다.
- 특히 실용문에 대비하여 공무원 직무와 관련된 어휘를 학습하고, 정부 관련 정책들에 대해서도 알아 둡니다.

📁 **2025년 대비 학습 전략**

문맥을 통해 빈칸에 적절한 어휘 또는 대화를 추론하여 정답을 찾습니다.

- 정답에 대한 단서가 문맥 속에서 명확하게 주어지며, 난이도가 높지 않으면서 활용도 높은 어휘 위주의 출제가 예상됩니다.
- 비대면 의사소통 상황을 비롯한 직무 관련 내용의 대화가 출제되는 경우에 대비하여, 관련 상황 속에서 쓰일 수 있는 빈출 표현들을 미리 정리해 둡니다.

합격을 위한 학습 플랜

	1일	2일	3일	4일	5일	6일
1주 차	**DAY 01** 하프모의고사 01회 풀이 및 해설 확인	**DAY 02** 하프모의고사 02회 풀이 및 해설 확인	**DAY 03** 하프모의고사 03회 풀이 및 해설 확인	**DAY 04** 하프모의고사 04회 풀이 및 해설 확인	**DAY 05** 하프모의고사 05회 풀이 및 해설 확인	**DAY 06** 하프모의고사 06회 풀이 및 해설 확인
	7일	**8일**	**9일**	**10일**	**11일**	**12일**
2주 차	**DAY 07** 하프모의고사 07회 풀이 및 해설 확인	**DAY 08** 하프모의고사 08회 풀이 및 해설 확인	**DAY 09** 하프모의고사 09회 풀이 및 해설 확인	**DAY 10** 하프모의고사 10회 풀이 및 해설 확인	**DAY 11** 하프모의고사 11회 풀이 및 해설 확인	**DAY 12** 하프모의고사 12회 풀이 및 해설 확인
	13일	**14일**	**15일**	**16일**	**17일**	**18일**
3주 차	**DAY 13** 하프모의고사 13회 풀이 및 해설 확인	**DAY 14** 하프모의고사 14회 풀이 및 해설 확인	**DAY 15** 하프모의고사 15회 풀이 및 해설 확인	**DAY 16** 하프모의고사 16회 풀이 및 해설 확인	**DAY 17** 하프모의고사 17회 풀이 및 해설 확인	**DAY 18** 하프모의고사 18회 풀이 및 해설 확인
	19일	**20일**	**21일**	**22일**	**23일**	**24일**
4주 차	**DAY 19** 하프모의고사 19회 풀이 및 해설 확인	**DAY 20** 하프모의고사 20회 풀이 및 해설 확인	**DAY 21** 하프모의고사 21회 풀이 및 해설 확인	**DAY 22** 하프모의고사 22회 풀이 및 해설 확인	**DAY 23** 하프모의고사 23회 풀이 및 해설 확인	**DAY 24** 하프모의고사 24회 풀이 및 해설 확인

하프모의고사 학습 방법

01. 각 회차 하프모의고사를 풀고 <출제예상 핵심 어휘리스트> 암기하기
(1) 실제 시험처럼 제한 시간(15분)을 지키며 하프모의고사를 풉니다.
(2) 매회 제공되는 <출제예상 핵심 어휘리스트>를 통해 부족한 어휘를 암기하고, 잘 외워지지 않는 어휘는 체크하여 반복 학습합니다.

02. 취약점 보완하기
채점 후 틀린 문제를 중심으로 해설을 꼼꼼히 확인합니다. 해설을 확인할 때에는 틀린 문제에 쓰인 포인트를 정리하면서 '포인트를 몰라서' 틀린 것인지, 아니면 '아는 것이지만 실수로' 틀린 것인지를 확실하게 파악합니다. 하프모의고사는 회차를 거듭하면서 반복되는 실수와 틀리는 문제 수를 줄여 나가며 취약점을 완벽하게 극복하는 것이 중요합니다. 또한, '이것도 알면 합격'과 '구문 분석'에서 제공되는 심화 개념까지 빠짐없이 익혀 둡니다.

03. 하프모의고사 총정리하기
(1) 틀린 문제를 다시 풀어 보고, 계속해서 틀리는 문제가 있다면 포인트 해설을 몇 차례 반복하여 읽어 모르는 부분이 없을 때까지 확실하게 학습합니다.
(2) <출제예상 핵심 어휘리스트>에서 체크해 둔 어휘가 완벽하게 암기되었는지 최종 점검합니다.

■ **하프모의고사 회독별 학습 Tip!**

1회독 [실전 문제 풀이 단계]
- <학습 플랜>에 따라 매일 모의고사 1회분 집중 문제 풀이
- 포인트 해설, 오답 분석을 정독하여 틀린 이유 파악
- Self Check List 작성
- <출제예상 어휘 리스트> 암기
- 학습 기간: 24일

2회독 [영역별 심화학습 단계]
- 매일 2회분 모의고사 반복 풀이
- '이것도 알면 합격'의 유의어 및 표현, 문법 이론 심화 학습
- '구문 분석'을 통해 공무원 영어 시험 필수구문 정리
- 학습 기간: 12일

3회독 [취약점 보완 단계]
- 매일 4회분씩 1~2차 회독 시 틀린 문제 위주로 점검
- 시험 직전 최종 점검을 위한 본인만의 오답노트 정리
- <출제예상 어휘 리스트>에 수록된 모든 어휘를 완벽하게 암기했는지 최종 확인
- 학습 기간: 6일

*3회독을 진행하며 반복해서 틀리는 문제들은 반드시 별도로 표시해 두었다가 [해커스공무원 영어 기출 불편의 패턴], [해커스공무원 실전동형모의고사 영어] 교재를 통해 추가로 학습하여 실전에 대비할 수 있도록 합니다.

공무원 영어 직렬별 시험 출제 영역

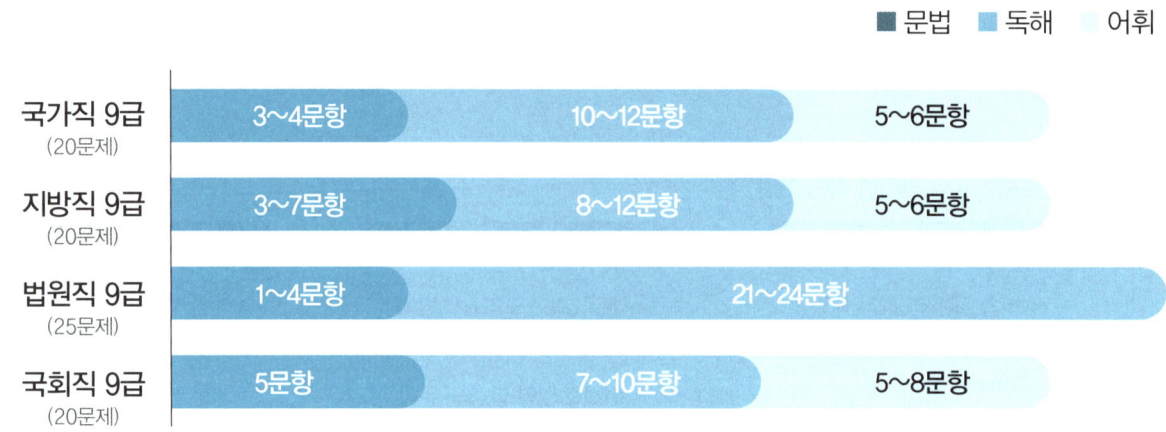

공무원 영어 시험은 직렬에 따라 20문항 또는 25문항으로 구성되며, 크게 문법/독해/어휘 3개의 영역으로 나눌 수 있습니다.

국가직·지방직·국회직 9급 영어 시험은 총 20문항이며, 독해 영역이 약 50%를 차지하고 나머지 50%는 문법과 어휘 영역으로 구성됩니다. 이때 어휘 영역의 경우 세부적으로 어휘 및 표현, 생활영어로 구분됩니다. (법원직의 경우 독해 약 80%, 문법 및 어휘 약 20%)

한편, 출제기조 전환은 2025년 국가직·지방직·지역인재 9급 공채 시험부터 적용되며, 개편 시험에 앞서 인사혁신처에서 공개한 예시문제는 문법 3문제, 독해 13문제, 어휘 4문제로 구성되어 있습니다.

공무원 영어 시험의 영역별 출제 문항 수는 변동이 적은 편이므로, 영역별 문항 수에 따라 풀이 시간을 적정하게 배분하는 연습을 할 수 있습니다.

DAY 01~24

하프모의고사 01~24회

잠깐! 하프모의고사 전 확인사항

하프모의고사도 실전처럼 문제를 푸는 연습이 필요합니다.
- ✓ 휴대전화는 전원을 꺼 주세요.
- ✓ 연필과 지우개를 준비하세요.
- ✓ 제한 시간 15분 내 최대한 많은 문제를 정확하게 풀어 보세요.

매 회 하프모의고사 전, 위 상황을 점검하고 시험에 임하세요.

01 밑줄 친 부분에 들어갈 말로 가장 적절한 것은?

I struggle to _____ the overwhelming number of emails, which leaves me disorganized and unable to stay on schedule.

① open
② handle
③ ignore
④ underline

02 밑줄 친 부분에 들어갈 말로 가장 적절한 것은?

Unless the government _____ immediate action to protect the wetlands, many endangered species will lose their natural habitat.

① will take
② is taking
③ takes
④ have taken

03 밑줄 친 부분 중 어법상 옳지 않은 것은?

Environmental degradation has prompted global efforts ① to mitigate its widespread negative impacts. One such response has been a surge in urban farming. This trend has led to the creation of community gardens in cities, with residents ② come together to grow fresh produce in their neighborhoods. For example, Brooklyn Grange, a large rooftop farm in New York City, produces organic vegetables that ③ are either sold at farmers' markets or donated to organizations helping ④ those experiencing financial difficulties.

04 밑줄 친 부분에 들어갈 말로 가장 적절한 것은?

 Mike Anderson
Did you submit the travel expense report for your business trip last week?
10:30

Sarah Lee
Not yet. Is it urgent?
10:30

 Mike Anderson
The report should be submitted no later than seven days after the date of return.
10:31

Sarah Lee
Oh, no! That means I need to submit it this afternoon.
10:32

 Mike Anderson
Don't worry, it won't take that long.
10:33

Sarah Lee

_____
_____
10:34

Mike Anderson
I'll send you a sample so you can check the details.
10:34

① What should I do if I've lost my receipts?
② Are you planning to go on any business trips in the near future?
③ What exactly do I need to include in the report?
④ How much can I claim for business trip expenses?

05~06 다음 글을 읽고 물음에 답하시오.

To	Environmental Conservation Agency
From	Orson Sparks
Date	October 28
Subject	Trash along Highways

Dear Sir or Madam,

I hope that you are well. I am writing today about a problem that I have noticed in recent months, namely the growing amount of trash littered on local highways.

As a commuter, I drive down the highway twice a day. For about the last six months, there has been more and more trash on the side of the road. In some places, piles of paper, food and beverage containers, and other rubbish are building up. It appears that people are simply tossing these out of their vehicles.

I would ask that your agency look into this situation and come up with a plan to <u>clear</u> this debris from the roadside. I thank you for considering my request, and look forward to having clean highways again.

Sincerely,
Orson Sparks

05 윗글의 목적으로 적절한 것은?

① 인근 쓰레기 처리장의 위치를 문의하려고
② 도로 환경 정비 계획의 필요성을 상기시키려고
③ 늘어나는 자가용의 수에 따른 환경 오염을 경고하려고
④ 쓰레기 무단 투기에 대한 벌금 인상을 제안하려고

06 밑줄 친 "clear"의 의미와 가장 가까운 것은?

① approve
② overcome
③ clarify
④ eliminate

07 Government Accounting Oversight Agency에 관한 다음 글의 내용과 일치하는 것은?

Government Accounting Oversight Agency

The GAOA is the department responsible for monitoring federal funding. Formed in 1921 after the passing of the Budget and Accounting Act, the GAOA conducts audits on the use of public funds by Congress. The purpose of these audits is to ensure that spending and other financial activity reflect the values of the Constitution and benefit the tax-paying population. The GAOA presents nonpartisan, fact-based reports and testimonies to various federal agencies and provides recommendations for cutting costs and spending tax dollars more efficiently. Last year, the GAOA helped generate nearly 18 billion dollars in savings for the Department of Health and the Department of Defense alone.

① It led to the passing of the Budget and Accounting Act.
② It aims to align government spending with Constitutional principles.
③ It accepts recommendations from other federal agencies.
④ It saved almost 18 billion dollars last year across all government departments.

08 밑줄 친 부분에 들어갈 말로 가장 적절한 것은?

A pot of water left over an open flame will eventually become empty as the energy of the fire heats the water. It may seem that the water was destroyed, but in reality, the water has been transformed into another type of matter. This is explained by the law of conservation of mass. According to this fundamental principle, matter is never created nor destroyed, it _____. In the case of the water, the heat from the fire caused the bonds between its hydrogen and oxygen atoms to break apart, releasing them in the form of gases. Although the components of the water have changed, the amount remains the same. This can also be seen when snow melts. It may seem like a massive amount of snow becomes a smaller amount of liquid, but the mass of the water molecules remains constant.

① completely disappears after transformation
② restructures chemical bonds
③ simply takes on other forms
④ loses mass gradually

09 주어진 문장 다음에 이어질 글의 순서로 적절한 것은?

Those suffering from profound deafness often have trouble communicating with the hearing community, who lack an understanding of sign language.

(A) OmniBridge's AI software uses webcams and microphones to interpret sign language and speech into text, bridging the communication gap between individuals.
(B) But now, artificial intelligence may offer a solution to this problem.
(C) A company named OmniBridge, which was founded by a deaf software engineer, has developed a program that harnesses the power of the most cutting-edge technology to close the communication gap.

① (A) – (C) – (B)
② (B) – (A) – (C)
③ (B) – (C) – (A)
④ (C) – (B) – (A)

10 다음 글의 흐름상 어색한 문장은?

Research has shown that individuals who have a growth mindset tend to be more resilient in the face of adversity. This is because they believe that their abilities can be developed and improved over time. ① College students who adopt a growth mindset are better equipped to manage the challenges that come with higher education, such as difficult exams and demanding coursework. ② Studies have found that individuals with a growth mindset tend to have higher levels of academic achievement compared to those with a fixed mindset. ③ Resilience is not a fixed trait and can vary depending on each student and the situation. ④ Growth-oriented students are less likely to give up when faced with obstacles and more likely to persevere until they succeed. A growth mindset can be a powerful tool for college students, helping them to achieve their academic and personal goals.

정답·해석·해설 p. 2

하프모의고사 01회
출제예상 핵심 어휘리스트
바로 다운받기 (gosi.Hackers.com)

QR코드를 이용해 핵심 어휘리스트를 다운받아, 언제 어디서든 공무원 출제예상 어휘를 암기하세요!

Self Check List

이번 테스트는 어땠나요?
다음 체크리스트로 자신의 테스트 진행 내용을 점검해 볼까요?

01 나는 15분 동안 완전히 테스트에 집중하였다.
    ☐ YES   ☐ NO

02 나는 주어진 15분 동안 10문제를 모두 풀었다.
    ☐ YES   ☐ NO

03 유난히 어렵게 느껴지는 지문이 있었다.
    ☐ YES   ☐ NO

04 유난히 어렵게 느껴지는 문제가 있었다.
    ☐ YES   ☐ NO

05 모르는 어휘가 있었다.
    ☐ YES   ☐ NO

06 개선해야 할 점과 이를 위한 구체적인 학습 계획

_____
_____

DAY 02 하프모의고사 02회

01 밑줄 친 부분에 들어갈 말로 가장 적절한 것은?

She was known for her _____ personality, loving to socialize and being the center of attention at gatherings.

① outgoing
② intelligent
③ ambitious
④ generous

02 밑줄 친 부분에 들어갈 말로 가장 적절한 것은?

The destruction of the once-thriving trade network must have stemmed from political unrest, which is believed _____ commerce.

① to disrupt
② to be disrupted
③ to have disrupted
④ to have been disrupted

03 밑줄 친 부분 중 어법상 옳지 않은 것은?

A novel approach to healthcare that uses technology to provide remote medical care, telemedicine, ① is becoming more popular nowadays. Adoption of this digital solution is happening particularly quickly in North America and Australia—places with good Internet connectivity but large geographic areas that can make access to healthcare ② difficult. With telemedicine, some patients in these countries are no longer required ③ to be left their homes for doctors. Telemedicine not only lets them rest at home when they are sick ④ but also reduces the burden on overcrowded healthcare facilities.

04 밑줄 친 부분에 들어갈 말로 가장 적절한 것은?

A: Hey, have you thought about which college you want to apply to?
B: Yeah, I have. I'm considering a few different options.
A: Same here. I'm having a tough time deciding which one to go to.
B: Have you talked to anyone for advice?
A: Actually, I talked to a guidance counselor last week. _____
B: That's awesome. I should do that too. I'm feeling pretty lost right now.
A: I highly recommend it.

① She gave me some great tips.
② I'm more interested in gaining experience.
③ Choosing the right questions to ask her seems crucial.
④ The disappointment was not related to my college decision.

05~06 다음 글을 읽고 물음에 답하시오.

(A)

No one in our community should have to go hungry, especially during the holiday season.

Yet, hunger remains a serious issue in our neighborhood. The rising cost of living and the difficult job market are hindering many people from accessing sufficient nutritious food.

That's why a food drive is being organized. We want to bring local food banks closer to being able to provide assistance to anyone in the community who needs it. Please come and donate what you can.

We know you want to help.

Sponsored by Bolton Community Outreach Center

- Location: New Hope Church, 925 Motley Road
- Date: Saturday and Sunday, December 10 and 11
- Time: 8:00 a.m. – 4:00 p.m. both days
- What to Bring: Unopened dried, canned, or boxed food items (Please note that we cannot accept food items in dented cans.)

For more information about the food drive or food banks in the area, call the Outreach Center at (555) 234-7890 or visit www.boltonoutreach.org.

05 (A)에 들어갈 윗글의 제목으로 가장 적절한 것은?

① Festive Holiday Meal Preparation Tips
② Bringing Hope to the Table
③ Neighbors Helping the Church
④ Neighborhood Holiday Festivities

06 위 안내문의 내용과 일치하지 않는 것은?

① 마을의 생활비가 오르고 있다.
② 행사는 오후 4시까지 진행된다.
③ 행사 진행은 이틀 동안 예정되어 있다.
④ 모든 통조림 품목이 접수될 것이다.

07 밑줄 친 부분에 들어갈 말로 적절한 것은?

Roald Dahl was a British author who specialized in mischievous stories that were among the most beloved of the 20th century. So popular were his works that a number of them were made into movies. Among these were favorites such as *The Witches*, *The BFG*, *Matilda*, and *Charlie and the Chocolate Factory*. Surprisingly, however, _____. Immediately after finishing his education, he took a job with Shell Oil Company and was assigned to various positions in Africa. Later, as World War II raged, he joined the Royal Air Force and became a fighter pilot. After an accident left him badly injured and temporarily blinded, he wrote about the incident for the *Saturday Evening Post*, which became his first published work. Soon after, Dahl wrote a children's book about gremlins—the imaginary troublemaking creatures pilots believed caused mechanical failures and accidents during flights—initiating his work in the genre that earned him worldwide fame.

① Dahl created fictional worlds based on his real-life travels
② Dahl did not initially set out to become an author
③ Dahl became famous after surviving a serious plane crash
④ Dahl's books feature characters inspired by his Shell colleagues

08 다음 글의 목적으로 가장 적절한 것은?

To: members@bookmakers.com
From: helpcenter@bookmakersmail.com
Date: May 18
Subject: Self-Publishing Guide

Dear Authors,

We're here to help you share your story with the world. While self-publishing a book is a challenging task, the services available at Book Makers can make your publishing journey both enjoyable and successful. Here are some things you can do through Book Makers.

1. Utilize our list of preapproved freelancers and companies to hire editors, proofreaders, and designers to prepare your book for publication.
2. Upload your text and image files to our easy-to-use publishing portal.
3. Choose one or more of our services to create paperback, hardcover, and electronic versions of your book.
4. Explore our network of marketing affiliates for opportunities to promote your book through giveaways, reviews, and social media campaigns.

We hope you have found this email helpful. We have also attached our Writer's Guide to Self-Publishing, which we believe will be valuable to you. Happy publishing!

Best regards,
Book Makers

① to explain to authors the financial potential of self-publishing
② to offer writers instruction on how to publish their own work
③ to recruit professionals in the publishing industry to Book Makers
④ to recommend that publishers find new authors through a portal system

09 주어진 문장이 들어갈 위치로 적절한 것은?

"David is as brave as a lion," however, is not a metaphor.

Metaphor is a type of figurative speech in which one object is called another in order to point out a similarity between the two. Unlike other types of figurative language that suggest a relationship or connection between the two, a metaphor directly states that one object is the other. For instance, "John is a shining star." (①) This does not mean that John is literally a star. (②) Instead, it implies that he has the qualities of a shining star; namely, he is bright and stands out. (③) In this instance, the comparison is not direct, and only a specific quality is being compared between the two objects. (④) He is not, in fact, a lion, nor does he act like one; rather, he has bravery, which is a trait often attributed to lions.

10 다음 글의 요지로 적절한 것은?

In a false consensus effect experiment, participants were asked to rate the extent to which they agreed with a series of statements about common behaviors, such as "I like to watch TV." Participants then rated the extent to which they believed that other people would agree with the same statements. The results showed that participants consistently overestimated the extent to which others agreed with them. This effect was particularly pronounced for participants who held strong opinions about the behaviors in question. The findings suggest that people tend to assume that others share their beliefs and values, which can lead to biases in social perception and decision-making.

① Watching TV is a common activity favored by people.
② Strong opinions can unite people with opposing viewpoints.
③ The assumption that others share beliefs leads to biases in decision-making.
④ The false consensus effect experiment highlights the tendency for people to share beliefs.

정답·해석·해설 p.8

하프모의고사 02회
출제예상 핵심 어휘리스트
바로 다운받기 (gosi.Hackers.com)

QR코드를 이용해 핵심 어휘리스트를 다운받아, 언제 어디서든 공무원 출제예상 어휘를 암기하세요!

01 밑줄 친 부분에 들어갈 말로 가장 적절한 것은?

From the design of the teapot to the movements of the tea master, every element of the Japanese tea ceremony _____ Japan's cultural values. Without knowledge of these values, the true meaning may be lost.

① documents
② collects
③ expresses
④ yearns

02 밑줄 친 부분에 들어갈 말로 가장 적절한 것은?

Efficiency is the ability to produce goods and services with fewer resources, which leads to lower costs and greater output, or _____ resource utilization.

① being maximizing
② to be maximized
③ that maximizes
④ to maximize

03 밑줄 친 부분 중 어법상 옳지 않은 것은?

From 1883 to 1912, a farmer named Thomas Mikesell kept a comprehensive dataset of ① what North American tree growth patterns looked like prior to climate change. Based on his observations, researcher Kellen Calinger-Yoak found that temperature increases in North America ② have extended the growth period of hardwood forests by approximately a month since Mikesell's time. The longer the period of growth, ③ the more efficient trees are at absorbing carbon dioxide. However, overall warming can place stress on trees, and it is speculated that whereas some species may thrive, ④ other may underperform.

04 밑줄 친 부분에 들어갈 말로 가장 적절한 것은?

Rudy Craig
Hi. I'm calling because I heard about your cleaning service and would like to know more.
09:30

Eleanor Scott
Sure. I'm happy to help you. What would you like to know?
09:30

Rudy Craig
Well, can you tell me about the services you provide?
09:31

Eleanor Scott
We provide regular office cleaning, including vacuuming, dusting, trash removal, and restroom sanitation. We also offer additional services like window cleaning and carpet shampooing.
09:32

Rudy Craig
_____
_____
09:32

Eleanor Scott
The price depends on the size of your office and how often you want the services.
09:33

Rudy Craig
Okay. I'll review the details and follow up if needed.
09:44

① How can we get a better price?
② When is the soonest you can start?
③ How much extra do those services cost?
④ Could I schedule services during holidays?

05~06 다음 글을 읽고 물음에 답하시오.

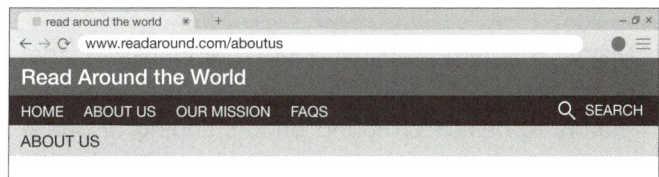

Read Around the World

Our Commitment
We are committed to creating a world free of childhood illiteracy by providing books to children that they otherwise wouldn't have access to. To date, 20 million children in 16 countries have benefitted from our books, programs, and community libraries.

Literacy Program
We train teachers and integrate our curriculum and learning materials with government educational systems to effectively develop reading skills in underserved areas. We publish our own children's books that <u>reflect</u> the local cultures of the children we help. Currently, our textbooks have been published in 35 different languages.

Future Goals
- Program Expansion: We aim to partner with 10 new countries to double the number of students we help.
- Digital Technology Implementation: We plan to increase access to books and enhance literacy by utilizing smart technologies.

05 윗글에서 Read Around the World에 관한 내용과 일치하는 것은?

① It is dedicated to promoting literacy for children in developing countries.
② It operates its own curriculum separate from government-run systems.
③ It aims to publish children's books in local languages in the near future.
④ It plans to double the number of students it assists.

06 밑줄 친 reflect의 의미와 가장 가까운 것은?

① contemplate
② imitate
③ represent
④ recover

07 밑줄 친 부분에 들어갈 말로 적절한 것은?

Your education and experience provide you with a solid foundation for your career, but there is always more to learn and one of the best ways to do so is by seeking _____. Receiving mentorship from someone who has more expertise in your field can help you develop new skills and insights. By learning from others, you can also avoid making common mistakes and gain a deeper understanding of industry trends and best practices. Mentors serve as a pathway to help you indirectly absorb their hard-earned professional experiences. Moreover, mentorship provides an opportunity to build a relationship with established professionals, which can lead to introductions and referrals to other professionals in your field.

① independence
② compensation
③ confirmation
④ guidance

08 다음 글의 내용과 일치하지 않는 것은?

Rutherford City Hall is open for tours from Tuesday to Saturday, between 9:00 a.m. and 12:00 p.m. These free tours must be booked at least a week beforehand, and reservations can be made up to a month in advance. They are open to people of all ages. Those 18 and over must present a valid form of personal identification when entering City Hall.

• **Book a tour:** reserve.rutherfordcityhall.tours

If you miss your time window, your booking will be automatically canceled. Rescheduling is not possible; you will need to book a new tour. Likewise, the number of guests on a tour reservation cannot be changed; a new tour slot must be booked.

• **CLOSED:** All national holidays

As the tours take place during official City Hall operating hours, guests must stay with their tour guides at all times.

① Rutherford City Hall does not offer tours on Mondays.
② It is free of charge to take a tour at the Rutherford City Hall.
③ Tour reservations must be booked a month in advance.
④ Adults should show identification before the tour.

09 다음 글의 주제로 적절한 것은?

Many modern philosophers emphasize the importance of self-reflection as an effective means to gain a profound understanding of one's thoughts, beliefs, emotions, and motivations. This introspective practice is particularly beneficial when evaluating the quality of one's life, whether it pertains to work or personal relationships. This process can be uncomfortable, as it often involves acknowledging difficult truths and personal flaws. Furthermore, our fast-paced lives full of constant interruptions make it difficult to find the time, mental calmness, and concentration required to undertake meaningful reflection. It is only through this self-examination, however, that one can develop a sense of inner peace and a more meaningful connection to the world.

① The limitations of modern philosophy
② Meditation methods for inner peace
③ Distractions in daily life
④ Why reflection is hard but important

10 주어진 글 다음에 이어질 글의 순서로 적절한 것은?

Laughter is a powerful tool that has been shown to have numerous benefits for our mental and physical health. Among various types of laughter, it is interesting to note that being able to laugh at oneself can also be remarkably beneficial.

(A) In fact, it can even raise self-esteem, which might seem counterintuitive at first glance. However, recent research has indeed found that self-deprecating humor can be advantageous for emotional well-being by releasing dopamine, the feel-good hormone, and promoting a more optimistic outlook on life.

(B) By acknowledging that they are not perfect and that it's okay to make mistakes, they can improve their self-confidence and become more approachable and likable. Ultimately, laughing at oneself can have a positive impact on social relationships and professional success.

(C) Additionally, people who can laugh at their own mistakes tend to be happier and more resilient, which helps them cope with stress and anxiety.

① (A) – (B) – (C)
② (A) – (C) – (B)
③ (B) – (A) – (C)
④ (C) – (A) – (B)

DAY 04 하프모의고사 04회

01 밑줄 친 부분에 들어갈 말로 가장 적절한 것은?

The safety guidelines for the laboratory required researchers to prevent accidents and protect themselves through _____.

① treatment
② caution
③ motivation
④ accomplishment

02 밑줄 친 부분에 들어갈 말로 가장 적절한 것은?

Because of a variety of artists _____ innovative techniques continuously, contemporary art museums have expanded their exhibition strategies.

① develop
② developing
③ developed
④ are developed

03 밑줄 친 부분 중 어법상 옳지 않은 것은?

People ① who live in the Siberian city of Yakutsk are regularly exposed to extreme weather. With winter temperatures that reach ② as low as -64 degrees Celsius, it is one of the coldest cities in the world. So frigid ③ the city is that boiling water thrown in the outdoor air freezes instantly. Surprisingly, this has not deterred tourism, as many are ④ personally drawn to the city to confront its harsh environment.

04 밑줄 친 부분에 들어갈 말로 가장 적절한 것은?

A: Have you seen the first-quarter performance report released yesterday?
B: Yes, it was quite impressive. The logistics team's profitability increased by 20 percent.
A: That's right. The customer satisfaction has also improved.
B: What do you think are the key reasons behind this noticeable improvement?
A: I believe outsourcing the logistics to a third-party provider has played a part.
B: _____
A: Well, they have a highly efficient operational model that allows us to streamline our processes.

① How long has the company been established in this sector?
② Are there alternative companies we could consider?
③ What makes that provider so special?
④ Do you think they deserve a contract renewal?

05~06 다음 글을 읽고 물음에 답하시오.

National Food Supply

Protecting the nation from tainted food is the main goal of the Health and Food Agency (HFA). Tainted food can pose widespread health risks and potentially threaten lives.

Food-borne Pathogens

A Food-born Pathogen (FbP) is a bacteria or other microorganism, such as Salmonella, Listeria, or E. coli, which can cause illness when ingested. These can occur naturally, or infect food through cross contamination.

HFA investigators look into any report of a possible FbP outbreak. When patient records or laboratory results indicate FbP infections, the agency looks for connections _____. In order to prevent further spread, it bans the sale of products suspected of being infected and uses the media and direct contact to warn the public of the threat.

05 윗글의 요지로 가장 적절한 것은?

① HFA trains investigators on the signs of a FbP.
② HFA's number one priority is preventing illness due to contaminated food.
③ HFA researches how microorganisms cause sickness or death in humans.
④ HFA tries to ban foods that are commonly involved in FbP infections.

06 밑줄 친 부분에 들어갈 말로 적절한 것은?

① to analyze public health concerns
② to promote all food sales
③ to compromise food safety standards
④ to track down the source

07 YourVoice 앱에 관한 다음 글의 내용과 일치하지 않는 것은?

Use YourVoice to be heard by the government

YourVoice is a new platform to empower citizens by allowing them to file petitions directly with the government. Users can craft and submit requests on any issue they choose, ensuring decision makers hear their concerns. Several customizable templates are available to make the process as easy as possible. All petitions can also be shared to social media with one click, increasing their reach. Once a petition has been posted, the live support tracker shows how many signatures it has received in real time. Available both on the Internet and as a mobile phone app, YourVoice is a powerful tool for increasing civic engagement.

① It allows citizens to send their requests to the government.
② Petitions can be made using a modifiable sample.
③ A live bulletin board shows how many petitions have been filed.
④ It can be used through a website and a mobile application.

08 다음 글의 제목으로 적절한 것은?

The emergence of digital platforms has led to the creation of vast amounts of data that can be analyzed to understand public opinion and trends. It can also provide valuable insights into public opinion and behavior, enabling more evidence-based policy-making and democratic decision-making processes. However, access to this data is often controlled by a few large tech companies, raising concerns about their ability to influence political agendas and decisions. Additionally, the use of targeted advertising and micro-targeting techniques has made it easier for political actors to reach specific segments of the population with tailored messages, potentially exacerbating existing divisions and inequalities. The question of who has the power to shape political agendas and decisions in the digital age is a complex and ongoing debate, with implications for democratic governance and social justice.

① Political Neutrality of Data-Based Decision Making
② Pros and cons of Micro-Targeting Techniques
③ Who Controls Political Agendas in the Digital Age?
④ Digital Platforms vs. Large Corporations

09 주어진 문장이 들어갈 위치로 적절한 것은?

But these actions aren't being taken solely for the benefit of the civil servants.

You may have heard of the concept of a healthy work-life balance. But why has it become so important among civil servants these days? (①) As years go by, public servants appear to have increasingly high expectations for their performance, leading to severe mental stress and even physical decline. (②) Often, the pressure reaches a breaking point, and government workers say "Enough!", deciding to take care of themselves just as much as the work on their desks. (③) As a result, many organizations are now actively promoting a healthy work-life balance by offering flexible working hours, wellness programs, and other initiatives to support their public officials' well-being. (④) Citizens are beginning to realize that they, too, benefit from happier and healthier government employees. Efficiency and productivity increase significantly, so it is a concept worth adopting.

10 다음 글의 흐름상 어색한 문장은?

Pythagoras' contributions to philosophy and mathematics were revolutionary, and his ideas still motivate and inform the modern world. ① His belief in the existence of a universal harmony and order in the universe has had a profound impact on Western philosophy, particularly in the areas of metaphysics and epistemology. ② When it comes to math, Pythagoras discovered the Pythagorean theorem and emphasized the importance of perfect numbers and musical ratios. ③ The study of musical ratios has been a fascinating and important aspect of music theory and practice for centuries. ④ Pythagoras' influence extended beyond philosophy and mathematics, as he also highlighted the value of vegetarianism, asceticism, and the pursuit of wisdom as ethical principles. Overall, Pythagoras' legacy as a philosopher, mathematician, and spiritual leader continues to inspire and challenge scholars and thinkers today.

*Pythagorean theorem: 피타고라스의 정리

01 밑줄 친 부분에 들어갈 말로 가장 적절한 것은?

The retail industry has undergone a significant transformation due to the growth of e-commerce. Thus, many physical stores must _____ innovative strategies to attract customers and stay competitive.

① praise
② estimate
③ withdraw
④ invent

02 밑줄 친 부분에 들어갈 말로 가장 적절한 것은?

The museum curator, who found the rare artifact in an antique shop, had it meticulously _____ by expert conservationists.

① being restored
② restore
③ restored
④ to be restored

03 밑줄 친 부분 중 어법상 옳지 않은 것은?

Compared to 2020, sustainable investing in companies that prioritize environmental and social factors ① decreased by approximately 5 trillion dollars in 2022, ② reaching to 30 trillion dollars. The ongoing international conflicts and uncooperative policies of some countries ③ could have been drivers for this decrease. However, the investment funds have shown signs of recovery recently, ④ driven by the growing momentum toward legally mandating companies to disclose sustainability-related indicators such as carbon emissions.

04 밑줄 친 부분에 들어갈 말로 가장 적절한 것은?

Ashley Evans
I'm in the mood for something sweet.
19:15

Kevin Collins
There's an ice cream shop down the street.
19:16

Ashley Evans
What's your favorite flavor there?
19:16

Kevin Collins
I really like their mint chocolate chip flavor.
19:17

Ashley Evans
Oh, I'm a big fan of mint, too. Shall we order two servings of that flavor?
19:17

Kevin Collins
Sure. _____?
19:18

Ashley Evans
I'd rather call and pick it up. Using a delivery app can add an extra cost.
19:18

① Should we order through a delivery app
② What are their hours of operation
③ What other flavors do they have
④ Do they sell any other treats besides ice cream

05~06 다음 글을 읽고 물음에 답하시오.

Lens to the World Society

Our Goal
With a dedicated team of eye doctors and volunteers, we deliver donated glasses to developing countries. We partner with local charity organizations in the host country to set up free eye clinics that operate for several days. During these clinics, locals receive eye examinations and a pair of eyeglasses suited to their vision needs.

Get Involved
We welcome warehouse volunteers year-round to clean, sort, label eyeglasses by prescription, and pack them securely for shipment. Once a year, up to 15 volunteers have the opportunity to travel to a host country to assist in setting up a clinic.

Eyeglass Recycling
Throughout the year, we collect about 10,000 pairs of eyeglasses. Donated eyeglasses must include both lenses and frames and must be free of scratches.

05 윗글에서 Lens to the World Society에 관한 내용과 일치하는 것은?

① It provides eye examinations for a small fee.
② It offers volunteers multiple opportunities each year to travel to host countries.
③ It has received approximately 10,000 pairs of eyeglasses since it opened.
④ It only accepts complete sets of eyeglasses for donation.

06 밑줄 친 partner의 의미와 가장 가까운 것은?

① compete
② discuss
③ collaborate
④ deal

07 다음 글의 요지로 적절한 것은?

When negotiating a lease with a tenant, a landlord can use their property's location and amenities as leverage to persuade the tenant to agree to a higher rent price. This is an example of how leveraging resources can be effective in negotiations. Leverage is anything that can be used to convince the other party to agree to your terms. This can include knowledge, time, or even relationships. To effectively use leverage, identify the other party's interests and priorities, as well as your own. Determine which of your strengths can be employed to address the other party's needs, and use this as a bargaining chip. It is important to maintain a balance of power and respect during the negotiation process. Remember that negotiation is about finding a mutually beneficial agreement, not about one party winning over the other. By utilizing your leverage strategically and approaching the negotiation with a collaborative attitude, you can increase your chances of reaching a successful outcome for both parties.

① Sufficient preparation can have a positive effect on the negotiations.
② In lease negotiations, it is necessary to weigh various conditions.
③ Tactical leverage in negotiations can lead to reciprocally beneficial outcomes.
④ Sharing personal information equally is helpful in negotiations.

08 주어진 문장 다음에 이어질 글의 순서로 적절한 것은?

The idea that water drains from sinks and toilets in different directions in the northern and southern hemispheres is one of the most common scientific misconceptions.

(A) While this effect is real, it is only noticeable on a large scale, such as in the movement of massive cyclones. In containers as small as sinks and toilets, the effect is negligible.

(B) This myth is based on a phenomenon known as the Coriolis effect, which refers to the apparent deflection of objects that are moving in a straight line on Earth's surface due to Earth's rotation.

(C) The direction of water drainage in a sink or toilet is primarily determined by the direction of the initial spin of the water and the shape of the basin, rather than Earth's rotation or the hemisphere in which it is located.

*deflection: 꺾임, 굴절

① (A) – (C) – (B)
② (B) – (A) – (C)
③ (B) – (C) – (A)
④ (C) – (B) – (A)

09 밑줄 친 부분에 들어갈 말로 적절한 것은?

_____

They are both distortions that exaggerate the self; with excessive pride, you view yourself as better than you are, and with excessive shame, you view yourself as worse than you are. While bullies, for example, are generally seen as prideful people, their apparent pride actually comes from a place of shame, with them needing to boost their ego and diminish the worth of others in order not to feel so small themselves. Meanwhile, someone with low self-esteem—a person stuck in the shame cycle—is completely convinced that they are "less than" to the extent that they cannot take a compliment or accept anything positive about themselves. They are prideful in the sense that what they think about themselves is final and has more weight than what others think.

① Self-esteem and shame can be controlled through training even in adulthood.
② Pride and shame are related emotions that coexist rather than being opposites.
③ Bullies exhibit pride to compensate for their own feelings of inferiority.
④ Both pride and shame prevent people from accepting compliments.

10 밑줄 친 부분에 들어갈 말로 적절한 것은?

The effects of climate change and deforestation have caused the baobab forests in Madagascar to shrink. In addition, the higher temperatures and changing rainfall patterns have been affecting the health of the trees. This has led to the trees themselves deciding to find better grounds to grow in. Interestingly, baobab trees have been known to relocate on their own for thousands of years. However, environmental pressures seem to be triggering it to happen more frequently. Scientists have already documented baobabs in the northern region moving even further upwards in the hopes of finding more suitable growing conditions. In spite of this incredible display of survival, the trees may be running out of luck. As they try to overcome stressors by _____, they will ultimately exhaust their room when they meet the coastline, and some of Madagascar's northernmost species could become extinct by 2100.

① pausing
② migrating
③ observing
④ remaining

DAY 06 하프모의고사 06회

01 밑줄 친 부분에 들어갈 말로 가장 적절한 것은?

The motivational speaker was able to _____ a sense of purpose in his listeners by articulating a compelling vision.

① suppress
② plan
③ evoke
④ discourage

02 밑줄 친 부분 중 어법상 옳지 않은 것은?

One of Archimedes' most famous inventions is the Archimedes screw, a device ① with which liquids can be moved from a lower level to a higher one. The screw consists of a spiral blade ② placed inside a tube. When the screw is turned, it lifts water up the tube and out through the top. Its design is ③ so simple yet effective at transporting water that it gained widespread admiration. Since its invention, the use of screws in water pumps ④ have had a great impact on irrigation and draining wetlands.

03 밑줄 친 부분이 어법상 옳지 않은 것은?

① You can mix and match a number of pieces of fabric to create a patchwork quilt.
② The exhibition provides me with a feeling of happiness, excitement, and enjoy.
③ A variety of cuisines are featured in this restaurant.
④ Had I known how the weather would change, I would have left earlier.

04 밑줄 친 부분에 들어갈 말로 가장 적절한 것은?

A: Hello! Can I help you find anything?
B: Yes. I'm just looking at some shoes.
A: Great. We have a wide variety of styles. Are you looking for anything specific?
B: I need a pair of shoes for a formal event next week.
A: These black pumps are perfect for formal occasions. What do you think?
B: _____
A: Well, we do have a sale going on. Let me check the price for you.
B: Thank you!

① Show me pants that go well with them, please.
② I would like to try them on to make sure they fit me.
③ I'm worried that they might be out of my budget.
④ I was actually hoping for something in red.

05~06 다음 글을 읽고 물음에 답하시오.

(A) _____

The Beamsville Recreation Council is excited to announce the upcoming Beamsville Kite Festival, an event that will bring the community together through the joy of kite flying. Whether you're a seasoned kite enthusiast or a beginner, take this opportunity to fill the sky with kites of all shapes, sizes, and colors.

Details
- **Date:** Saturday, April 22
- **Time:** 10:00 a.m. – 5:00 p.m.
- **Location:** Eaton Park

Featured Events
- Kite Flying
  Bring your own kite or buy one from an on-site vendor. Everyone is welcome to fly their kites throughout the day.
- Workshops
  Whatever your age, we encourage you to sit in on a kite-making workshop, where you can design and build your own kite. All supplies are provided.
- Homemade Kite Contest
  Show off your creativity by entering our Homemade Kite Contest. Only kites made prior to the Beamsville Kite Festival will be eligible.

For more information, visit www.beamsvillerecreation.gov/kitefestival or contact the Beamsville Recreation Council at (514) 292-1024.

05 (A)에 들어갈 윗글의 제목으로 가장 적절한 것은?

① Let's Fly Kites Together
② Explore the Evolution of Kite Design
③ Take Up Kite Flying as a Hobby
④ Be Safe When Flying Your Kite

06 Beamsville Kite Festival에 관한 윗글의 내용과 일치하지 않는 것은?

① Kites will be available to buy at the event.
② Attendees of all ages can participate in a kite-making workshop.
③ All the materials needed to make a kite will be provided.
④ Kites made at the workshop can be entered into the contest.

07 밑줄 친 부분에 들어갈 말로 적절한 것은?

In the well-known dialogue *Phaedo*, the Greek philosopher Plato, who was a student of Socrates, documents his mentor's final hours leading up to his execution. Phaedo recalls how Socrates explained to his friends that a true philosopher should not fear death: "For to fear death, gentlemen, is nothing else than to think one is wise when one is not; for it is thinking one knows what one does not know." Socrates asserted that the soul is immortal, continuing to exist after death. Moreover, he reasoned that the soul must be freed from the body, as the latter _____.
Socrates believed that the senses, which are connected to the body, were unreliable sources of knowledge. He argued that the senses could deceive us and lead us to false beliefs, and that true knowledge could only be obtained through reason and intellect, which are functions of the soul.

① acts unexpectedly at important moments
② impedes the quest for knowledge
③ requires too much support
④ becomes injured too easily

08 다음 글의 제목으로 적절한 것은?

Surveillance systems heavily rely on light energy to capture images and detect movement. Many security and surveillance cameras capture images using visible light focused by lenses onto a sensor that converts light energy into electrical signals. In addition, ultraviolet light is sometimes used to detect secret ink or other markings that are otherwise invisible to the naked eye. This method is often used to verify the authenticity of documents or currency. Finally, X-ray technology, which uses high-energy light, can be used to scan bags and other objects for concealed weapons or other items of interest. These scans provide a clear image of the contents of the bag or object, making it easier for security personnel to identify potential threats. Overall, the use of light energy in surveillance systems has revolutionized the way we monitor and protect public spaces.

① Why Is Light Energy Important in Surveillance Systems?
② How Do Security Cameras Capture Images Using Light?
③ What Are the Benefits of X-ray Technology in Surveillance?
④ When is Ultraviolet Light Used in Surveillance Systems?

09 Indigenous Art Exhibition에 관한 다음 글의 내용과 일치하지 않는 것은?

NATIONAL CULTURAL HERITAGE AGENCY PRESENTS: INDIGENOUS ART EXHIBITION

Date: November 5 – 20
Location: Museum of Culture and History
Time: 10:00 a.m. – 5:00 p.m., daily

The exhibition is spread across three halls. Maps are available at the entrance, or you can download a digital version here.

Bus routes 15, 23, and 42 stop right outside the Museum of Culture and History. The nearest subway station is Frazier Station, which is a 10-minute walk from the gallery.

Please note: A suggested donation of $10 per person is encouraged to support future indigenous art exhibitions and cultural programs. We thank you for this donation.

① 매일 오후 5시까지 관람할 수 있다.
② 전시는 총 3개의 홀에서 열린다.
③ Frazier 역은 버스로 10분 거리에 있다.
④ 입장 시 기부금은 의무 사항이 아니다.

10 다음 글의 흐름상 어색한 문장은?

Water rights trading refers to the voluntary transfer of water rights between users. It is a complex issue that requires careful consideration of legal, economic, and environmental factors. ① While it can provide incentives for efficient water use, one possible flaw is that it can exacerbate existing inequalities and power imbalances. ② Policymakers and stakeholders face the challenge of balancing the need for economic growth with the imperative to protect water resources for future generations. ③ A sustainable economic growth policy should prioritize research and development in clean technologies. ④ They must navigate the delicate balance of competing interests and viewpoints, taking into account various factors and perspectives. Dr. Jane Smith, a water law expert, stresses the need for robust legal frameworks to avoid negative consequences in water rights trading.

DAY 07 하프모의고사 07회

01 밑줄 친 부분에 들어갈 말로 가장 적절한 것은?

> The coffee shop's interior was not particularly modern, but the barista's friendly personality made the atmosphere more _____.

① pleasant
② ordinary
③ formal
④ mysterious

02 밑줄 친 부분에 들어갈 말로 가장 적절한 것은?

> Some government agencies are increasingly relying on the detailed findings from the research center, _____ data collection methods are highly advanced.

① that
② which
③ whose
④ whereas

03 밑줄 친 부분 중 어법상 옳지 않은 것은?

> Marshall McLuhan argued that the medium used to convey a message was of more importance than ① its content. For instance, in the days ② that ideas were transmitted orally and speech was everything, ③ the most dominant human organ would have been the ear. Similarly, in the current digital age, our message is shaped by the technology we use to transfer it, with the immediacy of the Internet and social media ④ changing the way we interact.

04 밑줄 친 부분에 들어갈 말로 가장 적절한 것은?

 Jennifer Miller
Why did you apply for this position at our community welfare center?
14:00

 Michael Chang
I am passionate about contributing to public services and helping underprivileged groups.
14:01

 Jennifer Miller
Do you have any relevant experience in this field?
14:02

 Michael Chang
Yes, I volunteered to help disabled individuals for three years and majored in rehabilitation.
14:02

 Jennifer Miller
That's impressive. Would you be willing to send a letter of reference if you have one?
14:03

 Michael Chang
Certainly. Would a letter from my university professor be acceptable?
14:03

 Jennifer Miller
_____
_____
14:04

 Michael Chang
In that case, I'll prepare one from the volunteer center I worked for.
14:05

① Thank you for taking the time to interview with us today.
② I would prefer a reference that reflects your volunteer work.
③ Your university experience will be beneficial to this position.
④ There is a three-month probation period.

05~06 다음 글을 읽고 물음에 답하시오.

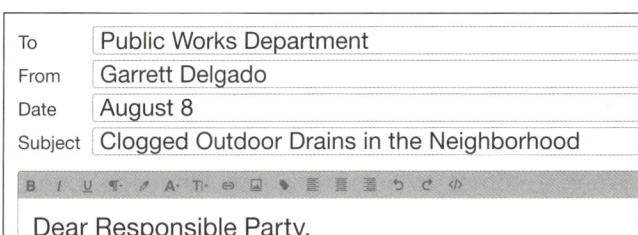

Dear Responsible Party,

I am writing to bring your attention to the serious issue of clogged outdoor drains in the Rhodes Valley neighborhood.

I have noticed that whenever it rains, water accumulates in the streets because it cannot drain quickly enough. This standing water not only sometimes floods residents' properties but also emits bad odors and draws mosquitos. The comfort and quality of life for residents in the area has decreased considerably as a result.

Some residents have been taking it upon themselves to clear the drains, but this only provides temporary relief. It is the responsibility of your department to maintain proper drainage in our neighborhood. I urge you to make repairs to the drainage system as soon as possible.

Best regards,
Garrett Delgado

05 윗글의 목적으로 가장 적절한 것은?

① To inquire about how to keep outdoor drains from flooding
② To complain about the inefficiency of a new drainage system
③ To request maintenance service on outdoor drains
④ To praise residents for carrying out work themselves

06 밑줄 친 proper의 의미와 가장 가까운 것은?

① clean
② appropriate
③ complimentary
④ new

07 The National Library에 관한 다음 글의 내용과 일치하는 것은?

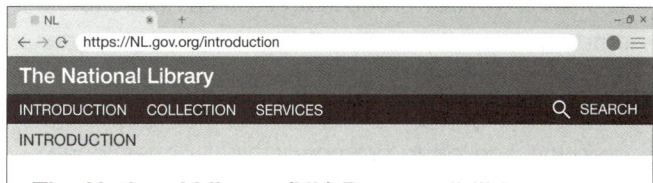

The National Library (NL) Responsibilities
The National Library (NL) is the main institution for preserving and providing access to the country's cultural and historical heritage. It curates a vast collection of books, manuscripts, government documents, and recordings to safeguard them for future generations. The NL provides the public access to its extensive archives both in person and through its digital library for research purposes. Patrons can explore the collections, attend educational programs, and even review rare historical documents. Committed to fostering knowledge, the NL works to preserve the integrity of its collections and guarantee that they are available for the use and enjoyment of all citizens.

① It conserves the nation's cultural heritage.
② It curates popular selections for future generations.
③ It is a fully online institution with only digital files.
④ It offers special educational programs for schools.

08 밑줄 친 부분에 들어갈 말로 적절한 것은?

The UK advocacy group Adfree Cities hopes to ban outdoor corporate advertising in public spaces, including billboards and advertisements on the sides of buses. Its argument is that they cause light pollution and often promote ethically questionable products or services such as junk food, alcohol, payday loans, and high-carbon products. Furthermore, the group states that there is a direct correlation between people viewing these ads and making unethical purchases at a higher rate. While there is growing support in the UK for Adfree Cities, the outdoor advertising industry is quick to defend itself. Spokespersons for this industry contend that, contrary to what Adfree Cities wants people to believe, individuals _____. Rather, they are perfectly capable of freely making informed decisions about their spending choices.

① appreciate and crave advertisements
② are not mindless automatons
③ have limited options for products
④ tend to follow the latest trends

09 주어진 문장이 들어갈 위치로 적절한 곳은?

The secret to more efficient learning is to learn the high-frequency words first.

When it comes to learning a new language, don't work harder—work smarter. English, for example, is thought to include over one million words. Obviously, no native English speaker knows all of them. Most people are only familiar with about 50,000. (①) That is still a lot of words, but there's a way to narrow it down further. (②) These are 100 to 200 words that account for more than half of the words in school textbooks. (③) Among them, one quarter of all the words in texts for both children and adults are one of the following: a, and, for, he, in, is, it, of, that, the, to, was, and you. (④) Once you know these ones very well, you can expand your vocabulary to include terms that are less common.

10 밑줄 친 부분에 들어갈 말로 적절한 것은?

Humans are remarkably susceptible to functional fixedness, a cognitive bias that limits our perception of an item's possible utility. Essentially, how _____ depends on how the item is presented or a typical example of the item, whichever is most readily available. Other potential uses for the item tend to get disregarded by the brain, resulting in functional fixedness. For instance, subjects in a famous experiment were presented with a box of tacks and a candle, and then asked to affix the candle to the wall. The candle could be easily attached by removing the tacks from the box, pinning the box to the wall, and placing the candle inside. However, fewer than 25 percent of participants attempted this. Others opted to try to push a tack through the candle instead because they were fixated on the box's presented function of holding a collection of tacks.

① we categorize potential problems
② proposed solutions are simulated
③ we think of an object's purpose
④ we describe an item's characteristics

01 밑줄 친 부분에 들어갈 말로 가장 적절한 것은?

The marine resource exploration project made _____ with the help of a benefactor who provided the necessary equipment.

① delay
② progress
③ setback
④ suggestion

02 밑줄 친 부분에 들어갈 말로 가장 적절한 것은?

The supervisor ordered that the team _____ the new safety protocols immediately.

① implemented
② to implement
③ be implemented
④ implement

03 밑줄 친 부분 중 어법상 옳지 않은 것은?

I stood in the train station looking around, trying to make sense of ① where I was supposed to go. I ② had been instructed to meet Mark here, but I didn't know where to go, and he wasn't answering my text messages. Everyone seemed very busy, and I was starting ③ to feel a bit overwhelmed and lost in this unfamiliar place. Suddenly, to my relief, I heard my name ④ calling out. I spun around to see him next to the ticket booth.

04 밑줄 친 부분에 들어갈 말로 가장 적절한 것은?

Henry Carter
I just got back from a trip to Korea.
20:10

Rachel Smith
How was it?
20:21

Henry Carter
It was incredible! The culture, the food, and the sights were so different from what I'm used to.
20:21

Rachel Smith
_____
20:22

Henry Carter
I was most impressed by the traditional Korean housing, a hanok. I'll send you some pictures.
20:23

Rachel Smith
It looks really cozy. I definitely want to go there someday.
20:23

Henry Carter
You should! I'll share a list of the best hanoks if you want.
20:23

Rachel Smith
Thank you. I guess it's time for me to think about taking a trip.
20:24

① How many days did you stay in Korea?
② What was the most memorable place you visited?
③ Were you able to get some rest during your trip?
④ Did you study Korean culture before your trip?

05~06 다음 글을 읽고 물음에 답하시오.

(A) _____

Residents of Marbury need to step up to protect the town's history.

Although the Andrew Watkins house is officially protected as a historic property, it is falling into disrepair. So do your part for the oldest home in Marbury.

A local historic preservation society has been trying to save the property. It will host a community meeting to discuss its work. All residents are invited to learn more about the project and what they can do. The property is part of all of our history.

Can you imagine losing such an important building?

Brought to you by the Friends of the Watkins House.

- Location: Marbury Town Hall
- Date: Saturday, April 10
- Time: 11:00 a.m.

To learn more about the meeting or the Friends of the Watkins House, visit www.SaveTheWatkinsHouse.com or call 555-1841.

05 (A)에 들어갈 윗글의 제목으로 가장 적절한 것은?

① The Watkins House Needs You
② Marbury's Connection to the Past
③ Historical Importance of the Watkins House
④ Honoring the Town's Oldest Building

06 위 안내문의 내용과 일치하지 않는 것은?

① Watkins 집은 수리가 필요하다.
② 한 지역 단체가 기금 모금 행사를 개최한다.
③ 마을 주민 누구나 참석할 수 있다.
④ 행사 주최 측의 정보가 웹사이트에 게시된다.

07 다음 글의 요지로 가장 적절한 것은?

In 1968, social psychologist Robert Zajonc conducted a study in which participants were asked to read words in a foreign language out loud. Some of the words were repeated up to 25 times, while others were not repeated at all. The participants were then asked to guess whether each word had a negative or positive connotation. It was found that the words that had been repeated the most were viewed more positively, while words that had not been repeated at all were viewed more negatively. This led Zajonc to conclude that the initial exposure one has to a novel stimulus may elicit fear or avoidance due to the stimulus being unfamiliar but that with each subsequent exposure to the stimulus, one becomes more comfortable with it, developing a positive attitude toward it. This finding, now known as the mere-exposure effect, may help explain why we tend to be naturally drawn to what we know.

① Repetition is necessary for foreign language acquisition.
② The mere-exposure effect fails to explain why we fear the unknown.
③ The mere-exposure effect does not occur if we initially dislike something.
④ Frequent exposure to a stimulus increases one's preference for it.

08 다음 글의 목적으로 적절한 것은?

To: customers@StarTelecom.com
From: CustService@StarTelecom.com
Date: November 20
Subject: Safety notice

Dear StarTelecom Customer,

Phone phishing scams pose serious risks to your privacy and security, and are becoming more common. At StarTelecom, we are committed to helping you stay safe from these scams. Here are five simple steps you can take to protect yourself:

1. Be cautious of calls and messages from unknown numbers.
2. Do not share sensitive information with strangers over the telephone.
3. Look out for language that causes a sense of urgency or fear.
4. If you suspect a phishing attempt, hang up and contact the company through its official website or telephone number.
5. Use your phone's call blocking and spam filter features to weed out communication from known phishing sources and report any suspicious contact.

Staying alert and following these tips can significantly reduce the risk of falling victim to a phone phishing scam.

Kind regards,
StarTelecom

① to inform customers of how to recognize common scam language
② to inform customers of how to install call blockers and spam filters on phones
③ to inform customers of how to use a security website
④ to inform customers of how to avoid a phone phishing scam

09 밑줄 친 부분에 들어갈 말로 적절한 것은?

How do cultural factors influence aesthetic preferences and visual perception? A study investigating cultural differences in visual perception and aesthetics found that Westerners tended to prefer art that was bold, bright, and easily identifiable, while East Asians preferred more subtle, abstract, and ambiguous art. Additionally, East Asians were more likely to focus on the overall composition and spatial relationships within a work of art, while Westerners paid more attention to individual objects and their attributes. When asked to rate the beauty of various images, participants from East Asian cultures tended to prefer images with _____, while participants from Western cultures preferred images with greater contrast and complexity. These findings show that cultural factors have a significant impact on shaping aesthetic preferences and visual perception.

① detailed object analysis
② a clear compositional structure
③ traditional design patterns
④ a harmonious composition

10 주어진 글 다음에 이어질 글의 순서로 적절한 것은?

Immigrants to the United States are responsible for a significant number of inventions. While numerous studies over the years have indicated that immigrants play a major role in the technological and economic development of the United States, a group of economists wanted a more accurate estimate of their contribution.

(A) They then identified which patent holders were immigrants by cross-referencing the patent holders' date of birth with the year they were assigned their Social Security number.
(B) To achieve this, they examined patents granted between 1990 and 2016 and linked them with the Social Security numbers of the patent holders.
(C) Ultimately, they determined that 16 percent of all inventors in the United States during this period were immigrants and that this group had been granted almost a quarter of all patents.

① (A) – (B) – (C)
② (B) – (A) – (C)
③ (B) – (C) – (A)
④ (C) – (B) – (A)

DAY 09 하프모의고사 09회

01 밑줄 친 부분에 들어갈 말로 가장 적절한 것은?

The city council meeting held yesterday addressed a _____ topic, so debates intensified over time.

① minor
② neutral
③ deliberate
④ controversial

02 밑줄 친 부분에 들어갈 말로 가장 적절한 것은?

_____ climate change accelerates, global agricultural systems will face unprecedented challenges.

① If
② As if
③ Although
④ In case

03 밑줄 친 부분 중 어법상 옳지 않은 것은?

Anxiety may be caused by both hereditary and environmental ① factors. For example, a family history of mental illness, as well as extreme stress, ② contributes to ③ develop anxiety. Thankfully, ④ those who suffer from this condition can learn to manage their symptoms through a treatment regime that is specially tailored to them.

04 밑줄 친 부분에 들어갈 말로 가장 적절한 것은?

Sydney Ellis
Hi there, can you tell me about your experience working in the education field?
10:30

Ethan Howard
Sure, I've been teaching high school science for the past 5 years.
10:30

Sydney Ellis
What motivated you to apply for this job?
10:31

Ethan Howard
I want to explore opportunities to work in curriculum development.
10:31

Sydney Ellis
That's interesting. _____ _____
10:32

Ethan Howard
In addition to my teaching experience, I've also earned a certificate in instructional design.
10:32

Sydney Ellis
Good to hear that. We will be in touch to let you know about your application.
10:33

① What's the workplace atmosphere like?
② What sets you apart from other applicants for the position?
③ Where were you most recently employed as a teacher?
④ What changes would you propose for our curriculum?

05~06 다음 글을 읽고 물음에 답하시오.

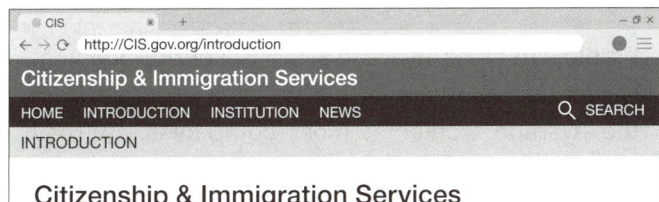

Citizenship & Immigration Services

Purpose
We facilitate and support individuals and families as they navigate the path to citizenship through lawful immigration. We also attempt to make the transition as seamless as possible so that new citizens can take their place in our multicultural society and play a role in the country's success.

Services
We offer assistance with the application process, language classes, and personalized job counseling for immigrants voluntarily applying for citizenship in addition to financial, educational, and housing support for refugees applying for humanitarian reasons.

Values
- Diversity & Inclusion: We work to ensure equal access to all applicants regardless of their religious, racial, or cultural backgrounds.
- Commitment & Compassion: We aim to provide exceptional service to all clients and approach each case with empathy and care.

05 윗글에서 Citizenship & Immigration Services에 관한 내용과 일치하는 것은?

① It revises immigration laws to make them seamless.
② It asks applicants to volunteer for some jobs.
③ It gives money to support all applicants for citizenship.
④ It helps applicants no matter what their origin is.

06 밑줄 친 personalized의 의미와 가장 가까운 것은?

① advanced
② professional
③ complimentary
④ tailored

07 다음 글의 요지로 적절한 것은?

Food and Nutrition Service
Establishing reliable food security and alleviating hunger for school-aged children across the country is the mission of the Food and Nutrition Service (FNS). In addition to the negative physical health effects, a lack of consistent access to food can cause stress and damage young people's emotional well-being.

National School Lunch Program
The National School Lunch Program (NSLP) operates in educational institutions nationwide, providing free meals to all students in compulsory education through financial support from the national and local governments.

Since 2023, the National Lunch Program has expanded to provide meals during vacation periods. Local governments operate vacation meal support through various methods, including meal vouchers, food delivery services, and designated meal centers. Students from low-income families can access these services through their local community centers or schools.

① The FNS plans to expand its lunch program to include the general public.
② The FNS fights childhood hunger by providing no-cost meals.
③ The FNS aims to extend the operational period to feed more children.
④ The FNS enables local community centers to function as its primary sites.

08 다음 글의 주제로 적절한 것은?

Whether they appear in the form of religious chants or soft lullabies, every culture in history has its own songs to sing. And although these songs developed separately and are sung in different languages with different techniques and use a wide range of beats and lyrical styles, they are recognized by any listener as music. This has led researchers to realize there are basic features shared by songs regardless of their origins. So common are these that musicologists have posited that music is a fundamental human trait that is innate in our brains. In fact, Darwin surmised that singing may have developed prior to actual language in our early ancestors. With so much history, a basic grammar has evolved in songs, giving all music a commonality. Nevertheless, music retains amazing diversity yet shows up everywhere throughout history.

① usages of music in different cultures
② the commonalities between language and music
③ the inherent features of all songs
④ humanity's innate tendency to create music

09 다음 글의 흐름상 어색한 문장은?

Employees at the Alvarado Street Bakery in Petaluma, California, enjoy numerous benefits withheld from the average worker at most companies. ① They receive immense job security and considerably higher-than-average salaries due to the company's business model. ② Founded in 1977, the bakery is run as an employee-owned cooperative, with each employee having partial ownership and equal say in corporate decisions. Consequently, policies tend to benefit all employees equally, resulting in better working conditions. ③ Layoffs are strongly discouraged, and multiple instances of each employee taking pay cuts to prevent layoffs have occurred. ④ Therefore, some employees raise social awareness about job insecurity and low wages, occasionally contemplating large-scale strikes under labor unions. The conditions these policies create have led to substantial improvements in productivity over traditional business models, and the decreased turnover has lessened productivity loss due to training, giving rise to a stable business with significant profits.

10 주어진 문장이 들어갈 위치로 적절한 것은?

As such, divers must follow a strict ascent rate when they come up in order to prevent this.

Decompression sickness occurs when a person comes up too quickly from deep ocean waters. As a person dives underwater, the surrounding pressure increases by one atmosphere for every 10 meters. The body absorbs more nitrogen that dissolves into the bloodstream as the pressure increases; the deeper a diver descends, the more nitrogen there is. (①) When the person comes back up to the surface, the pressure decreases, and the trapped nitrogen forms bubbles that are released in the body. (②) However, the bubbles can come out too quickly if the ascent is too fast, causing a variety of symptoms like joint pain, fatigue, and dizziness. (③) For recreational diving, it should be no faster than 9 meters per minute, while deeper dives require an even slower pace. (④)

DAY 10 하프모의고사 10회

01 밑줄 친 부분에 들어갈 말로 가장 적절한 것은?

The victim's family received a large amount of _____ after the hospital was found responsible for medical malpractice by the court.

① information
② vacation
③ compensation
④ prescription

02 밑줄 친 부분에 들어갈 말로 가장 적절한 것은?

The research grant is a source of funding _____ many scholars apply, as it offers significant support for innovative projects.

① that
② for which
③ what
④ which

03 밑줄 친 부분 중 어법상 옳지 않은 것은?

When I saw my friend ① worrying about a difficult situation, I went over to ② ask to her if she wanted help. She appreciated my concern but said she had to handle things ③ by herself and that nothing was ④ more important to her than staying determined.

04 밑줄 친 부분에 들어갈 말로 가장 적절한 것은?

A: What do you think of your new apartment?
B: Overall, I'm happy with it. The location is perfect, and the apartment has everything I need.
A: It seems like you made a good choice with this place.
B: It's pleasant, but there is one problem I'm facing.
A: What is it?
B: It's hard to relax because of the constant noise from my upstairs neighbors running around all day long.
A: _____
B: Yeah, though it didn't make much of a difference. I think I need to look into other solutions.

① How many units are located on the upper level?
② It might be better to move to a different city.
③ Have you let the apartment manager know?
④ Do you notice the noise mostly at nighttime?

05~06 다음 글을 읽고 물음에 답하시오.

To	Sharpton Mayor's Office
From	Meredith Rodgers
Date	December 9
Subject	Polling Location at Baker Street Fire Station

To whom it may concern,

I hope this message finds you well. I am writing to express my disappointment after hearing that Baker Street fire station will not be used as a polling location for the upcoming election.

I understand that the polling place was removed due to the low population in the area. However, many residents, including myself, do not have <u>reliable</u> transportation to reach the next nearest polling place. This change will make it difficult for us to participate in the next election.

I humbly ask that you reconsider the decision to close the polling place. Keeping it open will help all citizens of our city fully participate in the election process. Thank you for your time, and I look forward to your response.

Respectfully,
Meredith Rodgers

05 윗글의 목적으로 가장 적절한 것은?

① To advocate that the fire department receive more city funds
② To complain about a polling location closing early on election day
③ To request that a decision about a polling place's availability be revised
④ To inquire about a change in the schedule for an upcoming election

06 밑줄 친 reliable의 의미와 가장 가까운 것은?

① public
② trustworthy
③ rapid
④ comfortable

07 다음 글의 내용과 일치하지 않는 것은?

The Secrets of Market Street Station Tour is held twice a day, at 10 a.m. and 2 p.m. The 90-minute tour will take visitors to areas not open to the public, including a hidden tennis court, a lost movie theater, an abandoned jail, and other mysteries of this more than one-century-old station. Each tour accommodates 15 people and is completely accessible for those in wheelchairs.

- Reserve Tickets: book.marketstreetstation.com/secret-tour

Starting at $300, the Secrets of Market Street Station Tour can be made private for up to eight individuals. Additional guests can be added at $40 per person. Private tours can be scheduled at any time between 8 a.m. and 8 p.m.

- For private tours, call our help desk at 1 (800) 909-9900

Cancellations up to three days before the scheduled tour will be honored with a full refund. For cancellations less than three days before the tour, we offer immediate rescheduling or a credit.

① The tour is held two times daily.
② Private tours accommodate up to 15 people per group.
③ Additional guests for private tours pay $40 each.
④ Full refunds are available for cancellations 3 days ahead.

08 다음 글의 요지로 적절한 것은?

From Thoreau's perspective, living in harmony with nature is paramount for leading a purposeful life. Because nature gives us beauty, knowledge, and spiritual sustenance, it is important to appreciate and protect the natural world. And by examining what is essential for survival—namely food, shelter, clothes, and fuel—many things we consider to be necessities turn out to be excesses that impede spiritual growth. While we should, of course, have the right to own and enjoy the fruits of our labor, the luxuries of capitalism can also harm us. That is why we should strive to be satisfied with fewer of these indulgences and instead pursue a path of simplicity and self-sufficiency, as directed by nature. According to Thoreau, one has to adhere to one's own path that aligns with nature in order to truly comprehend reality and pursue a higher truth.

① Learning survival skills like finding food or building shelters is essential.
② Capitalism is beneficial for people and the societies in which they live.
③ Living in balance with the natural world is the key to a fulfilling life.
④ The constant attainment of knowledge is needed for spiritual growth.

09 밑줄 친 부분에 들어갈 말로 적절한 것은?

Objectivity is highly valued in science. After all, science seeks to understand the natural world through empirical observation and rigid experimentation. Yet scientific objectivity is often elusive. Despite their best intentions, scientists have their own biases and preconceptions about the investigations they are conducting, along with the outcomes that are expected. They must _____.
In the early 1800s, many scientists held the preconceived notion that tuberculosis was genetic. Effective treatments were only developed in the late 1800s when Robert Koch discovered the bacterium responsible for the disease. Thus, for science to move forward, scientists must recognize that while science aims to be objective, it is ultimately practiced by humans—and humans cannot be completely objective.

*tuberculosis: 결핵

① continually modify their thinking in light of emerging data
② compare their beliefs with the opinions of others
③ repeat experiments for ideas that they cannot give up on
④ consider motives that may benefit them personally

10 주어진 글 다음에 이어질 글의 순서로 적절한 것은?

It was nearly midnight by the time I arrived at the hotel. I'd left the airport in a taxi and traveled east for about an hour, looking out the windows at the dark streets peppered with the occasional shop or restaurant now closed for the night.

(A) After tipping him and stepping into the room, I looked around. It was a small single room with a double bed and a mini fridge next to it.

(B) Opening it, I counted four bottles of water, and remembering my thirst, I opened one. I swallowed it quickly, my throat feeling super dry from my long journey.

(C) The receptionist greeted me with a weary smile and checked me in, handing over the key card to a room on the fifth floor. I followed the porter into the elevator and stood there awkwardly in silence as the doors closed and we made our way slowly up.

① (A) – (B) – (C)
② (B) – (C) – (A)
③ (C) – (A) – (B)
④ (C) – (B) – (A)

Self Check List

이번 테스트는 어땠나요?
다음 체크리스트로 자신의 테스트 진행 내용을 점검해 볼까요?

01 나는 15분 동안 완전히 테스트에 집중하였다.
　□ YES　　□ NO

02 나는 주어진 15분 동안 10문제를 모두 풀었다.
　□ YES　　□ NO

03 유난히 어렵게 느껴지는 지문이 있었다.
　□ YES　　□ NO

04 유난히 어렵게 느껴지는 문제가 있었다.
　□ YES　　□ NO

05 모르는 어휘가 있었다.
　□ YES　　□ NO

06 개선해야 할 점과 이를 위한 구체적인 학습 계획

_____
_____

정답·해석·해설 p. 56

하프모의고사 10회
출제예상 핵심 어휘리스트
바로 다운받기 (gosi.Hackers.com)

QR코드를 이용해 핵심 어휘리스트를 다운받아, 언제 어디서든 공무원 출제예상 어휘를 암기하세요!

01 밑줄 친 부분에 들어갈 말로 가장 적절한 것은?

The airline decided to _____ vouchers to passengers affected by a late departure as an apology.

① exchange
② reform
③ negotiate
④ distribute

02 밑줄 친 부분에 들어갈 말로 가장 적절한 것은?

Scarcely _____ an agreement when the market conditions shifted, requiring a reassessment of the terms.

① the negotiators reached
② had the negotiators reached
③ did the negotiators reached
④ have the negotiators reached

03 밑줄 친 부분 중 어법상 옳지 않은 것은?

The brown widow spider is thought ① being an invasive species in North America. While it has not had a significant impact on most ② other spider species, it is killing off a relative from the same genus: the black widow. Scientists are trying ③ to determine why. In addition, researchers are expected ④ to investigate whether the brown widow's aggression also applies in other parts of the world outside North America.

04 밑줄 친 부분에 들어갈 말로 가장 적절한 것은?

 Nina Shepherd
I noticed we're running low on printer paper. Should we place an order?
11:30

 Felipe Harper
I can handle it since I was planning to call the supplier anyway. How many packs of paper do you think we need?
11:31

 Nina Shepherd
I'd say at least five, considering how quickly we use them up during end-of-month reporting.
11:32

 Felipe Harper
_____
11:32

 Nina Shepherd
No. We just got some new cartridges last week.
11:33

 Felipe Harper
Good to know. Is there anything else?
11:33

 **Nina Shepherd**
Not that I can think of right now.
11:33

① Isn't there any way to use less paper?
② Have you finished your reports yet?
③ Won't that be too little?
④ Do we need to restock the ink as well?

05~06 다음 글을 읽고 물음에 답하시오.

(A) _____

We're excited to announce the return of the Beachcombing Festival. Bring the whole family for a fun and educational day at the beach, where you can discover and even take home beautiful objects like seashells and driftwood.

Details
- **Dates:** Saturday, August 10 (the festival will take place rain or shine)
- **Times:** 8:30 a.m.–1:00 p.m.
- **Location:** Baker Beach (near the parking lot's north entrance)

Events
- **Beachcombing Class**
  Join experts as they showcase their extensive collections and teach you how to identify various types of rocks and shells.
- **Treasure Hunt**
  Test your new knowledge in a fun treasure hunt by competing individually or in teams to find all the items on the list first.

For clothing recommendations and a list of what to bring, please visit the "Frequently Asked Questions" page at www.beachcombingfestival.com.

05 (A)에 들어갈 윗글의 제목으로 가장 적절한 것은?

① Join a Beach Clean Up Event
② Discover Wonders at the Beach
③ Learn to Make Seashell Crafts
④ Participate in a Beach Sports Day

06 Beachcombing Festival에 관한 윗글의 내용과 일치하는 것은?

① Baker 해변에서 처음 개최된다.
② 우천 시 연기될 것이다.
③ 전문가들의 소장품을 구매할 수 있다.
④ 보물 찾기는 단독으로 참가할 수 있다.

07 Community Gardens Initiative에 관한 다음 글의 내용과 일치하지 않는 것은?

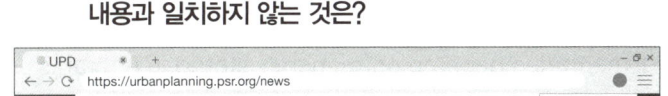

Reserve Your Community Garden Plot Today!

This spring, the Urban Planning Department is launching the Community Gardens Initiative, which will convert unused spaces, such as rooftops, into places where produce, flowers, and herbs can be grown. Available garden plots throughout the city can be viewed and reserved online. While most garden plots require a small annual fee, which covers the cost of water, soil, and communal tools, low-income residents can apply for a fee waiver. The initiative will also offer free monthly workshops on gardening techniques and sustainable practices to everyone, regardless of whether they have their own plot. Larger groups, such as schools or community organizations, are encouraged to participate in these workshops but must register in advance.

① Residents can see and reserve garden plots online.
② It provides tools for users to share.
③ Low-income residents may not have to pay the annual fee.
④ Having a plot is required to participate in a free workshop.

08 밑줄 친 부분에 들어갈 말로 적절한 것은?

False memories can occur for a number of reasons, and they can be shared by multiple people. Called the "Mandela Effect," owing to a large number of people incorrectly remembering that Nelson Mandela died in the 1980s, occurrences have numerous causes. Most notably, confabulation is where the brain fills in missing pieces of data with related information, attempting to construct a logical explanation. Another connected explanation depends on how information is stored in the brain: engrams, units of cognitive data, are composed of neurons and biophysical responses linked to their firing. When an engram is encoded and later forgotten, _____.

As neurons communicate in unison, the brain may fill gaps with related information, causing partially inaccurate data storage. For example, many people remember Alexander Hamilton as a president because they learned about him while studying the initial presidents of the United States.

① some neurons disappear over time
② confabulation creates false memory patterns
③ memories become permanently stored in engrams
④ grouped neurons may fire together

09 밑줄 친 (A), (B)에 들어갈 말로 적절한 것은?

It is a wonderful feeling to give a gift, but you should be aware of some differing customs. For a friend in China, presents should never be wrapped in white or black paper. These colors are associated with funerals. __(A)__, try red to convey luck. The type of gift you give is also important depending on the country. In many African tribes, gifts are given as a show of respect to community elders, who often receive traditional clothing or livestock. Sharp objects or black-colored items shouldn't be gifted in Brazil, since they are believed to bring bad luck. __(B)__, in Greece, it is considered unfortunate to give someone a compliment without also giving them a small token. According to local belief, the gods will punish those who do not show their appreciation with a gift.

	(A)	(B)
①	Of course	Although
②	After all	Consequently
③	However	To explain
④	Instead	Similarly

10 주어진 문장이 들어갈 위치로 적절한 것은?

As a result, it's highly beneficial for individuals to cultivate and nurture friendships through engaging in various activities and shared experiences, as these can serve as a solid foundation for forming meaningful connections with others.

It is often difficult for people to meet and make new friends as adults. (①) Holding down a job, not to mention handling familial responsibilities, limits one's flexibility and also restricts their range of interests. (②) It can also be hard for two people to relate if they don't share obvious commonalities. (③) Trying a hobby together, for instance, allows two people to bond over a shared activity. (④) This enduring memory, which is created together, will not only serve as a sturdy cornerstone for their blossoming friendship but will also act as a cherished reminder of the initial bond that brought them closer, further solidifying their connection over time.

정답·해석·해설 p. 62

하프모의고사 11회
출제예상 핵심 어휘리스트
바로 다운받기 (gosi.Hackers.com)

QR코드를 이용해 핵심 어휘리스트를 다운받아, 언제 어디서든 공무원 출제예상 어휘를 암기하세요!

Self Check List

이번 테스트는 어땠나요?
다음 체크리스트로 자신의 테스트 진행 내용을 점검해 볼까요?

01 나는 15분 동안 완전히 테스트에 집중하였다.
　□ YES　　　□ NO

02 나는 주어진 15분 동안 10문제를 모두 풀었다.
　□ YES　　　□ NO

03 유난히 어렵게 느껴지는 지문이 있었다.
　□ YES　　　□ NO

04 유난히 어렵게 느껴지는 문제가 있었다.
　□ YES　　　□ NO

05 모르는 어휘가 있었다.
　□ YES　　　□ NO

06 개선해야 할 점과 이를 위한 구체적인 학습 계획

_____

_____

DAY 12 하프모의고사 12회

01 밑줄 친 부분에 들어갈 말로 가장 적절한 것은?

Being a translator is more than speaking a language. While anyone can speak a language, translating it accurately _____ real expertise.

① absorbs
② anticipates
③ discloses
④ necessitates

02 밑줄 친 부분에 들어갈 말로 가장 적절한 것은?

Information regarding product features and customer support _____ on the company website, providing customers with access to the most current details.

① has updated
② has been updated
③ have been updated
④ updated

03 밑줄 친 부분 중 어법상 옳지 않은 것은?

It would be impossible ① to envision a world without art in its different forms and genres. Despite this, many take art and artists for granted. They believe that hunger and sickness ② have been led to much suffering, so we should focus on these things rather than on preserving art. But cultural achievements are ③ as important as keeping the body ④ alive, lifting the heart and spirit.

04 밑줄 친 부분에 들어갈 말로 가장 적절한 것은?

A: Are you familiar with yoga?
B: Absolutely. I took advanced level classes in yoga until last year.
A: Would you be interested in attending the new company yoga class with me?
B: That sounds great, but I have some work to complete.
A: No problem. We can reschedule for another time.
B: Excellent. Let's _____.

① engage in exercise
② sit in on a class
③ bury the hatchet
④ take a rain check

05~06 다음 글을 읽고 물음에 답하시오.

National Arts Fund

Purpose

We are charged with supporting and funding artistic projects that enrich the country's cultural landscape. We provide grants to artists, organizations, and local communities that promote the creation of art and its appreciation in all areas of the country, no matter how remote.

Goals

We aim to make art a vital part of every community that is accessible to all individuals, regardless of income or social status. Our programs encourage people to be more creative, undertake cultural exchange, and preserve the country's artistic heritage while maintaining a diverse, thriving arts sector.

Principles

- Creativity: We value the creative expression of the arts and push for artists to find new ways to express their ideas.
- Equity: We strive to make art accessible to all citizens.

05 윗글에서 National Arts Fund에 관한 내용과 일치하는 것은?

① It provides grants only to urban areas with art facilities.
② It adjusts funding based on individual artwork prices.
③ It strives to preserve the country's artistic heritage.
④ It values creativity more than art accessibility.

06 밑줄 친 undertake의 의미와 가장 가까운 것은?

① determine
② invoke
③ reject
④ practice

07 다음 글의 주제로 적절한 것은?

Although the brain is composed of fat, water, protein, carbohydrates, and salt, it is often compared to a muscle. This is because the brain's overall condition strengthens the more it is used, much like a muscle. If we are inactive, our muscles will get weaker and develop slowly; however, if we exercise consistently, they will remain strong and grow. Similarly, our brains will suffer from cognitive decline if not challenged regularly. As a result, mental health professionals encourage ongoing mental exercises in order to improve its function. This can take many forms, but simply reading or engaging in activities that challenge the brain—such as playing a musical instrument or solving puzzles—can be effective. Not only does brain stimulation increase its overall health, but it can also protect against Alzheimer's disease and dementia.

① What causes the development of Alzheimer's disease?
② Where do thoughts originate in the brain?
③ When are our brains fully developed?
④ How can we promote brain health?

08 밑줄 친 부분에 들어갈 말로 적절한 것은?

The negativity bias refers to the relative significance of negative memories and points of data in the memory of the average person. This causes negative information to seemingly cluster and occupy a dominant portion of daily life. The bias largely occurs due to the stronger emotions that are felt during a negative event, leading them to stand out in the mind. This thought pattern is believed to be an evolutionary adaptation meant to help people recognize and adjust to dangerous situations more readily. However, with the progress of science and technology, as well as improvements in living standards and the overall drop in the prevalence of life-threatening situations, _____ _____ in modern society. To counteract the negative effects of the bias, experts suggest intentionally seeking out positive experiences, practicing gratitude, and cultivating a growth mindset.

① the damage caused by this pattern is decreased
② the need for such a bias is remarkably decreased
③ the frequency of negativity encountered is increased
④ the relevance of such thinking is greatly increased

09 Centrist Alliance Party Convention에 관한 다음 글의 내용과 일치하지 않는 것은?

Centrist Alliance Party Convention (CAP)

Event Details
- **Dates:** August 22 – August 27
- **Hours:** 10:00 a.m. – 7:00 p.m
  (Registration begins at 7 a.m. on opening day.)

All delegates to the convention must sign in at the registration desk by 9 a.m. on opening day to collect their "Welcome Package." These will include official credentials for the events.

Tickets will be distributed to invited delegates by August 1. Please contact the party headquarters if tickets are not received.

NOTE: Although there is no dress code for the convention, delegates are expected to dress in a professional way at all events. Those who do not meet the standards will not be allowed entrance.

① The convention will take place over six days.
② A welcome pack will be distributed starting at 9 a.m.
③ Tickets will be sent out by August 1.
④ Entrance can be denied based on attire.

10 주어진 글 다음에 이어질 글의 순서로 적절한 것은?

Traffic jams can be a frustrating experience for those involved. Now, a team led by Dingding Han at Fudan University has developed a recursive modeling technique to evaluate traffic flows in urban areas.

(A) The recursive nature of the technique is vital, as running it repeatedly allows the models to find the domino effect of traffic jams and predict specific areas resulting in these issues. During the model simulation of traffic flows in Shanghai, the recursive modeling technique was able to recognize an exact failure point on Zhonghuan Road.

(B) This analysis demonstrates how recursive modeling techniques can uncover complex traffic patterns that would be difficult to identify through conventional observation methods. The study reveals that traffic issues require sophisticated analytical tools to be fully understood and addressed.

(C) When this point was blocked off, traffic was diverted to other streets, causing further blockages and delays as these routes were unable to handle the increased flow.

① (A) – (B) – (C)
② (A) – (C) – (B)
③ (C) – (A) – (B)
④ (C) – (B) – (A)

01 밑줄 친 부분에 들어갈 말로 가장 적절한 것은?

With the competition coming up, the athlete had to _____ the rigorous training schedule.

① give rise to
② look up to
③ make do with
④ put up with

02 밑줄 친 부분에 들어갈 말로 가장 적절한 것은?

_____ the company is expanding its operations into international markets is seen as a major step toward global recognition.

① If
② Why
③ What
④ That

03 밑줄 친 부분 중 어법상 옳지 않은 것은?

A newly developed device is ① equipped with a function that can predict epileptic seizures an hour in advance, which is ② very earlier than currently available technology. Existing devices are limited to detecting seizures while they are in progress, when it may be ③ too late to avoid injury. They do this either by detecting a fall or muscle spasms, but the newest device monitors ④ a series of neural electrical signals to provide earlier warnings.

*epileptic seizure: 간질 발작

04 밑줄 친 부분에 들어갈 말로 가장 적절한 것은?

 Aaron Reed
How can we make the most of our weekend?
16:20

Sophia Adams
I want to do something that's both fun and active.
16:21

 Aaron Reed
Then, how about we try indoor climbing?
16:21

Sophia Adams
I'm not very good at it, but I'll try.
16:22

 Aaron Reed
Great! I'll make a reservation for Saturday at 2 p.m.
16:23

Sophia Adams
_____
16:23

 Aaron Reed
Don't worry. You can rent everything at the climbing facility.
16:24

① Climbing outside must be memorable.
② Are there courses designed for beginners?
③ Where can I get the necessary equipment?
④ I have several indoor climbing outfits.

05~06 다음 글을 읽고 물음에 답하시오.

Rising Urban Temperatures
A chief concern for the National Urban Sustainability Authority (NUSA) is the rise in temperatures that densely populated urban areas are increasingly experiencing. Urban areas with elevated temperatures not only face increased energy consumption and cooling costs but also put vulnerable residents at risk of heat-related illness and death.

Urban Heat Island Effect
The urban heat island (UHI) effect occurs when an urban area maintains temperatures that are significantly higher than those in surrounding regions, particularly during the summer. The primary causes include the _____ of heat-absorbing materials like asphalt and concrete, lack of vegetation, and heat generated by vehicles, factories, and air-conditioning systems.

The NUSA promotes the development of green infrastructure, such as rooftop gardens and urban forests, to increase vegetation and reduce heat absorption in cities. It also provides emergency funding for cooling centers and advises communities on heat mitigation strategies.

05 윗글의 요지로 적절한 것은?

① The NUSA studies the health impacts of the UHI effect on vulnerable residents.
② The NUSA offers alternatives to heat-absorbing materials found in cities.
③ The NUSA implements strategies to reduce the harmful effects of elevated heat in cities.
④ The NUSA funds the construction of green infrastructure in cities.

06 밑줄 친 부분에 들어갈 말로 적절한 것은?

① presence
② decline
③ hardness
④ affordability

07 다음 이메일의 내용과 일치하지 않는 것은?

To: reserve@NomadicTravel.com
From: LeeS@BellevilleCity.com
Date: March 21
Subject: Airline Tickets

To Whom It May Concern,

I am contacting you about booking airline tickets for an upcoming trip.

The city of Belleville is sending a group of employees to Toronto for a convention. We will need 10 economy-class tickets departing on May 5 and returning on May 10. In addition, we will require additional luggage for all travelers, since they will be carrying presentation materials with them. The departing flight needs to be in the morning, but we have no preference for the returning flight.

Could you please send me a list of options including times and cost of the flights? If your travel agency also arranges airport shuttles, please send me information about that service too.

I look forward to your response.

Thank you.
Lee Silva, City Manager

① 협의회는 5월에 있을 예정이다.
② 이코노미석 항공권 10매가 필요하다.
③ 모든 여행자는 추가 수하물이 필요하다.
④ 돌아오는 항공편은 오후 시간대여야 한다.

08 밑줄 친 부분에 들어갈 말로 적절한 것은?

Debates over the effectiveness of counterterrorism measures persist in many countries. These measures can take various forms, such as increased airport security screenings, surveillance of individuals or groups, and military operations to eliminate terrorist cells. Some believe that they are necessary to safeguard national security, while others argue that _____.

For instance, intensified surveillance of Muslim communities following 9/11 in the US has been criticized for stigmatizing innocent people and exacerbating social tensions without reducing the threat of terrorism. It is also challenging to assess the effectiveness of counterterrorism measures since it is difficult to determine the number of failed attacks. Furthermore, by adapting their tactics and strategies in response to new security measures, terrorists create a perpetual cycle of evasion, leaving the authorities constantly trying to catch up with them. Nevertheless, many countries continue to invest significant resources in counterterrorism efforts, and policymakers face the demanding task of balancing security concerns with civil liberties and other competing priorities.

① they create psychological trauma
② they infringe on civil liberties
③ they weaken international cooperation
④ they expand exchanges between cultures

09 다음 글에 나타난 화자의 심경으로 적절한 것은?

I felt confident walking into the interview earlier that morning before meeting with the hiring manager. But shortly into the interview, I began to doubt myself. Despite preparing extensively by studying the company's history, business, and organization, the interviewer had not asked any questions related to the company or my projected place within it. Instead, he had posed a series of critical reasoning questions to evaluate my thought processes, and I froze up. I didn't even respond. A drop of sweat ran down my brow, and my eyes glanced nervously around the room. The manager checked his watch, which was never a good sign, as I silently attempted to figure out an answer to his questions. He interrupted to tell me they'd contact me if they decided to move forward with my application, but I felt like I already knew the answer.

① anxious and expectant
② determined and focused
③ excited and energetic
④ worried and regretful

10 주어진 문장이 들어갈 위치로 적절한 것은?

Also, the preferences of the crowd controlled the level of violence that took place in the arena.

The knights charging at each other with lances and shields in jousting did not originate on the battlefield but as a form of entertainment for wealthy nobles. (①) Based on writing from the medieval period, it appears that the rules of this sport varied, and there was little by way of standardization. (②) For instance, it was not a set of regulations but the tastes of the knight that determined the size and weight of his lance as well as the material used to fashion it. (③) In some areas, the joust would end when a knight was unhorsed from a blow. (④) In others, even once a knight had fallen off his horse, the fight would continue on the ground until one of the two surrendered or was killed.

*joust: 마상 창 시합을 하다

01 밑줄 친 부분의 의미와 가장 가까운 것은?

Saying "bless you" after someone sneezes is customary in many parts of the world. This is a polite response to wish the person well.

① constant
② disruptive
③ conventional
④ irrelevant

02 밑줄 친 부분에 들어갈 말로 가장 적절한 것은?

Half of the documents _____ in the archive were damaged by the flood.

① storing
② is stored
③ stored
④ are stored

03 밑줄 친 부분 중 어법상 옳지 않은 것은?

I am writing in response to your request for feedback on my order from your website. I ① have used the product over the last several ② days. I think that this moisturizer is ③ more effective than any other cream for soothing dry, sensitive skin. I would therefore recommend Softly Nourishing Cream to customers ④ what are interested in buying it.

04 밑줄 친 부분에 들어갈 말로 가장 적절한 것은?

A: I can't fall asleep no matter how tired I am.
B: Have you tried relaxation techniques, like meditation and deep breathing?
A: Yes, I've tried meditation and deep breathing.
B: Maybe you should try some exercises.
A: That sounds like a good idea. But I'm not sure what kind of exercise I should try.
B: _____
A: I think an expert's advice would be very helpful.

① Engaging in meditation is an excellent pastime.
② Establishing a consistent exercise routine might be the key.
③ What time of day do you prefer to exercise?
④ How about consulting with a fitness instructor?

05~06 다음 글을 읽고 물음에 답하시오.

To	Bridlewood Housing Commission
From	Clark Rutherford
Date	May 27
Subject	Application Status Update Needed

Dear Housing Commissioner,

I am writing to request an update on the status of my public housing application, which I submitted over a month ago.

According to the website, it should only take two weeks to determine if I qualify for the affordable housing program. While I understand that applying for the program does not guarantee housing, it would be helpful to know where I stand in the application process so that I can decide whether I should <u>explore</u> other housing options.

I would greatly appreciate an update on my status as soon as possible, either in a response to this email or via a notification on the program portal. Thank you for your attention to this matter.

Best regards,
Clark Rutherford

05 윗글의 목적으로 가장 적절한 것은?

① To inquire about the current standing of an ongoing application
② To request the required documents to fill out an application
③ To seek technical support regarding an online portal system
④ To ask about the location of a new affordable housing development

06 밑줄 친 explore의 의미와 가장 가까운 것은?

① encompass
② address
③ test
④ examine

07 다음 글의 요지로 적절한 것은?

Young professionals are reminded that one of the keys to career success is developing a strong network. Doing so, they are told, will strengthen their business connections and enhance their visibility within the industry. This, in turn, will allow their accomplishments to become more well-known and lead to additional job opportunities, advancing their careers. But what they aren't told is the cost of relying heavily on professional networking. Cultivating and nurturing a large network can be incredibly time-consuming, even becoming as burdensome as a second full-time job. This takes time away from both their personal lives and the careers they are trying to further. It can also be excessively expensive since attending various networking events requires money for travel expenses and participation fees. As a result, the benefits and costs of networking should be balanced out to guarantee that it is cost-effective in terms of both time and money.

① Visibility within one's industry is the key to career success.
② Career accomplishments are more important than network expansion.
③ The pros and cons of networking must be weighed to ensure it is worth it.
④ Young professionals can rely on professional connections to advance in an industry.

08. 밑줄 친 부분에 들어갈 말로 적절한 것은?

Human progress is moving forward at an unprecedented rate thanks to the implementation of digital technologies. However, in spite of this progress, the digital age has brought with it immense setbacks when it comes to protecting human rights. The use of digital technologies has enabled governments and organizations to collect and analyze vast amounts of data about individuals, which can then be used to track their activities and even manipulate their behavior. If this is not addressed with strong data protection laws, our privacy will remain at risk and we may find ourselves as mere components in a system influenced by the decision of those in power; we will once again live in a time where human rights are not protected. The development of policies, regulations, and other measures that ensure the protection of individuals' rights and freedoms is of utmost importance. Otherwise, in the face of all our supposed progress, we will _____.

① be unable to identify threats to democracy
② enter a state of decline
③ have secure access to online spaces
④ return to older technologies

09. Consumer Financial Protection Department에 관한 다음 글의 내용과 일치하는 것은?

History and Current Status of the Consumer Financial Protection Department (CFPD)

The CFPD was formed in 2010 via legislation in response to the financial crisis of 2008. It was originally established to safeguard consumers from large financial institutions that used exploitative practices, such as charging excessive fees for credit cards, student loans, and mortgages. In the last decade, the CFPD has shifted its focus toward newly emerging financial technology companies that provide a broad range of services but are not yet under the same level of scrutiny as traditional financial institutions. The CFPD's complaint system allows consumers to submit grievances against such companies. When warranted, it has the power to order offending companies to compensate victims of illegal fees or scams.

① It was officially established in 2008.
② Its initial mission was to punish exploitative practices of financial institutions.
③ It provides a way for consumers to file complaints.
④ It offers direct compensation to victims of fraud.

10 다음 글의 흐름상 어색한 문장은?

On a movie set, the camera crew collaborates to capture the most visually stunning shots for a film. ① The director of photography oversees all visual aspects of the film, from lighting to the lenses used, and works closely with the movie's director to bring their vision to life on the screen. ② The first assistant camera is responsible for ensuring that each shot remains in focus during filming while also documenting the positions of the actors and other elements in each shot. ③ For many major movie studio productions, advertising campaigns begin two months before the film's release. ④ The second assistant camera keeps track of the transportation of camera equipment between locations and uses the film slate to mark the beginning and end of each take.

DAY 15 하프모의고사 15회

01 밑줄 친 부분에 들어갈 말로 가장 적절한 것은?

The latest vehicle design is fairly _____, as it lacks any unnecessary features equipped with performance.

① trendy
② durable
③ spacious
④ functional

02 밑줄 친 부분에 들어갈 말로 가장 적절한 것은?

They monitored their child's online activity lest she accidentally _____ harmful or inappropriate content.

① access
② accesses
③ accessed
④ had accessed

03 밑줄 친 부분 중 어법상 옳지 않은 것은?

A fable is a fictional narrative that highlights, as well as ① helps clarify, certain aspects of human behavior and a lesson. By using animals and inanimate objects, fables try to make light of human weakness without ② insulting the person the tale concerns. If readers pay attention to characters' weaknesses, they may recognize ③ theirs as well. Traditionally, fables can ④ regard as more than just children's stories, as they were meant to teach not only children but also adults.

04 밑줄 친 부분에 들어갈 말로 가장 적절한 것은?

Matthew Reynolds
Have you seen the new exhibition at the art museum?
15:04

Samantha Barnes
No, I haven't. What's it about?
15:04

Matthew Reynolds
It's a collection of contemporary art pieces from around the world.
15:05

Samantha Barnes
_____?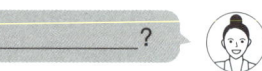
15:05

Matthew Reynolds
It'll be displayed until September, so there's still plenty of time to go check it out.
15:06

Samantha Barnes
That sounds great. I'll have to make time to go see it.
15:06

① When can I avoid crowds
② How long will the exhibition run
③ When is the artist's tour scheduled
④ What time does the museum close

05~06 다음 글을 읽고 물음에 답하시오.

(A) _____

Are you looking for a fun way to stay in shape while connecting with other community members?

If so, become a player in the new adult softball league! We already have access to a field and sponsorships for uniforms.

For those interested in playing, we're holding a meeting. We'll also discuss volunteer positions for non-players to assist the league in running smoothly, such as pitching in to help with scheduling and refereeing.

Who's ready to play ball?

Supported by the Callahassee Recreation Department

- Location: Callahassee Recreation Center
- Date: Thursday, April 28
- Time: 7:00 p.m.

To sign up to play, please fill out the online form on the "Softball Recruitment" page at www.callahasseerecreation.com. The season is expected to start on June 1.

05 (A)에 들어갈 윗글의 제목으로 가장 적절한 것은?

① Exciting Volunteer Opportunities at the Recreation Center
② Celebrate the Callahassee Softball Team's Triumph!
③ Fuel Your Passion: Join Our Sports League Now!
④ Watch Thrilling Sports Events in Callahassee!

06 위 안내문의 내용과 일치하지 않는 것은?

① 소프트볼 리그가 열릴 경기장이 결정되었다.
② 전문 심판이 참여할 예정이다.
③ 선수 등록은 웹사이트를 통해 가능하다.
④ 경기 시즌은 6월부터 시작될 것이다.

07 밑줄 친 부분에 들어갈 말로 적절한 것은?

To: introstudents@ddschool.com
From: o.henderson@ddschool.com
Date: September 10
Subject: Notice before First Class

Dear Students,

Thank you for enrolling in the User Interface (UI) Introduction course. Before our first lesson, I want you to familiarize yourself with the basics of UI design. The following five guidelines will be the basis of all of our work this semester:

1. Design element consistency helps users get familiar with the interface.
2. Clear and simple language allows users to understand the interface efficiently.
3. User-friendly menus provide quick navigation through the site.
4. Accessibility solutions address the needs of users with visual impairments to make the app as inclusive as possible.
5. Bug-free programming creates a frustration-free user experience by eliminating issues in the code.

I hope _____.
I will strive to prepare outstanding classes that meet your needs. Please remember to bring your laptop and the textbook.

Warm regards,
Olivia Henderson
Digital Design School UI Instructor

① you clearly understand the course grading system
② the value of this course will spread through word of mouth
③ these guidelines will prepare you well for our exciting journey
④ the UI industry remains closely connected to our daily lives.

08 다음 글의 요지로 적절한 것은?

Setting boundaries in a professional setting is essential for maintaining a healthy working life and avoiding burnout. To do this, first, communicate openly about your availability. For example, let coworkers know that you won't be checking emails after a certain time in the evening or that you won't be free to take calls during designated times. In addition, make sure to establish boundaries around workload. This involves setting realistic deadlines and communicating with your supervisor about your capacity to handle additional work. By being honest about how much you can do, you can prevent others from overburdening you with tasks and ensure that you prioritize your most important responsibilities. Related to this is learning to say no. Accepting every opportunity that comes your way can quickly lead to burnout. When you become comfortable with turning down requests beyond your capacity, it allows you to direct your time and energy toward your top priorities.

① Work together to get ahead.
② Assign tasks to ease the workload.
③ Utilize digital communication.
④ Create healthy limits at work.

09 주어진 문장이 들어갈 위치로 적절한 것은?

This could be because space agencies are not always vocal about their achievements.

The United States first put a man on the moon in 1969, and other men later walked on its surface, but no one has been up there since 1972. (①) Instead, NASA began its Space Shuttle program, though its rockets never ventured beyond Earth's orbit. (②) Today, governments and private companies are spending billions on space exploration and sending wealthy entrepreneurs on costly joyrides into space. (③) Some wonder if human space flight is worth the expense as they see little redeeming value in exploring space. (④) In truth, due to the need for new systems to make space exploration possible, many areas of human life have benefitted from sending people into space. For example, the Apollo guidance computer was a predecessor to the microcomputer, which is now used in smartphones.

10 다음 글의 흐름상 어색한 문장은?

Wireless communication technology is being applied in innovative ways. One of which allows medical professionals in the healthcare industry to remotely access real-time updates of patient vital signs, including heart rate, blood pressure, and oxygen levels. ① This is especially helpful for those with chronic conditions such as diabetes, heart disease, or respiratory disorders that require regular monitoring. ② Interestingly, there are concerns about the possibility that remote patient monitoring could lead to more medical errors than traditional in-person care. ③ Wireless communication is also integral to advanced transportation systems, with smart highways and connected cars communicating to reduce accidents and improve traffic flow. ④ This technology has the potential to enhance road safety and reduce congestion. Furthermore, public safety communication networks use this technology to provide secure and reliable channels between first responders during emergency situations, allowing them to accelerate their response times and have better situational awareness in critical situations, ultimately leading to more lives saved.

Self Check List

이번 테스트는 어땠나요?
다음 체크리스트로 자신의 테스트 진행 내용을 점검해 볼까요?

01 나는 15분 동안 완전히 테스트에 집중하였다.
□ YES   □ NO

02 나는 주어진 15분 동안 10문제를 모두 풀었다.
□ YES   □ NO

03 유난히 어렵게 느껴지는 지문이 있었다.
□ YES   □ NO

04 유난히 어렵게 느껴지는 문제가 있었다.
□ YES   □ NO

05 모르는 어휘가 있었다.
□ YES   □ NO

06 개선해야 할 점과 이를 위한 구체적인 학습 계획

_____
_____

정답·해석·해설 p. 86

하프모의고사 15회
출제예상 핵심 어휘리스트
바로 다운받기 (gosi.Hackers.com)

QR코드를 이용해 핵심 어휘리스트를 다운받아, 언제 어디서든 공무원 출제예상 어휘를 암기하세요!

DAY 16 하프모의고사 16회

01 밑줄 친 부분에 들어갈 말로 가장 적절한 것은?

The city was buzzing with activity during the fire festival, but the excitement _____ once the event was over.

① intensified
② lingered
③ fluctuated
④ subsided

02 밑줄 친 부분에 들어갈 말로 가장 적절한 것은?

Corporations are compelled _____ financial issues to regulatory authorities.

① to report
② to be reported
③ reporting
④ reported

03 밑줄 친 부분 중 어법상 옳지 않은 것은?

Fertile soil makes high crop yields and first-rate plants ① possible for farmers. ② Replenishing with adequate amounts of nutrients, the soil causes plants to thrive, whether the nutrient source is soil microorganisms or natural fertilizers to add ③ what is lacking in soil. Nevertheless, farmers keep ④ using synthetic fertilizers, which do not contain micronutrient organisms and release nutrients too quickly or slowly, as they are inexpensive and easy to handle.

04 두 사람의 대화 중 가장 어색한 것은?

① A: I'm learning a new language, but I'm not used to the pronunciation.
　B: You don't have to worry. You'll master it with practice.
② A: I want to create a beautiful garden in my backyard.
　B: I have no doubt that you can, considering your green thumb.
③ A: My mentor at work retired. I miss his guidance so much.
　B: Yeah, I know exactly what you mean.
④ A: Is it okay if we reschedule our meeting for next week?
　B: That won't work for me. I will be available next week.

05~06 다음 글을 읽고 물음에 답하시오.

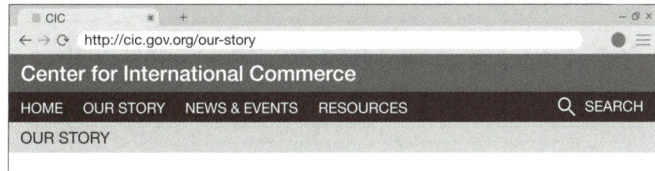

Center for International Commerce

Our Philosophy

We believe that international trade is a powerful way for developing countries to grow quickly. To this end, we advocate for trade policies, training courses, and job placement programs that help companies from emerging markets participate in the global economy and benefit from it.

Breakthrough Initiatives

Our breakthrough initiatives emphasize providing solutions that can be rapidly implemented at the ground level in developing countries. Our current program is focused on digital equality, with the goal of bringing 20,000 small businesses online this year. Future programs will center around balancing economic growth with environmental stability.

Empowering Youth

Through entrepreneurship and employability training courses in trade operations, as well as providing networking and mentoring opportunities, we <u>equip</u> young people to achieve economic success with the tools and motivation they need.

05 윗글에서 Center for International Commerce에 관한 내용과 일치하는 것은?

① It intends to promote trade among developing countries.
② It advocates for trade policies that help companies benefit.
③ Its goal is to support 20,000 small businesses engaged in online commerce.
④ It is focused on providing funding to young entrepreneurs.

06 밑줄 친 equip의 의미와 가장 가까운 것은?

① connect
② urge
③ prepare
④ involve

07 다음 이메일의 내용과 일치하지 않는 것은?

To: reservations@DurbanHighline.com
From: KaceyMarquez@WestOrleans.com
Date: January 12
Subject: Hotel conference room

To Whom It May Concern,

I am writing to inquire about the conference room facilities offered by your hotel.

I am in charge of booking a conference room for the upcoming Municipal Employee Convention being held in Durban on April 1-3.

West Orleans will have 150 guests attending the event. We require the room daily from 9 a.m. to 5 p.m. We need 15 tables, each seating ten people, as team-based activities are planned. Also, the room must include equipment such as a projector with a screen, an audio system with microphones, and stable Wi-Fi, but a separate podium will not be necessary. If feasible, refreshments such as beverages and light snacks would be appreciated for the attendees. Additionally, I'd like to know if you offer shuttle services from the nearby subway station for our attendees.

Could you let me know if you could host our group and provide information about the conference room cost?

I look forward to your reply.

Regards,
Kacey Marquez
West Orleans Personnel Manager

① 하루에 8시간씩 회의실 사용이 필요하다.
② 참석자가 열 명씩 앉을 수 있는 테이블 15개가 필요하다.
③ 참석자들에게 다과가 제공되는 선택지를 선호한다.
④ 지하철역에서 호텔까지 운행하는 무료 셔틀이 필요하다.

08 다음 글의 주제로 적절한 것은?

You know the feeling: you're fully absorbed, totally immersed in a task and losing track of time. That's what being in a "flow state" feels like. Psychologist Mihaly Csikszentmihalyi was the first to coin the term in the 1970s. He further described it as a state of effortless action, where the task at hand feels natural and easy. The problem is that achieving flow isn't always straightforward. To get into a flow state, you need to engage in an activity that challenges you just enough to keep you interested, but not so much that you feel overwhelmed. Once a task has been chosen, set clear, specific, and measurable goals. Eliminating distractions is also vital. Finally, make it a habit to partake in activities that require you to focus and stay in the moment. This continued practice will make entering a flow state easier.

① opponents to the flow theory
② strategies to prioritize goals
③ tips to reach a flow state
④ tools to increase productivity

09 주어진 문장이 들어갈 위치로 적절한 것은?

Yet, they are inclined to try again, only with a different or improved idea.

Idealists envision an optimal world and have very definite ideas about the way things should be. Basically, they strive for something that may seem ambitious or even unachievable to others. They believe it is proper to use one's creative power to change things for the better. (①) Indeed, they are hopeful to the point where they are willing to sacrifice everything—their job, reputation, and financial consistency—in order to achieve a dream. (②) Many idealists have attained their dreams despite big losses, and these include inventors, businesspeople, and artists. (③) They do not, however, always achieve what they want. (④) Realists, on the contrary, do not have positive expectations and would rather work within the constraints of reality. When they make goals, they use current facts and past events rather than hopes and dreams.

10 밑줄 친 부분에 들어갈 말로 적절한 것은?

Successful people are not only aware of their own strengths, weaknesses, and how to leverage each appropriately, but they are also acutely aware of those possessed by others around them. While people everywhere believe that they are excellent multitaskers, in reality, performing in this manner results in what's known as continuous partial attention, diverting cognitive power and decreasing the quality of the final outcome for both tasks. Successful people understand the truth in an oft-repeated maxim: _____.
They have learned to delegate effectively, sharing responsibilities with other team members and allocating them according to each team member's specific proficiencies and capabilities. This requires a keen understanding of one's own strengths as well as the strengths of one's teammates, making the ability to perceive and scrutinize strengths and weaknesses crucial to success.

① practice makes perfect
② two heads are better than one
③ you are never too old to learn
④ actions speak louder than words

01 밑줄 친 부분에 들어갈 말로 가장 적절한 것은?

Engaging in a hobby can bring _____: the pleasure of creating something with your own hands and the feeling of pride from learning a new ability.

① obligation
② overflow
③ fulfillment
④ admiration

02 밑줄 친 부분에 들어갈 말로 가장 적절한 것은?

A society's advancement occurs not because individuals choose to conform to existing norms but because they dare to challenge conventions and _____ meaningful change.

① create
② creates
③ creating
④ having created

03 밑줄 친 부분 중 어법상 옳지 않은 것은?

In an honest relationship, both partners are free to collaborate on solutions ① so as to relieve tensions and handle conflicts. However, some relationship counselors warn that there ② is a limit to the benefits of honesty, and too much can ③ result in undue stress and negativity. For instance, if your brutal honesty hurts your partner, with no secondary benefit, you had better ④ to conceal the truth.

04 밑줄 친 부분에 들어갈 말로 가장 적절한 것은?

 Katherine
Could I ask you about the library operation hours?
14:08

 Civic library
Of course! Which section of the library are you interested in?
14:08

 Katherine
I'm looking to visit the history archives.
14:09

 Civic library
It is open from 9 a.m. to 5 p.m. every day.
14:10

 Katherine
_____
14:11

 Civic library
In that case, you can access our archives online through the library website to search and view documents.
14:11

 Katherine
That seems like the best option right now. Thank you.
14:12

① I've never been to the history archives before.
② Unfortunately, I can only visit the library after 6 p.m.
③ I don't have an account for the library's website.
④ Just let me know when the regular closing days are.

05~06 다음 글을 읽고 물음에 답하시오.

To	Lilybrooke Transportation Department
From	Isabel Chan
Date	October 11
Subject	Improving the Safety of Our Crosswalks

To the Transportation Department,

I am sending this email to express my gratitude for the recent installation of in-ground traffic lights throughout the downtown area.

While I'm aware that the principal purpose of these in-ground traffic lights at crosswalks is to increase safety for those who may be distracted by their cell phones, I believe they benefit all pedestrians and drivers as well. They are brighter and much easier to see than _____ street lights.

I just wanted to take a moment to thank you for enhancing the safety of our community. This improvement makes me proud to be a resident of Lilybrooke. Keep up the great work!

Sincerely,
Isabel Chan

05 윗글의 목적으로 적절한 것은?

① To recommend ideas to improve resident life in Lilybrooke
② To request that additional street lights be added to city roads
③ To complain about the dangerous driving taking place downtown
④ To express appreciation for a recent renovation to downtown crosswalks

06 밑줄 친 부분에 들어갈 말로 적절한 것은?

① alternative
② traditional
③ innovative
④ practical

07 다음 글의 내용과 일치하는 것은?

In caves across Europe, evidence has been found that proves that humans were creating art as far back as the Upper Paleolithic period. These caves contain representational art in the form of not only paintings and sketches but also small carved sculptures. Some of the best-preserved of these works are found in the caves of Chauvet-Pont-d'Arc in southeastern France. Discovered in 1994, the paintings in the cave date to between 30,000 and 32,000 years ago, but they were hidden for approximately 20,000 years due to a rock slide that sealed off the cave's entrance. This protected the pieces by preventing them from being damaged by human or animal activity and provided a consistent environment that halted their natural degradation. So far, researchers have catalogued approximately 1,000 pieces of art in the cave, many of which depict the wildlife that existed in the region during the period of their creation, including horses, deer, woolly rhinoceroses, and cave hyenas.

*Paleolithic period: 구석기 시대

① The oldest known manmade art works are found in southeastern France.
② A rock slide left the Chauvet-Pont-d'Arc paintings in excellent condition.
③ Researchers have discovered art in around 1,000 caves across Europe.
④ Some of the cave paintings depict animals that did not exist in the area.

08 다음 글의 요지로 적절한 것은?

Accident Response
Avoiding accidents and investigating them when they do occur is the main function of the National Air-Travel Safety Board (NASB). Air travel-related accidents put the public at risk and can lead to mass casualties, including serious injury and even death.

Air travel-related Incidents (ATI)
An air travel-related incident (ATI) is an event that jeopardizes the safety of passengers, crew, and aircraft operation caused by mechanical failure or human actions and can range from disturbances during flight to crashes.

The NASB has a team of qualified aviation experts to respond to these incidents within minutes. When an ATI is reported, the NASB sends its teams out to attend to those involved in the incident and to investigate the causes in order to prevent further such events and make air travel safer in the future.

① NASB's main job is to train staff for air travel jobs.
② NASB is dedicated to preventing accidents during air travel.
③ NASB sets rules for the actions of people on flights.
④ NASB investigates ways to stop ATIs from occurring.

09 다음 글의 흐름상 어색한 문장은?

When looking at the biographies of Nobel laureates, an interesting commonality becomes apparent—they typically exhibit creative polymathy. In other words, they build expertise in more than one field. ① Alexis Carrel, the 1912 winner of the Nobel Prize in Medicine, for example, was a talented lacemaker and embroiderer who adapted those skills to develop new stitches that made organ transplantation possible. ② Historically, lacemaking has been widely adopted, generally ranging from sleeve cuffs to curtains, tablecloths, and pillowcases. ③ Interestingly, winners of the literature prize are three times as likely to also be fine artists as the average person, and like Carrel, their seemingly disconnected skills often complement each other. ④ Dario Fo, the 1997 Nobel Literature Prize winner, occasionally drew his plays before writing them, using these visual sketches as an anchor for his dramatic ideas. He could then see his overall idea in pictures and set about writing the dialogue and scene notes for it.

10 다음 글의 내용과 일치하지 않는 것은?

Approximately a quarter of Earth's surface is covered in mountains, which have unique ecosystems due to their structure. The differences in altitude cause stratification in the types of plants and animals that occur on the mountain slope. As the altitude increases, temperatures fall, meaning that the environment is no longer suitable for the species living near the base of the mountain. The milder temperatures and heavier rainfall at moderate elevations allow them to be covered in thick forests that support a wide variety of animals. Moving higher up the mountain, the climate becomes harsher as temperatures fall lower and wind speeds increase. As a result, there are few trees, making alpine grasslands the dominant ecosystems. While these harsher areas have fewer resident animal species, there are many that appear at different times of year. This is because of vertical migration. Much like other animals that move north or south seasonally, animals on the mountainside often move between elevations.

*stratification: 계층화

① Around 25 percent of the world's land is mountainous.
② A large variety of animals exist in forests at moderate elevations.
③ Few trees exist near mountain tops due to harsh weather conditions.
④ Many animal species leave the mountain to migrate south during winter.

DAY 18 하프모의고사 18회

01 밑줄 친 부분에 들어갈 말로 가장 적절한 것은?

I was deeply saddened to realize that the beautiful landscape of my hometown would be _____ by the construction of an expressway.

① shaped
② revealed
③ eliminated
④ acclaimed

02 밑줄 친 부분에 들어갈 말로 가장 적절한 것은?

A teacher should be someone _____ students can always discuss new ideas and ask questions.

① with whom
② in which
③ whom
④ who

03 밑줄 친 부분 중 어법상 옳지 않은 것은?

Many people turn to multitasking as a way to get multiple tasks ① to accomplish in less time. However, ② it is more important to focus on one task at a time and give it your full attention than to do many things simultaneously. One technique that can help you do this is the Pomodoro Technique, which involves breaking your work into 25-minute intervals, separated ③ by short breaks. This can help you work more efficiently and effectively, allowing your brain ④ to recharge and refocus.

04 밑줄 친 부분에 들어갈 말로 가장 적절한 것은?

A: Excuse me, I would like to return this shirt.
B: Sure. Could you tell me the reason for the return, please?
A: It's not the right size for me. I have a receipt with me as well.
B: Alright. I will process the return for you.
A: By the way, are there any other colors available for this shirt?
B: Yes. It comes in three different colors.
A: _____
B: Of course. The fitting room is located over there.

① Isn't it too bright for me?
② Can I try one of them on?
③ What would you recommend?
④ Can I get a refund instead?

05~06 다음 글을 읽고 물음에 답하시오.

Mental Health Care
Providing support for those experiencing mental health issues is the key focus of the Mental Health Services Agency (MSHA). Effective programs and policies can mitigate the far-reaching impact of mental health illness on individuals struggling with it, their families, and their communities.

Substance Abuse Disorder
A substance abuse disorder (SAD) is a medical condition characterized by the ongoing use of a substance that causes impairment, such as drugs or alcohol, leading to health problems, disability, and inability to function properly in society, often resulting in _____ effects and concerns related to health and safety.

The MSHA focuses on treatment and prevention programs for SADs through crisis intervention services and access to treatment programs. Professionals working with the MSHA attempt to identify those with SADs and provide them the support and resources necessary to regain their health.

05 윗글의 요지로 적절한 것은?

① MSHA strives to educate communities about the impact of addiction.
② MSHA aims to treat people who are addicted to substances.
③ MSHA provides financial resources to those whose disabilities hinder their lives.
④ MSHA is focused on providing resources to improve overall health.

06 밑줄 친 부분에 들어갈 말로 적절한 것은?

① mild
② invisible
③ constructive
④ devastating

07 Advanced Defense Research Agency에 관한 다음 글의 내용과 일치하는 것은?

Advanced Defense Research Agency (ADRA) Accomplishments

ADRA is the research arm of the Defense Department. Throughout its history, ADRA has advanced technological breakthroughs to enhance the nation's security and the capabilities of the military. ADRA played a key role in developing the foundation upon which today's Internet was built, along with stealth technology and the global positioning satellite (GPS) system. It has also been instrumental in the development of artificial intelligence, robots, and biotechnology. ADRA works on these cutting-edge technologies to anticipate and address threats in the modern world. The agency cooperates with academic and industry partners to accelerate technological advances and ensure the country remains a technological leader in the world.

① It works to create new technology for the civilian world.
② It created the predecessor to the Internet of today.
③ It purchased technology used in GPS systems.
④ It helps schools and companies become technological leaders.

08 다음 글의 주제로 적절한 것은?

One of the best aspects of technological development in the past two decades is that the quality and accessibility of technology have made it possible for anyone to acquire a piece of technology, learn to use it, and produce work on a professional level. For example, in the past, an aspiring filmmaker would have to attend film school to make use of the devices and attain the skills necessary for their craft. Today, such a person can use free online tutorials to master the skills and upload their work on the Internet for all to see. The downside of this accessibility is that if the bar to entry has been lowered so that anyone can reach a level of professional filmmaking on their own, the amount of competition rises substantially. Therefore, aspiring filmmakers must go one step further and innovate in their craft or find a niche within the film world that no one else currently occupies.

① the accessibility of filmmaking tools
② technological change and filmmakers
③ film and the special effects industry
④ the Internet and technology

09 다음 글의 내용과 일치하지 않는 것은?

Before the Industrial Revolution, it was common for people to partake in two-phase sleep, where they would settle down for their first sleep around 9 p.m. and naturally awaken around 11 p.m. without the use of an alarm. Evidence of this can be found even dating back to the 8th century BC. During the period of wakefulness, which lasted about two hours, people would attend to household chores or tend to farm animals. At around 1 a.m., they would bed down for the second sleep, which lasted until dawn. However, with the widespread accessibility of artificial light, people began going to bed later but waking up at the same time, leading to a consolidation of sleep into a single uninterrupted span. Interestingly, in a 1995 experiment, subjects were placed in an environment devoid of artificial light, and after four weeks, they reverted to two-phase sleep, indicating that this sleep pattern may still be innate to humans.

① Evidence of two-phase sleep goes back thousands of years.
② People would take care of domestic tasks during the period between the two sleeps.
③ The proliferation of unnatural lighting led to the end of the two-phase sleep practice.
④ The experiment results suggest humans have lost the innate drive for two-phase sleep.

10 주어진 글 다음에 이어질 글의 순서로 적절한 것은?

Human communication is a complex system. In addition to the words that we use to express ourselves, we also use other vocal devices, such as tone and timbre that show emotion regardless of whether words are used.

(A) We can also often tell how our cats are feeling based on the particular way that they are meowing, either aggressively, loudly, or timidly. Effectively, they are communicating with us without words.

(B) Similarly, in animals, various sounds are used to convey emotional states, and these can be understood across species. Although our dogs cannot tell us they are in pain, whimpering makes it clear.

(C) For instance, if we hear someone screaming, we perceive their feeling of fear even if we don't speak the same language.

① (B) – (A) – (C)
② (B) – (C) – (A)
③ (C) – (A) – (B)
④ (C) – (B) – (A)

DAY 19 하프모의고사 19회

01 밑줄 친 부분에 들어갈 말로 가장 적절한 것은?

Despite their mounting exhaustion and the temptation to give up, the marathon runners _____ their fatigue and persevered to cross the finish line.

① sustained
② resisted
③ enhanced
④ boasted

02 밑줄 친 부분 중 어법상 옳지 않은 것은?

Some people argue that a good relationship depends on ① how many similar interests and hobbies individuals in a relationship share with ② each other. There is a lot of debate ③ involving in this idea of compatibility. However, we believe the key question is whether you are willing ④ to compromise and grow together or just settle for the status quo.

03 밑줄 친 부분이 어법상 옳지 않은 것은?

① Most of the evidence was precise regarding the defendant's alibi.
② Being snowy all day, I put on my boots so as not to slip on the ice.
③ By the time the construction ends, the company will have invested over 5 million dollars.
④ The test had already begun when I entered the classroom.

04 밑줄 친 부분에 들어갈 말로 가장 적절한 것은?

Laura Turner
Thank you for calling the WanderSafe Insurance Co. How can I assist you today?
11:15

Henry Carter
Hi, I'm planning to backpack across Asia and I'm curious about which insurance I should obtain.
11:15

Laura Turner
What kind of activities do you have planned for your trip?
11:15

Henry Carter
I'll go hiking, camping, and do water sports.
11:16

Laura Turner
Okay. Based on the things you mentioned, I recommend our Adventure Sports insurance.
11:16

Henry Carter

11:17

Laura Turner
It provides up to 5 million won in hospital expenses for injuries during sports activities.
11:17

① How many days does this insurance cover?
② What happens if I need to cancel my trip?
③ Do I need to submit any related documents?
④ What exactly does this insurance cover?

05~06 다음 글을 읽고 물음에 답하시오.

To	San Felipe Coastal Management
From	Sue Davis
Date	June 18
Subject	Lack of Lifeguards on Duty

To Whom It May Concern:

I hope this message finds everyone on the management team well. I would like to bring your attention to an issue I observed during a visit to El Mar Beach last weekend with my family.

Despite El Mar Beach being over three miles long, I noticed there are only two lifeguard stands. This limited coverage could result in slow response times in case of an emergency. With the warmer months approaching and more families heading to the beach, I believe this problem will become more pressing.

While I understand that constructing additional lifeguard stands might not be feasible, I hope that more lifeguards will be put on patrol to provide adequate coverage for beachgoers. Thank you for your attention to this matter.

Respectfully,
Sue Davis

05 윗글의 목적으로 가장 적절한 것은?

① To ask that more lifeguard stands be built on a beach
② To complain about the unclean water conditions at El Mar Beach
③ To request that a beach have additional safety personnel
④ To inquire about a beach's opening hours during the summer months

06 밑줄 친 "feasible"의 의미와 가장 가까운 것은?

① beneficial
② possible
③ credible
④ appropriate

07 다음 글의 요지로 적절한 것은?

Whether in a school setting, at a debate, or via a news report, there are individuals tasked with the goal of educating others and swaying them to their side. In any setting, there are a few crucial components to this endeavor. 1. The way in which the information is delivered must be persuasive. It is not enough simply to provide bare information; the speaker must insert subjectivity in a way that is compelling but not unpleasant. 2. It is necessary that the information be factual, and that lapses in accuracy are addressed. Listeners need to know they can trust the speaker to deliver factual information. 3. The listeners must be prepared to learn. If they approach the speaker with skepticism or are not prepared to learn, there is little the speaker can do to reach them.

① Education depends on the background and training of the speaker.
② Education requires truthfulness as well as a persuasive presentation.
③ Education necessitates a receptive and engaged audience.
④ Education must be supported by public institutions and authorities.

08 주어진 문장 다음에 이어질 글의 순서로 적절한 것은?

Although insomnia, a sleep disorder that affects approximately 10 percent of the world's population, is sometimes triggered by an underlying medical condition, it is the result of lifestyle choices in most cases.

(A) Perhaps the most common of these is an irregular sleep schedule, whereby a person frequently changes the times at which he or she goes to bed or wakes up.
(B) The reason is that it disrupts the circadian rhythm, the body's internal clock that governs our sleep-wake cycle based on environmental cues such as the presence or absence of sunlight.
(C) But why does this failure to maintain regular sleeping habits have a negative effect on the quality and quantity of rest that an individual receives?

① (A) – (B) – (C)
② (A) – (C) – (B)
③ (C) – (A) – (B)
④ (C) – (B) – (A)

09 다음 글의 제목으로 적절한 것은?

Realizing how many things that were once physical now exist mainly in digital form is surprising. We still use money in the form of paper and coins, but our greatest expenses are almost entirely paid for digitally. Money is paid and stored digitally, and it is only a matter of time before physical currency is phased out. Television and film are mostly broadcast to viewers over digital platforms, and even physical movie theaters have seen audiences shrink in favor of watching digital content at home. And most recently, 3-D printers have digitized the process of acquiring physical products. Most of these changes would have been unthinkable just a decade or two ago. We can only speculate about which physical aspects of society will become digitized next.

① How Has Digitization Revolutionized Society?
② Why Was Physical Entertainment Media Phased Out?
③ What Are the Benefits of Physical Currency?
④ How Are Digital Products Making Life Unpredictable?

10 다음 글의 흐름상 어색한 문장은?

Runners often describe the renewed burst of energy they experience while they're already into a run as getting their "second wind." This usually occurs when a runner is quite tired out and aching, and likely to soon run out of energy. At this point, a runner is taking deeper and more frequent breaths than they did at the beginning of their run. ① These deep breaths serve to replenish their body's supply of oxygen faster than it is being expended. ② As long as the runner does not become exhausted, eventually the body's intake and consumption of oxygen reach a balance, and the runner regains their energy. ③ This is the "second wind" effect, at which point a runner seemingly overcomes any pain and lethargy to keep running with renewed fervor. ④ Oxygen provides nutrients to blood cells, which results in a healthy, bright red appearance. Trained runners may undergo several "second winds" in a single run.

DAY 20 하프모의고사 20회

01 밑줄 친 부분에 들어갈 말로 가장 적절한 것은?

The famous chef added a distinctive spice to the dish, allowing those who tasted it to experience a _____ flavor.

① vague
② memorable
③ common
④ permanent

02 밑줄 친 부분에 들어갈 말로 가장 적절한 것은?

The suspect claimed to _____ a conference during the time of the incident, but investigators assumed he was making up a false story.

① have been attended
② have attended
③ be attended
④ attend

03 밑줄 친 부분 중 어법상 옳지 않은 것은?

Icelandic naming conventions follow a unique pattern. Instead of ① using a surname that indicates the family's traditional long-term ancestral ties, the Icelandic system requires that children ② given a surname derived from the father's name. To prevent this naming system from ③ being lost as it was elsewhere, the Icelandic government strictly regulates naming practices. For example, names that have been ④ previously unused in Iceland must be approved by the Icelandic Naming Committee.

04 밑줄 친 부분에 들어갈 말로 가장 적절한 것은?

A: Can you do me a favor?
B: Sure. What do you need?
A: I need someone to take over my shift at work tomorrow.
B: What time does your shift start?
A: It starts at 9 a.m. and goes until 5 p.m.
B: _____
A: Thanks! You've saved me.

① Let bygones be bygones.
② I apologize for making a mistake.
③ I will take care of it for you.
④ It's better late than never.

05~06 다음 글을 읽고 물음에 답하시오.

Congressional Office of Ethics

Responsibilities

Our office is responsible for ensuring that all members of Congress and their staffs adhere to the highest ethical standards. We implement policies passed by Congress to prevent conflicts of interest and foster transparency in order to bolster public trust in its government.

Activities

We provide training and educational resources about ethics rules to everyone involved in the legislative branch. In addition, the COE monitors compliance with Congressional ethics regulations, including financial disclosures. The office requests, maintains, and publishes financial statements from all members and can launch an investigation when an <u>inaccurate</u> filing or potential illegal activity is found.

Organizational Values
- Integrity & Accountability: We take actions to protect honesty, fairness, and responsibility in the name of the public.
- Transparency & Objectivity: We promote openness and impartiality in all matters.

05 윗글에서 Congressional Office of Ethics에 관한 내용과 일치하는 것은?

① It is in charge of overseeing the ethics of everyone in government.
② It creates ethics policies to prevent conflicts of interest.
③ It monitors the financial affairs of Congress members.
④ It conducts its activities secretly to protect government employees.

06 밑줄 친 inaccurate의 의미와 가장 가까운 것은?

① late
② annual
③ unreliable
④ erroneous

07 다음 글의 흐름상 어색한 문장은?

In software development, back-end developers are responsible for making the software work. They program all the features so that the software can do what it's intended to do. ① <u>In contrast, front-end developers are concerned with how users will make use of this software.</u> ② <u>They are responsible for designing an interface that's intuitive and accessible, and for providing explanations that the average person can understand.</u> ③ <u>User engagement is crucial to the sales and popularity of IT companies.</u> ④ <u>Essentially, they interpret the technical terms of the back-end developers to produce a simplified and coherent presentation.</u> Without them, it is unlikely that the average person would understand how to use the software.

08 다음 글의 목적으로 적절한 것은?

To: customers@UnionEnergy.com
From: CustOutreach@UnionEnergy.com
Date: January 10
Subject: Winter tips

Dear Customers,

As winter temperatures drop, many people want to know how to stay warm without a skyrocketing energy bill. As your electrical provider, Union Energy is here to help. Here are some ways that you can keep your home nice and toasty while keeping costs down:

1. Seal all doorways and windows to prevent drafts and heat loss.
2. Lower your thermostat at night when your blankets can keep you warm in bed.
3. Invest in energy-efficient heaters that produce the same warmth at a lower cost.
4. Open curtains during the day to take advantage of the Sun's warmth and close them at night to trap heat in your home.
5. Have your home's heating system regularly serviced to keep it running at its best.

Visit the Electricity-Saving Tips Center on the Union Energy website to learn more energy-saving ways to stay warm without breaking the bank.

Kind regards,
Union Energy

① to notify customers of an increase in electric bills during the winter
② to notify customers of ways to stay warm and lower costs
③ to notify customers of a new, more energy- efficient type of heater
④ to notify customers of an update to a company's website

09 주어진 문장 다음에 이어질 글의 순서로 적절한 것은?

Before the invention of glasses as we know them today, people with vision problems had to make do without correction and still make a living.

(A) In addition, other tools were also used to aid people with vision problems. For example, some scholars and scribes would use a device called a "reading stone" to magnify text. This was a small glass or crystal ball that could be placed over a page to enlarge the letters.

(B) Another technique was to use a pinhole to improve vision. By looking through a tiny hole, the depth of field is increased, which can make objects appear clearer. It is still used today in some low-vision aids.

(C) In such premodern times, not many people were literate, so there was less need for accurate eyesight. There was a solution for those with poor vision who were able to read, however, as they could make use of magnifying lenses for this task.

*scribe: 필경사

① (A) – (B) – (C)
② (A) – (C) – (B)
③ (C) – (A) – (B)
④ (C) – (B) – (A)

10 밑줄 친 부분에 들어갈 말로 적절한 것은?

Sequoia sempervirens, or the Californian redwood, is a type of tree found along the coast of California. It is easily distinguishable from others in the region—a fully grown redwood is usually over 90 meters tall with diameter of up to 6 meters. This has made redwoods a prime target of the logging industry, with over 95 percent of these trees having been harvested in the 19th and 20th centuries. Still, their _____ can also provide considerable advantages. Most importantly, redwoods are able to fully make use of fog, which is prevalent in their coastal habitat, as a water source. As the fog moves over a forest, it comes into contact with the massive redwoods towering above their neighbors. This causes large quantities of fog to evaporate, producing liquid water, some of which is absorbed through leaves and bark, while the remainder flows down into the surrounding soil to be drawn in by the trees' roots.

① unusual reproductive strategy
② extreme physical dimensions
③ unique defensive adaptations
④ extensive geographical range

01 밑줄 친 부분에 들어갈 말로 가장 적절한 것은?

She _____ her dream of becoming a writer despite her manuscripts having been rejected by publishers multiple times.

① abandoned
② pursued
③ betrayed
④ exaggerated

02 밑줄 친 부분에 들어갈 말로 가장 적절한 것은?

It had been three years since my grandmother passed away. Last summer, I restored her vintage photographs professionally because I didn't want to let my memory of her _____.

① faded away
② fade away
③ be faded away
④ to fade away

03 밑줄 친 부분 중 어법상 옳지 않은 것은?

While on a mission to change the way students learn science, Michael Jensen and Mads Bonde noticed that students ① were not interested in the topics being taught, ② no matter how fascinating. Inspired by flight simulators, the duo created Labster. This educational app uses 3D simulations ③ so that students can engage in interactive science lessons. The app has been advantageous to students ④ who access to a learning laboratory is limited.

04 밑줄 친 부분에 들어갈 말로 가장 적절한 것은?

 Tyler Sanders
Thank you for choosing our catering service.
15:10

 Grace Sullivan
Hi, I need to adjust my order. We originally planned for 110 people, but now only 80 will attend.
15:10

 Tyler Sanders
I understand. We will update your order.
15:11

 Grace Sullivan
What will be the total cost?
15:11

 Tyler Sanders
The total cost will be 500,000 won for a minimum of 100 people.
15:12

 **Grace Sullivan**
15:13

 Tyler Sanders
I apologize for the inconvenience. Our service has a minimum order requirement of 100 people.
15:13

① I would like to know if the deadline for order changes has passed.
② Then, I will transfer 10 percent of the total as a deposit first.
③ That means I'm paying for 20 extra meals that won't be used.
④ I need to adjust the dining menu for our event.

05~06 다음 글을 읽고 물음에 답하시오.

(A)

Archibald County is holding a voter registration drive to help residents prepare for the upcoming municipal elections. Whether you're registering for the first time or updating your information, participating in this event will help you rest assured that everything goes smoothly when it comes time to cast your ballot.

Details
- **Date:** Thursday, September 19
- **Time:** 10:00 a.m. – 3:00 p.m.
- **Location:** Aventura Community Library

Please Bring:
- A valid government-issued photo ID (e.g., driver's license or passport)
- Proof of residency ONLY if your ID does not include your current address (e.g., utility bill, bank statement, or lease agreement)

You'll Get:
- Assistance with filling out voter registration forms
- Information about voting locations, polling hours, and candidates
- The chance to sign up for text or email reminders about election dates and registration deadlines

For more information, visit www.archibaldcountyvotes.org or contact the election office at (229) 532-2463.

05 (A)에 들어갈 윗글의 제목으로 가장 적절한 것은?

① Meet the Candidates
② Update Your Identification
③ Get Ready to Vote
④ Learn How Elections Work

06 Archibald County's voter registration drive에 관한 윗글의 내용과 일치하는 것은?

① 주민 도서관이 주최한다.
② 사진이 들어간 신분증을 발급한다.
③ 신분증은 현주소를 포함하고 있어야 한다.
④ 등록 접수 마감 알림 서비스를 받을 수 있다.

07 Be My Eyes 앱에 관한 다음 글의 내용과 일치하지 않는 것은?

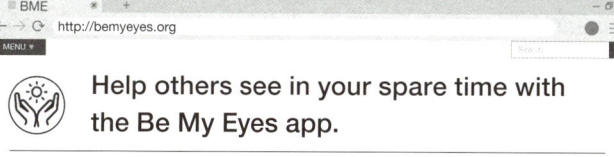

Help others see in your spare time with the Be My Eyes app.

Volunteer your time with the Be My Eyes app. Launched in 2015, Be My Eyes is a free service that connects visually impaired individuals with sighted volunteers via video call 24/7 to assist with tasks such as reading labels or navigating surroundings. To date, over 800,000 volunteers have helped nearly 8 million people with visual impairments in more than 180 languages. In 2024, Be My Eyes announced the development of its AI virtual volunteer. While still in beta testing with human volunteers, it is expected to handle 90 percent of all user requests once fully operational.

① It first became available in 2015.
② Users can utilize the app at any time for free.
③ Volunteers have provided assistance in over 100 languages.
④ The AI system currently solves 90 percent of requests.

08 다음 글의 주제로 적절한 것은?

Dubai has seen a rapid rise in economic prosperity in less than half a century. While it has always been a hub for trade and relied heavily on oil exports, it gradually became the center of business in the region during the 1990s. Following the Persian Gulf War, the instability in the region and economic turmoil encouraged many businesses to relocate to Dubai, which had strong economic and political ties worldwide. This turmoil had the added effect of spiking global oil prices, further enriching Dubai. Thus, a great investment was made in overhauling Dubai's infrastructure, boosting its image, and turning it into the futuristic mecca it exists as today.

① oil's critical role in global economic dependency
② the historical development of Dubai as a trade center
③ a decade of instability in the aftermath of the Persian Gulf War
④ how a city has achieved prosperity due to regional turmoil

09 다음 글의 흐름상 어색한 문장은?

It is difficult to determine when a problem has a chance to resolve itself and when it requires intervention. ① It is natural to want to resolve issues, but when they don't directly involve us, our participation may not always be the best resource. ② Sometimes getting involved too hastily in a situation has the adverse effect of making it worse, such as trying to break up an argument between two other people, which makes them resentful toward the third person. ③ Problems cannot be solved by ignoring the complexity of human interactions and behavioral patterns. ④ On the other hand, there are times when a problem seems unlikely to be resolved without intervention, and in such a situation, one should consider the best way to approach it.

10 주어진 문장이 들어갈 위치로 적절한 것은?

After performing subsequent tests, he concluded that the device was capable of sensing almost any quantity of smoke produced by a burning material.

In the late 1930s, the Swiss physicist Walter Jaeger was trying to develop a means to detect poison gas in the air. (①) Upon completing a prototype device, he activated it to determine if it could sense the presence of the lethal chemicals, only to discover that it could not. (②) Frustrated by his failure, he lit a cigarette and began to consider what changes needed to be made for it to function as intended. (③) To his great surprise, he noticed that his prototype had been triggered almost immediately by the small amount of smoke rising from his cigarette. (④) Jaeger had accidentally invented a smoke detector, a safety device that is now used around the world and that saves millions of lives every year.

DAY 22 하프모의고사 22회

01 밑줄 친 부분에 들어갈 말로 가장 적절한 것은?

Personalized approaches that a therapist utilizes during a session may _____ the anxiety of the patient.

① embrace
② soothe
③ retrieve
④ overlook

02 밑줄 친 부분에 들어갈 말로 가장 적절한 것은?

_____ artificial intelligence will replace human jobs is a topic of intense debate among technology experts.

① That
② What
③ If
④ Whether

03 밑줄 친 부분 중 어법상 옳지 않은 것은?

Three pieces of marble sculpture that once adorned the Parthenon in ancient Greece ① have resided within the Vatican Museum for the past 200 years. However, only after these two centuries ② have an arrangement been made among Vatican officials to return the pieces. Despite this accomplishment, other pieces of the Parthenon are still missing, ③ displayed in various countries around the world. With the Vatican pieces ④ recovered, it is likely that progress can be made in recovering the others.

04 밑줄 친 부분에 들어갈 말로 가장 적절한 것은?

A: This is so frustrating. I can't download this photo editing app.
B: Really? What's the problem?
A: My phone is full. I'm always running out of storage space.
B: Tell me about it. Me, too.
A: _____
B: You can try backing up your photos and videos to a cloud service.
A: Oh, that's a good idea. How does that work?
B: It stores photos and videos on servers for easy access.

① What kind of phone do you have?
② Have you tried using a memory card?
③ Can you explain how storage works?
④ Is there a solution to this problem?

05~06 다음 글을 읽고 물음에 답하시오.

To: Fair Housing Administration
From: Sam Jones
Date: July 30
Subject: Excessive Rental Charges

Dear Respected Team,

I hope that you are well. I am contacting your office in regard to a problem that has arisen after the recent floods in the area—rental agencies charging inflated prices.

Since our home was damaged, we have to look for temporary housing. When I contacted some agencies, I was told that the only available apartments are over $3,000 a month. The same units were going for $1,200 before the floods. It seems the businesses are taking advantage of people's hard times.

I believe this <u>violates</u> the Rent Control Act. I would ask that your office look into this matter and penalize rental companies that are not following the law. I thank you for your time and hope for a rapid response.

Respectfully,
Sam Jones

05 윗글의 목적으로 가장 적절한 것은?

① To request help in finding housing after a natural disaster
② To explain why the cost of rent has recently increased
③ To ask that potentially illegal rental prices be investigated
④ To inquire about receiving funds for rent after a flood

06 밑줄 친 violates의 의미와 가장 가까운 것은?

① breaks
② corrupts
③ encompasses
④ undermines

07 다음 글의 주제로 적절한 것은?

One area where wearable technology is having a significant impact is in sports and fitness. Athletes and coaches are using devices like smartwatches to track performance, monitor recovery, and prevent injuries. In addition to fitness trackers and heart rate monitors, smartwatches are equipped with sensors that can track the movement of the wearer. This includes GPS tracking, which can record the distance, speed, and route of a run. Additionally, some wearable devices are designed specifically for sports, such as sensors that track golf swings or running form. These devices may also come with specialized software or training programs to help users improve their skills or reach their fitness goals. Overall, wearable technology is revolutionizing the way athletes approach training and performance, and is expected to continue to play a major role in sports and fitness in the future.

① how wearable technology is transforming sports and fitness
② how wearable technology impacts the future of work
③ how fitness trackers motivate people to exercise
④ how fitness trackers compare to smartwatches

08 다음 글의 요지로 적절한 것은?

For sustainability and long-term growth, it is necessary for a society to have a stable political system and economy, and an education system to raise more productive members of society. However, a flourishing arts and entertainment industry, while not as central to a society's survival, is still important. Even if individuals in a society are not taken by the art produced by its creative members, having an industry in which creators can pursue their goals and produce unique work gives the society a better sense of identity, purpose, and pride. After all, a country's art and entertainment are core components of what becomes its culture.

① A society cannot last without a thriving entertainment industry.
② An education system is necessary to strengthen a society's creative potential.
③ Art and entertainment construct the framework of societal culture.
④ The growth of a society is dependent on its production of works of art.

09 밑줄 친 (A), (B)에 들어갈 말로 적절한 것은?

Most experts in the field of early childhood education agree that having children attend preschool offers significant benefits. A recent study of American students revealed that children who attend preschool are better prepared for grade school and make greater learning progress than those who don't. There is even evidence that these advantages extend into adulthood—research indicates that they are more likely to graduate from university and to earn a higher-than-average salary. ___(A)___, some groups advocate against putting children in a classroom environment prior to kindergarten. The concern is the lack of one-on-one interaction with adults, which is known to be an important element in a young child's emotional development. They argue that young children should remain with a parent, as this ensures that they receive individual attention. ___(B)___, proponents of preschool claim that this concern is not valid because children spend ample time outside of preschool with their parents.

	(A)	(B)
①	As a result	Likewise
②	Nevertheless	In response
③	As a result	Additionally
④	Nevertheless	Unfortunately

10 주어진 문장이 들어갈 위치로 적절한 것은?

The availability of these healthy meals brings about an increase in grades where they are served.

Nutrition has a marked impact on the academic performance of students. (①) That being so, the U.S. government has taken steps to ensure that children are well-nourished when they are in school. (②) One of the most important of these efforts is the National School Lunch Program, which provides free or low-cost balanced meals to students in public and non-profit schools. (③) On average, test scores rise by four percentage points in schools that offer them. (④) This is largely due to the effect of proper nutrition on children who may otherwise go hungry, as test scores for those receiving free or reduced-cost meals rise by 40 percent more.

DAY 23 하프모의고사 23회

01 밑줄 친 (A), (B)에 들어갈 말로 가장 적절한 것은?

In the aftermath of World War I, the Weimar Republic experienced economic ___(A)___. The country's decision to print more money led to serious inflation. The local currency, the mark, lost value so quickly that workers' wages became nearly ___(B)___ in a matter of hours.

	(A)	(B)
①	peril	rare
②	prosperity	rational
③	peril	worthless
④	prosperity	stable

02 밑줄 친 부분에 들어갈 말로 가장 적절한 것은?

Had the ancient civilization discovered advanced mathematical principles, their technological progress _____ centuries ahead.

① is
② were
③ might be
④ might have been

03 밑줄 친 부분 중 어법상 옳지 않은 것은?

A new hobby that entails ① raising bees has become popular around the world. Initially, there was resistance to urban beekeeping, but in recent years, it has come to ② be accepted in more and more places. This is because bees were shown not to be dangerous and proved ③ valuably to the city's inhabitants. The small, hard-working insects not only pollinate the plants but also ④ produce honey that can be enjoyed by their human neighbors.

04 밑줄 친 부분에 들어갈 말로 가장 적절한 것은?

 Benjamin Evans
Are you planning to attend the seminar on digital communication skills next month?
10:40

Amelia Stevenson
Yes, I've already applied for it.
10:41

 Benjamin Evans
Great! I'm going to attend as well.
10:41

Amelia Stevenson
That's a good choice. It will provide helpful materials and a hands-on experience session.
10:42

 Benjamin Evans
But I heard not all applicants will be allowed to attend due to limited seats.
10:42

Amelia Stevenson
_____
_____
10:43

 Benjamin Evans
The list of attendees will be posted on the noticeboard next week.
10:43

① How will we know if we're accepted?
② Is the registration on a first-come, first-served basis?
③ What is the total capacity for the session?
④ Can you provide more details about an advance reservation?

05~06 다음 글을 읽고 물음에 답하시오.

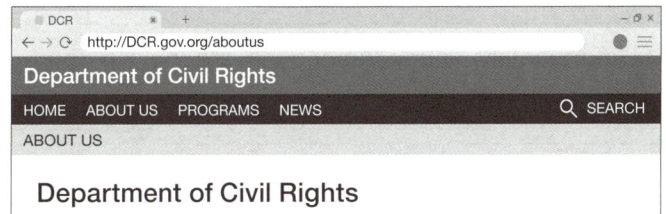

Department of Civil Rights

History
The department was founded in response to calls for social reform in society. As the consciousness of civil rights gradually expanded, citizens demanded a more equal and inclusive society for all. Since its founding, the department has worked to eliminate systemic discrimination in education, employment, housing, and public services.

Goals
The department seeks to remove inequalities and barriers to access in all aspects of society. It aims to empower marginalized communities and to protect the civil rights of everyone in the country, creating an equitable society that gives all individuals the tools needed to prosper.

Values
- Diversity & Inclusion: We honor the benefits of a diverse society and strive to _____.
- Justice & Empowerment: We address common barriers to equality, petitioning lawmakers for legal solutions to make conditions fairer.

05 윗글에서 Department of Civil Rights에 관한 내용과 일치하는 것은?

① It was created to address inequality in private businesses.
② It develops separate opportunities for marginalized communities.
③ It provides resources to help everyone in society become prosperous.
④ It passes laws to make conditions more equal.

06 밑줄 친 부분에 들어갈 말로 적절한 것은?

① develop policies for social participation
② estimate equity across institutional boundaries
③ include people from walks of life
④ promote multilingual cultures

07 다음 이메일의 내용과 일치하지 않는 것은?

To	events@galaxybooks.com
From	RandallThompson@aerialagency.com
Date	July 1
Subject	Upcoming event

Hello,

I am reaching out to confirm the details for an upcoming event for my client, author Genevie Montclair.

I received your contact information from Diana Marshall, the owner of Galaxy Books, who approved this event, scheduled for August 16.

The event will last three hours and be divided into two parts: the reading followed by the book signing. For the reading, we will need 50 chairs for the audience, along with a podium and microphone setup. For the book signing, we request three long tables—one for the signing itself and the other two for refreshments. Ms. Marshall mentioned we can expect some help from the bookstore staff. Could you please confirm if we can have two staff members to assist with providing refreshments?

I look forward to working with you.

Sincerely,
Randall Thompson
Aerial Agency

① 작가 Genevie Montclair에 대한 행사가 예정되어 있다.
② Diana Marshall이 행사 일정을 최종 승인했다.
③ 낭독회를 위해 관객용 의자 50개가 필요하다.
④ 다과를 위해 테이블 세 개가 필요할 것이다.

08 다음 글의 주제로 적절한 것은?

Climate change can cause a shift in the timing of key ecological events, such as the emergence of hibernating species. When certain species emerge earlier than usual, their interactions with other species that have not yet emerged or are not currently active are interrupted. For example, bears may emerge from hibernation earlier than normal, when their primary food sources, such as berries or fish, are still scarce. This can lead to increased competition with other omnivores, such as raccoons and skunks, which are searching for food as well. Such disruption can have cascading effects on ecosystems, potentially resulting in changes in population dynamics, food webs, and nutrient cycling. It can also have an impact on human populations. Without access to their normal food sources, animals become desperate for food, which can lead to confrontation with humans as they seek out food in garbage cans, sheds, or even residential buildings.

① the impacts of hibernation disruptions
② consistency of species dynamics in changing climates
③ preventing species extinction through climate change adaptation efforts
④ the cascading effects of climate change on events in ecosystems

09 주어진 문장이 들어갈 위치로 적절한 것은?

Unfortunately, many Americans are buying food they will never use.

Today, Americans have more options for food than at any other time in history. Local grocery chains, hypermarkets, and supermarkets put vast quantities of food at the average consumer's disposal. This includes fresh produce, meats, and grains, as well as processed foods and packaged meals. (①) They also offer foods from distant lands that people would have had little access to in the past. (②) Having so many options, people are spending more on food than ever before, with Americans now shelling out just shy of a trillion dollars a year on food for home preparation. (③) This comprises 13 percent of the average household's budget. (④) In fact, studies show that 108 billion pounds of food are thrown away each year in the United States, or nearly 40 percent of the total purchased.

10 주어진 글 다음에 이어질 글의 순서로 적절한 것은?

The concept of language is not limited to spoken or written communication. Nonverbal communication, including body language and facial expressions, is a key aspect of human interaction.

(A) This idea is supported by studies that have shown nonverbal communication can sometimes be more powerful and influential than spoken language.

(B) By using non-spoken cues, individuals can communicate complex information without ever saying a word, conveying nuances of meaning that might be difficult or impossible to express through conventional language alone.

(C) For example, in one experiment when the same message was delivered with different facial expressions and gestures, audiences showed a much stronger tendency to interpret the message based on nonverbal elements rather than the actual content of the words.

① (A) – (C) – (B)
② (B) – (A) – (C)
③ (B) – (C) – (A)
④ (C) – (B) – (A)

DAY 24 하프모의고사 24회

01 밑줄 친 부분에 들어갈 말로 가장 적절한 것은?

In order to ensure stability of the country's energy sources, the new policy _____ using renewable energy in place of fossil fuels.

① criticizes
② postpones
③ proposes
④ admits

02 밑줄 친 부분에 들어갈 말로 가장 적절한 것은?

As long as diplomatic channels _____ open and constructive, international tensions will gradually ease.

① will remain
② remain
③ are remained
④ have remained

03 밑줄 친 부분 중 어법상 옳지 않은 것은?

Before you decide you've reached your peak fitness level and give up, it might be worth ① considering the benefits of making your workout harder over time. The easier your workouts become by repeating the same set of exercises, ② the least you are challenging your body. When this happens, your body actually starts burning ③ fewer calories than it used to. Thus, coach Mike T. Nelson recommends that you ④ add more weights and reps to your strength routine or run faster.

04 밑줄 친 부분에 들어갈 말로 가장 적절한 것은?

A: Did you have any trouble with the delivery last night?
B: Yeah. The address was wrong and I couldn't find the place at first.
A: That's not good. Did you end up delivering it eventually?
B: Yes. I called the customer, and he gave me the correct address.
A: I see. Was he understanding about the delay?
B: _____
A: I'm glad to hear that. We should probably update our system to verify addresses more carefully.

① He complained and asked for a refund on the delivery fee.
② He was really grateful when I finally made it.
③ I'm not sure if I can work next weekend.
④ You can count on him to be punctual.

05~06 다음 글을 읽고 물음에 답하시오.

_____(A)_____

Residents of Fairview increasingly have to drive for miles just to purchase fresh, nutritious food.

When the MegaStore branch opened on the outskirts of town last year, most small grocery shops in the area closed their doors. Now, our town is quickly becoming a place where fast food is the easiest option for some.

This situation is not acceptable, and people are working to effect change. A community meeting will be held to discuss plans to open a cooperative grocery store—one that's owned and governed by its customers—and we need everyone's input.

Who wants to live in a food desert?

- Location: Fairview Public Library, across from Bellamy Memorial Park
- Date: Sunday, January 14
- Time: 3:00 p.m. – 5:00 p.m. (End time is approximate.)

For more information, visit www.fairviewfood.org or call (215) 835-8222.

05 (A)에 들어갈 윗글의 제목으로 가장 적절한 것은?

① The Consequences of Fast Food on Public Health
② Importance of Governments in Fighting Hunger
③ Relocating Grocery Stores to Fairview
④ Fairview Is Becoming a Food Desert

06 위 안내문의 내용과 일치하지 않는 것은?

① MegaStore opened its branch around Fairview last year.
② There are plans to open a cooperative grocery store.
③ The meeting will be held across from Fairview Public Library.
④ When the meeting will end is uncertain.

07 다음 글의 요지로 적절한 것은?

Foreign Policy
Punishing those who conduct terrorism, drug trafficking, human rights abuses, and other illegal activities opposed to the country's foreign policy mandates is the primary goal of the Office of Foreign Assets (OFA). These illegal activities disrupt international order and put people at risk.

Economic Sanctions
Economic sanctions are restrictions on access to money or financial systems, including asset freezes and bans on transactions, used against individuals, organizations, or countries to force them into complying with international laws or norms.

The OFA maintains a team of financial investigators to monitor financial activity to find transactions linked to entities under financial sanctions. When such activity is detected, the OFA can cancel transactions or seize assets to put financial pressure on those involved, encouraging them to act in the desired way.

① OFA teaches financial professionals to identify illegal transactions.
② OFA's activities are meant to force proper behavior through monetary means.
③ OFA oversees the movement of money through international transactions.
④ OFA aims to identify the accounts of those who hide money from investigators.

08 다음 글의 흐름상 어색한 문장은?

One of the most famous acts of resistance against the slavery system in the United States was the Underground Railroad. ① Bridges on the Underground Railroad were marked with bright red paint for safety. ② This was a route dotted with safe houses that led enslaved people to freedom in northern states and Canada. Those who followed this path were helped by humanitarians sensitive to their plight. ③ However, due to laws that punished those who attempted to escape slavery and anyone who assisted them, there were no published guides, and paths were marked through a series of coded messages. ④ Marks on trees, rock piles, and even the arrangement of laundry on clotheslines directed those escaping. They let them know the location of places where they were safe to stop for rest, food, or assistance along the way.

09 주어진 문장 다음에 이어질 글의 순서로 적절한 것은?

Parker Peterson stood on the pitcher's mound, gripping the ball tightly and locking eyes with the batter.

(A) As he took a deep breath, Peterson could hear his coach's words echoing through his head. "Stay calm and focused on the game."

(B) After all, his team was up by only one point. If he could get the final batter out, they would win the championship game. However, if even one of the runners made it to home plate, the game would go into extra innings. Or, if two runners reached home plate, his team would lose.

(C) He knew that this was good advice, but with so much riding on just one pitch, the weight of the moment sat heavily on his shoulders.

*inning: (야구 9회 중의 한) 회

① (A) – (C) – (B)
② (B) – (A) – (C)
③ (B) – (C) – (A)
④ (C) – (A) – (B)

10 주어진 문장이 들어갈 위치로 적절한 것은?

For example, visitors to the Louvre can be sure to see the *Mona Lisa* and the *Venus de Milo*, as these are part of its permanent collection.

Art galleries are great cultural assets. This may seem to be the same purpose as an art museum, but there are inherent differences. (①) A gallery is almost certainly a private business, while museums tend to be public entities owned by non-profit organizations or local governments. (②) Also, the exhibitions at art galleries are generally of shorter duration than those at museums, which can go on for years. (③) If they go to a gallery, however, the items on display can be totally different from one day to the next. (④) These differences are due to the differing goals of the two. Museums are meant to act as storehouses for art, while galleries are established to sell it.

해커스공무원 gosi.Hackers.com

공무원학원 · 공무원인강 · 공무원 영어 무료 특강 · 출제예상 핵심 어휘리스트 ·
공무원 보카 어플 · 공무원 매일영어 학습 · 합격예측 온라인 모의고사

한국사능력검정시험 1위* 해커스!
해커스 한국사능력검정시험 교재 시리즈

* 주간동아 선정 2022 올해의 교육 브랜드 파워 온·오프라인 한국사능력검정시험 부문 1위

**빈출 개념과 기출 분석으로
기초부터 문제 해결력까지
꽉 잡는 기본서**

해커스 한국사능력검정시험
한권합격 심화 [1·2·3급]

**스토리와 마인드맵으로 개념잡고!
기출문제로 점수잡고!**

해커스 한국사능력검정시험
2주 합격 심화 [1·2·3급] 기본 [4·5·6급]

**시대별/회차별 기출문제로
한 번에 합격 달성!**

해커스 한국사능력검정시험
시대별/회차별 기출문제집 심화 [1·2·3급]

**개념 정리부터 실전까지!
한권완성 기출문제집**

해커스 한국사능력검정시험
한권완성 기출 500제 기본 [4·5·6급]

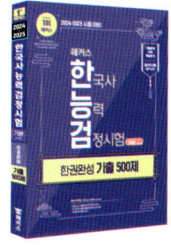

**빈출 개념과 기출 선택지로
빠르게 합격 달성!**

해커스 한국사능력검정시험
초단기 5일 합격 심화 [1·2·3급]
기선제압 막판 3일 합격 심화 [1·2·3급]

해커스공무원으로 자신의 꿈에 한 걸음 더 가까워졌습니다.

당신의 꿈에 가까워지는 길
해커스공무원이 함께합니다.

해커스공무원
매일
하프모의고사
영어 5

DAY 01 하프모의고사 01회

해커스 공무원시험연구소 총평

난이도 독해 영역이 논리적 추론 유형 위주로 출제되어, 전략적인 시간 관리가 필요한 회차였습니다.

어휘·생활영어 영역 4번과 같이, 공무원 직무와 관련된 내용의 실용적인 대화가 최신 출제경향임을 알아 둡시다.

문법 영역 시제·동사의 종류·수동태 등 동사의 쓰임이 올바른지 파악하는 문법 문제들이 자주 등장하는 추세입니다.

독해 영역 다문항 형태에서는 하나의 지문에 대해 2개 이상의 문제가 주어지므로, 오히려 풀이 시간을 줄일 수 있는 기회입니다. 이메일·안내문·웹페이지 등 그 형태에 따라 내용이 주로 어떻게 구성되는지 파악해 둔다면, 답을 고르기가 더욱 수월할 것입니다.

정답

01	②	어휘	06	④	독해
02	③	문법	07	②	독해
03	②	문법	08	③	독해
04	③	생활영어	09	③	독해
05	②	독해	10	③	독해

취약영역 분석표

영역	맞힌 답의 개수
어휘	/ 1
생활영어	/ 1
문법	/ 2
독해	/ 6
TOTAL	/ 10

---

01 어휘 handle 난이도 중 ●●○

밑줄 친 부분에 들어갈 말로 가장 적절한 것은?

> I struggle to _____ the overwhelming number of emails, which leaves me disorganized and unable to stay on schedule.

① open
② handle
③ ignore
④ underline

해석
나는 압도적인 수의 이메일을 처리하는 데 어려움을 겪는데, 이것은 내가 산만해지고 일정에 맞추지 못하게 한다.
① 공개하다
② 처리하다
③ 무시하다
④ 강조하다

정답 ②

어휘
struggle 어려움을 겪다, 애쓰다 overwhelming 압도적인
disorganized 산만한, 체계적이지 못한 open 공개하다; 열린
handle 처리하다 ignore 무시하다 underline 강조하다, 밑줄을 긋다

이것도 알면 합격!

'처리하다'의 의미를 갖는 표현
= manage, deal with, cope with, tackle

---

02 문법 시제 난이도 하 ●○○

밑줄 친 부분에 들어갈 말로 가장 적절한 것은?

> Unless the government _____ immediate action to protect the wetlands, many endangered species will lose their natural habitat.

① will take
② is taking
③ takes
④ have taken

해석
정부가 습지를 보호하기 위해 즉각적인 조치를 취하지 않으면, 많은 멸종 위기 종들이 천연 서식지를 잃게 될 것이다.

포인트 해설
③ 현재 시제 빈칸은 부사절의 동사 자리이다. 조건을 나타내는 부사절(Unless ~)에서는 미래를 나타내기 위해 현재 시제를 사용하므로, 현재 시제가 쓰인 ③ takes가 정답이다.

정답 ③

어휘
immediate 즉각적인 wetland 습지 endangered 멸종 위기의
habitat 서식지

일반적인 사실이나 반복적 동작을 나타낼 때도 현재 시제를 사용한다는 것을 알아 두자.

[일반적인 사실] Water **boils** at 100°C. 물은 100°C에서 끓는다.

[반복적 동작] She **walks** to school every day. 그녀는 매일 학교에 걸어간다.

조건·시간을 나타내는 부사절을 이끄는 접속사들을 알아 두자.

시간	when ~할 때 as soon as ~하자마자 by the time ~할 때쯤에
조건	if 만약 ~이라면 once 일단 ~하면 as long as ~하는 한 provided that 오직 ~하는 경우에

03 문법 분사 | to 부정사 | 수 일치 | 대명사   난이도 중 ●●○

밑줄 친 부분 중 어법상 옳지 않은 것은?

Environmental degradation has prompted global efforts ① to mitigate its widespread negative impacts. One such response has been a surge in urban farming. This trend has led to the creation of community gardens in cities, with residents ② come together to grow fresh produce in their neighborhoods. For example, Brooklyn Grange, a large rooftop farm in New York City, produces organic vegetables that ③ are either sold at farmers' markets or donated to organizations helping ④ those experiencing financial difficulties.

해석

환경의 악화는 그것의 광범위한 부정적인 영향을 완화하기 위해 전 세계적인 노력을 촉구해 왔다. 그러한 한 가지 대응은 도시 농업의 급증이었다. 이러한 추세는 도시들의 공동체 텃밭 조성으로 이어졌고, 주민들이 신선한 농산물을 기르기 위해 동네에 함께 모였다. 예를 들어, 뉴욕시의 대형 옥상 농장인 Brooklyn 농가는 농작물 시장에서 판매되거나 재정적인 어려움을 겪고 있는 사람들을 돕는 단체에 기부되는 유기농 채소들을 생산한다.

포인트 해설

② **분사구문의 역할** 동시에 일어나는 상황은 'with + 명사 + 분사'의 형태로 나타낼 수 있는데, 명사(residents)와 분사가 '주민들이 함께 모이다'라는 의미의 능동 관계이므로 동사원형 come을 현재분사 coming으로 고쳐야 한다.

[오답 분석]

① **to 부정사의 역할** 문맥상 '완화하기 위해'라는 의미가 되어야 자연스러우므로 '~하기 위해'라는 의미를 가지며 부사 역할을 하는 to 부정사 to mitigate가 올바르게 쓰였다.

③ **주격 관계절의 수 일치** 주격 관계절(that ~ difficulties)의 동사는 선행사(organic vegetables)에 수 일치시켜야 하므로 복수 동사 are가 올바르게 쓰였다.

④ **지시대명사** 문맥상 '재정적인 어려움을 겪고 있는 사람들'이라는 의미가 되어야 자연스러우므로, 뒤에서 수식어구(experiencing ~ difficulties)의 꾸밈을 받아 '~한 사람들'이라는 의미를 나타내는 지시대명사 those가 올바르게 쓰였다.

정답 ②

degradation 악화, 비하   prompt 촉구하다   mitigate 완화하다
widespread 광범위한   surge 급증, 쇄도   urban 도시의   grange 농가
rooftop 옥상   organic 유기농의   donate 기부하다, 기증하다
financial 재정적인, 금융의

분사구문의 의미를 분명하게 하기 위해 부사절 접속사가 분사구문 앞에 올 수 있다는 것도 알아 두자.

• **Upon** finishing his work, he decided to take a short walk to clear his mind.
  일을 마치자마자, 그는 마음을 비우기 위해 짧은 산책을 하기로 했다.

04 생활영어 What exactly do I need to include in the report?   난이도 하 ●○○

밑줄 친 부분에 들어갈 말로 가장 적절한 것은?

Mike Anderson
Did you submit the travel expense report for your business trip last week?
10:30

Sarah Lee
Not yet. Is it urgent?
10:30

Mike Anderson
The report should be submitted no later than seven days after the date of return.
10:31

Sarah Lee
Oh, no! That means I need to submit it this afternoon.
10:32

Mike Anderson
Don't worry, it won't take that long.
10:33

Sarah Lee
_____
10:34

Mike Anderson
I'll send you a sample so you can check the details.
10:34

DAY 01 하프모의고사 01회

① What should I do if I've lost my receipts?
② Are you planning to go on any business trips in the near future?
③ What exactly do I need to include in the report?
④ How much can I claim for business trip expenses?

해석

Mike Anderson: 지난주 출장 경비 보고서를 제출하셨나요?
Sarah Lee: 아직이요. 그게 시급한가요?
Mike Anderson: 보고서는 복귀한 날로부터 늦어도 7일 이내에 제출되어야 합니다.
Sarah Lee: 오, 이런! 제가 그것을 오늘 오후에 제출해야 하는 거군요.
Mike Anderson: 걱정하지 마세요, 그렇게 오래 걸리지 않을 겁니다.
Sarah Lee: 보고서에는 정확히 무엇을 포함해야 하나요?
Mike Anderson: 세부 사항을 확인할 수 있도록 제가 샘플을 보내 드리겠습니다.

① 영수증을 잃어버렸다면 어떻게 해야 하나요?
② 가까운 시일 내에 출장을 갈 계획이 있으신가요?
③ 보고서에는 정확히 무엇을 포함해야 하나요?
④ 출장 경비로 제가 얼마나 청구할 수 있나요?

포인트 해설

출장 경비 보고서 작성이 그렇게 오래 걸리지 않을 것이라는 Mike의 설명에 대해 Sarah가 말하고, 빈칸 뒤에서 다시 Mike가 I'll send you a sample so you can check the details(세부 사항을 확인할 수 있도록 제가 샘플을 보내 드리겠습니다)라고 대답하고 있으므로, '보고서에는 정확히 무엇을 포함해야 하나요?'라는 의미의 ③ 'What exactly do I need to include in the report?'가 정답이다.

정답 ③

어휘

expense 경비, 비용 urgent 시급한 claim 청구하다

이것도 알면 합격!

출장과 관련하여 쓸 수 있는 표현들을 알아 두자.
- I need to book a flight for my business trip next week.
  다음 주 출장을 위해 항공편을 예약해야 합니다.
- Could you email me the travel itinerary?
  여정을 이메일로 보내 주실 수 있나요?
- Remember to keep all your receipts for expense reimbursement.
  비용 환급을 위해 모든 영수증을 보관하는 것을 잊지 마세요.
- Please arrange transportation from the airport to the conference venue. 공항에서 회의 장소까지 가는 교통편을 마련해 주세요.

05~06 다음 글을 읽고 물음에 답하시오.

To	Environmental Conservation Agency
From	Orson Sparks
Date	October 28
Subject	Trash along Highways

Dear Sir or Madam,

I hope that you are well. I am writing today about a problem that I have noticed in recent months, namely the growing amount of trash littered on local highways.

As a commuter, I drive down the highway twice a day. For about the last six months, there has been more and more trash on the side of the road. In some places, piles of paper, food and beverage containers, and other rubbish are building up. It appears that people are simply tossing these out of their vehicles.

I would ask that your agency look into this situation and come up with a plan to clear this debris from the roadside. I thank you for considering my request, and look forward to having clean highways again.

Sincerely,
Orson Sparks

해석

수신: 환경 보호 기관
발신: Orson Sparks
날짜: 10월 28일
제목: 고속도로를 따라 놓인 쓰레기들

담당자님께,

잘 지내고 계시지요. 저는 오늘 최근 몇 달간 제가 알게 된 문제, 즉 지방 고속도로에 버려진 쓰레기의 양이 늘어나는 것에 대해 메일을 쓰게 되었습니다.

통근하는 한 사람으로서, 저는 하루에 두 번 고속도로를 운전합니다. 지난 약 6개월 동안, 도로변에는 점점 더 많은 쓰레기가 있어 왔습니다. 일부 구간에서는, 종이 더미, 음식 및 음료 용기, 그리고 다른 쓰레기가 쌓이고 있습니다. 사람들이 그들의 차량 밖으로 그야말로 그것들을 던지고 있는 것으로 보입니다.

여러분의 기관에서 이 상황을 조사하고 도로변에서 쓰레기를 치울 계획을 제시해 주시기를 요청합니다. 제 요청을 고려해 주신 데 감사드리며, 깨끗한 고속도로를 다시 이용하기를 고대하겠습니다.

진심을 담아,
Orson Sparks

어휘

environmental 환경의, 환경적인 conservation 보호, 보존
agency 기관, 단체 highway 고속도로 litter 버리다; 쓰레기
commuter 통근하는 사람, 출퇴근자 pile 더미; 쌓다 container 용기
rubbish 쓰레기 toss 던지다 come up with ~을 제시하다, 생각해내다
debris 쓰레기, 잔해

05 독해 목적 파악　난이도 중 ●●○

윗글의 목적으로 적절한 것은?

① 인근 쓰레기 처리장의 위치를 문의하려고
② 도로 환경 정비 계획의 필요성을 상기시키려고
③ 늘어나는 자가용의 수에 따른 환경 오염을 경고하려고
④ 쓰레기 무단 투기에 대한 벌금 인상을 제안하려고

포인트 해설

지문 앞부분에서 지방 고속도로에 버려진 쓰레기의 양이 늘어나는 것에 대해 메일을 쓴다고 하고, 지문 뒷부분에서 도로변 쓰레기를 치울 계획을 제시할 것을 요청하고 있으므로, ② '도로 환경 정비 계획의 필요성을 상기시키려고'가 이 글의 목적이다.

정답 ②

06 독해 유의어 파악　난이도 중 ●●○

밑줄 친 "clear"의 의미와 가장 가까운 것은?

① approve　② overcome
③ clarify　④ eliminate

해석

① 승인하다　② 극복하다
③ 명확히 하다　④ 제거하다

포인트 해설

밑줄 친 부분이 포함된 문장에서 clear는 문맥상 쓰레기를 '치울' 계획이라는 의미로 쓰였으므로, '제거하다'라는 의미의 ④ eliminate가 정답이다.

정답 ④

어휘

approve 승인하다　overcome 극복하다　clarify 명확히 하다
eliminate 제거하다

07 독해 내용 일치 파악　난이도 중 ●●○

Government Accounting Oversight Agency에 관한 다음 글의 내용과 일치하는 것은?

Government Accounting Oversight Agency

The GAOA is the department responsible for monitoring federal funding. Formed in 1921 after the passing of the Budget and Accounting Act, the GAOA conducts audits on the use of public funds by Congress. The purpose of these audits is to ensure that spending and other financial activity reflect the values of the Constitution and benefit the tax-paying population. The GAOA presents nonpartisan, fact-based reports and testimonies to various federal agencies and provides recommendations for cutting costs and spending tax dollars more efficiently. Last year, the GAOA helped generate nearly 18 billion dollars in savings for the Department of Health and the Department of Defense alone.

① It led to the passing of the Budget and Accounting Act.
② It aims to align government spending with Constitutional principles.
③ It accepts recommendations from other federal agencies.
④ It saved almost 18 billion dollars last year across all government departments.

해석

정부 회계 관리처

정부 회계 관리처는 연방 자금을 추적 관찰하는 일을 담당하는 부서입니다. 1921년 예산 및 회계법 통과 후 설립된 정부 회계 관리처는 의회의 공공 자금 사용에 대한 감사를 수행합니다. 이러한 감사의 목적은 지출과 기타 재무 활동이 반드시 헌법의 가치를 반영하고 납세자분들께 이익이 되게 하는 것입니다. 정부 회계 관리처는 다양한 연방 기관에 비당파적이고, 사실에 기반한 보고서와 증거를 제시하며, 비용 절감과 세금 지출을 보다 효율적으로 할 수 있는 권고 사항을 제공합니다. 작년에, 정부 회계 관리처는 보건부와 국방부에서만 거의 180억 달러의 절감을 창출하도록 도왔습니다.

① 그것은 예산 및 회계법의 통과를 이끌어냈다.
② 그것은 정부 지출을 헌법적 원칙에 맞추어 조정하는 것을 목표로 한다.
③ 그것은 다른 연방 기관의 권고 사항을 받아들인다.
④ 그것은 작년에 모든 정부 부서에 걸쳐 거의 180억 달러를 절약했다.

포인트 해설

②번의 키워드인 Constitutional principles(헌법적 원칙)를 바꾸어 표현한 지문의 the values of the Constitution(헌법의 가치) 주변의 내용에서 정부 회계 관리처가 수행하는 감사의 목적은 지출과 기타 재무 활동이 반드시 헌법의 가치를 반영하도록 하기 위함이라고 했으므로, ② '그것은 정부 지출을 헌법적 원칙에 맞추어 조정하는 것을 목표로 한다'가 지문의 내용과 일치한다.

[오답 분석]
① 정부 회계 관리처가 예산 및 회계법 통과 후 설립되었다고는 했지만, 그것이 예산 및 회계법의 통과를 이끌어냈는지는 알 수 없다.
③ 정부 회계 관리처가 비용 절감과 세금 지출에 대한 권고 사항을 제공한다고는 했지만, 그것이 다른 연방 기관의 권고 사항을 받아들이는지는 알 수 없다.
④ 정부 회계 관리처가 작년에 보건부와 국방부에서만 180억 달러의 지출을 절감하도록 도왔다고 했으므로, 그것이 작년에 모든 정부 부서에 걸쳐 거의 180억 달러를 절약했다는 것은 지문의 내용과 다르다.

정답 ②

어휘

oversight 관리, 실수　department 부서　federal 연방의　funding 자금
budget 예산　conduct 수행하다　audit 감사　financial 재무의, 재정적인

reflect 반영하다 **constitution** 헌법 **nonpartisan** 비당파적인
testimony 증거, 증언 **efficiently** 효율적으로
generate 창출하다, 만들어내다 **billion** 10억
align with ~에 맞추어 조정하다 **principle** 원칙

구문 분석

The purpose of these audits is to ensure / that spending and other financial activity / reflect the values of the Constitution / and benefit the tax-paying population.

: 이처럼 that이 이끄는 절(that + 주어 + 동사 ~)이 목적어 자리에 온 경우, '주어가 동사하다는 것을' 또는 '주어가 동사하다고'라고 해석한다.

포인트 해설

빈칸 앞부분에 물이 가열되면서 파괴된 것처럼 보일지라도 물은 다른 종류의 물질로 변형된 것뿐이라는 내용이 있고, 빈칸 뒤 문장에 열이 물을 기체 형태로 방출시켰다는 내용이 있으므로, 물질은 '단순히 다른 형태를 띤다'고 한 ③번이 정답이다.

정답 ③

어휘

flame 불꽃, 불길 **eventually** 결국 **transform** 변형시키다
conservation 보존 **mass** 질량, 덩어리 **fundamental** 기본적인, 근본적인
principle 원칙 **bond** 결합, 유대 **hydrogen** 수소 **atom** 원자
break apart 깨지다 **release** 방출시키다, 배출하다 **component** 성분, 요소
molecule 분자 **constant** 일정한, 끊임없는
restructure 재구성하다, 개편하다 **gradually** 점차, 점진적으로

---

08 독해 빈칸 완성 – 구   난이도 중 ●●○

밑줄 친 부분에 들어갈 말로 가장 적절한 것은?

A pot of water left over an open flame will eventually become empty as the energy of the fire heats the water. It may seem that the water was destroyed, but in reality, the water has been transformed into another type of matter. This is explained by the law of conservation of mass. According to this fundamental principle, matter is never created nor destroyed, it _____. In the case of the water, the heat from the fire caused the bonds between its hydrogen and oxygen atoms to break apart, releasing them in the form of gases. Although the components of the water have changed, the amount remains the same. This can also be seen when snow melts. It may seem like a massive amount of snow becomes a smaller amount of liquid, but the mass of the water molecules remains constant.

① completely disappears after transformation
② restructures chemical bonds
③ simply takes on other forms
④ loses mass gradually

해석

노출된 불꽃 위에 남겨진 물 주전자 하나는 불의 에너지가 물을 가열함에 따라 결국 비게 될 것이다. 물이 파괴된 것처럼 보일 수도 있지만, 실제로는 물은 다른 종류의 물질로 변형된 것이다. 이것은 질량 보존의 법칙에 의해 설명된다. 이 기본 원칙에 따르면, 물질은 결코 생성되지도 파괴되지도 않으며, 그것은 단순히 다른 형태를 띤다. 물의 경우, 불에서 비롯되는 열은 수소와 산소 원자 사이의 결합을 깨지게 하여, 그것들을 기체의 형태로 방출시켰다. 비록 물의 성분은 바뀌었지만, 양은 그대로이다. 이것은 눈이 녹을 때도 볼 수 있다. 엄청난 양의 눈이 더 적은 양의 액체가 되는 것처럼 보일 수도 있지만, 물 분자의 질량은 일정하게 유지된다.

① 변형 후에 완전히 사라진다
② 화학적 결합을 재구성한다
③ 단순히 다른 형태를 띤다
④ 점차 질량을 잃는다

---

09 독해 문단 순서 배열   난이도 중 ●●○

주어진 문장 다음에 이어질 글의 순서로 적절한 것은?

Those suffering from profound deafness often have trouble communicating with the hearing community, who lack an understanding of sign language.

(A) OmniBridge's AI software uses webcams and microphones to interpret sign language and speech into text, bridging the communication gap between individuals.
(B) But now, artificial intelligence may offer a solution to this problem.
(C) A company named OmniBridge, which was founded by a deaf software engineer, has developed a program that harnesses the power of the most cutting-edge technology to close the communication gap.

① (A) – (C) – (B)   ② (B) – (A) – (C)
③ (B) – (C) – (A)   ④ (C) – (B) – (A)

해석

심각한 청각 장애를 앓고 있는 사람들은 종종 수화에 대한 이해가 부족한, (소리를) 들을 수 있는 집단과 의사소통하는 데 어려움을 겪는다.

(A) OmniBridge의 인공 지능 소프트웨어는 수화와 음성을 텍스트로 통역하기 위해 웹캠과 마이크를 사용하는데, 이는 개인 간의 의사소통 격차를 극복한다.
(B) 그러나 이제, 인공 지능이 이 문제에 대한 해결책을 제공할지도 모른다.
(C) 청각 장애가 있는 소프트웨어 공학자에 의해 설립된 OmniBridge라는 회사는 의사소통 격차를 줄이기 위해 가장 최첨단 기술의 힘을 활용하는 프로그램을 개발했다.

포인트 해설

주어진 문장에서 청각 장애를 앓는 사람들과 소리를 들을 수 있는 집단 사이에 의사소통의 어려움이 있다고 한 뒤, (B)에서 그러나(But) 이제 인공 지

능이 이 문제(this problem)에 대한 해결책을 제시할지도 모른다고 언급하고 있다. 이어서 (C)에서 OmniBridge라는 회사에서 의사소통 격차를 줄이기 위해 가장 최첨단 기술(the most cutting-edge technology)을 활용하는 프로그램을 개발했다고 하고, (A)에서 OmniBridge의 인공 지능 소프트웨어가 기능하는 방식을 설명하고 있다. 따라서 ③ (B) - (C) - (A)가 정답이다.

정답 ③

어휘

profound 심각한, 심오한　deafness 청각 장애　sign language 수화
AI (artificial intelligence) 인공 지능　interpret 통역하다, 해석하다
bridge 극복하다, 간극을 메우다　gap 격차, 틈　found 설립하다
harness 활용하다, 이용하다

10　독해 무관한 문장 삭제　난이도 중 ●●○

다음 글의 흐름상 어색한 문장은?

> Research has shown that individuals who have a growth mindset tend to be more resilient in the face of adversity. This is because they believe that their abilities can be developed and improved over time. ① College students who adopt a growth mindset are better equipped to manage the challenges that come with higher education, such as difficult exams and demanding coursework. ② Studies have found that individuals with a growth mindset tend to have higher levels of academic achievement compared to those with a fixed mindset. ③ Resilience is not a fixed trait and can vary depending on each student and the situation. ④ Growth-oriented students are less likely to give up when faced with obstacles and more likely to persevere until they succeed. A growth mindset can be a powerful tool for college students, helping them to achieve their academic and personal goals.

해석

연구는 성장의 사고방식을 가진 사람들이 역경에 직면했을 때 더 회복력이 있는 경향이 있다는 것을 보여 주었다. 이것은 그들은 시간이 지남에 따라 그들의 능력이 발전되고 향상될 수 있다고 믿기 때문이다. ① 성장의 사고방식을 취하는 대학생들은 어려운 시험과 힘든 수업 활동과 같은, 고등 교육과 함께 따라오는 도전들을 관리하는 것에 더 잘 준비되어 있다. ② 연구들은 성장의 사고방식을 가진 사람들이 고정된 사고방식을 가진 사람들에 비해 더 높은 수준의 학업 성취도를 갖는 경향이 있다는 것을 발견했다. ③ 회복력은 고정된 특성이 아니며 각각의 학생과 상황에 따라 달라질 수 있다. ④ 성장을 지향하는 학생들은 장애물에 직면했을 때 포기할 가능성이 더 적고 성공할 때까지 인내하며 계속할 가능성이 더 높다. 성장의 사고방식은 대학생들이 학업적 목표와 개인적 목표를 달성하는 데 도움을 주는 강력한 도구가 될 수 있다.

포인트 해설

첫 문장에서 성장의 사고방식을 가진 사람들은 역경에 직면했을 때 더 회복력이 있는 경향이 있다고 언급하고, ①번은 이 사고방식을 취하는 대학생들은 학업적인 도전에 더 잘 준비되어 있다는 내용, ②번은 이 사고방식을 가진 사람이 고정된 사고방식을 가진 사람보다 학업 성취도가 우수하다는 내용, ④번은 그 학생들(성장의 사고방식을 가진 학생들)이 장애물에 직면했을 때 보이는 태도에 대해 설명하고 있다. 그러나 ③번은 회복력이 가변적인 특성이라는 내용으로, 첫 문장의 내용과 관련이 없다.

정답 ③

어휘

tend to ~하는 경향이 있다　resilient 회복력 있는, 탄력 있는　adversity 역경
adopt 취하다, 채택하다, 입양하다　equipped 준비된, 갖춘
demanding 힘든　achievement 성취(도)　fixed 고정된　trait 특성
growth-oriented 성장을 지향하는　obstacle 장애물
persevere 인내하며 계속하다

DAY 02 하프모의고사 02회

해커스 공무원시험연구소 총평

난이도 문법 영역에 까다로운 포인트가 등장하기는 했지만, 독해 영역이 비교적 정답을 명확하게 파악할 수 있게 출제되었습니다.

어휘·생활영어 영역 사람의 성격 또는 특성을 나타내는 형용사는 언제든 출제될 수 있으므로, 문제풀이 단계에서 접하는 관련 어휘들은 별도로 정리하여 외워 둡니다.

문법 영역 수동태는 시험에서 가장 자주 등장하는 문법 포인트 중 하나입니다. 그러므로 능동태와 수동태를 구별하는 기본 이론에서부터, 3번에서 다루고 있는 5형식 동사의 수동태까지 꼼꼼하게 알고 있어야 합니다.

독해 영역 주제·제목·요지·목적을 찾는 전체 내용 파악 유형에서는 지문 전체를 읽고 가장 적절한 정답을 찾는 것이 일반적입니다. 하지만 이메일이 쓰인 목적을 파악하는 문제가 주어진다면, 해당 형식의 특성상 지문 앞쪽에 정답에 대한 결정적인 단서가 위치할 수 있습니다.

정답

01	①	어휘	06	④	독해
02	③	문법	07	②	독해
03	③	문법	08	②	독해
04	①	생활영어	09	③	독해
05	②	독해	10	③	독해

취약영역 분석표

영역	맞힌 답의 개수
어휘	/ 1
생활영어	/ 1
문법	/ 2
독해	/ 6
TOTAL	/ 10

---

01 어휘 outgoing 난이도 중 ●●○

밑줄 친 부분에 들어갈 말로 가장 적절한 것은?

> She was known for her _____ personality, loving to socialize and being the center of attention at gatherings.

① outgoing ② intelligent
③ ambitious ④ generous

해석
그녀는 사람들과 어울리는 것을 좋아하고 모임에서 주목을 받는, 사교적인 성격으로 알려져 있었다.

① 사교적인 ② 총명한
③ 야심 찬 ④ 관대한

정답 ①

어휘
socialize (사람들과) 어울리다, 사귀다 gathering 모임, 수집
outgoing 사교적인, 외향적인 intelligent 총명한 ambitious 야심 찬
generous 관대한

이것도 알면 합격!
'사교적인'의 의미를 갖는 유의어
= sociable, extroverted, friendly

---

02 문법 to 부정사 난이도 중 ●●○

밑줄 친 부분에 들어갈 말로 가장 적절한 것은?

> The destruction of the once-thriving trade network must have stemmed from political unrest, which is believed _____ commerce.

① to disrupt ② to be disrupted
③ to have disrupted ④ to have been disrupted

해석
한때 번성했던 무역망의 붕괴는 정치적 불안에서 비롯되었음에 틀림없는데, 이것은 상업에 지장을 준 것으로 여겨진다.

포인트 해설
③ **to 부정사의 형태** to 부정사가 가리키는 명사(political unrest)와 to 부정사가 '정치적 불안이 지장을 주다'라는 의미의 능동 관계이므로 to 부정사의 능동태 ① to disrupt, ③ to have disrupted가 정답 후보이다. 이때 '지장을 준' 시점이 '(지장을 준 것으로) 여겨진'(is believed to) 시점보다 이전이므로, to 부정사의 완료형 ③ to have disrupted가 정답이다.

정답 ③

어휘

destruction 붕괴, 파괴   thrive 번성하다   trade 무역
stem from ~에서 비롯되다   unrest 불안, 불만   commerce 상업
disrupt 지장을 주다, 방해하다

이것도 알면 합격!

한편, 문장의 주어와 to 부정사의 행위 주체가 달라서 to 부정사의 의미상 주어가 필요한 경우, 'for + 명사' 또는 'for + 목적격 대명사'를 to 부정사 앞에 쓴다는 것을 알아 두자.

• It's difficult **for children to understand** complex scientific concepts. 아이들이 복잡한 과학적 개념들을 이해하는 것은 어렵다.

---

03 문법 수동태 | to 부정사 | 시제 | 보어 | 상관접속사
난이도 상 ●●●

밑줄 친 부분 중 어법상 옳지 않은 것은?

A novel approach to healthcare that uses technology to provide remote medical care, telemedicine, ① is becoming more popular nowadays. Adoption of this digital solution is happening particularly quickly in North America and Australia—places with good Internet connectivity but large geographic areas that can make access to healthcare ② difficult. With telemedicine, some patients in these countries are no longer required ③ to be left their homes for doctors. Telemedicine not only lets them rest at home when they are sick ④ but also reduces the burden on overcrowded healthcare facilities.

해석

원격 건강 관리를 제공하는 기술을 사용하는 의료 서비스에 대한 새로운 접근 방식인, 원격 의료가 요즘 점점 더 인기를 얻고 있다. 이 디지털 해결책의 채택은 특히 북미와 호주에서 빠르게 진행되고 있는데, 이곳들은 인터넷 연결성은 좋지만, 지리적으로 넓은 영역이 의료 서비스에 대한 접근을 어렵게 만들 수 있다. 원격 의료를 사용하여, 이 나라들의 일부 환자들은 의사를 만나기 위해 더 이상 그들의 집을 떠날 필요가 없다. 원격 의료는 그들이 아플 때 집에서 쉬게 할 뿐만 아니라 너무 붐비는 의료 시설들에 대한 부담을 줄이기도 한다.

포인트 해설

③ 5형식 동사의 수동태 | to 부정사의 형태   to 부정사를 목적격 보어로 취하는 5형식 동사(require)가 수동태가 되면 목적격 보어는 수동태 동사(are required) 뒤에 그대로 남아야 한다. 이때 to 부정사가 가리키는 명사(some patients)와 to 부정사가 '일부 환자들이 떠나다'라는 의미의 능동 관계이므로, are (no longer) required 뒤에 온 to 부정사 수동형 to be left를 to 부정사 능동형 to leave로 고쳐야 한다.

[오답 분석]
① 현재진행 시제   문장에 시간 표현 nowadays(요즘)가 왔고 문맥상 '요즘 점점 더 인기를 얻고 있다'라며 현재 진행되고 있는 일을 표현하고 있으므로, 현재진행 시제 is becoming이 올바르게 쓰였다.
② 보어 자리   동사 make는 목적격 보어를 취하는 동사인데, 보어 자리에는 명사나 형용사 역할을 하는 것이 올 수 있으므로 형용사 difficult가 올바르게 쓰였다.
④ 상관접속사   문맥상 '집에서 쉬게 할 뿐만 아니라 너무 붐비는 의료 시설들에 대한 부담을 줄이기도 한다'라는 의미가 되어야 자연스러운데, 'A뿐만 아니라 B도'는 상관접속사 not only A but also B를 사용하여 나타낼 수 있으므로, not only와 짝을 이루는 but also가 올바르게 쓰였다.

정답 ③

어휘

novel 새로운; 소설   healthcare 의료 서비스, 보건
remote 원격의, (거리가) 먼   telemedicine 원격 의료   adoption 채택, 입양
geographic 지리적인, 지리학의   burden 부담, 짐
overcrowded 너무 붐비는   facility 시설

이것도 알면 합격!

③번의 동사 require와 같이 목적격 보어로 to 부정사를 취하는 동사들을 함께 알아 두자.

원하다	want need expect
부추기다	ask convince cause encourage
강요하다	force compel
허락하다	allow permit enable
알려 주다	remind advise warn

---

04 생활영어 She gave me some great tips.
난이도 하 ●○○

밑줄 친 부분에 들어갈 말로 가장 적절한 것은?

A: Hey, have you thought about which college you want to apply to?
B: Yeah, I have. I'm considering a few different options.
A: Same here. I'm having a tough time deciding which one to go to.
B: Have you talked to anyone for advice?
A: Actually, I talked to a guidance counselor last week. _____
B: That's awesome. I should do that too. I'm feeling pretty lost right now.
A: I highly recommend it.

① She gave me some great tips.
② I'm more interested in gaining experience.
③ Choosing the right questions to ask her seems crucial.
④ The disappointment was not related to my college decision.

해석

A: 저기, 어느 대학에 지원하고 싶은지 생각해 봤니?
B: 응, 그랬지. 나는 몇 가지 서로 다른 선택지들을 고려하고 있어.

DAY 02 하프모의고사 02회

A: 나도 마찬가지야. 나는 어디를 가야 할지 결정하는 데 어려움을 겪고 있어.
B: 조언을 구할 누군가와 얘기해 봤어?
A: 사실, 지난주에 상담 선생님과 얘기했거든. <u>그녀는 내게 좋은 조언을 해 주셨어.</u>
B: 멋지네. 나도 그렇게 해야겠어. 지금 상당히 길을 잃은 기분이거든.
A: 그것을 강력히 추천해.

① 그녀는 내게 좋은 조언을 해 주셨어.
② 나는 경험을 쌓는 데 더 관심이 있어.
③ 그녀에게 물어볼 올바른 질문을 선택하는 것이 중요해 보여.
④ 그 실망은 나의 대학 결정과 관련이 없었어.

포인트 해설

지원할 대학을 선택하는 데 어려움을 겪고 있다는 A에게 B가 누군가와 얘기해 보았는지 묻고, 상담 선생님과 얘기를 나눴다는 A의 말에 대해 빈칸 뒤에서 다시 B가 That's awesome. I should do that too(멋지네. 나도 그렇게 해야겠어)라고 말하고 있으므로, '그녀는 내게 좋은 조언을 해 주셨어'라는 의미의 ① 'She gave me some great tips'가 정답이다.

정답 ①

어휘

tough 어려운, 거친 awesome 멋진 crucial 중요한, 결정적인
disappointment 실망, 낙심

이것도 알면 합격!

조언할 때 쓸 수 있는 다양한 표현들을 알아 두자.
• Take it easy. 진정해.
• Keep that in mind. 그것을 명심하세요.
• Take your time and mull it over. 시간을 가지고 신중히 생각하세요.
• If I were in your shoes, I wouldn't do that.
  내가 네 입장이라면, 나는 그렇게 하지 않을 거야.

05~06 다음 글을 읽고 물음에 답하시오.

(A)

No one in our community should have to go hungry, especially during the holiday season.

Yet, hunger remains a serious issue in our neighborhood. The rising cost of living and the difficult job market are hindering many people from accessing sufficient nutritious food.

That's why a food drive is being organized. We want to bring local food banks closer to being able to provide assistance to anyone in the community who needs it. Please come and donate what you can.

We know you want to help.

Sponsored by Bolton Community Outreach Center

- Location: New Hope Church, 925 Motley Road
- Date: Saturday and Sunday, December 10 and 11
- Time: 8:00 a.m. – 4:00 p.m. both days
- What to Bring: Unopened dried, canned, or boxed food items (Please note that we cannot accept food items in dented cans.)

For more information about the food drive or food banks in the area, call the Outreach Center at (555) 234-7890 or visit www.boltonoutreach.org.

해석

(A) 식탁에 희망 가져오기

우리 지역 사회에서는 누구도 굶주려서는 안 되며, 특히 명절 동안에는 더욱 그렇습니다.

그렇지만, 굶주림은 여전히 우리 마을에서 심각한 문제입니다. 생활비 상승과 어려운 일자리 시장은 많은 사람들이 충분한 영양가 있는 음식들을 구하는 것을 막고 있습니다.

그것이 음식 기부 운동이 조직되고 있는 이유입니다. 우리는 지역의 푸드 뱅크가 그것을 필요로 하는 지역 사회의 누구에게든 도움을 제공할 수 있도록 더 가까이 다가가기를 바랍니다. 오셔서 하실 수 있는 만큼 기부해 주세요.

여러분이 돕기를 원하신다는 것을 알고 있습니다.

Bolton 지역 사회 봉사 활동 센터 후원

• 장소: 새 희망 교회, Motley로 925번지
• 날짜: 12월 10일, 토요일과 12월 11일, 일요일
• 시간: 오전 8시 – 오후 4시, 이틀 간
• 기부 물품: 개봉되지 않은 건조식품, 통조림, 또는 도시락 (찌그러진 통조림은 접수될 수 없음에 유의해 주세요)

음식 기부 운동이나 해당 지역 내 푸드 뱅크에 대한 더 자세한 정보를 얻으시려면, (555) 234-7890으로 봉사 활동 센터에 문의하시거나 www.boltonoutreach.org를 방문해 주세요.

어휘

go hungry 굶주리다 neighborhood 마을, 이웃 hinder 막다, 방해하다
sufficient 충분한 nutritious 영양가 있는 food drive 음식 기부 운동
organize 조직하다 assistance 도움 donate 기부하다, 기증하다
sponsor 후원하다 outreach 봉사 활동 boxed food 도시락
dent 찌그러뜨리다

05 독해 제목 파악　난이도 중 ●●○

(A)에 들어갈 윗글의 제목으로 가장 적절한 것은?

① Festive Holiday Meal Preparation Tips
② Bringing Hope to the Table
③ Neighbors Helping the Church
④ Neighborhood Holiday Festivities

해석
① 명절 식사 준비에 관한 조언
② 식탁에 희망 가져오기
③ 교회를 돕는 이웃
④ 마을의 명절 축제 행사

포인트 해설
지문 앞부분에 생활비 상승과 어려운 일자리 시장이 많은 사람들이 충분히 영양가 있는 음식을 구하는 것을 막고 있어 음식 기부 운동이 조직되었으며 누구에게든 도움을 제공하고자 한다고 설명하고 있다. 따라서 ② '식탁에 희망 가져오기'가 이 글의 제목이다.

정답 ②

어휘
preparation 준비　festivity 축제 (행사)

06 독해 내용 불일치 파악　난이도 하 ●○○

위 안내문의 내용과 일치하지 않는 것은?

① 마을의 생활비가 오르고 있다.
② 행사는 오후 4시까지 진행된다.
③ 행사 진행은 이틀 동안 예정되어 있다.
④ 모든 통조림 품목이 접수될 것이다.

포인트 해설
④번의 키워드인 '통조림'이 그대로 언급된 지문의 canned food 주변의 내용에서 찌그러진 통조림은 접수될 수 없음에 유의해 달라고 했으므로, ④ '모든 통조림 품목이 접수될 것이다'는 지문의 내용과 다르다.

정답 ④

07 독해 빈칸 완성 - 절　난이도 중 ●●○

밑줄 친 부분에 들어갈 말로 적절한 것은?

Roald Dahl was a British author who specialized in mischievous stories that were among the most beloved of the 20th century. So popular were his works that a number of them were made into movies. Among these were favorites such as *The Witches*, *The BFG*, *Matilda*, and *Charlie and the Chocolate Factory*. Surprisingly, however, _____. Immediately after finishing his education, he took a job with Shell Oil Company and was assigned to various positions in Africa. Later, as World War II raged, he joined the Royal Air Force and became a fighter pilot. After an accident left him badly injured and temporarily blinded, he wrote about the incident for the *Saturday Evening Post*, which became his first published work. Soon after, Dahl wrote a children's book about gremlins—the imaginary troublemaking creatures pilots believed caused mechanical failures and accidents during flights—initiating his work in the genre that earned him worldwide fame.

① Dahl created fictional worlds based on his real-life travels
② Dahl did not initially set out to become an author
③ Dahl became famous after surviving a serious plane crash
④ Dahl's books feature characters inspired by his Shell colleagues

해석
Roald Dahl은 20세기에 가장 사랑받은 것들에 속하는, 짓궂은 이야기들을 전문으로 다룬 영국 작가였다. 그의 작품들은 매우 인기가 많아서 그것들 중 다수가 영화로 제작되었다. 이것들 중 인기 있는 것들은 『마녀를 잡아라』, 『내 친구 꼬마 거인』, 『마틸다』, 그리고 『찰리와 초콜릿 공장』이었다. 하지만, 놀랍게도, Dahl이 처음부터 작가가 되려고 한 것은 아니었다. 교육을 마친 직후에, 그는 Shell 석유 회사에 취직했고 아프리카의 다양한 직책에 파견되었다. 후에, 제2차 세계 대전이 휘몰아치자, 그는 영국 공군에 입대해서 전투기 조종사가 되었다. 한 사고로 그가 심하게 부상 입고 일시적으로 실명된 후, 그는 『Saturday Evening Post』에 그 사건에 대해 썼는데, 이것이 그의 첫 번째 출판 작품이 되었다. 얼마 지나지 않아, Dahl은 비행기 조종사들이 비행 동안 기계적 고장과 사고를 야기한다고 믿었던, 말썽을 일으키는 상상의 생명체인 그렘린에 관한 어린이책을 집필하면서, 그가 전 세계적인 명성을 얻은 장르에서 작품 활동을 시작하였다.

① Dahl은 자신의 실생활에서의 여행을 바탕으로 소설 세계를 창조했다
② Dahl이 처음부터 작가가 되려고 한 것은 아니었다
③ Dahl은 심각한 비행기 추락 사고에서 살아남은 후 유명해졌다
④ Dahl의 책은 그의 Shell 회사 동료들로부터 영감받은 등장인물들을 특징으로 한다

포인트 해설
빈칸 뒷부분에서 석유 회사에서 파견직을 맡았던 Dahl이 제2차 세계 대전 당시 영국 공군에 입대하여 겪은 사고에 대해 쓴 작품이 그의 첫 번째 출판 작품이 되었다고 했으므로, 'Dahl이 처음부터 작가가 되려고 한 것은 아니었다'고 한 ②번이 정답이다.

정답 ②

어휘
specialize 전문적으로 다루다　mischievous 짓궂은, 해로운
immediately 즉시　assign 파견하다, 배정하다　rage 휘몰아치다; 격노
temporarily 일시적으로　blind 실명하게 하다　incident 사건, 사고
troublemaking 말썽을 일으키는　mechanical 기계적인　failure 고장, 실패
initiate 시작하다　fame 명성　feature 특징으로 하다
inspire 영감을 주다, 고무하다　colleague 동료

DAY 02 하프모의고사 02회

구문 분석

So popular were his works / that a number of them were made into movies.

: 이처럼 형용사 보어(So popular)가 문장 앞에 와서 도치가 일어난 경우, 주어와 동사가 무엇인지 빠르게 파악한 다음 '주어 + 동사 + 보어'의 순서대로 해석한다.

08 독해 목적 파악   난이도 중 ●●○

다음 글의 목적으로 가장 적절한 것은?

To	members@bookmakers.com
From	helpcenter@bookmakersmail.com
Date	May 18
Subject	Self-Publishing Guide

Dear Authors,

We're here to help you share your story with the world. While self-publishing a book is a challenging task, the services available at Book Makers can make your publishing journey both enjoyable and successful. Here are some things you can do through Book Makers.

1. Utilize our list of preapproved freelancers and companies to hire editors, proofreaders, and designers to prepare your book for publication.
2. Upload your text and image files to our easy-to-use publishing portal.
3. Choose one or more of our services to create paperback, hardcover, and electronic versions of your book.
4. Explore our network of marketing affiliates for opportunities to promote your book through giveaways, reviews, and social media campaigns.

We hope you have found this email helpful. We have also attached our Writer's Guide to Self-Publishing, which we believe will be valuable to you. Happy publishing!

Best regards,
Book Makers

① to explain to authors the financial potential of self-publishing
② to offer writers instruction on how to publish their own work
③ to recruit professionals in the publishing industry to Book Makers
④ to recommend that publishers find new authors through a portal system

해석

수신: members@bookmakers.com
발신: helpcenter@bookmakersmail.com
날짜: 5월 18일
제목: 자가 출판 관련 안내

작가님들께,

저희는 여러분이 이야기를 세상과 나누도록 돕기 위해 여기에 있습니다. 책을 자가 출판하는 것은 어려운 작업이지만, Book Makers에서 이용할 수 있는 서비스는 여러분의 출판 여정을 즐겁고 성공적인 것으로 만들 수 있습니다. 여러분이 Book Makers를 통해 하실 수 있는 것들이 여기 있습니다.

1. 여러분의 책의 출판을 준비하기 위한 편집자, 교정자 및 디자이너를 고용하기 위해 사전에 승인된 프리랜서 및 회사들의 목록을 활용하세요.
2. 여러분의 텍스트와 이미지 파일을 사용하기 쉬운 저희의 출판 포털에 업로드하세요.
3. 여러분의 책을 문고본, 양장본 및 전자책 형태로 만들기 위해 저희 서비스 중 하나 이상을 선택하세요.
4. 경품 행사, 리뷰 및 소셜 미디어 캠페인을 통한 여러분의 책을 홍보할 기회를 위해 저희의 마케팅 계열사들의 네트워크를 탐색하세요.

이 이메일이 도움이 되셨기를 바랍니다. 또한 여러분께 가치 있을 것으로 생각하는 〈자가 출판을 위한 작가 안내서〉를 첨부했습니다. 즐거운 출판을 해보세요!

안부를 전하며,
Book Makers

① 작가들에게 자가 출판의 재정적 잠재력을 설명하기 위해
② 작가들에게 자신의 작품을 출판하는 방법에 대한 지침을 제공하기 위해
③ 출판업계의 전문가들을 Book Makers로 모집하기 위해
④ 출판사들이 포털 시스템을 통해 신진 작가들을 찾도록 권하기 위해

포인트 해설

지문 앞부분에 Book Makers의 서비스를 이용함으로써 자가 출판 여정을 즐겁고 성공적인 것으로 만들 수 있다는 내용이 있고, 지문 중간에서 자가 출판을 위해 이용할 수 있는 서비스를 제시하고 있으므로, ② '작가들에게 자신의 작품을 출판하는 방법에 대한 지침을 제공하기 위해'가 이 글의 목적이다.

정답 ②

어휘

self-publishing 자가 출판 challenging 어려운 journey 여정, 여행
utilize 활용하다 preapproved 사전에 승인된 editor 편집자
proofreader 교정자 explore 탐색하다, 탐구하다 affiliate 계열(회)사
promote 홍보하다, 승진하다 giveaway 경품 attach 첨부하다
instruction 지침, 지시 recruit 모집하다, 채용하다

09 독해 문장 삽입   난이도 중 ●●○

주어진 문장이 들어갈 위치로 적절한 것은?

"David is as brave as a lion," however, is not a metaphor.

Metaphor is a type of figurative speech in which one object is called another in order to point out a similarity between the two. Unlike other types of figurative language that suggest a relationship or connection between the two, a metaphor directly states that one object is the other. For instance, "John is a shining star." (①) This does not mean that John is literally a star. (②) Instead, it implies that he has the qualities of a shining star; namely, he is bright and stands out. (③) In this instance, the comparison is not direct, and only a specific quality is being compared between the two objects. (④) He is not, in fact, a lion, nor does he act like one; rather, he has bravery, which is a trait often attributed to lions.

해석

하지만, "David는 사자만큼 용감하다"는 은유가 아니다.

은유는 하나의 대상이 둘 사이의 유사성에 주목하기 위해 다른 것으로 불리는 비유적인 화법의 한 유형이다. 둘 사이의 관계나 연관성을 연상시키는 다른 유형의 비유적인 언어와는 달리, 은유는 한 대상이 다른 대상이라고 직접적으로 말한다. 예를 들어, "John은 빛나는 별이다." ① 이것은 John이 문자 그대로 별이라는 것을 의미하지는 않는다. ② 대신, 그것은 그가 빛나는 별의 속성을 지녔다는 것, 즉 그가 밝고 돋보인다는 것을 암시한다. ③ 이 경우, 비교는 직접적이지 않고 두 대상 사이에 있는 한 가지 특정 속성이 비교될 뿐이다. ④ 그(David)는 실제로 사자도 아니고 사자처럼 행동하지도 않는다. 그보다는, 그가 주로 사자의 특성으로 여겨지는 용맹함을 가지고 있다는 것이다.

포인트 해설

③번 앞 문장에 "John은 빛나는 별이다"와 같이 한 대상이 다른 대상이라고 직접적으로 말하는 은유는 John이 별의 속성을 지녔다는 것을 암시한다는 내용이 있고, 뒤 문장에 이 경우 두 대상 사이에 있는 한 가지 특정 속성이 비교될 뿐이라는 내용이 있으므로, ③번 자리에 하지만(however) "David는 사자만큼 용감하다"는 은유가 아니라는 내용, 즉 둘 사이의 유사함을 연상시키지만, 은유에 해당하지 않는 예시에 대한 주어진 문장이 나와야 지문이 자연스럽게 연결된다.

정답 ③

어휘

metaphor 은유 figurative 비유적인 similarity 유사성
connection 연관성 literally 문자 그대로 imply 암시하다 quality 속성, 질
stand out 돋보이다 comparison 비교 specific 특정한, 구체적인
bravery 용맹함, 용기 attribute ~으로 여기다, 결과로 보다

---

10 독해 요지 파악   난이도 중 ●●○

다음 글의 요지로 적절한 것은?

In a false consensus effect experiment, participants were asked to rate the extent to which they agreed with a series of statements about common behaviors, such as "I like to watch TV." Participants then rated the extent to which they believed that other people would agree with the same statements. The results showed that participants consistently overestimated the extent to which others agreed with them. This effect was particularly pronounced for participants who held strong opinions about the behaviors in question. The findings suggest that people tend to assume that others share their beliefs and values, which can lead to biases in social perception and decision-making.

① Watching TV is a common activity favored by people.
② Strong opinions can unite people with opposing viewpoints.
③ The assumption that others share beliefs leads to biases in decision-making.
④ The false consensus effect experiment highlights the tendency for people to share beliefs.

해석

허위 합의 효과 실험에서, 참가자들은 "나는 TV를 보는 것을 좋아한다"와 같이 일련의 일반적인 행동에 대한 진술에 동의하는 정도를 평가하도록 요청받았다. 그 후 참가자들은 다른 사람들이 같은 진술에 동의할 것이라고 믿는 정도를 평가했다. 결과는 참가자들이 다른 사람들이 그들과 동의하는 정도를 일관되게 과대평가했다는 것을 보여 주었다. 이 효과는 논의가 되고 있는 행동에 대해 확고한 의견을 가진 참가자들에게서 특히 두드러졌다. 그 연구 결과는 사람들이 다른 사람들이 자신들의 믿음과 가치를 공유한다고 가정하는 경향이 있음을 시사하는데, 이것은 사회적 인식과 의사 결정에 편견을 초래할 수 있는 것이다.

① TV를 보는 것은 사람들에 의해 선호되는 일반적인 활동이다.
② 확고한 의견은 서로 다른 관점을 가진 사람들을 단결시킬 수 있다.
③ 다른 사람들이 믿음을 공유한다는 가정은 의사 결정에 편견을 초래한다.
④ 허위 합의 효과 실험은 사람들이 믿음을 공유하는 경향을 강조한다.

포인트 해설

지문 중간에서 참가자들이 다른 사람들이 그들과 동의하는 정도를 과대평가했다는 허위 합의 효과 실험의 연구 결과는 사람들이 타인이 자신들의 믿음과 가치를 공유한다고 가정하는 경향이 있음을 시사하며, 이것이 사회적 인식과 의사 결정에 편견을 초래할 수 있다고 했으므로, ③ '다른 사람들이 믿음을 공유한다는 가정은 의사 결정에 편견을 초래한다'가 이 글의 요지이다.

정답 ③

어휘

consensus 합의 rate 평가하다; 비율 extent 정도, 범위
statement 진술, 발언 overestimate 과대평가하다
pronounced 두드러진, 확연한 in question 논의가 되고 있는, 문제의
assume 가정하다 bias 편견 perception 인식, 지각 favor 선호하다
unite 단결시키다 opposing 서로 다른, 대립하는 highlight 강조하다

DAY 03 하프모의고사 03회

▶ 해커스 공무원시험연구소 총평

난이도
두드러지게 어려운 문제가 없는 동시에 전체 풀이 시간을 단축할 만큼 아주 쉬운 문제도 출제되지 않아, 문제를 푸는 내내 집중력을 유지하는 것이 중요했습니다.

어휘·생활영어 영역
1번에서는 어휘 문제에서뿐만 아니라 독해·문법 등 전 영역에서 등장할 수 있는, 활용도 높은 어휘들로 보기가 구성되었습니다. 공무원 9급 시험의 빈출 어휘 위주로 학습해 둠으로써 충분히 대비할 수 있는 문제였습니다.

문법 영역
3번에서 다루고 있는 부정대명사의 경우 자주 출제되지는 않는 만큼 관련 내용이 낯설어 헷갈리기 쉽습니다. 각각의 부정대명사와 부정형용사의 쓰임을 예문과 함께 알아 둡니다.

독해 영역
멘토링·웃음 등 실생활과 관련 있는 소재가 주를 이루었습니다. 지문 자체를 읽어내는 데 어려움이 없는 문제일수록 지문 속에서 정답에 대한 단서를 명확하게 찾고, 이를 바탕으로 답을 정확하게 고르는 훈련을 반복합니다.

▶ 정답

01	③	어휘	06	③	독해
02	④	문법	07	④	독해
03	④	문법	08	③	독해
04	③	생활영어	09	④	독해
05	④	독해	10	②	독해

▶ 취약영역 분석표

영역	맞힌 답의 개수
어휘	/ 1
생활영어	/ 1
문법	/ 2
독해	/ 6
TOTAL	/ 10

---

01 어휘 express   난이도 중 ●●○

밑줄 친 부분에 들어갈 말로 가장 적절한 것은?

From the design of the teapot to the movements of the tea master, every element of the Japanese tea ceremony _____ Japan's cultural values. Without knowledge of these values, the true meaning may be lost.

① documents   ② collects
③ expresses   ④ yearns

[해석]
찻주전자의 디자인부터 차 장인의 움직임까지, 일본 다도 의식의 모든 요소는 일본의 문화적 가치를 나타낸다. 이러한 가치들에 대한 지식 없이는, 진정한 의미가 상실될 수도 있다.
① 기록한다   ② 수집한다
③ 나타낸다   ④ 동경한다

정답 ③

[어휘]
element 요소 tea ceremony 다도 document 기록하다; 기록
collect 수집하다, 모으다 express 나타내다, 표현하다
yearn 동경하다, 갈망하다

이것도 알면 합격!

'나타내다'의 의미를 갖는 유의어
= convey, demonstrate, embody

---

02 문법 병치 구문   난이도 중 ●●○

밑줄 친 부분에 들어갈 말로 가장 적절한 것은?

Efficiency is the ability to produce goods and services with fewer resources, which leads to lower costs and greater output, or _____ resource utilization.

① being maximizing   ② to be maximized
③ that maximizes   ④ to maximize

[해석]
효율성은 더 적은 자원으로 상품과 서비스를 생산하여 비용을 낮추고 생산량을 늘리거나 자원 활용을 극대화할 수 있는 능력이다.

[포인트 해설]
④ **병치 구문** 빈칸은 등위접속사(or) 뒤에 오는 것의 자리이다. 등위접속사(or)로 연결된 병치 구문에서는 같은 구조끼리 연결되어야 하는데,

or 앞에 명사 ability를 수식하는 to 부정사(to produce)가 왔으므로, or 뒤에도 to 부정사가 와야 한다. 따라서 to 부정사 형태의 ② to be maximized와 ④ to maximize가 정답 후보이다. 이때 to 부정사가 가리키는 명사(the ability)와 to 부정사가 '능력이 자원 활용을 극대화하다'라는 의미의 능동 관계이므로 to 부정사의 능동형으로 쓰인 ④ to maximize가 정답이다.

정답 ④

어휘
efficiency 효율성 output 생산량 utilization 활용 maximize 극대화하다

이것도 알면 합격!

to 부정사구 병치 구문에서 두 번째 나온 to는 생략될 수 있다는 것을 알아 두자.
- We planned to visit the museum and (to) explore the nearby park. 우리는 박물관에 방문하고 인근 공원에 가는 것으로 계획했다.

03 문법 대명사|명사절|시제|비교 구문   난이도 상 ●●●

밑줄 친 부분 중 어법상 옳지 않은 것은?

From 1883 to 1912, a farmer named Thomas Mikesell kept a comprehensive dataset of ① what North American tree growth patterns looked like prior to climate change. Based on his observations, researcher Kellen Calinger-Yoak found that temperature increases in North America ② have extended the growth period of hardwood forests by approximately a month since Mikesell's time. The longer the period of growth, ③ the more efficient trees are at absorbing carbon dioxide. However, overall warming can place stress on trees, and it is speculated that whereas some species may thrive, ④ other may underperform.

해석
1883년부터 1912년까지, Thomas Mikesell이라는 이름의 농부는 기후 변화 이전의 북미 나무 성장 패턴이 어땠는지에 대한 포괄적인 데이터 기록을 남겼다. 그의 관찰에 기반해서, 연구원 Kellen Calinger-Yoak는 북미의 기온 상승이 Mikesell의 시대 이후로 활엽수림의 성장 기간을 대략 한 달 연장해 왔다는 것을 발견했다. 성장 기간이 더 길수록, 나무는 이산화탄소를 더 효율적으로 흡수한다. 하지만, 전반적인 온난화는 나무에 스트레스를 줄 수 있고, 어떤 종은 잘 자랄 수도 있는 반면, 다른 종들은 기대만큼 잘 자라지 못할 수도 있다고 추측된다.

포인트 해설
④ **부정대명사** 문맥상 '이미 언급한 것(some species) 이외의 다른 종들'이라는 의미가 되어야 자연스러우므로, '이미 언급한 것 이외의 것의'라는 의미로 복수 명사 앞에 쓰이는 부정 형용사 other를 '이미 언급한 것 이외의 것들 중 몇몇'을 의미하는 부정대명사 others로 고쳐야 한다.

[오답 분석]
① **명사절 접속사** 목적어가 없는 불완전한 절(North American ~ change)을 이끌면서 전치사 of의 목적어 역할을 할 수 있는 명사절 접속사 what이 올바르게 쓰였다.

② **현재완료 시제** 현재완료 시제와 자주 함께 쓰이는 시간 표현 'since + 과거 시간 표현'(since Mikesell's time)이 왔고, 문맥상 'Mikesell의 시대 이후로 연장해 왔다'라며 과거에 시작된 일이 현재까지 계속되고 있음을 표현하고 있으므로, 현재완료 시제 have extended가 올바르게 쓰였다.

③ **비교급** 문맥상 '성장 기간이 더 길수록, 나무는 ~ 더 효율적으로 흡수한다'라는 의미가 되어야 자연스러운데, '더 ~할수록, 더 -하다'는 비교급 표현 'the + 비교급 + 주어 + 동사 ~, the + 비교급 + 주어 + 동사 -'의 형태로 나타낼 수 있으므로 the more efficient가 올바르게 쓰였다.

정답 ④

어휘
comprehensive 포괄적인 extend 연장하다 hardwood forest 활엽수림 speculate 추측하다 thrive 잘 자라다, 번영하다 underperform 기대만큼 잘하지 못하다

이것도 알면 합격!

that절과 what절이 명사절로 쓰일 때, that 뒤에는 완전한 절이, what 뒤에는 불완전한 절이 온다는 것을 기억하자.
- I believe (that / ~~what~~) our new marketing strategy will succeed. 나는 우리의 새로운 마케팅 전략이 성공할 것이라고 믿는다.
  → 접속사 뒤에 완전한 절(our new ~ succeed)이 왔으므로 that이 와야 한다.
- The professor will evaluate (what / that) was presented in the group project. 교수는 그룹 프로젝트에서 발표된 것을 평가할 것이다.
  → 접속사 뒤에 주어가 없는 불완전한 절(was ~ project)이 왔으므로 what이 와야 한다.

04 생활영어 How much extra do those services cost?   난이도 하 ●○○

밑줄 친 부분에 들어갈 말로 가장 적절한 것은?

Rudy Craig
Hi. I'm calling because I heard about your cleaning service and would like to know more.
09:30

Eleanor Scott
Sure. I'm happy to help you. What would you like to know?
09:30

Rudy Craig
Well, can you tell me about the services you provide?
09:31

Eleanor Scott
We provide regular office cleaning, including vacuuming, dusting, trash removal, and restroom sanitation. We also offer additional services like window cleaning and carpet shampooing.
09:32

DAY 03 하프모의고사 03회

Rudy Craig
_____
_____
09:32

Eleanor Scott
The price depends on the size of your office and how often you want the services.
09:33

Rudy Craig
Okay. I'll review the details and follow up if needed.
09:44

① How can we get a better price?
② When is the soonest you can start?
③ How much extra do those services cost?
④ Could I schedule services during holidays?

해석

Rudy Craig: 안녕하세요, 귀사의 청소 서비스에 대해 듣고 더 알고 싶어서 전화 드렸어요.
Eleanor Scott: 물론이죠. 기꺼이 도와드리겠습니다. 무엇을 알고 싶으신가요?
Rudy Craig: 제공하시는 서비스에 대해 말씀해 주시겠어요?
Eleanor Scott: 저희는 진공청소기 청소, 먼지 털기, 쓰레기 비우기 및 화장실 위생을 포함하여, 정기적인 사무실 청소 서비스를 제공합니다. 저희는 또한 창문 닦기와 카펫 세척 같은 추가 서비스도 제공합니다.
Rudy Craig: 그 서비스들에는 추가 비용이 얼마나 드나요?
Eleanor Scott: 가격은 사무실 크기와 서비스를 얼마나 자주 원하시는지에 따라 달라집니다.
Rudy Craig: 알겠습니다. 제가 세부 사항을 검토하고 필요한 경우 다시 연락드릴게요.

① 어떻게 더 좋은 가격을 얻을 수 있을까요?
② 가장 빨리 시작할 수 있을 때가 언제인가요?
③ 그 서비스들에는 추가 비용이 얼마나 드나요?
④ 휴일에 서비스 일정을 잡을 수 있을까요?

포인트 해설

청소 서비스에 대해 문의하는 Rudy에게 Eleanor가 기본 서비스와 추가 서비스 항목에 대해 설명하고, 빈칸 뒤에서 다시 Eleanor가 The price depends on the size of your office and how often you want the services(가격은 사무실 크기와 서비스를 얼마나 자주 원하시는지에 따라 달라집니다)라고 말하고 있으므로, '그 서비스들에는 추가 비용이 얼마나 드나요?'라는 의미의 ③ 'How much extra do those services cost?'가 정답이다.

정답 ③

어휘

vacuum 진공청소기로 청소하다 dust 먼지를 털다; 먼지 sanitation 위생 follow up 다시 연락하다

이것도 알면 **합격!**

서비스에 대해 문의할 때 쓸 수 있는 다양한 표현을 알아 두자.
· What are your rates for this service? 이 서비스의 요금은 어떻게 되나요?
· Do you have any promotional packages available? 현재 제공 중인 홍보 패키지가 있나요?
· Can you walk me through the process of using your service? 서비스 이용 과정을 자세히 설명해 주실 수 있나요?

05~06 다음 글을 읽고 물음에 답하시오.

Read Around the World
HOME ABOUT US OUR MISSION FAQS SEARCH
ABOUT US

Read Around the World

Our Commitment
We are committed to creating a world free of childhood illiteracy by providing books to children that they otherwise wouldn't have access to. To date, 20 million children in 16 countries have benefitted from our books, programs, and community libraries.

Literacy Program
We train teachers and integrate our curriculum and learning materials with government educational systems to effectively develop reading skills in underserved areas. We publish our own children's books that reflect the local cultures of the children we help. Currently, our textbooks have been published in 35 different languages.

Future Goals
· Program Expansion: We aim to partner with 10 new countries to double the number of students we help.
· Digital Technology Implementation: We plan to increase access to books and enhance literacy by utilizing smart technologies.

해석

독서로 세계 일주

우리의 헌신
우리는 아이들이 다른 방법으로는 접근할 수 없었을 책들을 제공함으로써 아동 문맹이 없는 세상을 만드는 데 헌신하고 있습니다. 현재까지, 16개 국가에 있는 2천만 명의 아이들이 저희의 책, 프로그램 및 지역 도서관을 통해 혜택을 받아 왔습니다.

문해력 프로그램
우리는 교사들을 교육하고 우리의 교육 과정 및 학습 자료에 정부 교육 시스템을 통합하여 소외된 지역에서의 읽기 능력을 효과적으로 개발하고자 합니다. 우리는 우리가 돕는 아이들의 현지 문화를 반영하는, 우리만의 아동용 도서를 출간합니다. 현재, 우리의 교과서는 35개의 다른 언어로 출간되었습니다.

향후 목표
- 프로그램 확장: 우리는 10개의 새로운 국가들과 협력하여 우리가 돕는 학생의 수를 두 배로 늘리는 것을 목표로 합니다.
- 디지털 기술 구현: 우리는 스마트 기술을 활용하여 책에 대한 접근성을 높이고 문해력을 향상할 것을 계획합니다.

어휘

commit 헌신하다, 전념하다 free of ~이 없는 illiteracy 문맹
literacy 문해력 integrate 통합하다 material 자료, 재료
underserved 소외된 publish 출간하다, 발표하다
reflect 반영하다, 반성하다, 비추다 expansion 확장
partner 협력하다; 사업 파트너 implementation 구현, 실행
enhance 향상하다 utilize 활용하다

---

05 독해 내용 일치 파악   난이도 중 ●●○

윗글에서 Read Around the World에 관한 내용과 일치하는 것은?

① It is dedicated to promoting literacy for children in developing countries.
② It operates its own curriculum separate from government-run systems.
③ It aims to publish children's books in local languages in the near future.
④ It plans to double the number of students it assists.

해석
① 그것은 개발도상국의 어린이들을 위한 문해력 증진에 전념한다.
② 그것은 정부 운영 시스템과 별개의 자체 교육 과정을 운영한다.
③ 그것은 가까운 미래에 현지 언어로 된 어린이 도서를 출간하는 것을 목표로 한다.
④ 그것은 돕는 학생의 수를 두 배로 늘릴 계획이다.

포인트 해설
④번의 키워드인 double(두 배로 늘리다)이 그대로 언급된 지문 주변의 내용에서 돕는 학생의 수를 두 배로 늘리는 것을 목표로 한다고 했으므로, ④ '그것은 돕는 학생의 수를 두 배로 늘릴 계획이다'가 지문의 내용과 일치한다.

[오답 분석]
① 독서로 세계 일주가 아동 문맹이 없는 세상을 만드는 데 헌신한다고는 했지만, 그것이 개발도상국의 어린이들을 위한 문해력 증진에 전념하는지는 알 수 없다.
② 독서로 세계 일주는 자체 교육 과정 및 학습 자료에 정부 교육 시스템을 통합한다고 했으므로, 그것이 정부 운영 시스템과 별개의 자체 교육 과정을 운영한다는 것은 지문의 내용과 다르다.
③ 독서로 세계 일주의 교과서는 현재 35개의 다른 언어로 출간되었다고 했으므로, 그것이 가까운 미래에 현지 언어로 된 어린이 도서를 출간하는 것을 목표로 한다는 것은 지문의 내용과 다르다.

정답 ④

어휘
dedicate 전념하다, 헌신하다 operate 운영하다, 작동하다, 수술하다
separate 별개의, 분리된

---

06 독해 유의어 파악   난이도 중 ●●○

밑줄 친 reflect의 의미와 가장 가까운 것은?

① contemplate   ② imitate
③ represent   ④ recover

해석
① 숙고하다   ② 모방하다
③ 나타내다   ④ 회복하다

포인트 해설
밑줄 친 부분이 포함된 문장에서 reflect는 문맥상 아이들의 현지 문화를 '반영한다'는 의미로 쓰였으므로, '나타내다'라는 의미의 ③ represent가 정답이다.

정답 ③

어휘
contemplate 숙고하다 imitate 모방하다 represent 나타내다, 대표하다
recover 회복하다

---

07 독해 빈칸 완성 - 단어   난이도 중 ●●○

밑줄 친 부분에 들어갈 말로 적절한 것은?

Your education and experience provide you with a solid foundation for your career, but there is always more to learn and one of the best ways to do so is by seeking _____. Receiving mentorship from someone who has more expertise in your field can help you develop new skills and insights. By learning from others, you can also avoid making common mistakes and gain a deeper understanding of industry trends and best practices. Mentors serve as a pathway to help you indirectly absorb their hard-earned professional experiences. Moreover, mentorship provides an opportunity to build a relationship with established professionals, which can lead to introductions and referrals to other professionals in your field.

① independence   ② compensation
③ confirmation   ④ guidance

해석
당신의 교육과 경험은 당신의 경력을 위한 견고한 토대를 제공하지만, 항상 더 배울 것이 있으며 그렇게 하는 가장 좋은 방법들 중 하나는 <u>본보기</u>를 구하는 것이다. 당신의 분야에서 더 많은 전문 지식을 가진 사람으로부터 멘토링을 받는 것은 당신이 새로운 기술과 통찰력을 발달시키는 데 도움이 될 수 있다. 다른 사람들로부터 배움으로써, 당신은 또한 흔한 실수를 방지하고 업계 동향과 최선의 관행들을 더 깊이 이해할 수 있다. 멘토들은 그들이 어렵게 얻은 전문적인 경험을 당신이 간접적으로 흡수하는 것을 돕는 통로로서 역할을 한다. 게다가, 멘토링은 저명한 전문가들과 관계를 맺을 기회들을 제공하는데, 이것은 당신의 분야에 있는 다른 전문가들을 소개하고 추천받는 것으로 이어질 수 있다.

① 독립성　　　　　　② 보상
③ 확인　　　　　　　④ 본보기

포인트 해설

빈칸 뒤 문장에서 당신의 분야에서 더 많은 전문 지식을 가진 사람으로부터 멘토링을 받는 것은 새로운 기술과 통찰력을 발달시키는 데 도움이 될 수 있다고 하고, 지문 뒷부분에서 멘토들은 자신들이 어렵게 얻은 전문 경험을 간접적으로 흡수하는 것을 돕는 통로로서 역할을 한다고 했으므로, 더 배우는 가장 좋은 방법들 중 하나가 '본보기'를 구하는 것이라고 한 ④번이 정답이다.

정답 ④

어휘

solid 견고한, 단단한　foundation 토대, 기반　seek 구하다, 추구하다
expertise 전문 지식　insight 통찰력　practice 관행, 연습
pathway 통로, 길　indirectly 간접적으로　absorb 흡수하다
established 저명한, 확실히 자리를 잡은　referral 추천, 위탁, 소개
independence 독립성　compensation 보상　confirmation 확인
guidance 본보기, 지도, 안내

08　독해 내용 불일치 파악　난이도 중 ●●○

다음 글의 내용과 일치하지 않는 것은?

Rutherford City Hall is open for tours from Tuesday to Saturday, between 9:00 a.m. and 12:00 p.m. These free tours must be booked at least a week beforehand, and reservations can be made up to a month in advance. They are open to people of all ages. Those 18 and over must present a valid form of personal identification when entering City Hall.

• Book a tour: reserve.rutherfordcityhall.tours

If you miss your time window, your booking will be automatically canceled. Rescheduling is not possible; you will need to book a new tour. Likewise, the number of guests on a tour reservation cannot be changed; a new tour slot must be booked.

• CLOSED: All national holidays

As the tours take place during official City Hall operating hours, guests must stay with their tour guides at all times.

① Rutherford City Hall does not offer tours on Mondays.
② It is free of charge to take a tour at the Rutherford City Hall.
③ Tour reservations must be booked a month in advance.
④ Adults should show identification before the tour.

해석

Rutherford 시청은 화요일부터 토요일까지, 오전 9시부터 오후 12시 사이에 투어를 진행합니다. 이 무료 투어는 최소 일주일 전에 예약되어야 하며, 예약은 최대 한 달 전부터 가능합니다. 투어는 모든 연령대의 분들에게 열려 있습니다. 18세 이상인 분들은 시청 입장 시 유효한 개인 신분증을 제시하셔야 합니다.

• 투어 예약: reserve.rutherfordcityhall.tours

정해진 시간대를 놓치시는 경우, 여러분의 예약은 자동으로 취소될 것입니다. 일정 변경은 불가능하며, 새로운 투어를 예약하셔야 할 것입니다. 마찬가지로, 투어 예약의 참가자 수는 변경될 수 없으며, 새로운 투어 시간대가 예약되어야 합니다.

• 휴관일: 모든 국가 공휴일

투어는 공식적인 시청 운영 시간 동안 진행되므로, 참가자분들은 항상 가이드와 함께 계셔야 합니다.

① Rutherford 시청은 월요일에 투어를 제공하지 않는다.
② Rutherford 시청의 투어는 무료이다.
③ 투어 예약은 한 달 전에 되어야 한다.
④ 성인은 투어 전에 신분증을 제시해야 한다.

포인트 해설

③번의 키워드인 a month in advance(한 달 전에)가 그대로 언급된 지문 주변의 내용에서 투어는 최소 일주일 전에 예약되어야 하고, 최대 한 달 전부터 예약할 수 있다고 했으므로, ③ '투어 예약은 한 달 전에 되어야 한다'는 지문의 내용과 다르다.

정답 ③

어휘

book 예약하다　beforehand 전에, 미리　reservation 예약　valid 유효한
identification 신분증　window 시간대, 창문　automatically 자동으로
reschedule 일정을 변경하다　slot 시간대　national holiday 국가 공휴일

09　독해 주제 파악　난이도 중 ●●○

다음 글의 주제로 적절한 것은?

Many modern philosophers emphasize the importance of self-reflection as an effective means to gain a profound understanding of one's thoughts, beliefs, emotions, and motivations. This introspective practice is particularly beneficial when evaluating the quality of one's life, whether it pertains to work or personal relationships. This process can be uncomfortable, as it often involves acknowledging difficult truths and personal flaws. Furthermore, our fast-paced lives full of constant interruptions make it difficult to find the time, mental calmness, and concentration required to undertake meaningful reflection. It is only through this self-examination, however, that one can develop a sense of inner peace and a more meaningful connection to the world.

① The limitations of modern philosophy
② Meditation methods for inner peace
③ Distractions in daily life
④ Why reflection is hard but important

해석

많은 현대 철학자들은 자신의 생각, 믿음, 감정, 그리고 동기에 대한 깊은 이해를 얻기 위한 효과적인 수단으로 자기 성찰의 중요성을 강조한다. 이러한 자기반성적인 수행은 그것이 일과 관련된 것이든 개인적인 관계와 관련된 것이든 간에, 삶의 질을 평가할 때 특히 유익하다. 이 과정은 종종 어려운 진실과 개인적인 결함을 인정하는 것을 수반하기 때문에 불편할 수 있다. 그뿐만 아니라, 끊임없는 방해 요소들로 가득한 우리의 빠른 삶은 의미 있는 성찰을 시작하는 데 필요한 시간, 정신적 평온함, 그리고 집중력을 찾기 어렵게 만든다. 하지만, 바로 이러한 자기반성을 통해서만 사람은 내면의 평화와 세상과의 보다 의미 있는 연결성을 발전시킬 수 있다.

① 현대 철학의 한계
② 내면의 평화를 위한 명상법
③ 일상생활 속에서 마음을 산만하게 하는 것
④ 성찰이 어렵지만 중요한 이유

포인트 해설

지문 전반에 걸쳐 자기 성찰은 삶의 질을 평가할 때 특히 유익한데, 우리의 빠른 삶이 자기 성찰에 필요한 시간을 찾기 어렵게 만들 수는 있지만, 자기반성을 통해 내면의 평화를 발전시킬 수 있다고 주장하고 있다. 따라서 ④ '성찰이 어렵지만 중요한 이유'가 이 글의 주제이다.

정답 ④

어휘

philosopher 철학자 emphasize 강조하다 self-reflection 자기 성찰
profound 깊은, 심오한 motivation 동기
introspective 자기반성적인, 내적인 evaluate 평가하다 pertain 관련되다
acknowledge 인정하다 interruption 방해 (요소), 중단
concentration 집중(력) undertake 시작하다, 착수하다
limitation 한계, 제한 meditation 명상
distraction 마음을 산만하게 하는 것, 주의 산만

구문 분석

It is only through this self-examination, however, / that one can develop a sense of inner peace (생략).
: 이처럼 'It ··· that ~' 구문이 It과 that 사이에 있는 내용을 강조하는 경우, '~한 것은 바로 ···이다'라고 해석한다.

---

10 독해 문단 순서 배열   난이도 중 ●●○

주어진 글 다음에 이어질 글의 순서로 적절한 것은?

Laughter is a powerful tool that has been shown to have numerous benefits for our mental and physical health. Among various types of laughter, it is interesting to note that being able to laugh at oneself can also be remarkably beneficial.

(A) In fact, it can even raise self-esteem, which might seem counterintuitive at first glance. However, recent research has indeed found that self-deprecating humor can be advantageous for emotional well-being by releasing dopamine, the feel-good hormone, and promoting a more optimistic outlook on life.

(B) By acknowledging that they are not perfect and that it's okay to make mistakes, they can improve their self-confidence and become more approachable and likable. Ultimately, laughing at oneself can have a positive impact on social relationships and professional success.

(C) Additionally, people who can laugh at their own mistakes tend to be happier and more resilient, which helps them cope with stress and anxiety.

① (A) – (B) – (C)
② (A) – (C) – (B)
③ (B) – (A) – (C)
④ (C) – (A) – (B)

해석

웃음은 우리의 정신적, 신체적 건강에 많은 이점을 가지고 있는 것으로 입증된 강력한 도구이다. 여러 가지 유형의 웃음 중에서도, 스스로를 웃음거리로 만들 수 있다는 것 또한 놀랍도록 이로울 수 있다는 사실이 흥미롭다.

(A) 실제로, 그것은 심지어 자존감을 높일 수 있는데, 이것은 언뜻 보기에 직관에 반하는 것처럼 보일 수도 있다. 하지만, 최근의 연구는 정말로 자기 비하적인 유머가 기분을 좋게 해 주는 호르몬인 도파민을 방출하고, 삶에 대한 더 낙관적인 관점을 촉진함으로써 정서적인 행복에 이롭다는 것을 발견했다.

(B) 자신이 완벽하지 않고 실수를 해도 괜찮다는 것을 인정함으로써, 그들은 자신감을 향상하고 더 말을 붙이기 쉽고 호감이 가는 사람이 될 수 있다. 결국, 자신을 웃음거리로 만드는 것은 사회적 관계와 직업적 성공에 긍정적인 영향을 미칠 수 있다.

(C) 게다가, 자신의 실수를 웃음거리로 만들 수 있는 사람들은 더 행복하고 더 회복력이 있는 경향이 있는데, 이는 그들이 스트레스와 불안에 대처하는 데 도움이 된다.

포인트 해설

주어진 글에서 스스로를 웃음거리로 만드는 것이 이롭다는 사실이 흥미롭다고 한 후, (A)에서 실제로(In fact) 그것은(it) 도파민을 방출하여 정서적 행복에 이롭다고 말하고 있다. 이어서 (C)에서 게다가(Additionally) 자신의 실수를 웃음거리로 만드는 사람들은 스트레스와 불안에 대처할 수 있다는 정서적 이점을 추가로 언급하고, (B)에서 실수를 해도 괜찮다는 것을 인정함으로써 자신감을 향상하고 사회적 관계와 직업적 성공에도 긍정적인 영향이 있다고 설명하고 있다. 따라서 ② (A)-(C)-(B)가 정답이다.

정답 ②

어휘

laughter 웃음 laugh at ~를 웃음거리로 만들다, 비웃다
remarkably 놀랍도록 self-esteem 자존감
counterintuitive 직관에 반하는 self-deprecating 자기 비하적인
advantageous 이로운, 유리한 release 방출하다, 풀어주다
promote 촉진하다, 승진시키다 optimistic 낙관적인 outlook 관점, 전망
acknowledge 인정하다 self-confidence 자신감
approachable 말을 붙이기 쉬운, 접근하기 쉬운 likable 호감이 가는
resilient 회복력 있는, 탄력 있는 cope 대처하다 anxiety 불안

DAY 04 하프모의고사 04회

▶ 해커스 공무원시험연구소 총평

난이도 공무원 직무 관련 소재의 지문들이 다수 등장하면서, 특히 정부 기관 및 정책이 설명될 때 자주 쓰이는 어휘를 확인할 수 있었습니다.

어휘·생활영어 영역 밑줄 친 부분에 적절한 명사 어휘를 찾는 문제의 경우, 밑줄 앞뒤에서 제시되고 있는 정의·설명·예시에서 정답에 대한 단서를 찾습니다.

문법 영역 해마다 출제되는 분사 포인트는 그 중요도가 매우 높습니다. 시험에서 이미 여러 번 다루어진 만큼 또 다른 문법 포인트와 맞물려 확인해야 할 수도 있으므로, 다각도로 확인하고 기출 문제 또한 다시 한번 짚어 보는 것이 좋습니다.

독해 영역 보기의 키워드가 지문에서 변형되어 출제되던 이전 출제경향과는 다르게, 최근의 내용 일치/불일치 파악 유형에서는 보기의 키워드가 지문에서 그대로 언급될 가능성이 높습니다.

▶ 정답

01	②	어휘	06	④	독해
02	②	문법	07	③	독해
03	③	문법	08	③	독해
04	③	생활영어	09	④	독해
05	②	독해	10	③	독해

▶ 취약영역 분석표

영역	맞힌 답의 개수
어휘	/ 1
생활영어	/ 1
문법	/ 2
독해	/ 6
TOTAL	/ 10

---

01 어휘 caution 난이도 중 ●●○

밑줄 친 부분에 들어갈 말로 가장 적절한 것은?

> The safety guidelines for the laboratory required researchers to prevent accidents and protect themselves through _____.

① treatment   ② caution
③ motivation   ④ accomplishment

해석
실험실의 안전 지침은 연구원들이 주의를 통해 사고를 예방하고 스스로를 보호할 것을 요구했다.

① 치료   ② 주의
③ 동기   ④ 성취

정답 ②

어휘
guideline 지침 laboratory 실험실 treatment 치료, 대우
caution 주의, 경고 motivation 동기 accomplishment 성취, 업적

이것도 알면 합격!

'주의'의 의미를 갖는 유의어
= carefulness, prudence, discretion

---

02 문법 수식어 | 분사 난이도 중 ●●○

밑줄 친 부분에 들어갈 말로 가장 적절한 것은?

> Because of a variety of artists _____ innovative techniques continuously, contemporary art museums have expanded their exhibition strategies.

① develop   ② developing
③ developed   ④ are developed

해석
혁신적인 기법을 지속적으로 개발하는 다양한 예술가들 때문에, 현대 미술관들은 전시 전략을 확대해 왔다.

포인트 해설
② 수식어 거품 자리 | 현재분사 vs. 과거분사 전치사(Because of) 뒤에는 명사 역할을 하는 것이 와야 하므로, 빈칸은 명사 artists를 수식하는 수식어 거품 자리이다. 따라서 동사 형태의 ① develop과 ④ are developed는 정답이 될 수 없다. 이때 수식 받는 명사(artists)와 분사가 '예술가들이 개발하다'라는 의미의 능동 관계이므로, 과거분사 ③ developed가 아닌 현재분사 ② developing이 정답이다.

정답 ②

어휘
innovative 혁신적인 continuously 지속적으로 contemporary 현대의
expand 확대하다 exhibition 전시(회) strategy 전략

이것도 알면 합격!

한편, 분사구문의 완료형(having p.p.)은 주절의 동사보다 이전의 시점에 일어난 일을 나타낸다는 것도 알아 두자.

- **Having received** the urgent message, the team immediately changed their strategy.
  긴급한 메시지를 받아서, 그 팀은 그들의 전략을 즉시 바꾸었다.

이것도 알면 합격!

'~ 역시 그렇다'라는 표현인 so, neither/nor 뒤에는, 주어와 조동사가 도치되어 '조동사 + 주어'의 어순이 된다는 것을 알아 두자.

- She doesn't enjoy outdoor activities, and neither does her husband.
  (주어: her husband, 조동사: does)
  그녀는 야외 활동을 즐기지 않고, 그녀의 남편 역시 그렇다.

03 문법 도치 구문 | 관계절 | 비교 구문 | 부사   난이도 상 ●●●

밑줄 친 부분 중 어법상 옳지 않은 것은?

People ① who live in the Siberian city of Yakutsk are regularly exposed to extreme weather. With winter temperatures that reach ② as low as -64 degrees Celsius, it is one of the coldest cities in the world. So frigid ③ the city is that boiling water thrown in the outdoor air freezes instantly. Surprisingly, this has not deterred tourism, as many are ④ personally drawn to the city to confront its harsh environment.

해석

시베리아의 도시 Yakutsk에 사는 사람들은 극한의 날씨에 자주 노출된다. 섭씨 영하 64도만큼 낮아지는 겨울 기온으로, 그곳은 지구상에서 가장 추운 도시들 중 하나이다. 그 도시는 몹시 추워서 바깥 공기 중에 던져진 끓는 물이 즉시 얼어버린다. 놀랍게도, 이것이 관광을 방해하지는 않는데, 많은 이들이 그것의 혹독한 환경에 맞서기 위해 그 도시에 개인적으로 끌려서 오기 때문이다.

포인트 해설

③ **도치 구문** 형용사 보어(So frigid)가 강조되어 문장의 맨 앞에 나오면 주어와 동사가 도치되어 '동사 + 주어'의 어순이 되므로 the city is를 is the city로 고쳐야 한다.

[오답 분석]

① **관계대명사** 선행사(People)가 사람이고 관계절 내에서 동사 live의 주어 역할을 하므로, 사람을 가리키는 주격 관계대명사 who가 올바르게 쓰였다.

② **원급** '섭씨 영하 64도만큼 낮아지는'은 'as + 형용사/부사의 원급 + as'의 형태로 나타낼 수 있는데, 주격 보어를 취하는 동사 reach의 보어 자리에는 형용사 역할을 하는 것이 와야 하므로 as, as 사이에 형용사 low가 올바르게 쓰였다.

④ **부사 자리** 수동형 동사(are drawn)를 수식할 때 부사는 '조동사 + p.p.' 사이나 그 뒤에 와야 하므로 are와 drawn 사이에 부사 personally가 올바르게 쓰였다.

정답 ③

어휘

expose 노출시키다 extreme 극한의, 극도의 temperature 기온, 온도
frigid 몹시 추운 freeze 얼다 instantly 즉시 deter 방해하다, 단념시키다
confront 맞서다, 마주치다 harsh 혹독한

04 생활영어 What makes that provider so special?   난이도 중 ●●○

밑줄 친 부분에 들어갈 말로 가장 적절한 것은?

A: Have you seen the first-quarter performance report released yesterday?
B: Yes, it was quite impressive. The logistics team's profitability increased by 20 percent.
A: That's right. The customer satisfaction has also improved.
B: What do you think are the key reasons behind this noticeable improvement?
A: I believe outsourcing the logistics to a third-party provider has played a part.
B: _____
A: Well, they have a highly efficient operational model that allows us to streamline our processes.

① How long has the company been established in this sector?
② Are there alternative companies we could consider?
③ What makes that provider so special?
④ Do you think they deserve a contract renewal?

해석

A: 어제 발표된 1분기 실적 보고서를 보셨나요?
B: 네, 꽤 인상적이더라고요. 물류 팀의 수익이 20퍼센트나 증가했던데요.
A: 맞아요. 고객 만족도도 높아졌어요.
B: 이 눈에 띄는 개선 뒤에 숨겨진 이유가 무엇이라고 생각하세요?
A: 저는 물류를 제3의 공급 업체에 외부 위탁한 것이 한몫했다고 생각해요.
B: 무엇이 그 공급 업체를 그렇게 특별하게 만든 건가요?
A: 음, 그들은 우리가 절차를 간소화하게 하는, 매우 효율적인 운영 모델을 보유하고 있어요.

① 이 분야에서 그 회사가 설립된 지 얼마나 됐어요?
② 우리가 고려할 수 있는 대체 업체가 있을까요?
③ 무엇이 그 공급 업체를 그렇게 특별하게 만든 건가요?
④ 그들이 계약 갱신을 할 만하다고 생각하시나요?

포인트 해설

물류를 제3의 공급 업체에 외부 위탁한 것이 물류 팀의 수익 개선에 한몫

했다고 생각한다는 A의 주장에 대해 B가 말하고, 빈칸 뒤에서 다시 A가 they have a highly efficient operational model that allows us to streamline our processes(그들은 우리가 절차를 간소화하게 하는, 매우 효율적인 운영 모델을 보유하고 있어요)라고 대답하고 있으므로, '무엇이 그 공급 업체를 그렇게 특별하게 만든 건가요?'라는 의미의 ③ 'What makes that provider so special?'이 정답이다.

정답 ③

어휘

quarter 분기, 4분의 1 release 발표하다, 출시하다 logistics 물류
profitability 수익 satisfaction 만족(도) noticeable 눈에 띄는, 현저한
improvement 개선 outsource 외부 위탁하다 efficient 효율적인
operational 운영의, 작동의 streamline 간소화하다 establish 설립하다
alternative 대체의, 대안의 deserve ~할 만하다, (받을) 자격이 있다
contract 계약(서); 줄어들다 renewal 갱신, 재개

05~06 다음 글을 읽고 물음에 답하시오.

National Food Supply
Protecting the nation from tainted food is the main goal of the Health and Food Agency (HFA). Tainted food can pose widespread health risks and potentially threaten lives.

Food-borne Pathogens
A Food-born Pathogen (FbP) is a bacteria or other microorganism, such as Salmonella, Listeria, or E. coli, which can cause illness when ingested. These can occur naturally, or infect food through cross contamination.

HFA investigators look into any report of a possible FbP outbreak. When patient records or laboratory results indicate FbP infections, the agency looks for connections _____. In order to prevent further spread, it bans the sale of products suspected of being infected and uses the media and direct contact to warn the public of the threat.

해석

국가 식품 공급
오염된 식품으로부터 국가를 보호하는 것은 식품 안전보건 연구소(HFA)의 주요 목표입니다. 오염된 식품은 광범위한 건강 위험을 제기하고 잠재적으로 생명을 위협할 수 있습니다.

식품을 매개로 한 병원균
식품 매개 병원균(FbP)은 살모넬라균, 리스테리아균 또는 대장균과 같이, 섭취되었을 때 질병을 발생시킬 수 있는 박테리아 또는 기타 미생물입니다. 이러한 병원균은 자연적으로 생기거나, 교차 오염을 통해 식품을 감염시킬 수 있습니다.

식품 안전보건 연구소 조사관들은 가능성 있는 식품 매개 병원균의 발병에 대한 모든 보고를 조사합니다. 환자 기록이나 실험실 결과가 식품 매개 병원균 감염을 나타내는 경우, 그 기관은 <u>그 출처를 추적하기 위해</u> 연결고리를 찾습니다. 추가 확산을 방지하고자, 그것은 감염이 의심되는 제품의 판매를 금지하고 미디어와 직접적인 연락을 이용해 대중에게 위협을 경고합니다.

어휘

taint 오염시키다, 감염시키다 pose 제기하다 threaten 위협하다
borne ~을 매개로 하는, ~로 전달되는 pathogen 병원균
microorganism 미생물 ingest 섭취하다, 삼키다 infect 감염시키다
contamination 오염 investigator 조사관 outbreak 발병, 발발
indicate 나타내다, 가리키다 prevent 방지하다, 예방하다 suspect 의심하다
warn 경고하다

05 독해 요지 파악 난이도 중 ●●○

윗글의 요지로 가장 적절한 것은?

① HFA trains investigators on the signs of a FbP.
② HFA's number one priority is preventing illness due to contaminated food.
③ HFA researches how microorganisms cause sickness or death in humans.
④ HFA tries to ban foods that are commonly involved in FbP infections.

해석

① 식품 안전보건 연구소는 식품 매개 병원균의 징후에 대해 조사관들을 교육한다.
② 식품 안전보건 연구소의 최우선순위는 오염된 식품으로 인한 질병을 예방하는 것이다.
③ 식품 안전보건 연구소는 어떻게 미생물이 인간에게 질병이나 사망을 유발하는지를 연구한다.
④ 식품 안전보건 연구소는 식품 매개 병원균 감염과 흔히 관련된 식품들을 금지하고자 한다.

포인트 해설

지문 처음에서 식품 안전보건 연구소의 주요 목표는 오염된 식품으로부터 국가를 보호하는 것이라고 하고, 지문 뒷부분에서 식품 매개 병원균의 발병을 조사하여 추가 확산을 방지하기 위한 조치를 취한다고 했으므로, ② '식품 안전보건 연구소의 최우선순위는 오염된 식품으로 인한 질병을 예방하는 것이다'가 이 글의 요지이다.

정답 ②

어휘

priority 우선(순위) involve 관련시키다, 참여시키다

06 독해 빈칸 완성 - 구 난이도 중 ●●○

밑줄 친 부분에 들어갈 말로 적절한 것은?

① to analyze public health concerns
② to promote all food sales
③ to compromise food safety standards
④ to track down the source

해석

① 대중의 건강 관련 우려를 분석하기 위해
② 모든 식품 판매를 촉진하기 위해
③ 식품 안전 기준과 타협하기 위해
④ 그 출처를 추적하기 위해

포인트 해설

빈칸이 있는 문장에 식품 안전보건 연구소가 식품 매개 병원균 감염의 연결고리를 찾는다는 내용이 있고, 빈칸 뒤 문장에서 감염이 의심되는 제품의 판매를 금지한다고 했으므로, '그 출처를 추적하기 위해' 연결고리를 찾는다고 한 ④번이 정답이다.

정답 ④

어휘

analyze 분석하다   concern 우려, 관심; 걱정시키다, 관계가 있다
promote 촉진하다, 홍보하다   compromise 타협하다, 손상시키다
track down ~을 추적하다

---

07 독해 내용 불일치 파악   난이도 중 ●●○

YourVoice 앱에 관한 다음 글의 내용과 일치하지 않는 것은?

Use YourVoice to be heard by the government

YourVoice is a new platform to empower citizens by allowing them to file petitions directly with the government. Users can craft and submit requests on any issue they choose, ensuring decision makers hear their concerns. Several customizable templates are available to make the process as easy as possible. All petitions can also be shared to social media with one click, increasing their reach. Once a petition has been posted, the live support tracker shows how many signatures it has received in real time. Available both on the Internet and as a mobile phone app, YourVoice is a powerful tool for increasing civic engagement.

① It allows citizens to send their requests to the government.
② Petitions can be made using a modifiable sample.
③ A live bulletin board shows how many petitions have been filed.
④ It can be used through a website and a mobile application.

해석

정부 기관에 목소리를 내기 위해 YourVoice를 사용하세요

YourVoice는 국민 여러분이 정부에 직접 청원을 제출하게 하여 여러분에게 힘을 실어 주는 새로운 플랫폼입니다. 사용자 여러분이 선택하시는 어떤 문제에 대해서든 요청 사항을 작성하고 제출하실 수 있는데, 이는 정책 결정자들이 여러분의 우려 사항을 듣게 합니다. 그 절차를 가능한 한 수월하게 만들기 위해 개인이 원하는 대로 맞춰 사용할 수 있는 여러 개의 템플릿이 이용 가능합니다. 모든 청원은 또한 한 번의 클릭으로 소셜 미디어에 공유될 수 있는데, 이는 그것의 도달 범위를 늘립니다. 일단 청원이 게시되면, 실시간 지원 서비스 추적기가 그 청원이 얼마나 많은 서명을 받았는지를 실시간으로 보여 줍니다. 인터넷과 휴대폰 앱 모두에서 이용 가능한 YourVoice는 시민 여러분의 참여를 높이는 강력한 도구입니다.

① 그것은 국민들이 정부에 자신들의 요청 사항을 보낼 수 있게 한다.
② 청원은 수정 가능한 견본을 사용하여 할 수 있다.
③ 실시간 게시판은 얼마나 많은 청원이 제출되었는지 보여 준다.
④ 그것은 웹사이트와 모바일 애플리케이션을 통해 사용될 수 있다.

포인트 해설

③번의 키워드인 live(실시간)가 그대로 언급된 지문 주변의 내용에서 실시간 지원 서비스 추적기가 게시된 청원이 얼마나 많은 서명을 받았는지를 실시간으로 보여 준다고는 했지만, ③ '실시간 게시판은 얼마나 많은 청원이 제출되었는지 보여 주는'지는 알 수 없다.

정답 ③

어휘

empower 힘을 실어 주다, 권한을 부여하다   file 제출하다, 제기하다, 보관하다
petition 청원   craft 작성하다, (공들여) 만들다
customizable (개인이 원하는 대로) 맞춰 사용할 수 있는   available 이용 가능한
reach 도달 범위; 도달하다   signature 서명   in real time 실시간으로
civic 시민의   engagement 참여, 약속, 약혼   modifiable 수정 가능한

---

08 독해 제목 파악   난이도 중 ●●○

다음 글의 제목으로 적절한 것은?

The emergence of digital platforms has led to the creation of vast amounts of data that can be analyzed to understand public opinion and trends. It can also provide valuable insights into public opinion and behavior, enabling more evidence-based policy-making and democratic decision-making processes. However, access to this data is often controlled by a few large tech companies, raising concerns about their ability to influence political agendas and decisions. Additionally, the use of targeted advertising and micro-targeting techniques has made it easier for political actors to reach specific segments of the population with tailored messages, potentially exacerbating existing divisions and inequalities. The question of who has the power to shape political agendas and decisions in the digital age is a complex and ongoing debate, with implications for democratic governance and social justice.

① Political Neutrality of Data-Based Decision Making
② Pros and cons of Micro-Targeting Techniques
③ Who Controls Political Agendas in the Digital Age?
④ Digital Platforms vs. Large Corporations

DAY 04 하프모의고사 04회

해석

디지털 플랫폼의 출현은 여론과 대중의 동향을 파악하기 위해 분석될 수 있는 방대한 양의 데이터 생성으로 이어졌다. 그것은 또한 여론과 대중의 행동에 대한 귀중한 통찰력을 제공하여, 더욱 증거에 기반한 정책 결정과 민주적 의사 결정 과정을 가능하게 한다. 하지만, 이 데이터에 대한 접근은 종종 소수의 대규모 기술 회사에 의해 통제되므로, 그들이 정치적 의제와 결정에 영향을 미칠 능력에 대한 우려를 일으킨다. 또한, 표적 광고와 소규모 표적화 기법의 사용은 정치 행위자들이 맞춤화된 메시지로 인구의 특정 집단에 영향을 미치는 것을 더 쉽게 했고, 이는 잠재적으로 기존의 분열과 불평등을 악화시켰다. 디지털 시대에 정치적 의제를 형성하고 결정을 내릴 수 있는 권한을 누가 가졌는지에 대한 문제는 민주적 통치 및 사회 정의와 밀접한 관계를 지닌, 복잡하고 계속 진행 중인 논쟁이다.

① 데이터에 기반한 의사 결정의 정치적 중립성
② 소규모 표적화 기법의 장단점
③ 디지털 시대의 정치적 의제는 누가 장악하는가?
④ 디지털 플랫폼 대 대기업

포인트 해설

지문 전반에 걸쳐 디지털 플랫폼의 출현으로 생긴 방대한 데이터는 여론에 대한 통찰력을 제공하여 증거에 기반한 정책 결정과 민주적 의사 결정 과정을 가능하게 하지만, 이 데이터를 통제하는 것이 소수의 기술 회사라는 점과 표적 광고가 인구의 특정 집단에 영향을 줄 수 있다는 점에서 디지털 시대에 정치적 의제를 형성하고 결정을 내릴 수 있는 권한을 누가 가졌는지에 대한 논쟁이 계속되고 있다고 설명하고 있다. 따라서 ③ '디지털 시대의 정치적 의제는 누가 장악하는가?'가 이 글의 제목이다.

정답 ③

어휘

emergence 출현   analyze 분석하다   insight 통찰(력)
evidence-based 증거에 기반한   policy-making 정책 결정
democratic 민주적인   agenda 의제, 안건   segment 집단, 부문, 부분
tailored 맞춤화된   exacerbate 악화시키다   division 분열
inequality 불평등   implication 밀접한 관계, 함의   governance 통치
neutrality 중립(성)   pros and cons 장단점, 찬반

구문 분석

Additionally, / the use of targeted advertising and micro-targeting techniques / has made it easier / for political actors / to reach specific segments of the population (생략).

: 이처럼 긴 진짜 목적어를 대신해 가짜 목적어 it이 목적어 자리에 온 경우, 가짜 목적어 it은 해석하지 않고 뒤에 있는 진짜 목적어인 to 부정사가 이끄는 절 또는 that절을 가짜 목적어 it의 자리에 넣어 '~하는 것을' 또는 '주어가 동사하다는 것을'이라고 해석한다.

---

09 독해 문장 삽입   난이도 중 ●●○

주어진 문장이 들어갈 위치로 적절한 것은?

> But these actions aren't being taken solely for the benefit of the civil servants.

You may have heard of the concept of a healthy work-life balance. But why has it become so important among civil servants these days? (①) As years go by, public servants appear to have increasingly high expectations for their performance, leading to severe mental stress and even physical decline. (②) Often, the pressure reaches a breaking point, and government workers say "Enough!", deciding to take care of themselves just as much as the work on their desks. (③) As a result, many organizations are now actively promoting a healthy work-life balance by offering flexible working hours, wellness programs, and other initiatives to support their public officials' well-being. (④) Citizens are beginning to realize that they, too, benefit from happier and healthier government employees. Efficiency and productivity increase significantly, so it is a concept worth adopting.

해석

그러나 이러한 조치들이 오로지 공무원들만을 위해 취해지고 있는 것은 아니다.

당신은 건강한 일과 삶의 균형이라는 개념에 대해 들어본 적이 있을지도 모른다. 그런데 왜 그것이 요즘 공무원들 사이에서 그렇게 중요해졌을까? ① 해가 갈수록, 공무원들이 자신들의 성과에 대해 점점 더 높은 기대를 하게 되는 것처럼 보이며, 이는 극심한 정신적 스트레스와 심지어는 신체적 쇠퇴로도 이어진다. ② 종종 그 압박은 한계점에 도달하고 공무원들은 "이제 그만!"이라고 말하며, 책상 위의 일만큼이나 자신을 돌보기로 결심한다. ③ 그 결과, 많은 기관들은 이제 공무원들의 복지를 지원하기 위해 유연한 근무 시간, 건강 프로그램, 그리고 다른 계획들을 제공함으로써 건강한 일과 삶의 균형을 적극적으로 장려하고 있다. ④ 국민들은 자신들 또한 더 행복하고 더 건강한 공무원들로부터 혜택을 받는다는 것을 깨닫기 시작하고 있다. 효율성과 생산성이 크게 향상되기 때문에, 그것은 채택할 가치가 있는 개념이다.

포인트 해설

④번 앞 문장에 많은 기관들이 이제 공무원들의 복지를 지원하기 위해 유연한 근무 시간 같은 계획들을 제공함으로써 건강한 일과 삶의 균형을 장려하고 있다는 내용이 있고, 뒤 문장에 국민들은 자신들 또한(too) 더 행복하고 더 건강한 공무원들로부터 혜택을 받는다는 것을 깨닫기 시작하고 있다는 내용이 있으므로, ④번 자리에 그러나(But) 이러한 조치들(these actions)이 오로지 공무원들만을 위해 취해지고 있는 것은 아니라는 내용, 즉 공무원들의 일과 삶의 균형을 돕는 조치들이 국민에게까지 영향을 미칠 수 있음을 설명하는 주어진 문장이 나와야 지문이 자연스럽게 연결된다.

정답 ④

어휘

solely 오로지   for the benefit of ~을 위해   civil servant 공무원
severe 극심한   decline 쇠퇴; 줄어들다   breaking point 한계점
promote 장려하다, 촉진하다   flexible 유연한   wellness 건강
initiative 계획   efficiency 효율성   productivity 생산성
adopt 채택하다, 입양하다

10 독해 무관한 문장 삭제　　난이도 중 ●●○

다음 글의 흐름상 어색한 문장은?

Pythagoras' contributions to philosophy and mathematics were revolutionary, and his ideas still motivate and inform the modern world. ① His belief in the existence of a universal harmony and order in the universe has had a profound impact on Western philosophy, particularly in the areas of metaphysics and epistemology. ② When it comes to math, Pythagoras discovered the Pythagorean theorem and emphasized the importance of perfect numbers and musical ratios. ③ The study of musical ratios has been a fascinating and important aspect of music theory and practice for centuries. ④ Pythagoras' influence extended beyond philosophy and mathematics, as he also highlighted the value of vegetarianism, asceticism, and the pursuit of wisdom as ethical principles. Overall, Pythagoras' legacy as a philosopher, mathematician, and spiritual leader continues to inspire and challenge scholars and thinkers today.

*Pythagorean theorem: 피타고라스의 정리

해석

철학과 수학에 대한 피타고라스의 공헌은 획기적이었고, 그의 아이디어는 여전히 현대 세계에 동기를 부여하고 영향을 미친다. ① 우주의 보편적인 조화와 질서의 존재에 대한 그의 믿음은, 특히 형이상학과 인식론의 영역에서 서양 철학에 심오한 영향을 미쳐 왔다. ② 수학에 관해서라면, 피타고라스는 피타고라스의 정리를 발견했으며 완전수와 음악적 비율의 중요성을 강조했다. ③ 음악적 비율에 대한 연구는 수 세기 동안 음악의 이론과 실제에서 매력적이고 중요한 측면이었다. ④ 피타고라스의 영향력은 그가 또한 윤리적 원칙으로서 채식주의, 금욕주의 그리고 지혜를 추구하는 것의 가치를 역설했듯이 철학과 수학을 넘어 확장되었다. 전반적으로, 철학자, 수학자, 그리고 영적인 지도자로서 피타고라스의 유산은 오늘날 학자들과 사상가들에게 계속해서 영감을 주고 도전 의식을 북돋우고 있다.

포인트 해설

첫 문장에서 철학과 수학에 대한 피타고라스의 공헌은 획기적이었으며, 그의 아이디어는 여전히 현대 세계에 영향을 미친다고 언급하고, ①번은 '서양 철학의 형이상학과 인식론에 피타고라스가 미친 영향', ②번은 '수학 분야에서 피타고라스의 공헌', ④번은 '철학과 수학 이외 분야로 확장된 피타고라스의 영향력'을 설명하고 있다. 그러나 ③번은 음악적 비율 연구의 중요성에 대한 내용으로 첫 문장의 내용과 관련이 없다.

정답 ③

어휘

contribution 공헌, 기여　philosophy 철학　inform 영향을 미치다, 알리다
existence 존재　harmony 조화　profound 심오한, 엄청난
metaphysics 형이상학　epistemology 인식론
perfect number 완전수(자신을 제외한 약수의 총합이 자신과 같은 자연수)
ratio 비율　fascinating 매력적인　aspect 측면
highlight 역설하다, 강조하다　vegetarianism 채식주의
asceticism 금욕주의　pursuit 추구　ethical 윤리적인　principle 원칙
legacy 유산　inspire 영감을 주다

DAY 05 하프모의고사 05회

해커스 공무원시험연구소 총평

난이도	문법 영역에 암기가 필요한 문법 포인트가 출제되고 독해 영역에서 추상적인 소재의 지문이 등장하여, 체감 난도가 높았을 수 있습니다.
어휘·생활영어 영역	4번과 같이 일상적인 상황을 다루는 생활영어 문제를 틀린다면, 고득점을 기대하기 어렵다는 점을 명심합니다.
문법 영역	동사의 종류를 묻는 문법 포인트에서는 각각의 어휘에 대해 자동사인지 타동사인지 정확하게 암기해 놓지 않으면 자칫 혼동하기 쉽습니다. 3번의 '이것도 알면 합격!'으로 형태가 비슷한 자동사와 타동사들을 다시 한번 정리합니다.
독해 영역	빈칸 완성 유형에서 빈칸이 글의 초반부에 위치하는 경우, 전체 지문의 주제문을 완성한다는 느낌으로 빈칸에 들어갈 말을 추론합니다.

정답

01	④	어휘	06	③	독해
02	③	문법	07	③	독해
03	②	문법	08	②	독해
04	①	생활영어	09	②	독해
05	④	독해	10	②	독해

취약영역 분석표

영역	맞힌 답의 개수
어휘	/ 1
생활영어	/ 1
문법	/ 2
독해	/ 6
TOTAL	/ 10

---

01 어휘 invent 난이도 중 ●●○

밑줄 친 부분에 들어갈 말로 가장 적절한 것은?

> The retail industry has undergone a significant transformation due to the growth of e-commerce. Thus, many physical stores must _____ innovative strategies to attract customers and stay competitive.

① praise ② estimate
③ withdraw ④ invent

해석

소매 산업은 전자 상거래의 성장으로 인해 상당한 변화를 겪어 왔다. 그러므로, 많은 오프라인 상점들은 고객을 끌어들이고 경쟁력을 유지하기 위해 혁신적인 전략을 <u>고안해야</u> 한다.

① 칭찬하다 ② 추정하다
③ 취소하다 ④ 고안하다

정답 ④

어휘

retail 소매 undergo 겪다, 받다 significant 상당한, 큰 transformation 변화 e-commerce 전자 상거래 physical 오프라인 사업의, 물리적인 strategy 전략 competitive 경쟁력 있는 praise 칭찬하다 estimate 추정하다; 견적(서) withdraw 취소하다, 중단하다 invent 고안하다, 발명하다

이것도 알면 합격!

'고안하다'의 의미를 갖는 유의어
= design, devise, craft

---

02 문법 동사의 종류 난이도 중 ●●○

밑줄 친 부분에 들어갈 말로 가장 적절한 것은?

> The museum curator, who found the rare artifact in an antique shop, had it meticulously _____ by expert conservationists.

① being restored ② restore
③ restored ④ to be restored

해석

골동품 가게에서 희귀한 유물을 발견한 박물관 큐레이터는 그것이 전문 복원가에 의해 세심하게 복원되게 했다.

포인트 해설

③ 5형식 동사 빈칸은 사역동사 have(had)의 목적격 보어 자리이다. 사역동사 have는 목적어와 목적격 보어가 수동 관계일 때 목적격 보어로 과거분사를 취하는데, 목적어 it과 목적격 보어가 '그것(유물)이 복원되

다'라는 의미의 수동 관계이므로 과거분사 ③ restored가 정답이다.

정답 ③

어휘

rare 희귀한 artifact 유물 antique 골동품 meticulously 세심하게, 꼼꼼하게
conservationist 복원가, 환경 보호가 restore 복원하다

이것도 알면 합격!

한편, 사역동사 get은 목적어와 목적격 보어가 능동 관계이면 목적격 보어로 to 부정사가, 목적어와 목적격 보어가 수동 관계이면 목적격 보어로 과거분사가 와야 한다는 것도 알아 두자.

- She **got** her son <u>to clean</u> his room.
  그녀는 그녀의 아들이 그의 방을 청소하게 했다.
- They **got** their house <u>painted</u> last summer.
  그들은 그들의 집이 지난여름에 페인트칠 되게 했다.

---

03 문법 동사의 종류 | 수동태 | 조동사 | 분사   난이도 중 ●●○

밑줄 친 부분 중 어법상 옳지 않은 것은?

Compared to 2020, sustainable investing in companies that prioritize environmental and social factors ① <u>decreased</u> by approximately 5 trillion dollars in 2022, ② <u>reaching to</u> 30 trillion dollars. The ongoing international conflicts and uncooperative policies of some countries ③ <u>could have been</u> drivers for this decrease. However, the investment funds have shown signs of recovery recently, ④ <u>driven</u> by the growing momentum toward legally mandating companies to disclose sustainability-related indicators such as carbon emissions.

해석

2020년과 비교하여, 환경 및 사회적 요인을 우선시하는 기업들에 대한 지속 가능한 투자가 2022년에는 약 5조 달러 감소하여, 30조 달러에 달한다. 진행 중인 국제 분쟁과 일부 국가의 비협조적 정책이 이 감소의 원인이었을 수 있었다. 하지만, 그 투자 자금이 최근에 회복세를 보여 왔는데, 이는 탄소 배출과 같은 지속 가능성 관련 지표를 기업들이 공개하도록 법적으로 명령하는 방향의 기조 증가에 의해 추진된 것이다.

포인트 해설

② 혼동하기 쉬운 자동사와 타동사 동사 reach(~에 도달하다)는 전치사 (to) 없이 목적어(30 trillion dollars)를 바로 취하는 타동사이므로, 목적어(30 trillion dollars) 앞에 쓰인 reaching to를 reaching으로 고쳐야 한다. 참고로, 주절의 주어 sustainable investing과 분사구문이 '지속 가능한 투자가 ~에 달하다'라는 의미의 능동 관계이므로 현재분사가 쓰였다.

[오답 분석]
① 능동태·수동태 구별 주어 sustainable investing과 동사가 '지속 가능한 투자가 감소했다'라는 의미의 능동 관계이므로 능동태 decreased가 올바르게 쓰였다.
③ 조동사 관련 표현 문맥상 '원인이었을 수 있었다'라는 의미가 되어야 자연스러우므로, 조동사 관련 표현 could have p.p.(~했을 수 있었

다)를 사용하여 could have been이 올바르게 쓰였다.
④ 분사구문의 형태 주절의 주어 the investment funds와 분사구문이 '그 투자 자금이 추진되다'라는 의미의 수동 관계이므로 과거분사 driven이 올바르게 쓰였다.

정답 ②

어휘

sustainable 지속 가능한 prioritize 우선시하다 trillion 1조
ongoing 진행 중인 conflict 분쟁, 갈등; 상충하다 uncooperative 비협조적인
momentum 기조, 가속도 mandate 명령하다; 권한, 통치 기간
disclose 공개하다, 폭로하다 indicator 지표 carbon 탄소 emission 배출

이것도 알면 합격!

형태가 비슷해서 혼동하기 쉬운 자동사와 타동사를 구별하여 알아 두자.

자동사	타동사
lie - lay - lain 놓여 있다, 눕다 lie - lied - lied 거짓말하다	lay - laid - laid ~을 놓다, ~을 두다, (알을) 낳다
sit - sat - sat 앉다	seat - seated - seated ~을 앉히다
rise - rose - risen 떠오르다	raise - raised - raised ~을 모으다, 올리다

---

04 생활영어 Should we order through a delivery app?   난이도 하 ●○○

밑줄 친 부분에 들어갈 말로 가장 적절한 것은?

 Ashley Evans
I'm in the mood for something sweet.
19:15

 Kevin Collins
There's an ice cream shop down the street.
19:16

 Ashley Evans
What's your favorite flavor there?
19:16

 Kevin Collins
I really like their mint chocolate chip flavor.
19:17

 Ashley Evans
Oh, I'm a big fan of mint, too. Shall we order two servings of that flavor?
19:17

 **Kevin Collins**
Sure. _____?
19:18

 Ashley Evans
I'd rather call and pick it up. Using a delivery app can add an extra cost.
19:18

① Should we order through a delivery app
② What are their hours of operation
③ What other flavors do they have
④ Do they sell any other treats besides ice cream

해석

> Ashley Evans: 난 달콤한 게 먹고 싶어.
> Kevin Collins: 길 아래쪽에 아이스크림 가게가 하나 있어.
> Ashley Evans: 거기서 네가 제일 좋아하는 맛이 뭐야?
> Kevin Collins: 그 가게의 민트 초코칩 맛을 정말 좋아해.
> Ashley Evans: 오, 나도 민트를 진짜 좋아하는데. 그 맛으로 2인분 주문할까?
> Kevin Collins: 그래. 배달 앱으로 주문할까?
> Ashley Evans: 전화 주문하고 픽업하는 게 낫겠어. 배달 앱을 사용하면 추가 비용이 붙을 수 있으니까.

① 배달 앱으로 주문할까
② 거기 영업 시간이 어떻게 돼
③ 거기에 다른 맛은 어떤 게 있어
④ 아이스크림 외에 다른 간식들도 팔아

포인트 해설

민트 초코칩 맛 아이스크림을 2인분 주문할지 묻는 Ashley에게 Kevin이 동의하고, 빈칸 뒤에서 다시 Ashley가 I'd rather call and pick it up. Using a delivery app can add extra cost(전화 주문하고 픽업하는 게 낫겠어. 배달 앱을 사용하면 추가 비용이 붙을 수 있으니까)라고 말하고 있으므로, '배달 앱으로 주문할까'라는 의미의 ① 'Should we order through a delivery app'이 정답이다.

정답 ①

어휘

in the mood for ~하고 싶다 flavor 맛 order 주문하다; 주문, 순서
serving 1인분 operation 영업, 운영, 수술 treat 간식; 대하다, 취급하다

이것도 알면 합격!

배달과 관련하여 쓸 수 있는 다양한 표현들을 알아 두자.
- Can you leave it with my apartment manager?
  저희 아파트 관리인에게 맡겨 주실 수 있나요?
- Could you sign for my package while I'm out?
  제가 자리를 비운 사이에 소포가 오면 서명 좀 해 주시겠어요?
- We can deliver overnight.
  다음 날 배달이 가능합니다.
- We guarantee delivery by 10 a.m.
  오전 10시까지 반드시 배달해 드립니다.

05~06 다음 글을 읽고 물음에 답하시오.

Lens to the World Society

Our Goal
With a dedicated team of eye doctors and volunteers, we deliver donated glasses to developing countries. We partner with local charity organizations in the host country to set up free eye clinics that operate for several days. During these clinics, locals receive eye examinations and a pair of eyeglasses suited to their vision needs.

Get Involved
We welcome warehouse volunteers year-round to clean, sort, label eyeglasses by prescription, and pack them securely for shipment. Once a year, up to 15 volunteers have the opportunity to travel to a host country to assist in setting up a clinic.

Eyeglass Recycling
Throughout the year, we collect about 10,000 pairs of eyeglasses. Donated eyeglasses must include both lenses and frames and must be free of scratches.

해석

세상을 보는 힘

우리의 목표
안과 의사들과 자원봉사자들로 이루어진 헌신적인 팀과 함께, 우리는 기부된 안경을 개발 도상국에 전달합니다. 우리는 수일간 운영되는 무료 안과 의원을 설립하기 위해 현지국에 있는 현지 자선 단체와 협력합니다. 이러한 의원에서, 현지인들은 시력 검사를 받고 시력 필요에 맞는 안경 한 쌍을 받습니다.

참여하세요
우리는 안경을 닦고, 분류하고, 처방전에 따라 라벨을 붙이며, 운송을 위해 안전하게 포장하기 위한 창고 자원봉사자들을 연중 내내 환영합니다. 일 년에 한 번, 최대 15명의 자원봉사자들은 의원 설립을 돕기 위해 현지국에 갈 기회를 가집니다.

안경 재활용
일 년 내내, 우리는 약 10,000쌍의 안경을 수집합니다. 기부된 안경은 렌즈와 프레임을 모두 포함해야 하며 흠집이 없어야 합니다.

어휘

dedicated 헌신적인 donate 기부하다, 기증하다
developing country 개발 도상국 partner 협력하다; 동반자
charity 자선 (단체) set up ~을 설립하다
operate 운영되다, 작동되다, 수술하다 examination 검사, 조사 vision 시력
year-round 연중 내내 sort 분류하다 prescription 처방(전)
pack 포장하다 securely 안전하게 shipment 운송
collect 수집하다, 모으다 free of ~이 없는, 면제된

05 독해 내용 일치 파악 　　　　　난이도 중 ●●○

윗글에서 Lens to the World Society에 관한 내용과 일치하는 것은?

① It provides eye examinations for a small fee.
② It offers volunteers multiple opportunities each year to travel to host countries.
③ It has received approximately 10,000 pairs of eyeglasses since it opened.
④ It only accepts complete sets of eyeglasses for donation.

해석

① 그것은 적은 수수료로 시력 검사를 제공한다.
② 그것은 매년 자원봉사자들에게 현지국에 가기 위한 다수의 기회를 제공한다.
③ 그것은 문을 연 이래로 대략 10,000쌍의 안경을 받아 왔다.
④ 그것은 기부용으로 온전한 세트의 안경만 접수한다.

포인트 해설

④번의 키워드인 eyeglasses for donation(기부용 안경)을 바꾸어 표현한 지문의 Donated eyeglasses(기부된 안경) 주변의 내용에서 기부된 안경은 렌즈와 프레임을 모두 포함해야 하며 흠집이 없어야 한다고 했으므로, ④ '그것은 기부용으로 온전한 세트의 안경만 접수한다'가 지문의 내용과 일치한다.

[오답 분석]
① 세상을 보는 힘이 무료 안과 의원에서 현지인들에게 시력 검사를 한다고 했으므로, 그것이 적은 수수료로 시력 검사를 제공한다는 것은 지문의 내용과 다르다.
② 자원봉사자들이 일 년에 한 번 현지국에 갈 기회를 가진다고 했으므로, 그것이 매년 자원봉사자들에게 현지국에 가기 위한 다수의 기회를 제공한다는 것은 지문의 내용과 다르다.
③ 세상을 보는 힘이 일 년 내내 약 10,000쌍의 안경을 수집한다고는 했지만, 그것이 문을 연 이래로 대략 10,000쌍의 안경을 받아 왔는지는 알 수 없다.

정답 ④

어휘

multiple 다수의　approximately 대략　complete 온전한, 완전한

06 독해 유의어 파악 　　　　　난이도 중 ●●○

밑줄 친 partner의 의미와 가장 가까운 것은?

① compete　　　　② discuss
③ collaborate　　④ deal

해석

① 경쟁하다　　② 상의하다
③ 협력하다　　④ 처리하다

포인트 해설

밑줄 친 부분이 포함된 문장에서 partner는 문맥상 현지국에 있는 현지 자선 단체와 '협력한다'는 의미로 쓰였으므로, '협력하다'라는 의미의 ③ collaborate가 정답이다.

정답 ③

어휘

compete 경쟁하다　collaborate 협력하다　deal 처리하다, 다루다

07 독해 요지 파악 　　　　　난이도 상 ●●●

다음 글의 요지로 적절한 것은?

When negotiating a lease with a tenant, a landlord can use their property's location and amenities as leverage to persuade the tenant to agree to a higher rent price. This is an example of how leveraging resources can be effective in negotiations. Leverage is anything that can be used to convince the other party to agree to your terms. This can include knowledge, time, or even relationships. To effectively use leverage, identify the other party's interests and priorities, as well as your own. Determine which of your strengths can be employed to address the other party's needs, and use this as a bargaining chip. It is important to maintain a balance of power and respect during the negotiation process. Remember that negotiation is about finding a mutually beneficial agreement, not about one party winning over the other. By utilizing your leverage strategically and approaching the negotiation with a collaborative attitude, you can increase your chances of reaching a successful outcome for both parties.

① Sufficient preparation can have a positive effect on the negotiations.
② In lease negotiations, it is necessary to weigh various conditions.
③ Tactical leverage in negotiations can lead to reciprocally beneficial outcomes.
④ Sharing personal information equally is helpful in negotiations.

해석

세입자와 임대 협상을 할 때, 집주인은 그들 건물의 위치와 편의 시설을 세입자가 더 높은 임대료에 동의하도록 설득할 레버리지로 사용할 수 있다. 이것은 자원을 레버리지하는 것이 협상에서 어떻게 효과적일 수 있는지에 대한 하나의 예시이다. 레버리지는 상대방이 당신의 조건에 동의하도록 납득시키는 데 사용할 수 있는 어떤 것이다. 이것은 지식, 시간, 또는 심지어 관계를 포함할 수 있다. 레버리지를 효과적으로 사용하기 위해서는, 당신만의 관심사와 우선순위뿐만 아니라 상대방의 관심사와 우선순위도 확인하라. 당신의 강점들 중 어느 것이 상대방의 요구 사항을 해결하는 데 사용될 수 있는지를 알아내고, 이것을 협상 카드로 사용하라. 협상 과정에서는 영향력과 존중의 균형을 유지하는 것이 중요하다. 협상은 서로 이익이 되는 합

DAY 05 하프모의고사 05회

의를 찾는 것이지, 한쪽이 다른 쪽을 이기는 것이 아님을 기억하라. 당신의 레버리지를 전략적으로 활용하고 협력적인 태도로 협상에 접근함으로써, 양쪽 모두에게 성공적인 결과에 도달할 확률을 높일 수 있다.

① 충분한 준비는 협상에 긍정적인 영향을 미칠 수 있다.
② 임대 협상에서, 다양한 조건을 심사숙고할 필요가 있다.
③ 협상에서 전략적인 레버리지는 서로 이익이 되는 결과로 이어질 수 있다.
④ 개인 정보를 동등하게 공유하는 것은 협상에 도움이 된다.

포인트 해설

지문 전반에 걸쳐 레버리지는 상대방이 자신의 협상 조건에 동의하도록 납득시키기 위해 사용할 수 있는 것인데, 자신과 상대방의 관심사와 우선순위를 파악하고, 자신의 강점들 중 상대방의 요구 사항을 해결할 수 있는 것을 협상 카드로 사용하는 전략적인 레버리지 활용을 통해 성공적인 협상 결과를 도출할 수 있다고 설명하고 있다. 따라서 ③ '협상에서 전략적인 레버리지는 서로 이익이 되는 결과로 이어질 수 있다'가 이 글의 요지이다.

정답 ③

어휘

negotiate 협상하다 lease 임대 tenant 세입자 landlord 집주인
property 건물, 재산 amenity 편의 시설
leverage 레버리지, 수단, 지렛대; 활용하다 convince 납득시키다
party 상대방 terms 조건 identify 확인하다, 찾다 priority 우선순위
employ 사용하다, 고용하다 address 해결하다, 연설하다
bargaining chip 협상 카드 mutually 서로, 상호적으로
collaborative 협력적인 outcome 결과 sufficient 충분한
weigh 심사숙고하다, 무게를 재다 tactical 전략적인 reciprocally 서로

구문 분석

It is important / to maintain a balance of power / and respect during the negotiation process.
: 이처럼 긴 진짜 주어를 대신해 가짜 주어 it이 주어 자리에 온 경우, 가짜 주어 it은 해석하지 않고 뒤에 있는 진짜 주어 to 부정사(to maintain ~) 또는 that이 이끄는 절(that + 주어 + 동사 ~)을 가짜 주어 it의 자리에 넣어 '~하는 것은' 또는 '주어가 동사하다는 것은'이라고 해석한다.

08 독해 문단 순서 배열 난이도 중 ●●○

주어진 문장 다음에 이어질 글의 순서로 적절한 것은?

> The idea that water drains from sinks and toilets in different directions in the northern and southern hemispheres is one of the most common scientific misconceptions.

(A) While this effect is real, it is only noticeable on a large scale, such as in the movement of massive cyclones. In containers as small as sinks and toilets, the effect is negligible.
(B) This myth is based on a phenomenon known as the Coriolis effect, which refers to the apparent deflection of objects that are moving in a straight line on Earth's surface due to Earth's rotation.
(C) The direction of water drainage in a sink or toilet is primarily determined by the direction of the initial spin of the water and the shape of the basin, rather than Earth's rotation or the hemisphere in which it is located.

*deflection: 꺾임, 굴절

① (A) – (C) – (B)　　② (B) – (A) – (C)
③ (B) – (C) – (A)　　④ (C) – (B) – (A)

해석

북반구와 남반구에 있는 싱크대와 변기에서 물이 다른 방향으로 빠진다는 생각은 가장 흔한 과학적 오해들 중 하나이다.

(A) 이 효과가 실재하기는 하지만, 그것은 거대한 사이클론의 움직임처럼 오직 큰 규모일 때만 두드러진다. 싱크대와 변기만큼 작은 용기에서는, 그 효과는 무시해도 될 정도이다.
(B) 이 잘못된 믿음은 코리올리 효과라고 알려진 현상에 기반을 두고 있는데, 이것은 지구의 자전으로 인해 지구 표면에서 일직선으로 움직이고 있는 물체의 뚜렷한 꺾임을 말한다.
(C) 싱크대나 변기의 배수 방향은 지구의 자전이나 그것이 위치한 반구가 아닌, 물의 처음 회전 방향과 대야의 모양에 의해 주로 결정된다.

포인트 해설

주어진 문장에서 북반구와 남반구에 있는 싱크대와 변기에서 물이 다른 방향으로 빠진다는 생각은 과학적 오해라고 하고, (B)에서 이 잘못된 믿음(This myth)은 코리올리 효과 즉, 지구의 자전으로 인해 지구 표면에서 일직선으로 움직이는 물체가 꺾이는 현상에 기반하고 있다고 설명하고 있다. 이어서 (A)에서 이 효과(this effect)가 실재하기는 하지만 오직 큰 규모일 때만 두드러지며 작은 용기에서는 무시해도 될 정도라고 하고, (C)에서 싱크대나 변기의 배수 방향은 자전이 아닌 물의 처음 회전 방향과 대야의 모양에 의해 주로 결정된다고 알려 주고 있다. 따라서 ② (B)–(A)–(C)가 정답이다.

정답 ②

어휘

drain (물 등이) 빠지다, 흘러 나가다 direction 방향 hemisphere 반구
misconception 오해 noticeable 두드러지는, 뚜렷한 massive 거대한
container 용기, 컨테이너 negligible 무시해도 될 정도의
myth 잘못된 믿음, 신화 phenomenon 현상 rotation 자전, 회전
initial 처음의, 초기의 basin 대야, 분지

09 독해 빈칸 완성 - 절 난이도 중 ●●○

밑줄 친 부분에 들어갈 말로 적절한 것은?

> _____
> They are both distortions that exaggerate the self; with excessive pride, you view yourself as better than you are, and with excessive shame, you view yourself as worse than you are. While bullies, for example, are generally seen as prideful people, their apparent pride actually comes from a place of shame, with them needing to boost their ego and diminish the worth of others in order not to feel so small themselves. Meanwhile, someone with

low self-esteem—a person stuck in the shame cycle—is completely convinced that they are "less than" to the extent that they cannot take a compliment or accept anything positive about themselves. They are prideful in the sense that what they think about themselves is final and has more weight than what others think.

① Self-esteem and shame can be controlled through training even in adulthood.
② Pride and shame are related emotions that coexist rather than being opposites.
③ Bullies exhibit pride to compensate for their own feelings of inferiority.
④ Both pride and shame prevent people from accepting compliments.

해석

자존심과 수치심은 정반대라기보다 공존하는, 서로 관련된 감정들이다. 그것들은 둘 다 자아를 과장하는 왜곡인데, 즉 과도한 자존심으로, 당신은 스스로를 실제 자신보다 더 나은 사람으로 보며, 과도한 수치심으로, 당신은 스스로를 실제 자신보다 더 못한 사람으로 본다. 예를 들어, 타인을 괴롭히는 사람들은 일반적으로 자존심이 강한 사람들인 것처럼 보이지만, 겉보기에 그들의 자존심 같은 것이 실제로는 수치심의 자리에서 비롯되는데, 그들은 그들 자신이 그렇게 보잘것없다고 느끼지 않기 위해 자아를 드높이고 다른 이들의 가치를 깎아내릴 필요가 있는 것이다. 한편, 낮은 자존감을 가진 사람, 즉 수치심의 순환에 갇혀 있는 사람은 그들이 칭찬을 받거나 그들 자신에 대해 긍정적인 어떤 것도 받아들일 수 없을 정도로 그들이 '부족하다'고 완전히 확신한다. 그들이 자신들에 대해 생각하는 것이 최종적이고 다른 사람들이 생각하는 것보다 더 많은 중요성을 가지고 있다는 점에서 그들은 자존심을 갖게 된다.

① 자존심과 수치심은 성인기에도 훈련을 통해 통제될 수 있다.
② 자존심과 수치심은 정반대라기보다 공존하는, 서로 관련된 감정들이다.
③ 타인을 괴롭히는 사람들은 자신의 열등감을 보상하기 위해 자존심을 드러내 보인다.
④ 자존심과 수치심 모두 사람들이 칭찬을 받아들이지 못하게 한다.

포인트 해설

빈칸 뒤 문장에 자존심과 수치심은 둘 다 자아를 과장하는 왜곡이라는 내용이 있고, 지문 중간에서 타인을 괴롭히는 사람들은 자존심이 강해 보이지만 실제로는 수치심을 느끼지 않기 위해 다른 이들의 가치를 깎아내리는 것이라고 예시를 들고 있으므로, '자존심과 수치심은 정반대라기보다 공존하는, 서로 관련된 감정들이다'라고 한 ②번이 정답이다.

정답 ②

어휘

distortion 왜곡 exaggerate 과장하다 excessive 과도한
pride 자존심, 자랑스러움 shame 수치심; 창피하게 하다
bully 타인을 괴롭히는 사람; 괴롭히다 apparent ~인 것처럼 여겨지는, 분명한
boost (사기를) 드높이다, 신장시키다 ego 자아 self-esteem 자존감
stuck 갇힌, 꼼짝 못 하는 convince 확신시키다 compliment 칭찬
weight 중요성, 무게 coexist 공존하다 opposite 정반대
compensate 보상하다 inferiority 열등감

---

10 독해 빈칸 완성 – 단어   난이도 중 ●●○

밑줄 친 부분에 들어갈 말로 적절한 것은?

The effects of climate change and deforestation have caused the baobab forests in Madagascar to shrink. In addition, the higher temperatures and changing rainfall patterns have been affecting the health of the trees. This has led to the trees themselves deciding to find better grounds to grow in. Interestingly, baobab trees have been known to relocate on their own for thousands of years. However, environmental pressures seem to be triggering it to happen more frequently. Scientists have already documented baobabs in the northern region moving even further upwards in the hopes of finding more suitable growing conditions. In spite of this incredible display of survival, the trees may be running out of luck. As they try to overcome stressors by _____, they will ultimately exhaust their room when they meet the coastline, and some of Madagascar's northernmost species could become extinct by 2100.

① pausing
② migrating
③ observing
④ remaining

해석

기후 변화와 삼림 벌채의 영향이 마다가스카르의 바오밥 숲을 줄어들게 했다. 게다가, 더 높은 기온과 변화하는 강우 패턴은 그 나무의 건강에 영향을 미쳐 오고 있다. 이것은 나무들이 스스로 더 잘 자랄 수 있는 땅을 찾게 하도록 이끌었다. 흥미롭게도, 바오밥 나무는 스스로 이동하는 것으로 수천 년 동안 알려져 왔다. 하지만, 환경적인 압력이 그것이 더 자주 일어나게 촉발하는 것처럼 보인다. 과학자들은 더 적합한 생장 조건을 찾기를 바라며 훨씬 더 위쪽으로 이동하는 북부 지역의 바오밥을 이미 기록해 왔다. 생존에 대한 이 놀라운 표현에도 불구하고, 그 나무들은 운이 다할지도 모른다. 그것들이 이주함으로써 스트레스 요인들을 극복하려고 할 때, 해안선을 만나면 결국 공간을 다 써버릴 것이고, 마다가스카르의 최북단의 종들 중 일부는 2100년쯤 멸종될 수도 있다.

① 멈춤
② 이주함
③ 관찰함
④ 남음

포인트 해설

빈칸 앞부분에 과학자들이 훨씬 더 위쪽으로 이동하는 마다가스카르 북부 지역의 바오밥을 이미 기록해 왔다는 내용이 있고, 빈칸이 있는 문장에서 그것들이 해안선을 만나면 결국 공간을 다 써버릴 것이라고 했으므로, 그것들이 '이주함'으로써 스트레스 요인들을 극복하려고 한다고 한 ②번이 정답이다.

정답 ②

어휘

deforestation 산림 벌채 shrink 줄어들다 rainfall 강우 trigger 촉발하다
suitable 적합한 incredible 놀라운 display 표현, 전시; 전시하다
run out of luck 운이 다하다 overcome 극복하다 stressor 스트레스 요인
ultimately 결국, 궁극적으로 exhaust 다 써버리다, 기진맥진하게 만들다
coastline 해안선 extinct 멸종되다; 멸종한 pause 멈추다
migrate 이주하다 observe 관찰하다

DAY 06 하프모의고사 06회

▶ 해커스 공무원시험연구소 총평

난이도	독해 영역에서 길이가 다소 긴 지문들이 낯선 소재들을 다루고 있어, 다른 회차들에 비해 풀이 시간이 더 소요되었을 수 있습니다.
어휘·생활영어 영역	밑줄 친 부분의 바로 앞뒤 문맥만으로는 일부 오답 보기 또한 적절해 보일 수 있으므로, 답을 고른 후에는 반드시 밑줄 친 부분에 넣고 전체 문장을 읽어 봅니다.
문법 영역	수 일치 포인트에서는 동사의 주어가 무엇인지를 먼저 확인해야 합니다. 주어 자리에 쓰인 수량 표현에 따라 단수 동사가 올 수도, 복수 동사가 올 수도 있으므로, 수량 표현에 따른 수 일치를 구분하여 알아 둡니다.
독해 영역	무관한 문장 삭제 유형에서 정답이 되는 문장은 대개 글의 소재와 관련된 내용을 다루지만 주제에서는 살짝 벗어난 내용인 경우가 많습니다. 이와 같은 문장은 언뜻 보기에 문맥에 자연스러워 보일 수 있음에 유의합니다.

▶ 정답

01	③	어휘	06	④	독해
02	④	문법	07	②	독해
03	②	문법	08	①	독해
04	③	생활영어	09	③	독해
05	①	독해	10	③	독해

▶ 취약영역 분석표

영역	맞힌 답의 개수
어휘	/ 1
생활영어	/ 1
문법	/ 2
독해	/ 6
TOTAL	/ 10

---

01 어휘 evoke   난이도 중 ●●○

밑줄 친 부분에 들어갈 말로 가장 적절한 것은?

> The motivational speaker was able to _____ a sense of purpose in his listeners by articulating a compelling vision.

① suppress　　　　② plan
③ evoke　　　　　④ discourage

해석
동기를 부여하는 그 연설자는 설득력 있는 비전을 분명히 설명함으로써 자기 청중의 목적 의식을 일깨울 수 있었다.

① 억압하다　　　② 계획하다
③ 일깨우다　　　④ 낙담시키다

정답 ③

어휘
motivational 동기를 부여하는　articulate 분명히 설명하다
compelling 설득력 있는, 주목하지 않을 수 없는　suppress 억압하다
evoke 일깨우다, 환기시키다　discourage 낙담시키다

이것도 알면 합격!

'일깨우다'의 의미를 갖는 유의어
= inspire, awaken, spark, arouse

---

02 문법 수 일치 | 관계절 | 분사 | 부사절   난이도 중 ●●○

밑줄 친 부분 중 어법상 옳지 않은 것은?

> One of Archimedes' most famous inventions is the Archimedes screw, a device ① with which liquids can be moved from a lower level to a higher one. The screw consists of a spiral blade ② placed inside a tube. When the screw is turned, it lifts water up the tube and out through the top. Its design is ③ so simple yet effective at transporting water that it gained widespread admiration. Since its invention, the use of screws in water pumps ④ have had a great impact on irrigation and draining wetlands.

해석
Archimedes의 가장 유명한 발명품들 중 하나는 Archimedes식 나선 양수기인데, 액체가 더 낮은 곳에서 더 높은 곳으로 옮겨질 수 있는 장치이다. 나선 양수기는 관 안에 놓인 나선형의 날로 구성되어 있다. 나선 양수기가 돌려지면, 그것은 물을 관 위로 끌어올려 꼭대기를 통해 밖으로 보낸다. 그것의 디자인은 매우 단순하지만 물을 이동시키는 데 효과적이어서 그것은 많은 찬사를 받았다. 그것의 발명 이후로, 물 펌프에 나선 양수기를 사용하는 것은 관개와 습지 배수에 큰 영향을 주었다.

포인트 해설

④ **주어와 동사의 수 일치** 주어 자리에 단수 명사 the use가 왔으므로 복수 동사 have를 단수 동사 has로 고쳐야 한다. 참고로, 주어와 동사 사이의 수식어 거품(of ~ pumps)은 동사의 수 결정에 영향을 주지 않는다.

[오답 분석]

① **전치사 + 관계대명사** 관계사 뒤에 완전한 절(liquids can be moved ~ one)이 왔으므로 '전치사 + 관계대명사' 형태가 올 수 있다. 이때 '전치사 + 관계대명사'에서 전치사는 선행사 또는 관계절의 동사에 따라 결정되는데, 문맥상 '장치를 사용하여 액체가 옮겨질 수 있다'라는 의미가 되어야 자연스러우므로 전치사 with(~을 사용하여)가 관계대명사 which 앞에 온 with which가 올바르게 쓰였다.

② **현재분사 vs. 과거분사** 수식받는 명사(a spiral blade)와 분사가 '나선형의 날이 놓이다'라는 의미의 수동 관계이므로 과거분사 placed가 올바르게 쓰였다.

③ **부사절 접속사** '매우 단순하지만 ~ 효과적이어서 많은 찬사를 받았다'라는 의미를 나타내기 위해 부사절 접속사 so ~ that(매우 ~해서 - 하다)을 완성하는 so가 올바르게 쓰였다.

정답 ④

어휘

invention 발명(품) device 장치 liquid 액체 consist of ~으로 구성되다
spiral 나선형의 blade 날 admiration 찬사, 존경 irrigation 관개
drain 배수하다 wetland 습지

이것도 알면 합격!

so ~ that 구문에서 so가 형용사와 함께 올 때, 'so + 형용사 + a/an + 명사'의 어순이 된다는 것도 알아 두자.

- It was **so** difficult an exam **that** many students failed.
  형용사   명사

그것은 매우 어려운 시험이어서 많은 학생들이 불합격했다.

---

03 문법 병치 구문 | 형용사 | 수 일치 | 가정법   난이도 중 ●●○

밑줄 친 부분이 어법상 옳지 않은 것은?

① You can mix and match a number of <u>pieces</u> of fabric to create a patchwork quilt.
② The exhibition provides me with a feeling of happiness, excitement, and <u>enjoy</u>.
③ A variety of cuisines <u>are</u> featured in this restaurant.
④ Had I known how the weather would change, I <u>would have left</u> earlier.

해석

① 누비이불을 만들기 위해 많은 조각의 원단을 짜맞출 수 있다.
② 그 전시는 나에게 행복함, 흥분, 그리고 즐거움을 준다.
③ 다양한 요리들이 이 식당의 특징이다.
④ 날씨가 어떻게 변할지 알았더라면, 나는 더 일찍 떠났을 것이다.

포인트 해설

② **병치 구문** 접속사 and로 연결된 병치 구문에서는 같은 품사끼리 연결되어야 하는데, and 앞에 명사 happiness, excitement가 왔으므로 and 뒤의 동사 enjoy를 명사 enjoyment로 고쳐야 한다.

[오답 분석]

① **수량 표현** 가산 복수 명사 앞에 오는 수량 표현 a number of(많은) 뒤에 복수 명사 pieces가 올바르게 쓰였다.

③ **수량 표현의 수 일치** 주어 자리에 복수 취급하는 수량 표현 'a variety of + 명사'(A variety of cuisines)가 왔으므로 복수 동사 are가 올바르게 쓰였다.

④ **가정법 도치** if절에서 if가 생략되어 동사 Had가 주어 I 앞으로 온 가정법 과거완료 구문 Had I known ~이 왔으므로, 주절에도 가정법 과거완료를 만드는 '주어 + would + have p.p.'의 형태가 와야 한다. 따라서 would have left가 올바르게 쓰였다.

정답 ②

어휘

fabric 원단, 직물 exhibition 전시(회) cuisine 요리
feature 특징으로 하다

이것도 알면 합격!

가산 단수 명사와 복수 명사 앞에 쓰이는 수량 표현을 구분하여 알아 두자.

단수 명사 앞	복수 명사 앞
a/an 하나의	one of ~ 중 하나
each 각각의	each of ~의 각각
every 모든	a few/few 약간/거의 없는
another 또 다른	several 몇몇의
	a number of 많은

---

04 생활영어 I'm worried that they might be out of my budget.   난이도 하 ●○○

밑줄 친 부분에 들어갈 말로 가장 적절한 것은?

A: Hello! Can I help you find anything?
B: Yes. I'm just looking at some shoes.
A: Great. We have a wide variety of styles. Are you looking for anything specific?
B: I need a pair of shoes for a formal event next week.
A: These black pumps are perfect for formal occasions. What do you think?
B: _____
A: Well, we do have a sale going on. Let me check the price for you.
B: Thank you!

① Show me pants that go well with them, please.
② I would like to try them on to make sure they fit me.
③ I'm worried that they might be out of my budget.
④ I was actually hoping for something in red.

DAY 06 하프모의고사 06회

해석

A: 안녕하세요! 무엇을 찾으시나요?
B: 네, 신발 좀 보려고요.
A: 좋습니다. 저희는 다양한 스타일을 가지고 있는데요. 특별히 찾으시는 게 있나요?
B: 다음 주에 있을 공식 행사에서 신을 신발 한 켤레가 필요합니다.
A: 공식적인 자리에는 이 검은색 펌프스가 딱입니다. 어떻게 생각하세요?
B: 그건 제 예산을 초과할 것 같아 걱정되는데요.
A: 음, 저희가 할인 중이어서요. 가격을 확인해 드릴게요.
B: 감사합니다!

① 이 신발과 잘 어울리는 바지를 보여 주세요.
② 제게 맞는지 확인하기 위해 그것들을 신어 보고 싶어요.
③ 그건 제 예산을 초과할 것 같아 걱정되는데요.
④ 저는 사실 빨간색 신발을 원하고 있었어요.

포인트 해설

공식 행사에서 신을 신발로 A가 검은색 펌프스를 추천하자 B가 대답하고, 빈칸 뒤에서 다시 A가 we do have a sale going on. Let me check the price for you(저희가 할인 중이어서요. 가격을 확인해 드릴게요)라고 말하고 있으므로, '그건 제 예산을 초과할 것 같아 걱정되는데요'라는 의미의 ③ 'I'm worried that they might be out of my budget'이 정답이다.

정답 ③

어휘

specific 특별한, 구체적인 formal 공식적인, 격식을 차린
pumps 펌프스(여성용 구두의 일종) go well with ~과 잘 어울리다
out of budget 예산을 초과하는

이것도 알면 합격!

결제할 때 쓸 수 있는 다양한 표현들을 알아 두자.
- I'll pay in cash. 현금으로 계산할게요.
- Charge it to my credit card. 신용카드로 계산할게요.
- That's way out of my price range.
  그것은 제가 생각한 가격대를 훨씬 넘어요.
- Can I put this purchase on a six-month payment plan?
  6개월 할부로 살 수 있을까요?

05~06 다음 글을 읽고 물음에 답하시오.

(A)

The Beamsville Recreation Council is excited to announce the upcoming Beamsville Kite Festival, an event that will bring the community together through the joy of kite flying. Whether you're a seasoned kite enthusiast or a beginner, take this opportunity to fill the sky with kites of all shapes, sizes, and colors.

Details
- Date: Saturday, April 22
- Time: 10:00 a.m. – 5:00 p.m.
- Location: Eaton Park

Featured Events
- **Kite Flying**
  Bring your own kite or buy one from an on-site vendor. Everyone is welcome to fly their kites throughout the day.
- **Workshops**
  Whatever your age, we encourage you to sit in on a kite-making workshop, where you can design and build your own kite. All supplies are provided.
- **Homemade Kite Contest**
  Show off your creativity by entering our Homemade Kite Contest. Only kites made prior to the Beamsville Kite Festival will be eligible.

For more information, visit www.beamsvillerecreation.gov/kitefestival or contact the Beamsville Recreation Council at (514) 292-1024.

해석

(A) 함께 연을 날려요

Beamsville 오락 활동 위원회는 연 날리기의 즐거움을 통해 지역 사회를 하나로 모을, 다가오는 Beamsville 연 축제를 알리게 되어 기쁩니다. 경험 많은 연 애호가이든 초보자이든 간에, 모든 모양과 크기 및 색상의 연으로 하늘을 채울 이 기회를 잡으세요.

세부 사항
- 날짜: 4월 22일, 토요일
- 시간: 오전 10시 – 오후 5시
- 장소: Eaton 공원

주요 행사
- 연 날리기
  갖고 계신 연을 가져오시거나 현장에 있는 상점에서 연을 구매하세요. 누구나 하루 종일 연을 날릴 수 있습니다.
- 워크숍
  연령에 관계없이, 저희는 여러분이 연 만들기 워크숍에 참여하실 것을 권장하는데, 여기서 여러분은 자신의 연을 디자인하고 제작하실 수 있습니다. 모든 비품들이 제공됩니다.
- 수제 연 대회
  수제 연 대회에 출전하셔서 여러분의 창의성을 뽐내세요. Beamsville 연 축제 이전에 만들어진 연에 한해 자격이 주어질 것입니다.

더 많은 정보를 위해, www.beamsvillerecreation.gov/kitefestival을 방문하시거나 (514) 292-1024로 Beamsville 오락 활동 위원회에 연락하세요.

어휘

seasoned 경험 많은, 노련한 enthusiast 애호가 on-site 현장에 있는
vendor 상점, 판매자 encourage 권장하다 supply 비품, 공급(량); 공급하다
show off ~을 뽐내다, 자랑하다 creativity 창의성
eligible 자격이 있는, 바람직한

---

05 독해 제목 파악 난이도 중 ●●○

(A)에 들어갈 윗글의 제목으로 가장 적절한 것은?

① Let's Fly Kites Together
② Explore the Evolution of Kite Design
③ Take Up Kite Flying as a Hobby
④ Be Safe When Flying Your Kite

해석

① 함께 연을 날려요
② 연 디자인의 발전을 탐구하세요
③ 취미로 연날리기를 배워 보세요
④ 연을 날릴 때 주의하세요

포인트 해설

지문 앞부분에서 누구든지 모양과 크기와 색상이 다양한 연으로 하늘을 채울 수 있다고 하고, 지문 뒷부분에서 직접 연을 날리고 만들며 뽐낼 수 있는 행사들을 소개하고 있으므로, ① '함께 연을 날려요'가 이 글의 제목이다.

정답 ①

어휘

explore 탐구하다, 탐험하다 take up ~을 배우다, 계속하다

---

06 독해 내용 불일치 파악 난이도 중 ●●○

Beamsville Kite Festival에 관한 윗글의 내용과 일치하지 않는 것은?

① Kites will be available to buy at the event.
② Attendees of all ages can participate in a kite-making workshop.
③ All the materials needed to make a kite will be provided.
④ Kites made at the workshop can be entered into the contest.

해석

① 연은 행사장에서 구매할 수 있을 것이다.
② 모든 연령의 참가자들이 연 만들기 워크숍에 참여할 수 있다.
③ 연을 만드는 데 필요한 모든 재료들이 제공될 것이다.
④ 워크숍에서 만들어진 연은 대회에 출품될 수 있다.

포인트 해설

④번의 키워드인 can be entered(출품될 수 있다)를 바꾸어 표현한 지문의 be eligible(자격이 주어지다) 주변의 내용에서 수제 연 대회에서는 Beamsville 연 축제 이전에 만들어진 연에 한해 자격이 주어질 것이라고 했으므로, ④ '워크숍에서 만들어진 연은 대회에 출품될 수 있다'는 지문의 내용과 다르다.

---

07 독해 빈칸 완성 - 구 난이도 상 ●●●

밑줄 친 부분에 들어갈 말로 적절한 것은?

In the well-known dialogue *Phaedo*, the Greek philosopher Plato, who was a student of Socrates, documents his mentor's final hours leading up to his execution. Phaedo recalls how Socrates explained to his friends that a true philosopher should not fear death: "For to fear death, gentlemen, is nothing else than to think one is wise when one is not; for it is thinking one knows what one does not know." Socrates asserted that the soul is immortal, continuing to exist after death. Moreover, he reasoned that the soul must be freed from the body, as the latter _____. Socrates believed that the senses, which are connected to the body, were unreliable sources of knowledge. He argued that the senses could deceive us and lead us to false beliefs, and that true knowledge could only be obtained through reason and intellect, which are functions of the soul.

① acts unexpectedly at important moments
② impedes the quest for knowledge
③ requires too much support
④ becomes injured too easily

해석

유명한 대화 『Phaedo』에서, Socrates의 제자였던 그리스의 철학자 Plato는 그의 스승의 처형에 이르는 마지막 시간을 기록한다. Phaedo는 Socrates가 그의 친구들에게 "여러분, 죽음을 두려워하는 것은 사람이 현명하지 않을 때 현명하다고 생각하는 것일 따름입니다. 그것은 사람이 모르는 것을 알고 있다고 생각하는 것이기 때문입니다"라며 진정한 철학자는 죽음을 두려워해서는 안 된다고 설명했던 것을 회상한다. Socrates는 영혼은 불멸이어서, 사후에도 계속 존재한다고 주장했다. 게다가, 그는 영혼이 육체로부터 해방되어야 한다고 추론했는데, 이는 후자(육체)가 지식의 탐구를 방해하기 때문이다. Socrates는 육체와 연결된 감각이 지식의 믿을 수 없는 원천이라고 생각했다. 그는 감각이 우리를 속이고 그릇된 믿음으로 이끌 수 있으며, 진정한 지식은 영혼의 기능인 이성과 지성을 통해서만 얻어질 수 있다고 주장했다.

① 중요한 순간에 예기치 않게 행동한다
② 지식의 탐구를 방해한다
③ 너무 많은 도움을 필요로 한다
④ 너무 쉽게 상처를 입는다

DAY 06 하프모의고사 06회

포인트 해설

빈칸 뒷부분에 Socrates는 육체와 연결된 감각은 우리를 속이고 그릇된 믿음으로 이끌 수 있지만 진정한 지식은 영혼의 기능인 이성과 지성을 통해서만 얻을 수 있다고 주장했다는 내용이 있으므로, 그는 영혼이 육체로부터 해방되어야 한다고 추론했는데, 이는 육체가 '지식의 탐구를 방해하기' 때문이라고 한 ②번이 정답이다.

정답 ②

어휘

dialogue 대화   philosopher 철학자   lead up to ~에 이르다
execution 처형, 집행   recall 회상하다   assert 주장하다   immortal 불멸의
reason 추론하다, 판단하다; 이성, 이유   deceive 속이다
unexpectedly 예기치 않게   impede 방해하다   quest 탐구, 수색

08 독해 제목 파악   난이도 중 ●●○

다음 글의 제목으로 적절한 것은?

> Surveillance systems heavily rely on light energy to capture images and detect movement. Many security and surveillance cameras capture images using visible light focused by lenses onto a sensor that converts light energy into electrical signals. In addition, ultraviolet light is sometimes used to detect secret ink or other markings that are otherwise invisible to the naked eye. This method is often used to verify the authenticity of documents or currency. Finally, X-ray technology, which uses high-energy light, can be used to scan bags and other objects for concealed weapons or other items of interest. These scans provide a clear image of the contents of the bag or object, making it easier for security personnel to identify potential threats. Overall, the use of light energy in surveillance systems has revolutionized the way we monitor and protect public spaces.

① Why Is Light Energy Important in Surveillance Systems?
② How Do Security Cameras Capture Images Using Light?
③ What Are the Benefits of X-ray Technology in Surveillance?
④ When is Ultraviolet Light Used in Surveillance Systems?

해석

감시 시스템은 빛 에너지에 크게 의존하여 이미지를 포착하고 움직임을 감지한다. 많은 보안 및 감시 카메라는 렌즈에 의해 집중된 가시광선을 사용하여 빛 에너지를 전기 신호로 변환하는 센서에 이미지를 포착한다. 게다가, 자외선은 그렇지 않다면(감시 시스템을 사용하지 않았다면) 육안으로는 보이지 않는 은현잉크나 다른 표식들을 감지하는 데 때때로 사용된다. 이 방법은 종종 문서나 화폐의 진위성을 확인하는 데 사용된다. 마지막으로, 고에너지 빛을 사용하는 엑스레이 기술은 숨겨진 무기나 다른 요주의 물건들을 찾기 위해 가방과 다른 물체들을 검사하는 데 사용될 수 있다. 이러한 검사는 가방이나 물체의 내용물의 명확한 이미지를 제공하므로, 보안 요원이 잠재적인 위협 요소를 식별하는 것을 더 쉽게 만든다. 전반적으로, 감시 시스템에 빛 에너지를 사용하는 것은 공공장소를 감시하고 보호하는 방식에 혁신을 일으켰다.

① 감시 시스템에서 빛 에너지가 중요한 이유는 무엇인가?
② 보안 카메라는 어떻게 빛을 사용하여 이미지를 포착하는가?
③ 감시에 있어 엑스레이 기술의 이점은 무엇인가?
④ 자외선은 언제 감시 시스템에 사용되는가?

포인트 해설

지문 처음에서 감시 시스템은 빛 에너지에 크게 의존하여 이미지를 포착하고 움직임을 감지한다고 한 뒤, 감시 카메라에 사용되는 가시광선, 육안으로 보이지 않거나 숨겨진 물건을 탐지하는 자외선과 엑스레이 기술에 대해 언급한 뒤, 감시 시스템에 빛 에너지를 사용하는 것은 공공장소를 감시하고 보호하는 방식에 혁신을 일으켰다고 설명하고 있다. 따라서 ① '감시 시스템에서 빛 에너지가 중요한 이유는 무엇인가?'가 이 글의 제목이다.

정답 ①

어휘

surveillance 감시   detect 감지하다   visible light 가시광선
convert 변환하다   electrical signal 전기 신호   ultraviolet light 자외선
marking 표식   naked eye 육안, 맨눈   verify 확인하다
authenticity 진위성   currency 화폐   weapon 무기   of interest 요주의
potential 잠재적인; 잠재력   revolutionize 혁신을 일으키다

구문 분석

Many security and surveillance cameras capture images / using visible light / focused by lenses onto a sensor / that converts light energy into electrical signals.
: 이처럼 주격 관계대명사가 이끄는 절(that/who/which + 동사 ~)이 명사를 꾸며주는 경우, '동사하는 명사' 또는 '동사한 명사'라고 해석한다.

09 독해 내용 불일치 파악   난이도 하 ●○○

Indigenous Art Exhibition에 관한 다음 글의 내용과 일치하지 않는 것은?

NATIONAL CULTURAL HERITAGE AGENCY PRESENTS: INDIGENOUS ART EXHIBITION

Date: November 5 – 20
Location: Museum of Culture and History
Time: 10:00 a.m. – 5:00 p.m., daily

The exhibition is spread across three halls. Maps are available at the entrance, or you can download a digital version here.

Bus routes 15, 23, and 42 stop right outside the Museum of Culture and History. The nearest subway station is Frazier Station, which is a 10-minute walk from the gallery.

Please note: A suggested donation of $10 per person is encouraged to support future indigenous art exhibitions and cultural programs. We thank you for this donation.

① 매일 오후 5시까지 관람할 수 있다.
② 전시는 총 3개의 홀에서 열린다.
③ Frazier 역은 버스로 10분 거리에 있다.
④ 입장 시 기부금은 의무 사항이 아니다.

해석

국가 문화유산재단이 선보입니다: 토착 미술품 전시

날짜: 11월 5일 – 20일
장소: 문화 역사 박물관
시간: 매일 오전 10시 – 오후 5시

전시는 3개의 홀에 걸쳐 있습니다. 지도는 입구에서 이용 가능하며, 또는 여러분은 여기에서 디지털 버전을 내려받으실 수 있습니다.

15번, 23번과 42번 버스 노선은 문화 역사 박물관 바로 밖에서 정차합니다. 가장 가까운 지하철역은 Frazier 역인데, 이곳은 미술관에서 도보 10분 거리에 있습니다.

참고 부탁드립니다: 향후의 토착 미술품 전시와 문화 프로그램을 후원하기 위해 1인당 10달러의 기부금이 권장됩니다. 이 기부에 대해 감사드립니다.

포인트 해설

③번의 키워드인 'Frazier 역'이 그대로 언급된 지문의 Frazier Station 주변의 내용에서 가장 가까운 지하철역인 Frazier 역은 미술관에서 도보 10분 거리에 있다고 했으므로, ③ 'Frazier 역은 버스로 10분 거리에 있다'는 지문의 내용과 다르다.

정답 ③

어휘

heritage 유산 indigenous 토착의, 토종의 exhibition 전시(회)
donation 기부(금), 기증

---

10 독해 무관한 문장 삭제   난이도 중 ●●○

다음 글의 흐름상 어색한 문장은?

Water rights trading refers to the voluntary transfer of water rights between users. It is a complex issue that requires careful consideration of legal, economic, and environmental factors. ① While it can provide incentives for efficient water use, one possible flaw is that it can exacerbate existing inequalities and power imbalances. ② Policymakers and stakeholders face the challenge of balancing the need for economic growth with the imperative to protect water resources for future generations. ③ A sustainable economic growth policy should prioritize research and development in clean technologies. ④ They must navigate the delicate balance of competing interests and viewpoints, taking into account various factors and perspectives. Dr. Jane Smith, a water law expert, stresses the need for robust legal frameworks to avoid negative consequences in water rights trading.

해석

물 이용권 거래는 사용자들 간에 자발적인 물 이용권 양도를 말한다. 그것은 법적, 경제적, 환경적 요인들을 신중하게 심사숙고해야 하는 복잡한 문제이다. ① 비록 그것이 효율적인 물 사용을 위한 동기를 제공할 수 있기는 하지만, 한 가지 가능한 결함은 그것이 기존의 불평등과 권력 불균형을 악화시킬 수 있다는 점이다. ② 정책 입안자들과 이해관계자들은 경제 성장의 필요성과 미래 세대를 위한 수자원 보호 책무의 균형을 맞추는 과제에 직면해 있다. ③ 지속 가능한 경제 성장 정책은 청정 기술에 대한 연구와 개발을 우선시해야 한다. ④ 그것들은 다양한 요인들과 관점들을 고려하여, 경쟁적인 이해관계들과 관점들의 섬세한 균형을 찾아야 한다. 물 이용권 법 전문가인 Jane Smith 박사는 물 이용권 거래에서 부정적인 결과를 피하기 위해 강력한 법적 체계가 필요하다고 강조한다.

포인트 해설

지문 앞부분에서 물 이용권 거래는 여러 요인들을 신중하게 고려해야 하는 복잡한 문제라고 언급한 뒤, ①번은 '물 이용권 거래의 장점과 우려되는 점', ②, ④번은 '경제 성장과 수자원 보호 사이 이해관계의 균형을 찾을 필요성'을 설명하고 있다. 그러나 ③번은 '지속 가능한 경제 성장 정책이 우선시해야 하는 청정 기술'에 대한 내용으로, 지문 앞부분의 내용과 관련이 없다.

정답 ③

어휘

transfer 양도, 이동; 이동하다 consideration 심사숙고 flaw 결함
exacerbate 악화시키다 inequality 불평등 imbalance 불균형
stakeholder 이해관계자 imperative 책무; 필수의 generation 세대
sustainable 지속 가능한 prioritize 우선시하다
navigate (길을) 찾다, 항해하다 delicate 섬세한, 우아한
competing 경쟁적인 take into account ~을 고려하다
perspective 관점 stress 강조하다 robust 강력한
framework 체계, 뼈대

DAY 07 하프모의고사 07회

▶ 해커스 공무원시험연구소 총평

난이도	독해 영역에 꼼꼼하게 읽어야 하는 지문이 출제되기는 했지만, 전반적으로는 무난한 난이도로 풀어낼 수 있는 회차였습니다.
어휘·생활영어 영역	길이가 긴 생활영어 문제에서는 대화 도중에 화제가 전환되기도 합니다. 빈칸 앞뒤의 문맥을 1순위로 확인하여 가장 적절한 표현을 고릅니다.
문법 영역	관계절에 대해 정확하게 알고 있는지 2번과 3번을 통해 확인할 수 있었습니다. 관계절 포인트의 경우 특히 지방직 9급 시험의 최신 출제경향이므로, 관련 기출 문제를 함께 확인해 보는 것도 좋습니다.
독해 영역	빈칸의 위치가 서로 다른 8번과 10번을 통해 빈칸의 위치에 따라 문제풀이 전략이 다를 수 있음을 확인할 수 있었습니다. 빈칸이 글의 초반부에 위치한 경우 주제문일 가능성이 높은 반면, 글의 후반부에 위치한 경우 주제문에 대한 또 다른 해석 또는 재진술일 수 있음을 알아 둡니다.

▶ 정답

01	①	어휘	06	②	독해
02	③	문법	07	①	독해
03	②	문법	08	②	독해
04	②	생활영어	09	②	독해
05	③	독해	10	③	독해

▶ 취약영역 분석표

영역	맞힌 답의 개수
어휘	/ 1
생활영어	/ 1
문법	/ 2
독해	/ 6
TOTAL	/ 10

---

01 어휘 pleasant 난이도 중 ●●○

밑줄 친 부분에 들어갈 말로 가장 적절한 것은?

> The coffee shop's interior was not particularly modern, but the barista's friendly personality made the atmosphere more _____.

① pleasant ② ordinary
③ formal ④ mysterious

해석
그 커피숍의 인테리어가 특별히 현대적이진 않았지만, 바리스타의 친근한 성격이 분위기를 더 <u>기분 좋게</u> 만들었다.
① 기분 좋은 ② 평범한
③ 공식적인 ④ 비밀스러운

정답 ①

어휘
personality 성격, 개성 atmosphere 분위기, 대기 pleasant 기분 좋은
ordinary 평범한, 일상적인 formal 공식적인, 격식을 갖춘
mysterious 비밀스러운, 불가사의한

[이것도 알면 합격!]

'기분 좋은'의 의미를 갖는 유의어
= enjoyable, agreeable, comfortable, delightful

---

02 문법 관계절 난이도 중 ●●○

밑줄 친 부분에 들어갈 말로 가장 적절한 것은?

> Some government agencies are increasingly relying on the detailed findings from the research center, _____ data collection methods are highly advanced.

① that ② which
③ whose ④ whereas

해석
일부 정부 기관들은 그 연구 센터의 세부 연구 결과들에 점점 더 의존하고 있는데, 그 센터의 데이터 수집 방법은 매우 발달되어 있다.

포인트 해설
③ 관계대명사 빈칸은 명사 the research center를 수식하는 것의 자리이다. 선행사(the research center)가 사물이고 관계절 내에서 data collection methods가 무엇의 데이터 수집 방법인지를 나타내므로, 사물을 가리키는 소유격 관계대명사 ③ whose가 정답이다.

정답 ③

어휘
agency 기관 finding 연구 결과 method 방법

이것도 알면 합격!

다른 관계대명사와 달리 관계대명사 that은 콤마(,) 뒤에서 쓰일 수 없다는 것도 기억하자.

- My favorite book, (which / t̶h̶a̶t̶) I bought last month, was written by a local author.
지난달에 샀던 내가 가장 좋아하는 책은 현지 작가에 의해 집필되었다.

이것도 알면 합격!

정관사 the를 사용한 'the + 형용사'는 '~한 사람들'이라는 뜻으로, 복수 명사 역할을 하므로 뒤에 복수 동사가 온다는 것도 알아 두자.

- **The unemployed face** challenges in sustaining their livelihoods.
취업이 되지 않은 사람들은 생계를 유지하는 것에 어려움을 직면한다.

---

03 문법 관계절|대명사|관사|분사 난이도 중 ●●○

밑줄 친 부분 중 어법상 옳지 않은 것은?

Marshall McLuhan argued that the medium used to convey a message was of more importance than ① its content. For instance, in the days ② that ideas were transmitted orally and speech was everything, ③ the most dominant human organ would have been the ear. Similarly, in the current digital age, our message is shaped by the technology we use to transfer it, with the immediacy of the Internet and social media ④ changing the way we interact.

해석

Marshall McLuhan은 메시지를 전달하는 데 사용되는 매체가 그것의 내용보다 더 중요하다고 주장했다. 예를 들어, 생각이 구두로 전달되고 구어가 전부였던 시절에는, 가장 주요한 인간의 신체 기관은 귀였을 것이다. 마찬가지로, 현재의 디지털 시대에 우리의 메시지는 우리가 그것을 전하는 데 사용하는 기술에 의해 형성되는데, 인터넷과 소셜 미디어의 즉시성이 우리가 상호작용을 하는 방식을 변화시키고 있다.

포인트 해설

② **관계부사와 관계대명사 비교** 선행사(the days)가 시간을 나타내고 관계사 뒤에 완전한 절(ideas ~ everything)이 왔으므로, 불완전한 절을 이끄는 관계대명사 that을 완전한 절을 이끄는 관계부사 when 또는 '전치사 + 관계대명사' 형태인 in which로 고쳐야 한다.

[오답 분석]
① **인칭대명사** 대명사가 지시하는 명사(a message)가 단수 명사이므로 단수 소유격 대명사 its가 올바르게 쓰였다.
③ **정관사 the** 최상급(most dominant)은 정관사 the와 함께 'the + 최상급 + 명사'의 형태로 쓰이므로 most dominant 앞에 정관사 the가 올바르게 쓰였다.
④ **분사구문의 역할** 동시에 일어나는 상황은 'with + 명사 + 분사'의 형태로 나타낼 수 있는데, 명사(the immediacy)와 분사가 '즉시성이 변화시키다'라는 의미의 능동 관계이므로 현재분사 changing이 올바르게 쓰였다.

정답 ②

어휘

medium 매체, 수단; 중간의 content 내용 transmit 전달하다, 전송하다
orally 구두로 dominant 주요한, 지배적인 organ 신체 기관
immediacy 즉시성 interact 상호작용하다

---

04 생활영어 I would prefer a reference that reflects your volunteer work. 난이도 중 ●●○

밑줄 친 부분에 들어갈 말로 가장 적절한 것은?

 Jennifer Miller
Why did you apply for this position at our community welfare center?
14:00

 Michael Chang
I am passionate about contributing to public services and helping underprivileged groups.
14:01

 Jennifer Miller
Do you have any relevant experience in this field?
14:02

 Michael Chang
Yes, I volunteered to help disabled individuals for three years and majored in rehabilitation.
14:02

 Jennifer Miller
That's impressive. Would you be willing to send a letter of reference if you have one?
14:03

 Michael Chang
Certainly. Would a letter from my university professor be acceptable?
14:03

 Jennifer Miller
_____
_____
14:04

 Michael Chang
In that case, I'll prepare one from the volunteer center I worked for.
14:05

① Thank you for taking the time to interview with us today.
② I would prefer a reference that reflects your volunteer work.
③ Your university experience will be beneficial to this position.
④ There is a three-month probation period.

DAY 07 하프모의고사 07회

해석

Jennifer Miller: 우리 지역 복지 센터의 이 일자리에 왜 지원하셨나요?
Michael Chang: 저는 공공 서비스에 기여하고 소외된 계층을 돕는 것에 열정적입니다.
Jennifer Miller: 이 분야에서 관련 경험을 하신 적이 있나요?
Michael Chang: 네, 저는 장애인들을 돕기 위해 3년 동안 자원봉사를 했고 재활을 전공했습니다.
Jennifer Miller: 인상적이네요. 추천서가 있다면 보내 주시겠어요?
Michael Chang: 물론이죠. 저의 대학 교수님의 추천서도 가능할까요?
Jennifer Miller: 저는 당신의 자원봉사가 반영된 추천서를 선호해요.
Michael Chang: 그런 경우라면, 제가 일했던 자원봉사 센터에서 한 부를 준비해 볼게요.

① 오늘 저희와 면접 보느라 시간을 내주셔서 감사해요.
② 저는 당신의 자원봉사가 반영된 추천서를 선호해요.
③ 당신의 대학 경험은 이 일자리에 매우 도움이 될 거예요.
④ 3개월간의 수습 기간이 있어요.

포인트 해설

지역 복지 센터의 일자리에 지원하기 전 장애인들을 돕기 위해 3년간 자원봉사를 했다는 Michael에게 Jennifer가 추천서를 보내 줄 수 있는지 묻고, Michael이 대학 교수의 추천서가 가능한지 물은 뒤 빈칸 뒤에서 다시 In that case, I'll prepare one from the volunteer center I worked for(그런 경우라면, 제가 일했던 자원봉사 센터에서 한 부를 준비해 볼게요)라고 말하고 있으므로, '저는 당신의 자원봉사가 반영된 추천서를 선호해요'라는 의미의 ② 'I would prefer a reference that reflects your volunteer work'가 정답이다.

정답 ②

어휘

apply for ~에 지원하다, 신청하다 passionate 열정적인
contribute 기여하다 underprivileged 소외된 rehabilitation 재활
a letter of reference 추천서 beneficial 도움이 되는, 이로운
probation 수습

이것도 알면 합격!

면접 상황에서 쓸 수 있는 다양한 표현들을 알아 두자.

- Could you elaborate on your volunteer work?
  당신의 자원봉사 활동에 대해 더 자세히 설명해 주시겠어요?
- How do you handle challenges in team setting?
  팀 환경에서의 어려움을 어떻게 처리하나요?
- How does this position contribute to the goals of the organization?
  이 직책은 조직의 목표에 어떻게 기여하나요?

05~06 다음 글을 읽고 물음에 답하시오.

To	Public Works Department
From	Garrett Delgado
Date	August 8
Subject	Clogged Outdoor Drains in the Neighborhood

Dear Responsible Party,

I am writing to bring your attention to the serious issue of clogged outdoor drains in the Rhodes Valley neighborhood.

I have noticed that whenever it rains, water accumulates in the streets because it cannot drain quickly enough. This standing water not only sometimes floods residents' properties but also emits bad odors and draws mosquitos. The comfort and quality of life for residents in the area has decreased considerably as a result.

Some residents have been taking it upon themselves to clear the drains, but this only provides temporary relief. It is the responsibility of your department to maintain proper drainage in our neighborhood. I urge you to make repairs to the drainage system as soon as possible.

Best regards,
Garrett Delgado

해석

수신: 공공사업부
발신: Garrett Delgado
날짜: 8월 8일
제목: 마을의 실외 배수로 막힘

책임자분께,

저는 Rhodes Valley 마을의 실외 배수로가 막히는 심각한 문제에 대해 귀하가 관심을 가질 수 있도록 이 글을 씁니다.

저는 비가 올 때마다, 물이 충분히 빠르게 배수되지 못하기 때문에 거리에 물이 불어난다는 것을 알게 되었습니다. 이 고인 물은 때로로 주민들의 소유지를 침수시킬 뿐만 아니라 악취를 내뿜고 모기를 유인합니다. 그로 인해 해당 지역 주민들의 쾌적함과 삶의 질이 크게 떨어지고 있습니다.

몇몇 주민분들이 자발적으로 배수로를 청소하고 있지만, 이는 임시방편일 뿐입니다. 우리 마을에 제대로 된 배수 시설을 유지하는 것은 귀 부서의 책임입니다. 배수 시설 시스템을 가능한 한 빠르게 수리해 주시기를 강력히 권고드립니다.

안부를 전하며,
Garrett Delgado

어휘

clog 막히다 drain 배수로, 하수구; 배수하다
bring attention to ~에 관심을 가져오다 accumulate 불어나다, 축적되다
standing (물이) 고인, 고정적인, 서서 하는 emit 내뿜다 odor 악취
mosquito 모기 comfort 쾌적함, 편안함 temporary 임시의, 일시적인
maintain 유지하다 urge 강력히 권고하다 repair 수리; 수리하다
drainage 배수 시설

05 독해 목적 파악　　　난이도 중 ●●○

윗글의 목적으로 가장 적절한 것은?

① To inquire about how to keep outdoor drains from flooding
② To complain about the inefficiency of a new drainage system
③ To request maintenance service on outdoor drains
④ To praise residents for carrying out work themselves

해석

① 실외 배수로가 범람하지 않게 하는 방법을 문의하려고
② 새로운 배수 시설 시스템의 비효율성에 대해 불만을 제기하려고
③ 실외 배수로의 보수 관리 서비스를 요청하려고
④ 주민들이 직접 작업을 수행한 것에 대해 칭찬하려고

포인트 해설

지문 마지막에 마을의 제대로 된 배수 시설 유지는 공공사업부의 책임이므로 배수 시설 시스템을 수리해 줄 것을 권고하고 있으므로, ③ '실외 배수로의 보수 관리 서비스를 요청하려고'가 이 글의 목적이다.

정답 ③

어휘

inquire 문의하다, 질문하다　flood 범람하다, 물에 잠기다; 홍수
inefficiency 비효율성　maintenance 보수 관리, 유지　praise 칭찬하다

06 독해 유의어 파악　　　난이도 중 ●●○

밑줄 친 proper의 의미와 가장 가까운 것은?

① clean
② appropriate
③ complimentary
④ new

해석

① 깨끗한
② 적절한
③ 무료의
④ 신식의

포인트 해설

밑줄 친 부분이 포함된 문장에서 proper는 문맥상 '제대로 된' 배수 시설을 유지한다는 의미로 쓰였으므로, '적절한'이라는 의미의 ② appropriate이 정답이다.

정답 ②

어휘

appropriate 적절한　complimentary 무료의

07 독해 내용 일치 파악　　　난이도 중 ●●○

The National Library에 관한 다음 글의 내용과 일치하는 것은?

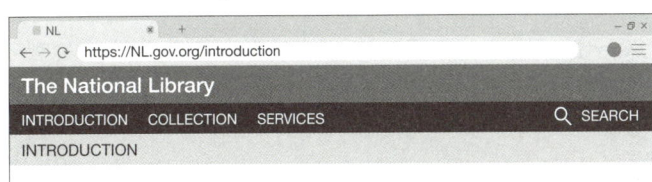

The National Library (NL) Responsibilities

The National Library (NL) is the main institution for preserving and providing access to the country's cultural and historical heritage. It curates a vast collection of books, manuscripts, government documents, and recordings to safeguard them for future generations. The NL provides the public access to its extensive archives both in person and through its digital library for research purposes. Patrons can explore the collections, attend educational programs, and even review rare historical documents. Committed to fostering knowledge, the NL works to preserve the integrity of its collections and guarantee that they are available for the use and enjoyment of all citizens.

① It conserves the nation's cultural heritage.
② It curates popular selections for future generations.
③ It is a fully online institution with only digital files.
④ It offers special educational programs for schools.

해석

국립도서관(NL)의 책무

국립도서관은 국가의 문화 유산과 역사 유산을 보존하고 그것들에 대한 접근성을 제공하는 주요 기관입니다. 그것은 미래 세대를 위해 지키고자 방대한 소장 도서, 필사본, 정부 문서 및 기록물을 선별합니다. 국립도서관은 연구 목적으로 대중이 직접 방문하거나 디지털 도서관을 통해서 그것의 광범위한 기록 보관소에 접근할 수 있게 합니다. 이용자분들께서는 소장물을 탐색하고, 교육 프로그램에 참여하며, 희귀한 역사적 기록을 검토하실 수도 있습니다. 지식을 발전시키는 데 전념하는 국립도서관은 소장물의 온전한 상태를 보존하고 모든 시민 여러분의 이용과 즐거움을 위해 그것들이 이용 가능하도록 보장하고자 노력합니다.

① 그것은 국가의 문화 유산을 보존한다.
② 그것은 미래 세대를 위해 대중적인 것들을 선별한다.
③ 그것은 디지털 파일만 있는 완전한 온라인 기관이다.
④ 그것은 학교들을 위한 특별 교육 프로그램을 제공한다.

포인트 해설

①번의 키워드인 cultural heritage(문화 유산)를 바꾸어 표현한 지문의 cultural and historical heritage(문화 유산과 역사 유산) 주변의 내용에서 국립도서관은 국가의 문화 유산과 역사 유산을 보존하는 기관이라고 했으므로, ① '그것은 국가의 문화 유산을 보존한다'가 지문의 내용과 일치한다.

[오답 분석]

② 국립도서관이 방대한 소장물을 미래 세대를 위해 지키고자 선별한다고는 했지만, 그것이 미래 세대를 위해 대중적인 것들을 선별하는지는 알 수 없다.

DAY 07 하프모의고사 07회

③ 국립도서관은 대중이 직접 방문하거나 디지털 도서관을 통해서 그것의 광범위한 기록 보관소에 접근할 수 있게 한다고 했으므로, 그것이 디지털 파일만 있는 완전한 온라인 기관이라는 것은 지문의 내용과 다르다.
④ 국립도서관의 이용자들이 교육 프로그램에 참여할 수 있다고는 했지만, 그것이 학교들을 위한 특별 교육 프로그램을 제공하는지는 알 수 없다.

정답 ①

어휘

institution 기관 preserve 보존하다 heritage 유산 curate 선별하다
manuscript 필사본, 원고 document 문서, 기록; 기록하다
safeguard 지키다 generation 세대 archive 기록 보관소; 보관하다
patron (도서관의) 이용자, 고객, 후원자 explore 탐색하다, 탐구하다
rare 희귀한 commit 전념하다, 헌신하다 foster 발전시키다, 육성하다
integrity 온전한 상태, 진실성 guarantee 보장하다
conserve 보존하다, 아끼다

---

08 독해 빈칸 완성 – 구   난이도 중 ●●○

밑줄 친 부분에 들어갈 말로 적절한 것은?

The UK advocacy group Adfree Cities hopes to ban outdoor corporate advertising in public spaces, including billboards and advertisements on the sides of buses. Its argument is that they cause light pollution and often promote ethically questionable products or services such as junk food, alcohol, payday loans, and high-carbon products. Furthermore, the group states that there is a direct correlation between people viewing these ads and making unethical purchases at a higher rate. While there is growing support in the UK for Adfree Cities, the outdoor advertising industry is quick to defend itself. Spokespersons for this industry contend that, contrary to what Adfree Cities wants people to believe, individuals _____. Rather, they are perfectly capable of freely making informed decisions about their spending choices.

① appreciate and crave advertisements
② are not mindless automatons
③ have limited options for products
④ tend to follow the latest trends

해석

영국의 운동 단체인 Adfree Cities는 광고판과 버스 측면의 광고를 포함하여, 공공장소에서의 옥외 기업 광고를 금지하기를 희망한다. 그것의 주장은 그것들이 광공해를 일으키고 정크 푸드, 주류, 월급날 대출, 그리고 고탄소 제품들처럼 윤리적으로 의심스러운 제품이나 서비스를 종종 선전한다는 것이다. 게다가, 그 단체는 사람들이 이러한 광고를 보는 것과 비윤리적인 구매를 하는 것 사이에 더 높은 비율로 직접적인 상관관계가 있다고 말한다. 영국에서 Adfree Cities에 대한 지지가 증가하는 반면, 옥외 광고 업계는 재빨리 스스로를 방어한다. 이 업계의 대변인들은 Adfree Cities가 사람들이 믿기를 바라는 것과는 반대로, 개개인들은 <u>아무 생각 없는 로봇이 아니라고</u> 주장한다. 오히려, 그들은 자신들의 지출 선택에 대해 자유롭게 정보에 근거한 결정을 완벽하게 내릴 수 있다.

① 광고를 감상하고 열망하다
② 아무 생각 없는 로봇이 아니다
③ 제품에 대한 선택권이 제한되어 있다
④ 최신 유행을 따르는 경향이 있다

포인트 해설

지문 중간에 Adfree Cities는 사람들이 윤리적으로 의심스러운 제품의 광고를 보는 것과 비윤리적인 구매를 하는 것 사이에 직접적인 상관관계가 있다고 주장한다는 내용이 있고, 빈칸 뒤 문장에 오히려 사람들은 지출 선택에 대해 자유롭게 정보에 근거한 결정을 내릴 수 있다는 내용이 있으므로, 옥외 광고 업계의 대변인들은 Adfree Cities가 사람들이 믿기로 바라는 것과는 반대로, 개개인들은 '아무 생각 없는 로봇이 아니'라고 주장한다고 한 ②번이 정답이다.

정답 ②

어휘

advocacy 운동 단체 ban 금지하다 corporate 기업의 advertising 광고
billboard 광고판 argument 주장 light pollution 광공해
promote 선전하다, 승진시키다 ethically 윤리적으로
questionable 의심스러운 loan 대출; 대출하다 direct 직접적인; 향하다
correlation 상관관계 spokesperson 대변인 contend 주장하다
appreciate 감상하다, 감사하다, 평가하다 crave 열망하다
mindless 아무 생각 없는 automaton 로봇

---

09 독해 문장 삽입   난이도 중 ●●○

주어진 문장이 들어갈 위치로 적절한 곳은?

The secret to more efficient learning is to learn the high-frequency words first.

When it comes to learning a new language, don't work harder—work smarter. English, for example, is thought to include over one million words. Obviously, no native English speaker knows all of them. Most people are only familiar with about 50,000. (①) That is still a lot of words, but there's a way to narrow it down further. (②) These are 100 to 200 words that account for more than half of the words in school textbooks. (③) Among them, one quarter of all the words in texts for both children and adults are one of the following: a, and, for, he, in, is, it, of, that, the, to, was, and you. (④) Once you know these ones very well, you can expand your vocabulary to include terms that are less common.

해석

더 효율적인 학습의 비결은 사용 빈도가 높은 단어들을 먼저 학습하는 것이다.

새로운 언어를 배우는 것에 관한 한, 더 열심히 공부하지 말고 더 똑똑하게 공부하라. 예를 들어, 영어는 백만 개 이상의 단어를 포함하는 것으로 생각된다. 분명, 어떤 원어민도 그것들 전부를 알지는 못한다. 대부분의 사람들은 5만 개 정도에만 익숙하다. ① 그것은 여전히 많은 단어들이지만, 그것을 더 줄일 수 있는 방법이 있다. ② 이것들은 학교 교과서에 나오는 단어들의 절반 이상을 차지하는 100개에서 200개의 단어들이다. ③ 그것들 중에서, 어린이와 성인 모두를 위한 글에 있는 모든 단어의 4분의 1은 다음 중 하나인데, 바로 a, and, for, he, in, is, it, of, that, the, to, was, 그리고 you이다. ④ 일단 당신이 이 단어들을 잘 알게 되면, 덜 흔한 용어들을 포함하도록 당신의 어휘를 확장할 수 있다.

포인트 해설

②번 앞 문장에 학습할 단어의 수를 더 줄일 수 있는 방법이 있다는 내용이 있고, 뒤 문장에 이것들(These)이 학교 교과서에 나오는 단어들의 절반 이상을 차지하는 100개에서 200개의 단어라는 내용이 있으므로, ②번 자리에 더 효율적인 학습의 비결은 사용 빈도가 높은 단어들을 먼저 학습하는 것이라는 내용, 즉 어휘 학습의 효율성을 높이기 위해 어떤 어휘들을 학습해야 하는지 설명하는 주어진 문장이 나와야 지문이 자연스럽게 연결된다.

정답 ②

어휘

efficient 효율적인 high-frequency 사용 빈도가 높은, 고주파의
familiar 익숙한, 정통한 narrow down ~을 줄이다, 좁히다
account for ~을 차지하다, 설명하다 quarter 4분의 1
expand 확장하다, 확대하다 vocabulary (개인이 사용하는) 어휘
term 용어, 학기, 기간

---

10 독해 빈칸 완성 – 절 난이도 상 ●●●

밑줄 친 부분에 들어갈 말로 적절한 것은?

Humans are remarkably susceptible to functional fixedness, a cognitive bias that limits our perception of an item's possible utility. Essentially, how _____ _____ depends on how the item is presented or a typical example of the item, whichever is most readily available. Other potential uses for the item tend to get disregarded by the brain, resulting in functional fixedness. For instance, subjects in a famous experiment were presented with a box of tacks and a candle, and then asked to affix the candle to the wall. The candle could be easily attached by removing the tacks from the box, pinning the box to the wall, and placing the candle inside. However, fewer than 25 percent of participants attempted this. Others opted to try to push a tack through the candle instead because they were fixated on the box's presented function of holding a collection of tacks.

① we categorize potential problems
② proposed solutions are simulated
③ we think of an object's purpose
④ we describe an item's characteristics

해석

인간은 기능적 고착, 즉 어떤 물건의 가능한 유용성에 대한 우리의 인식을 제한하는 인지적 편향의 영향을 대단히 받기 쉽다. 본질적으로, 어떻게 우리가 대상의 목적에 대해 생각하는지는 그 물건이 제시되는 방식 또는 그 물건의 전형적인 본보기 중 어느 쪽이든, 가장 쉽게 이용할 수 있는 쪽에 달려 있다. 그 물건의 다른 잠재적인 용도는 뇌에 의해 무시되는 경향이 있으며, 결과적으로 기능적 고착을 초래한다. 예를 들어, 한 유명한 실험의 피실험자들은 압정 상자와 양초를 제시받은 다음, 양초를 벽에 붙이도록 요청받았다. 상자에서 압정들을 제거하고 그 상자를 벽에 꽂은 뒤 양초를 안에 놓음으로써 양초를 쉽게 부착할 수 있었다. 하지만, 25퍼센트 미만의 참가자들이 이것을 시도했다. 다른 사람들은 압정 꾸러미를 담는다는 상자의 제시된 기능에 집착했기 때문에 대신 압정을 양초를 관통하도록 밀어넣는 것을 선택했다.

① 우리가 잠재적인 문제점들을 분류하다
② 제안된 해결책이 모의 실험되다
③ 우리가 대상의 목적에 대해 생각하다
④ 우리가 물건들의 특성들을 설명하다

포인트 해설

빈칸 앞 문장에 인간은 어떤 물건의 유용성에 대한 인식을 제한하는 인지적 편향의 영향을 받기 쉽다는 내용이 있고, 빈칸 뒷부분에서 한 실험에서 피실험자들이 압정 상자와 양초를 받고 양초를 벽에 붙이도록 요청받았을 때, 다수가 압정을 담는다는 상자의 제시된 기능에 집착했기 때문에 압정 상자를 비운 뒤 양초를 그 안에 넣고 상자를 벽에 부착하는 쉬운 방법으로 양초를 벽에 붙이는 대신, 압정을 양초에 관통시켜서 벽에 붙이려고 했다고 설명하고 있다. 따라서 어떻게 '우리가 대상의 목적에 대해 생각하는지'는 그 물건이 제시되는 방식 또는 그 물건의 가장 전형적인 본보기에 달려 있다고 한 ③번이 정답이다.

정답 ③

어휘

remarkably 대단히, 현저하게 susceptible to ~의 영향을 받기 쉬운, 민감한
fixedness 고착(성) cognitive 인지의 bias 편향, 편견
perception 인식, 지각 utility 유용성 typical 전형적인 readily 쉽게
potential 잠재적인; 잠재력 disregard 무시하다 subject 피실험자, 주제
tack 압정 affix 붙이다 attempt 시도하다 opt 선택하다 fixated 집착하는
categorize 분류하다 simulate 모의 실험하다 characteristic 특성, 성격

구문 분석

Other potential uses for the item tend to get disregarded by the brain, / resulting in functional fixedness.

: 이처럼 분사구문이 문장 뒤에 올 경우, 종종 앞 문장에 대한 결과를 나타내는데, 이때 분사구문은 '그 결과 (그래서) ~하다'라고 해석한다.

DAY 08 하프모의고사 08회

▶ 해커스 공무원시험연구소 총평

난이도	독해 영역이 평이하게 출제되어 대체로 시간에 쫓기지 않고 풀 수 있었을 것입니다.
어휘·생활영어 영역	1번의 보기로 쓰인 네 개의 어휘 모두 전체 영역에 대해 자주 등장하는 것들이므로, 각각의 의미를 확실하게 알고 있어야 합니다.
문법 영역	5형식 동사는 지방직 9급 시험에서 줄곧 출제되어 온 빈출 포인트로, 수동태·분사 등과 함께 복합적으로 출제될 가능성도 있으니 기본 이론부터 탄탄히 다져 둡니다.
독해 영역	내용 일치/불일치 유형에서 한글 보기가 제시되는 경우, 한글 보기를 먼저 읽은 후 지문을 읽음으로써 지문과 보기를 비교 대조하는 시간을 단축할 수 있습니다.

▶ 정답

01	②	어휘	06	②	독해
02	④	문법	07	④	독해
03	④	문법	08	④	독해
04	②	생활영어	09	④	독해
05	①	독해	10	②	독해

▶ 취약영역 분석표

영역	맞힌 답의 개수
어휘	/1
생활영어	/1
문법	/2
독해	/6
TOTAL	/10

---

01 어휘 progress   난이도 하 ●○○

밑줄 친 부분에 들어갈 말로 가장 적절한 것은?

> The marine resource exploration project made _____ with the help of a benefactor who provided the necessary equipment.

① delay
② progress
③ setback
④ suggestion

해석
해양 자원 탐사 프로젝트는 필요한 장비를 제공한 후원자의 도움으로 진전을 이루었다.

① 지연
② 진전
③ 차질
④ 제안

정답 ②

어휘
exploration 탐사   benefactor 후원자   delay 지연; 지연시키다
progress 진전; 진행하다   setback 차질   suggestion 제안

🔑 이것도 알면 합격!

'진전'의 의미를 갖는 유의어
= advance, development, improvement

---

02 문법 조동사 | 수동태   난이도 중 ●●○

밑줄 친 부분에 들어갈 말로 가장 적절한 것은?

> The supervisor ordered that the team _____ the new safety protocols immediately.

① implemented
② to implement
③ be implemented
④ implement

해석
관리자는 그 팀이 새로운 안전 규약을 즉시 실행할 것을 지시했다.

포인트 해설
④ 조동사 should의 생략 | 능동태·수동태 구별 빈칸은 종속절(the team ~ immediately)의 동사 자리이다. 주절에 의무를 나타내는 동사(order)가 나오면 종속절에는 '(should +) 동사원형'이 와야 하므로 ③ be implemented와 ④ implement가 정답 후보이다. 이때 종속절의 주어 the team과 동사가 '그 팀이 실행하다'라는 의미의 능동 관계이므로, 능동태로 쓰인 ④ implement가 정답이다.

정답 ④

어휘
supervisor 관리자, 감독관   order 지시하다, 주문하다
protocol 규약, 의정서   immediately 즉시   implement 실행하다, 시행하다

이것도 알면 합격!

동사 order와 같이, 종속절에 '(should +) 동사원형'이 와야 하는 제안·의무·요청·주장을 나타내는 동사들을 알아 두자.

- request 요청하다
- ask 요청하다
- command 명령하다
- require 요구하다
- desire 요구하다
- suggest 제안하다
- propose 제안하다
- recommend 추천하다
- insist 주장하다

어휘

make sense of ~을 알다, 이해하다　instruct 지시하다, 설명하다
overwhelmed 압도된　unfamiliar 낯선　relief 다행, 안도

이것도 알면 합격!

한편, 지각동사는 목적어와 목적격 보어가 능동 관계일 때 목적격 보어로 원형 부정사나 현재분사를 취한다는 것도 알아 두자.

- I noticed her (**wait, waiting**) for the bus in the rain.
  나는 그녀가 빗속에서 버스를 (기다리는 것을/기다리고 있는 것을) 보았다.

---

03 문법 동사의 종류 | 어순 | 시제 | 수동태 | to 부정사
난이도 중 ●●○

밑줄 친 부분 중 어법상 옳지 않은 것은?

> I stood in the train station looking around, trying to make sense of ① <u>where I was</u> supposed to go. I ② <u>had been instructed</u> to meet Mark here, but I didn't know where to go, and he wasn't answering my text messages. Everyone seemed very busy, and I was starting ③ <u>to feel</u> a bit overwhelmed and lost in this unfamiliar place. Suddenly, to my relief, I heard my name ④ <u>calling</u> out. I spun around to see him next to the ticket booth.

해석

나는 기차역에 서서 둘러보면서, 내가 어디로 가야 했는지를 알기 위해 노력했다. 나는 이곳에서 Mark를 만나라는 지시를 받았지만, 어디로 가야 할지 몰랐고, 그는 내 문자 메시지에 답하지 않고 있었다. 모든 이들이 매우 분주해 보였고, 나는 이 낯선 장소에서 다소 압도되고 방향을 잃은 기분이 들기 시작했다. 갑자기, 다행히도, 나는 내 이름을 부르는 소리를 들었다. 나는 휙 돌아서서 매표소 옆에 있는 그를 보았다.

포인트 해설

④ **5형식 동사** 지각동사 hear는 목적어와 목적격 보어가 수동 관계일 때 목적격 보어로 과거분사를 취하는데, 문맥상 목적어(my name)와 목적격 보어가 '내 이름이 불리다'라는 의미의 수동 관계이므로 현재분사 calling을 과거분사 called로 고쳐야 한다.

[오답 분석]
① **어순** 간접 의문문은 '의문사 + 주어 + 동사'의 어순이 되어야 하므로 where I was가 올바르게 쓰였다.
② **과거완료 시제 | 능동태·수동태 구별** '내가 이곳에서 Mark를 만나라는 지시를 받은' 것은 '어디로 가야 할지 몰랐던' 특정 과거 시점보다 이전에 일어난 일이므로 과거완료 시제가 와야 한다. 이때 주어 I와 동사가 '내가 지시를 받다'라는 의미의 수동 관계이므로 과거완료 수동태 had been instructed가 올바르게 쓰였다.
③ **동명사와 to 부정사 둘 다 목적어로 취하는 동사** 동사 start는 동명사가 목적어일 때와 to 부정사가 목적어일 때 의미가 동일하므로 start의 목적어 자리에 to 부정사 to feel이 올바르게 쓰였다.

정답 ④

---

04 생활영어 What was the most memorable place you visited?
난이도 하 ●○○

밑줄 친 부분에 들어갈 말로 가장 적절한 것은?

Henry Carter
I just got back from a trip to Korea.
20:10

Rachel Smith
How was it?
20:21

Henry Carter
It was incredible! The culture, the food, and the sights were so different from what I'm used to.
20:21

Rachel Smith

20:22

Henry Carter
I was most impressed by the traditional Korean housing, a hanok. I'll send you some pictures.
20:23

Rachel Smith
It looks really cozy. I definitely want to go there someday.
20:23

Henry Carter
You should! I'll share a list of the best hanoks if you want.
20:23

Rachel Smith
Thank you. I guess it's time for me to think about taking a trip.
20:24

① How many days did you stay in Korea?
② What was the most memorable place you visited?
③ Were you able to get some rest during your trip?
④ Did you study Korean culture before your trip?

DAY 08 하프모의고사 08회

해석

Henry Carter: 저는 한국 여행에서 막 돌아왔어요.
Rachel Smith: 여행은 어땠나요?
Henry Carter: 정말 훌륭했어요! 문화, 음식 그리고 풍경이 제가 익숙한 것과는 너무 달랐어요.
Rachel Smith: 방문한 장소 중 가장 기억에 남는 곳은 어디였나요?
Henry Carter: 저는 한국의 전통 주택인 한옥이 가장 인상적이었어요. 사진을 몇 장 보내 볼게요.
Rachel Smith: 정말 안락해 보이네요. 저도 언젠가 그곳에 꼭 가 보고 싶은데요.
Henry Carter: 그래야 해요! 원하신다면 제가 최고의 한옥 목록을 공유할게요.
Rachel Smith: 감사해요. 여행 가는 것에 대해 생각할 때가 된 것 같아요.

① 한국에 며칠 머물렀나요?
② 방문한 장소 중 가장 기억에 남는 곳은 어디였나요?
③ 여행 중에 휴식을 좀 취할 수 있었나요?
④ 여행 전에 한국 문화를 공부했나요?

포인트 해설

한국의 문화, 음식, 풍경이 색달랐다는 Henry의 감상에 대해 Rachel이 말하고, 빈칸 뒤에서 다시 Henry가 I was most impressed by the traditional Korean housing, a hanok(저는 한국의 전통 주택인 한옥이 가장 인상적이었어요)이라고 말하고 있으므로, '방문한 장소 중 가장 기억에 남는 곳은 어디였나요?'라는 의미의 ② 'What was the most memorable place you visited?'가 정답이다.

정답 ②

어휘

incredible 훌륭한 memorable 기억에 남는

이것도 알면 합격!

여행을 준비할 때 쓸 수 있는 다양한 표현들을 알아 두자.
- I'm counting the days until I leave.
  저는 떠날 날을 손꼽아 기다리고 있어요.
- I'm just taking a carry-on bag. 저는 그냥 휴대용 가방만 들고 갈 거예요.
- I'll have to pack warm clothes. 제가 따뜻한 옷을 챙겨야겠어요.
- Where do you have in mind for this winter vacation?
  이번 겨울 휴가에 어디로 가려고 생각하고 있나요?

05~06 다음 글을 읽고 물음에 답하시오.

(A)

Residents of Marbury need to step up to protect the town's history.

Although the Andrew Watkins house is officially protected as a historic property, it is falling into disrepair. So do your part for the oldest home in Marbury.

A local historic preservation society has been trying to save the property. It will host a community meeting to discuss its work. All residents are invited to learn more about the project and what they can do. The property is part of all of our history.

Can you imagine losing such an important building?

Brought to you by the Friends of the Watkins House.

- Location: Marbury Town Hall
- Date: Saturday, April 10
- Time: 11:00 a.m.

To learn more about the meeting or the Friends of the Watkins House, visit www.SaveTheWatkinsHouse.com or call 555-1841.

해석

(A) Watkins 집은 여러분이 필요합니다

Marbury의 주민분들은 마을의 역사를 보호하기 위해 더 분발하셔야 합니다.

Andrew Watkins 집이 역사적 건물로서 공식적으로 보호받긴 하지만, 그것은 망가지고 있습니다. 그러므로 Marbury에서 가장 오래된 그 집을 위해 여러분의 역할을 다해 주세요.

현지 역사보존협회는 그 건물을 지키기 위해 노력해 왔습니다. 협회는 자신들의 활동을 논의하기 위해 주민 회의를 주최할 예정입니다. 모든 주민들은 프로젝트와 여러분이 무엇을 할 수 있을지에 대해 더 알아볼 수 있도록 초대받았습니다. 그 건물은 우리 모두의 역사의 일부입니다.

이렇게 중요한 건물을 잃는 것을 상상할 수 있나요?

Watkins 집 후원자들이 제공한 정보입니다.

- 장소: Marbury 시청
- 날짜: 4월 10일, 토요일
- 시간: 오전 11시

회의 또는 Watkins 집 후원자들에 대해 자세히 알아보시려면, www.SaveTheWatkinsHouse.com을 방문하시거나 555-1841로 전화 주시기를 바랍니다.

어휘

step up 더 분발하다, 앞으로 나가다　property 건물, 재산, 부동산
fall into disrepair 망가지다, 황폐해지다　host 주최하다; 주최 측, 주인
bring 제공해 주다, 가져오다　friend 후원자, 친구

05 독해 제목 파악　난이도 중 ●●○

(A)에 들어갈 윗글의 제목으로 가장 적절한 것은?

① The Watkins House Needs You
② Marbury's Connection to the Past
③ Historical Importance of the Watkins House
④ Honoring the Town's Oldest Building

해석

① Watkins 집은 여러분이 필요합니다
② Marbury 과거와의 연관성
③ Watkins 집의 역사적 중요성
④ 마을에서 가장 오래된 건물을 기리는 일

포인트 해설

지문 전반에 걸쳐 Marbury의 역사적 건물인 Andrew Watkins 집이 황폐해지고 있어, 이 건물을 지키기 위한 주민 회의가 개최될 예정임을 알리고 있으므로, ① 'Watkins 집은 여러분이 필요합니다'가 이 글의 제목이다.

정답 ①

어휘

connection 연관성, 관련성　honor 기리다; 명예, 존경

06 독해 내용 불일치 파악　난이도 중 ●●○

위 안내문의 내용과 일치하지 않는 것은?

① Watkins 집은 수리가 필요하다.
② 한 지역 단체가 기금 모금 행사를 개최한다.
③ 마을 주민 누구나 참석할 수 있다.
④ 행사 주최 측의 정보가 웹사이트에 게시된다.

포인트 해설

지문 중간에서 현지 역사보존협회가 Watkins 집을 지키는 일을 논의하기 위한 주민 회의를 주최할 예정이라고는 했지만, ② '한 지역 단체가 기금 모금 행사를 개최하'는지는 알 수 없다.

정답 ②

07 독해 요지 파악　난이도 중 ●●○

다음 글의 요지로 가장 적절한 것은?

In 1968, social psychologist Robert Zajonc conducted a study in which participants were asked to read words in a foreign language out loud. Some of the words were repeated up to 25 times, while others were not repeated at all. The participants were then asked to guess whether each word had a negative or positive connotation. It was found that the words that had been repeated the most were viewed more positively, while words that had not been repeated at all were viewed more negatively. This led Zajonc to conclude that the initial exposure one has to a novel stimulus may elicit fear or avoidance due to the stimulus being unfamiliar but that with each subsequent exposure to the stimulus, one becomes more comfortable with it, developing a positive attitude toward it. This finding, now known as the mere-exposure effect, may help explain why we tend to be naturally drawn to what we know.

① Repetition is necessary for foreign language acquisition.
② The mere-exposure effect fails to explain why we fear the unknown.
③ The mere-exposure effect does not occur if we initially dislike something.
④ Frequent exposure to a stimulus increases one's preference for it.

해석

1968년에, 사회 심리학자 Robert Zajonc는 참가자들에게 외국어로 된 단어들을 소리 내 읽도록 하는 연구를 수행했다. 어떤 단어들은 25회까지 반복되었지만, 다른 단어들은 전혀 반복되지 않았다. 그 후 참가자들은 각각의 단어가 부정적인 혹은 긍정적인 함축 의미를 가지고 있는지 추측하도록 요청받았다. 가장 많이 반복된 단어들은 더 긍정적으로 보였던 반면, 전혀 반복되지 않았던 단어들은 더 부정적으로 보였던 것으로 나타났다. 이것은 Zajonc로 하여금 새로운 자극에 대한 최초의 노출은 그 자극이 익숙하지 않다는 점으로 인해 두려움이나 회피를 유발할 수 있지만, 그 자극에 대한 이후의 각각의 노출이 있을 때마다 사람은 그것에 대해 긍정적인 태도를 형성하면서 더 편안하게 느낀다고 결론짓게 했다. 이제 단순 노출 효과로 알려진 이 발견은 왜 우리가 알고 있는 것에 자연적으로 끌리는 경향이 있는지를 설명하는 데 도움이 될 수 있다.

① 외국어 습득을 위해서는 반복이 필요하다.
② 단순 노출 효과는 우리가 왜 미지의 것을 두려워하는지를 설명하지 못한다.
③ 우리가 처음에 무언가를 싫어하면 단순 노출 효과는 일어나지 않는다.
④ 어떤 자극에의 잦은 노출은 그것에 대한 선호도를 높인다.

포인트 해설

지문 뒷부분에서 사회 심리학자 Zajonc는 새로운 자극에 대한 최초의 노출은 그것이 익숙하지 않다는 점으로 인해 두려움이나 회피를 유발할 수 있지만, 이후 노출이 반복될 때마다 사람은 그것을 긍정적으로 생각하고 더 편안하게 느낀다고 결론지었다고 했으므로, ④ '어떤 자극에의 잦은 노출은 그것에 대한 선호도를 높인다'가 이 글의 요지이다.

정답 ④

DAY 08 하프모의고사 08회

어휘

psychologist 심리학자 **conduct** 수행하다 **guess** 추측하다
connotation 함축 의미 **initial** 최초의, 초기의 **exposure** 노출
novel 새로운 **stimulus** 자극 **elicit** 유발하다 **avoidance** 회피
subsequent 이후의 **comfortable** 편안한 **draw** 끌다, 당기다
acquisition 습득, 획득 **frequent** 잦은 **preference** 선호도

구문 분석

The participants were then asked to guess / whether each word had a negative or positive connotation.

: 이처럼 whether 또는 if가 이끄는 절(whether/if + 주어 + 동사 ~)이 목적어 자리에 온 경우, '주어가 동사한지'라고 해석한다.

---

08 독해 목적 파악   난이도 중 ●●○

다음 글의 목적으로 적절한 것은?

```
To:       customers@StarTelecom.com
From:     CustService@StarTelecom.com
Date:     November 20
Subject:  Safety notice
```

Dear StarTelecom Customer,

Phone phishing scams pose serious risks to your privacy and security, and are becoming more common. At StarTelecom, we are committed to helping you stay safe from these scams. Here are five simple steps you can take to protect yourself:

1. Be cautious of calls and messages from unknown numbers.
2. Do not share sensitive information with strangers over the telephone.
3. Look out for language that causes a sense of urgency or fear.
4. If you suspect a phishing attempt, hang up and contact the company through its official website or telephone number.
5. Use your phone's call blocking and spam filter features to weed out communication from known phishing sources and report any suspicious contact.

Staying alert and following these tips can significantly reduce the risk of falling victim to a phone phishing scam.

Kind regards,
StarTelecom

① to inform customers of how to recognize common scam language
② to inform customers of how to install call blockers and spam filters on phones
③ to inform customers of how to use a security website
④ to inform customers of how to avoid a phone phishing scam

해석

수신: customers@StarTelecom.com
발신: CustService@StarTelecom.com
날짜: 11월 20일
제목: 안전 관련 공지

친애하는 StarTelecom 고객 여러분께,

전화 피싱 사기는 귀하의 개인 정보와 보안에 심각한 위험을 제기하며, 점점 더 흔해지고 있습니다. StarTelecom은 여러분이 이러한 사기로부터 안전하도록 돕는 데 전념합니다. 다음은 스스로를 보호하기 위해 여러분이 취할 수 있는, 간단한 다섯 가지 단계입니다.

1. 모르는 번호로 오는 전화와 메시지를 주의하세요.
2. 전화로 낯선 사람과 민감한 정보를 공유하지 마세요.
3. 긴급함이나 공포를 유발하는 언어를 조심하세요.
4. 만약 피싱 시도가 의심된다면, 전화를 끊고 공식 웹사이트나 전화번호를 통해 해당 회사에 연락하세요.
5. 전화기의 통화 차단 및 스팸 문자 거르기 기능을 사용하여, 이미 알려진 피싱 발신처로부터의 연락을 걸러내고 의심스러운 연락은 어떤 것이든 신고하세요.

경계를 늦추지 않고 이러한 조언을 따르는 것은 전화 피싱 사기의 피해자가 될 위험을 크게 줄일 수 있습니다.

안부를 전하며,
StarTelecom

① 고객들에게 일반적인 사기 표현을 알아보는 방법을 알리려고
② 고객들에게 전화기에 통화 차단과 스팸 필터 기능을 설치하는 방법을 알리려고
③ 고객들에게 보안 웹사이트 사용 방법을 알리려고
④ 고객들에게 전화 피싱 사기를 피하는 방법을 알리려고

포인트 해설

지문 처음에서 전화 피싱 사기로부터 스스로를 보호하기 위해 취할 수 있는 다섯 가지 단계를 안내한다고 했으므로, ④ '고객들에게 전화 피싱 사기를 피하는 방법을 알리려고'가 이 글의 목적이다.

정답 ④

어휘

phishing 피싱 **scam** 사기; 사기를 치다 **pose a risk** 위험을 제기하다
privacy 개인 정보 **security** 보안, 안보 **commit** 전념하다, 헌신하다
cautious 주의하는 **sensitive** 민감한, 세심한 **look out** 조심하다
urgency 긴급함 **suspect** 의심하다 **hang up** 전화를 끊다
feature 기능, 특징; 특징으로 삼다 **weed out** ~을 걸러내다
suspicious 의심스러운 **alert** 경계를 늦추지 않은, 기민한
fall victim to ~의 피해자가 되다 **recognize** 알아보다, 인식하다

---

09 독해 빈칸 완성 - 구   난이도 중 ●●○

밑줄 친 부분에 들어갈 말로 적절한 것은?

How do cultural factors influence aesthetic preferences and visual perception? A study investigating cultural differences in visual perception and aesthetics found that Westerners tended to prefer art that was bold, bright, and easily identifiable, while East Asians preferred more subtle, abstract, and ambiguous art. Additionally, East Asians were more likely to focus on the overall composition and spatial relationships within a work of art, while Westerners paid more attention to individual objects and their attributes. When asked to rate the beauty of various images, participants from East Asian cultures tended to prefer images with _____, while participants from Western cultures preferred images with greater contrast and complexity. These findings show that cultural factors have a significant impact on shaping aesthetic preferences and visual perception.

① detailed object analysis
② a clear compositional structure
③ traditional design patterns
④ a harmonious composition

해석

문화적 요인이 미적 선호도와 시각적 인식에 어떻게 영향을 미칠까? 시각적 인식과 미학의 문화적 차이를 조사하는 한 연구에서 서양인들은 대담하고, 밝으며, 쉽게 알아볼 수 있는 예술을 선호하는 경향이 있었지만, 동아시아인들은 더 미묘하고, 추상적이며, 모호한 예술을 선호했다는 것을 발견했다. 게다가, 동아시아인들은 예술 작품 안에서 전반적인 구성과 공간적 관계에 집중할 가능성이 더 큰 반면, 서양인들은 개별적인 대상과 그것들의 속성들에 더 많은 관심을 기울였다. 다양한 이미지의 아름다움을 평가해 달라고 부탁받았을 때, 동아시아 문화권 출신의 참가자들은 조화로운 구성을 지닌 이미지를 선호했던 반면, 서양 문화권의 참가자들은 더 큰 대비와 복잡성을 지닌 이미지를 선호했다. 이러한 발견은 문화적 요인이 미적 선호도와 시각적 인식을 형성하는 데 상당한 영향을 미친다는 것을 보여 준다.

① 대상에 대한 자세한 분석
② 명확한 구성의 구조
③ 전통적인 디자인 패턴
④ 조화로운 구성

포인트 해설

빈칸 앞 문장에 동아시아인들은 예술 작품의 전반적인 구성과 공간적 관계에 집중하는 반면 서양인들은 개별 대상과 그것들의 속성에 관심을 기울였다는 내용이 있고, 빈칸이 있는 문장에서 동아시아 참가자들과 다르게 서양 참가자들은 대비와 복잡성을 지닌 이미지를 선호했다고 했으므로, 동아시아 참가자들은 '조화로운 구성'을 지닌 이미지를 선호하는 경향이 있다고 한 ④번이 정답이다.

정답 ④

어휘

aesthetic 미적인; 미학 perception 인식 investigate 조사하다, 연구하다
bold 대담한 identifiable 알아볼 수 있는 subtle 미묘한, 섬세한
abstract 추상적인 ambiguous 모호한 composition 구성
spatial 공간적인 object 대상, 물체; 반대하다
attribute 속성; ~의 탓으로 하다 rate 평가하다; 비율
contrast 대비; 대조하다 complexity 복잡성 analysis 분석
clear 명확한, 분명한 compositional 구성의, 작곡의
harmonious 조화로운

10 독해 문단 순서 배열   난이도 중 ●●○

주어진 글 다음에 이어질 글의 순서로 적절한 것은?

Immigrants to the United States are responsible for a significant number of inventions. While numerous studies over the years have indicated that immigrants play a major role in the technological and economic development of the United States, a group of economists wanted a more accurate estimate of their contribution.

(A) They then identified which patent holders were immigrants by cross-referencing the patent holders' date of birth with the year they were assigned their Social Security number.
(B) To achieve this, they examined patents granted between 1990 and 2016 and linked them with the Social Security numbers of the patent holders.
(C) Ultimately, they determined that 16 percent of all inventors in the United States during this period were immigrants and that this group had been granted almost a quarter of all patents.

① (A) – (B) – (C)   ② (B) – (A) – (C)
③ (B) – (C) – (A)   ④ (C) – (B) – (A)

해석

미국 이민자들은 상당수의 발명품들에 책임이 있다. 지난 몇 년 동안 다수의 연구가 이민자들이 미국의 기술 및 경제 발전에 중요한 역할을 한다고 시사해 왔지만, 한 무리의 경제학자들은 그들의 기여에 대한 보다 정확한 평가를 원했다.

(A) 그들은 그 후 특허 보유자의 출생 연도를 그들이 사회보장번호를 배정받은 발급 연도와 상호 참조함으로써 어느 특허 보유자가 이민자인지를 밝혀냈다.
(B) 이를 달성하기 위해, 그들은 1990년부터 2016년 사이에 받은 특허를 검토하고, 그것들을 그 특허 보유자의 사회보장번호와 연결했다.
(C) 마침내, 그들은 이 기간에 미국의 모든 발명가 중 16퍼센트가 이민자였으며 이 집단이 전체 특허의 거의 4분의 1을 받았다는 것을 알아냈다.

포인트 해설

주어진 글에서 경제학자들이 미국의 기술 및 경제 발전에 이민자들이 기여한 바에 대한 정확한 평가를 원했다고 한 뒤, (B)에서 이를 달성하기 위해 (To achieve this) 그들은(they) 특정 기간 동안의 특허와 특허 보유자의 사회보장번호를 연결했다고 알려 주고 있다. 이어서 (A)에서 그 후(then) 그들은 어느 특허 보유자가 이민자인지 밝혀냈다고 하고, (C)에서 마침내 (Ultimately) 그들은 이민자 집단이 전체 특허의 거의 4분의 1을 받았음을 알아냈다고 설명하고 있다. 따라서 ② (B) – (A) – (C)가 정답이다.

정답 ②

어휘

immigrant 이민자 invention 발명품 accurate 정확한
estimate 평가, 추정(치); 추산하다 contribution 기여, 공로 patent 특허
cross-reference 상호 참조 assign 배정하다 examine 검토하다
grant 주다, 수여하다 Social Security number (미국의) 사회보장번호

DAY 09 하프모의고사 09회

해커스 공무원시험연구소 총평

난이도 전체적으로 평이하고 일관된 난이도로 구성되었습니다.

어휘·생활영어 영역 1번 문제에서는 빈칸 뒤 명사 topic을 수식할 수 있는 형용사가 모두 보기로 출제되어, 정확하게 문맥을 읽고 정답을 선택해야 했습니다.

문법 영역 부사절 접속사는 반드시 해석을 먼저 해야 하는 문법 포인트 중 하나입니다. 시간·이유·조건 등 서로 다른 의미의 부사절 접속사들에 대해 알아 둡니다.

독해 영역 문장 삽입 유형에서는 주어진 문장에 대명사 또는 관사가 있는 경우 그것이 가리키는 대상을 지문에서 찾고, 연결어가 있는 경우 연결어의 뜻을 바탕으로 논리 관계가 자연스러운 위치를 찾습니다.

정답

01	④	어휘	06	④	독해
02	①	문법	07	②	독해
03	③	문법	08	④	독해
04	②	생활영어	09	④	독해
05	④	독해	10	③	독해

취약영역 분석표

영역	맞힌 답의 개수
어휘	/ 1
생활영어	/ 1
문법	/ 2
독해	/ 6
TOTAL	/ 10

---

01 어휘 controversial   난이도 중 ●●○

밑줄 친 부분에 들어갈 말로 가장 적절한 것은?

> The city council meeting held yesterday addressed a _____ topic, so debates intensified over time.

① minor
② neutral
③ deliberate
④ controversial

해석
어제 있었던 시 의회 회의에서 논쟁의 여지가 있는 주제를 다루었고, 그래서 시간이 지나면서 논의가 격렬해졌다.
① 사소한 ② 중립적인
③ 고의적인 ④ 논쟁의 여지가 있는

정답 ④

어휘
city council 시 의회 address 다루다, 연설하다; 주소
debate 논의; 논의하다 intensify 격렬해지다 minor 사소한
neutral 중립적인 deliberate 고의적인 controversial 논쟁의 여지가 있는

이것도 알면 합격!

'논쟁의 여지가 있는'의 의미를 갖는 유의어
= contentious, divisive, disputatious

---

02 문법 부사절   난이도 하 ●○○

밑줄 친 부분에 들어갈 말로 가장 적절한 것은?

> _____ climate change accelerates, global agricultural systems will face unprecedented challenges.

① If
② As if
③ Although
④ In case

해석
만약 기후 변화가 가속화된다면, 전 세계 농업 시스템은 전례 없는 어려움을 마주할 것이다.

포인트 해설

① **부사절 접속사** 빈칸은 절(climate change accelerates)을 이끄는 접속사 자리이다. 문맥상 '만약 기후 변화가 가속화된다면'이라는 의미가 되어야 자연스러우므로, '만약 ~이라면'이라는 의미의 부사절 접속사 ① If가 정답이다.

정답 ①

어휘
accelerate 가속화되다 agricultural 농업의 unprecedented 전례 없는

이것도 알면 합격!

if는 '~인지 (아닌지)'라는 뜻으로 문장의 목적어, 보어 역할을 하는 명사절 접속사로도 쓰일 수 있다는 것도 알아 두자.

- He's not sure **if the meeting will be postponed**.
  그는 회의가 연기될지를 확신할 수 없다.

이것도 알면 합격!

다양한 동명사 관련 표현들을 함께 알아 두자.

- end up -ing 결국 ~하다
- be worth -ing ~할 가치가 있다
- be busy in -ing ~하느라 바쁘다
- It's no use[good] -ing ~해도 소용없다
- spend + 시간/돈 + (in) -ing ~하는 데 시간/돈을 쓰다
- have difficulty[trouble/a problem] (in) -ing
  ~하는 데 어려움을 겪다
- cannot help -ing ~하지 않을 수 없다

---

03 문법 동명사 | 형용사 | 수 일치 | 대명사   난이도 중 ●●○

밑줄 친 부분 중 어법상 옳지 않은 것은?

> Anxiety may be caused by both hereditary and environmental ① factors. For example, a family history of mental illness, as well as extreme stress, ② contributes to ③ develop anxiety. Thankfully, ④ those who suffer from this condition can learn to manage their symptoms through a treatment regime that is specially tailored to them.

해석

불안은 유전적 요인과 환경적 요인 둘 다에 의해 야기될 수 있다. 예를 들어, 극도의 스트레스뿐만 아니라, 정신 질환의 가족력도 불안을 형성하는 데 기여한다. 다행스럽게도, 이 질환으로 고통받는 사람들은 그들에게 특별히 맞춰진 치료 요법을 통해 그들의 증상을 관리하는 법을 배울 수 있다.

포인트 해설

③ **동명사 관련 표현** 문맥상 '불안을 형성하는 데 기여한다'라는 의미가 되어야 자연스러운데, '~에 기여하다'는 동명사 관련 표현 contribute to -ing를 사용하여 나타낼 수 있으므로 동사원형 develop을 동명사 developing으로 고쳐야 한다.

[오답 분석]

① **수량 표현** 복수 명사 앞에 오는 수량 표현 both 뒤에 복수 명사 factors가 올바르게 쓰였다.

② **접속사로 연결된 주어의 수 일치** A as well as B(B뿐만 아니라 A도)로 연결된 주어는 A(a family history)에 동사를 수 일치시켜야 하므로 단수 동사 contributes가 올바르게 쓰였다.

④ **지시대명사** 문맥상 '이 질환으로 고통받는 사람들'이라는 의미가 되어야 자연스러우므로, 뒤에서 수식어구(who suffer from this condition)의 꾸밈을 받아 '~한 사람들'이라는 의미를 나타내는 지시대명사 those가 올바르게 쓰였다.

정답 ③

어휘

anxiety 불안 hereditary 유전적인 mental illness 정신 질환
contribute 기여하다 condition 질환, 상태 symptom 증상
treatment 치료 regime 요법, 체제 tailored 맞춰진, 맞춤의

---

04 생활영어 What sets you apart from other applicants for the position?   난이도 중 ●●○

밑줄 친 부분에 들어갈 말로 가장 적절한 것은?

 Sydney Ellis
Hi there, can you tell me about your experience working in the education field?
10:30

Ethan Howard
Sure, I've been teaching high school science for the past 5 years.
10:30

 Sydney Ellis
What motivated you to apply for this job?
10:31

Ethan Howard
I want to explore opportunities to work in curriculum development.
10:31

 Sydney Ellis
That's interesting. _____
_____
10:32

Ethan Howard
In addition to my teaching experience, I've also earned a certificate in instructional design.
10:32

 Sydney Ellis
Good to hear that. We will be in touch to let you know about your application.
10:33

① What's the workplace atmosphere like?
② What sets you apart from other applicants for the position?
③ Where were you most recently employed as a teacher?
④ What changes would you propose for our curriculum?

해석

Sydney Ellis: 안녕하세요. 교육 분야에서 일한 경험에 대해 말씀해 주시겠어요?
Ethan Howard: 네, 저는 지난 5년 동안 고등학교에서 과학을 가르쳐 오고 있습니다.
Sydney Ellis: 무엇이 당신이 이 일자리에 지원하는 이유가 되었나요?
Ethan Howard: 저는 교과 과정 개발하는 일을 할 기회를 찾고 싶습니다.
Sydney Ellis: 흥미롭군요. <u>그 직책에서 당신을 다른 지원자들과 다르게 만드는 것은 무엇인가요?</u>
Ethan Howard: 교사 경력뿐만 아니라, 저는 수업 설계 자격증 또한 취득했습니다.
Sydney Ellis: 좋네요. 저희가 지원 상황에 대해 아실 수 있도록 당신에게 연락드리겠습니다.

① 직장 분위기는 어떤가요?
② 그 직책에서 당신을 다른 지원자들과 다르게 만드는 것은 무엇인가요?
③ 가장 최근에 교사로 고용되었던 곳은 어디인가요?
④ 우리 교육 과정에 어떤 변화를 제안하실 건가요?

포인트 해설

교과 과정 개발 일을 하고 싶다는 Ethan의 말에 대해 Sydney가 흥미롭다고 말하고, 빈칸 뒤에서 다시 Ethan이 In addition to my teaching experience, I've also earned a certificate in instructional design (교사 경력뿐만 아니라, 저는 수업 설계 자격증 또한 취득했습니다)이라고 대답하고 있으므로, '그 직책에서 당신을 다른 지원자들과 다르게 만드는 것은 무엇인가요?'라는 의미의 ② 'What sets you apart from other applicants for the position?'이 정답이다.

정답 ②

어휘

motivate 이유가 되다 explore (탐험하여) 찾다, 탐험하다
curriculum 교과 과정 certificate 자격증 instructional design 수업 설계
be in touch 연락하다 application 지원(서), 신청(서)
set A apart from B A를 B와 다르게[돋보이게] 만들다

05~06 다음 글을 읽고 물음에 답하시오.

Citizenship & Immigration Services

Purpose
We facilitate and support individuals and families as they navigate the path to citizenship through lawful immigration. We also attempt to make the transition as seamless as possible so that new citizens can take their place in our multicultural society and play a role in the country's success.

Services
We offer assistance with the application process, language classes, and <u>personalized</u> job counseling for immigrants voluntarily applying for citizenship in addition to financial, educational, and housing support for refugees applying for humanitarian reasons.

Values
- Diversity & Inclusion: We work to ensure equal access to all applicants regardless of their religious, racial, or cultural backgrounds.
- Commitment & Compassion: We aim to provide exceptional service to all clients and approach each case with empathy and care.

해석

시민권 및 이민 관리청

목적
저희는 개인 및 가족이 합법적인 이민을 통해 시민권을 취득하는 방향을 찾기 쉽게 만들고, 그들을 지원합니다. 저희는 또한 전환 과정을 가능한 한 원활하게 만들어 새로운 시민들이 우리의 다문화 사회에 자리 잡고, 국가의 성공에 중요한 역할을 할 수 있게 하고자 합니다.

업무
저희는 자발적으로 시민권을 신청한 이민자들을 위한 신청 절차, 언어 수업 및 개인 맞춤의 직업 상담에 지원을 제공하고, 뿐만 아니라 인도주의적인 이유로 신청하는 난민을 위한 재정적, 교육적, 그리고 주거적인 지원도 제공합니다.

가치
- 다양성 및 포괄성: 저희는 모든 신청자들이 종교, 인종, 또는 문화적 배경과 관계없이, 평등하게 접근할 수 있게 하기 위해 노력합니다.
- 헌신 및 연민: 저희는 모든 고객분들께 탁월한 서비스를 제공하고 각 사례를 공감과 관심으로 접근하는 것을 목표로 합니다.

어휘

citizenship 시민권 immigration 이민 facilitate 쉽게 하다, 촉진하다
navigate 길을 찾다, (상황을) 다루다 lawful 합법적인 transition 전환
seamless 원활한, 끊김 없이 application 신청(서), 지원(서)
personalized 개인 맞춤의 voluntary 자발적인 financial 재정적인
refugee 난민 humanitarian 인도주의적인 diversity 다양성
inclusion 포괄(성), 포함 religious 종교적인 racial 인종의
commitment 헌신 compassion 연민, 동정심
exceptional 탁월한, 예외적인 empathy 공감

05 독해 내용 일치 파악

윗글에서 Citizenship & Immigration Services에 관한 내용과 일치하는 것은?

① It revises immigration laws to make them seamless.
② It asks applicants to volunteer for some jobs.
③ It gives money to support all applicants for citizenship.

④ It helps applicants no matter what their origin is.

해석
① 그것은 이민법을 개정하여 원활하게 적용되게 한다.
② 그것은 지원자들에게 일부 직업에 자원봉사 할 것을 요청한다.
③ 그것은 모든 시민권 신청자에게 돈을 준다.
④ 그것은 출신 국가에 상관없이 신청자들을 돕는다.

포인트 해설
④번의 키워드인 origin(출신 국가)을 바꾸어 표현한 지문의 backgrounds(배경) 주변의 내용에서 시민권 및 이민 관리청은 모든 신청자들이 종교, 인종, 문화적 배경과 관계없이 평등하게 접근할 수 있게 하기 위해 노력한다고 했으므로, ④ '그것은 출신 국가에 상관없이 신청자들을 돕는다'가 지문의 내용과 일치한다.

[오답 분석]
① 시민권 및 이민 관리청이 합법적인 이민을 지원하며 이민자들이 새로운 사회에 정착하는 전환 과정을 가능한 한 원활하게 만든다고는 했지만, 그것이 이민법을 개정하여 원활하게 적용되게 하는지는 알 수 없다.
② 시민권 및 이민 관리청이 자발적으로 시민권을 신청한 이민자들을 위한 여러 지원을 제공한다고는 했지만, 그것이 지원자들에게 일부 직업에 자원봉사를 요청하는지는 알 수 없다.
③ 시민권 및 이민 관리청이 인도주의적인 이유로 신청하는 난민을 위한 재정적인 지원을 제공한다고 했으므로, 그것이 모든 시민권 신청자에게 돈을 준다는 것은 지문의 내용과 다르다.

정답 ④

어휘
revise 개정하다, 수정하다 origin 출신, 기원

---

06 독해 유의어 파악   난이도 중 ●●○

밑줄 친 personalized의 의미와 가장 가까운 것은?

① advanced
② professional
③ complimentary
④ tailored

해석
① 선진의
② 전문적인
③ 무료의
④ 맞춤의

포인트 해설
밑줄 친 부분이 포함된 문장에서 personalized는 문맥상 '개인 맞춤의' 직업 상담에 지원을 제공한다는 의미로 쓰였으므로, '맞춤의'라는 의미의 ④ tailored가 정답이다.

정답 ④

어휘
advanced 선진의, 고급의 professional 전문적인, 직업의
complimentary 무료의 tailored 맞춤의

---

07 독해 요지 파악   난이도 중 ●●○

다음 글의 요지로 적절한 것은?

> **Food and Nutrition Service**
> Establishing reliable food security and alleviating hunger for school-aged children across the country is the mission of the Food and Nutrition Service (FNS). In addition to the negative physical health effects, a lack of consistent access to food can cause stress and damage young people's emotional well-being.
>
> **National School Lunch Program**
> The National School Lunch Program (NSLP) operates in educational institutions nationwide, providing free meals to all students in compulsory education through financial support from the national and local governments.
>
> Since 2023, the National Lunch Program has expanded to provide meals during vacation periods. Local governments operate vacation meal support through various methods, including meal vouchers, food delivery services, and designated meal centers. Students from low-income families can access these services through their local community centers or schools.

① The FNS plans to expand its lunch program to include the general public.
② The FNS fights childhood hunger by providing no-cost meals.
③ The FNS aims to extend the operational period to feed more children.
④ The FNS enables local community centers to function as its primary sites.

해석

> **식품영양사업**
> 전국의 취학 연령의 아이들을 위해 신뢰할 수 있는 식량 안보를 확립하고 배고픔을 완화하는 것은 식품영양사업(FNS)의 임무입니다. 식량에 대한 거듭된 접근 부족은 신체 건강에 부정적인 영향을 줄 뿐 아니라, 젊은이들의 정서적인 건강에 스트레스를 야기하고 피해를 줄 수 있습니다.
>
> **전국 학교 급식 계획**
> 전국 학교 급식 계획(NSLP)은 전국의 교육 기관들에서 운영되는데, 이 계획은 중앙 정부와 지방 정부의 재정적인 지원을 통해 의무 교육을 받는 모든 학생들에게 무료 급식을 제공합니다.
>
> 2023년 이래로, 전국 학교 급식 계획은 방학 기간까지 확대되어 왔습니다. 지방 정부들은 식권, 음식 배달 서비스 및 지정 급식소를 포함하여 다양한 방법을 통해 방학 중 급식 지원을 운영합니다. 저소득층 가정의 학생들은 지역 주민 센터나 학교를 통해 이 서비스를 이용할 수 있습니다.

① 식품영양사업은 일반 대중을 포함하기 위해 급식 계획을 확대하려고 계획하고 있다.
② 식품영양사업은 무료 급식을 제공함으로써 아이들의 배고픔과 싸운다.

③ 식품영양사업은 더 많은 아이들을 먹이기 위해 운영 기간을 늘리는 것을 목표로 한다.
④ 식품영양사업은 지역 주민 센터가 그것의 주된 사업장으로 기능할 수 있게 한다.

포인트 해설

지문 처음에서 식품영양사업의 임무는 아이들을 위해 신뢰할 수 있는 식량 안보를 확립하고 그들의 배고픔을 완화하는 것이라고 하고, 지문 뒷부분에서 의무 교육을 받는 모든 학생들에게 무료 급식을 제공하는 전국 학교 급식 계획에 대해 설명하고 있으므로, ② '식품영양사업은 무료 급식을 제공함으로써 아이들의 배고픔과 싸운다'가 이 글의 요지이다.

정답 ②

어휘

establish 확립하다, 설립하다　reliable 신뢰할 수 있는　alleviate 완화하다
consistent 거듭되는, 한결같은　operate 운영되다, 작동되다, 수술하다
institution 기관　compulsory 의무적인　expand 확대하다
meal voucher 식권　designate 지정하다　extend 늘리다, 연장하다
feed 먹이다　primary 주된, 기본적인, 최초의

08 독해 주제 파악　난이도 중 ●●○

다음 글의 주제로 적절한 것은?

Whether they appear in the form of religious chants or soft lullabies, every culture in history has its own songs to sing. And although these songs developed separately and are sung in different languages with different techniques and use a wide range of beats and lyrical styles, they are recognized by any listener as music. This has led researchers to realize there are basic features shared by songs regardless of their origins. So common are these that musicologists have posited that music is a fundamental human trait that is innate in our brains. In fact, Darwin surmised that singing may have developed prior to actual language in our early ancestors. With so much history, a basic grammar has evolved in songs, giving all music a commonality. Nevertheless, music retains amazing diversity yet shows up everywhere throughout history.

① usages of music in different cultures
② the commonalities between language and music
③ the inherent features of all songs
④ humanity's innate tendency to create music

해석

종교적인 성가든 부드러운 자장가의 형태로 나타나든 간에, 역사상 모든 문화는 그것만의 고유한 부르는 노래를 가지고 있다. 그리고 비록 이러한 노래들이 개별적으로 발전하여 서로 다른 기법을 가지고 서로 다른 언어로 불리며 광범위한 박자와 서정적 양식을 사용하기는 하지만, 그것들은 어떤 청자들에게든 음악으로 인식된다. 이것은 연구원들로 하여금 그것의 기원에 상관없이 노래들이 공유하는 기본 특성들이 있다는 것을 깨닫게 했다. 이것들은 매우 공통적이어서 음악학자들은 음악이 우리의 뇌에 타고나는, 인간의 근본적인 특성임을 사실로 상정해 왔다. 실제로, Darwin은 노래를 부르는 것이 우리의 초기 조상들의 실제 언어보다 앞서 발달했을지도 모른다고 가정했다. 수많은 역사와 함께, 기본적인 원리가 노래에서 발달해 왔고, 모든 음악에 공통점을 부여했다. 그럼에도 불구하고, 음악은 놀라운 다양성을 유지하면서도 역사를 통틀어 어디에서나 등장했다.

① 각기 다른 문화권에서 음악의 용도
② 언어와 음악의 공통점들
③ 모든 노래의 고유한 특징들
④ 음악을 창작하려는 인류의 타고난 성향

포인트 해설

지문 전반에 걸쳐 다양한 문화권의 노래들은 기원에 상관없이 기본 특성을 공유하는데, 이를 통해 음악학자들은 음악이 인간의 근본적인 특성임을 사실로 상정해 왔다고 설명하고 있다. 따라서 ④ '음악을 창작하려는 인류의 타고난 성향'이 이 글의 주제이다.

정답 ④

어휘

religious 종교적인　chant 성가, 구호　lullaby 자장가
separately 개별적으로, 별도로　beat 박자　lyrical 서정적인　origin 기원
musicologist 음악학자　posit 사실로 상정하다
fundamental 근본적인, 필수적인　trait 특성　innate 타고난, 선천적인
surmise 가정하다　ancestor 조상　grammar 원리, 문법
commonality 공통점　retain 유지하다　diversity 다양성
inherent 고유한, 내재하는　tendency 성향, 경향

09 독해 무관한 문장 삭제　난이도 중 ●●○

다음 글의 흐름상 어색한 문장은?

Employees at the Alvarado Street Bakery in Petaluma, California, enjoy numerous benefits withheld from the average worker at most companies. ① They receive immense job security and considerably higher-than-average salaries due to the company's business model. ② Founded in 1977, the bakery is run as an employee-owned cooperative, with each employee having partial ownership and equal say in corporate decisions. Consequently, policies tend to benefit all employees equally, resulting in better working conditions. ③ Layoffs are strongly discouraged, and multiple instances of each employee taking pay cuts to prevent layoffs have occurred. ④ Therefore, some employees raise social awareness about job insecurity and low wages, occasionally contemplating large-scale strikes under labor unions. The conditions these policies create have led to substantial improvements in productivity over traditional business models, and the decreased turnover has lessened productivity loss due to training, giving rise to a stable business with significant profits.

해석

캘리포니아 Petaluma에 있는 Alvarado가 제과점의 직원들은 대부분의 회사에서 일반 근로자에게 주어지지 않는 수많은 혜택을 누리고 있다. ① 그들은 회사의 사업 모델로 인해 엄청난 고용 안정성과 평균보다 상당히 높은 급여를 받는다. ② 1977년에 설립된 그 제과점은 직원들이 소유한 협동조합으로 운영되고 있으며, 각 직원은 부분적인 소유권과 기업의 결정에 있어 동등한 발언권을 가지고 있다. 결과적으로, 정책은 모든 직원들에게 동등하게 혜택을 주는 경향이 있으며, 이는 더 나은 근무 조건을 조성한다. ③ 정리 해고를 강력하게 좌절시키며, 정리 해고를 막기 위해 각 직원이 임금 삭감을 받는 여러 사례들이 발생해 왔다. ④ 따라서, 일부 직원들은 고용 불안정과 낮은 임금에 대해 사회적인 관심을 불러일으키는데, 이는 때때로 노동조합 하의 대규모 파업을 고려하기도 한다. 이러한 방침이 만들어내는 조건들은 전통적인 사업 모델에 비해 생산성에서의 상당한 개선으로 이어졌고, 감소한 이직률은 교육으로 인한 생산성 손실을 줄여, 상당한 수익이 있는 안정적인 사업을 낳았다.

포인트 해설

지문 첫 문장에서 Alvarado가 제과점 직원들은 대부분의 일반 근로자에게는 주어지지 않는 수많은 혜택을 누리고 있다고 언급한 후, ①, ②, ③번에서 Alvarado가 제과점 직원들에게 주어지는 혜택으로 고용 안정성과 높은 급여, 기업에 대한 부분적인 소유권과 동등한 발언권, 낮은 정리 해고율을 차례로 설명하고 있다. 그러나 ④번은 '고용 불안정과 낮은 임금으로 인한 직원들의 파업 가능성'에 대한 내용으로, 지문 첫 문장의 내용과 관련이 없다.

정답 ④

어휘

withhold 주지 않고 두다, 보류하다   average 일반적인, 평균의
job security 고용 안정성   considerably 상당히
cooperative 협동조합; 협력하는   ownership 소유권   say 발언권; 말하다
corporate 기업의, 공동의   layoff 정리 해고   discourage 좌절시키다, 막다
instance 사례; 예를 들다   awareness 관심, 의식   wage 임금
contemplate 고려하다   strike 파업, 공격; 치다   labor union 노동조합
substantial 상당한   productivity 생산성, 생산력
turnover 이직률, 교체, 전환   give rise to ~을 낳다, 일으키다
profit 수익, 이익

---

10 독해 문장 삽입   난이도 중 ●●○

주어진 문장이 들어갈 위치로 적절한 것은?

> As such, divers must follow a strict ascent rate when they come up in order to prevent this.

> Decompression sickness occurs when a person comes up too quickly from deep ocean waters. As a person dives underwater, the surrounding pressure increases by one atmosphere for every 10 meters. The body absorbs more nitrogen that dissolves into the bloodstream as the pressure increases; the deeper a diver descends, the more nitrogen there is. (①) When the person comes back up to the surface, the pressure decreases, and the trapped nitrogen forms bubbles that are released in the body. (②) However, the bubbles can come out too quickly if the ascent is too fast, causing a variety of symptoms like joint pain, fatigue, and dizziness. (③) For recreational diving, it should be no faster than 9 meters per minute, while deeper dives require an even slower pace. (④)

해석

이런 이유로, 잠수부들은 이를 방지하기 위해 그들이 올라올 때 정밀한 상승 속도를 따라야 한다.

감압병은 사람이 깊은 바다에서 너무 빨리 올라올 때 발생한다. 사람이 수중으로 잠수할 때, 주위 압력은 10미터마다 1기압씩 증가한다. 압력이 증가함에 따라 몸은 혈류에 용해되는 질소를 더 많이 흡수하는데, 잠수부가 더 깊이 내려갈수록, 질소의 양이 더 많아진다. ① 사람이 수면으로 다시 올라오면, 압력이 감소하고, 갇혀있던 질소가 몸에서 배출되어 기포를 형성한다. ② 하지만, 상승이 너무 빠르면 기포가 너무 빠르게 나와서, 관절 통증, 피로 그리고 현기증과 같은 다양한 증상을 일으킬 수 있다. ③ 오락용 잠수의 경우, 분당 9미터보다 더 빠르지 않아야 하는 한편, 심해 잠수는 훨씬 더 느린 속도가 필요하다. ④

포인트 해설

③번 앞 문장에 잠수할 때 수면으로의 상승이 너무 빠르면 몸에서 기포가 너무 빠르게 나와서 부정적인 신체 증상들을 일으킬 수 있다고 했으므로, ③번 자리에 이런 이유로(As such) 잠수부들은 이(this)를 방지하기 위해 정밀한 상승 속도를 따라야 한다는 내용, 즉 잠수병 증상을 막기 위한 조치에 대해 언급하는 주어진 문장이 나와야 지문이 자연스럽게 연결된다.

정답 ③

어휘

decompression 감압   strict 정밀한, 엄격한   ascent 상승, 올라감
surrounding 주위의   atmosphere 기압, 대기, 분위기   absorb 흡수하다
nitrogen 질소   dissolve 용해되다   bloodstream 혈류
descend 내려가다   surface 수면, 표면   trap 가두다
release 배출하다, 방출하다, 풀어 주다; 발표   symptom 증상   joint 관절
fatigue 피로   dizziness 현기증

구문 분석

(생략); the deeper a diver descends, / the more nitrogen there is.
: 이처럼 'the 비교급 …, the 비교급 ~' 구문이 두 대상의 비례적인 관계를 나타내는 경우, '더 …할수록, 더 ~하다'라고 해석한다.

DAY 10 하프모의고사 10회

해커스 공무원시험연구소 총평

난이도	특별히 까다로운 문제가 없는, 평이한 공무원 9급 시험의 난이도였습니다.
어휘·생활영어 영역	어휘 문제는 지문 속 중심 소재와 관련된 어휘들로 보기가 구성되기도 하는데, 같은 성격의 어휘들은 한꺼번에 외워 두도록 합니다.
문법 영역	'전치사 + 관계대명사' 포인트는 완전한 절 앞에 쓰였는지 여부와 올바른 전치사가 쓰였는지의 여부를 함께 파악하도록 출제될 수 있음에 유의합니다.
독해 영역	안내문 형태의 지문에 대해 내용 일치/불일치 문제를 풀 때에는, 안내문에 쓰인 통계와 기호(•), 주의 사항 위주로 확인합니다.

정답

01	③	어휘	06	②	독해
02	②	문법	07	②	독해
03	②	문법	08	③	독해
04	③	생활영어	09	①	독해
05	③	독해	10	③	독해

취약영역 분석표

영역	맞힌 답의 개수
어휘	/1
생활영어	/1
문법	/2
독해	/6
TOTAL	/10

---

01 어휘 compensation 난이도 중 ●●○

밑줄 친 부분에 들어갈 말로 가장 적절한 것은?

> The victim's family received a large amount of _____ after the hospital was found responsible for medical malpractice by the court.

① information
② vacation
③ compensation
④ prescription

해석

법원에 의해 병원 측이 의료 과실에 대한 책임이 있음이 확인된 후 피해자의 가족은 큰 액수의 보상금을 받았다.

① 정보
② 휴가
③ 보상금
④ 처방전

정답 ③

어휘

victim 피해자, 희생자 malpractice 의료 과실, 부정행위
compensation 보상(금) prescription 처방전, 처방(약)

이것도 알면 합격!

'보상금'의 의미를 갖는 유의어
= reimbursement, damages

---

02 문법 관계절 난이도 중 ●●○

밑줄 친 부분에 들어갈 말로 가장 적절한 것은?

> The research grant is a source of funding _____ many scholars apply, as it offers significant support for innovative projects.

① that
② for which
③ what
④ which

해석

연구 보조금은 혁신적인 프로젝트들에 상당한 지원을 제공하기 때문에, 많은 학자들이 신청하는 재정 지원의 원천이다.

포인트 해설

② 전치사 + 관계대명사 빈칸은 완전한 절(many scholars apply)을 이끌면서 명사(a source of funding)를 수식하는 것의 자리이므로, 완전한 절을 이끌 수 없는 관계대명사 ① that과 ④ which, 명사절 접속사 ③ what은 정답이 될 수 없다. 따라서 완전한 절을 이끄는 '전치사 + 관계대명사' 형태의 ② for which가 정답이다. 참고로, '전치사 + 관계대명사'에서 전치사는 선행사 또는 관계절의 동사에 의해 결정되는데, 관계절의 동사 apply는 전치사 for와 짝을 이루어 '~에 신청하다'라는 의미로 사용되므로 전치사 for가 which 앞에 쓰였다. 한편, 명사절 접속사 that은 완전한 절을 이끌 수는 있지만 주어, 목적어, 보어 자리에 와서 명사 역할을 하므로 명사(a source of funding) 뒤에 쓰일 수 없다.

10회 정답·해석·해설

정답 ②

어휘
grant 보조금; 승인하다 funding 재정 지원, 자금 scholar 학자
significant 상당한 innovative 혁신적인

이것도 알면 합격!

서로 바꾸어 쓸 수 있는 관계부사와 '전치사 + 관계대명사'를 알아 두자.

관계부사	전치사 + 관계대명사
where	in/on/at/to + which
when	in/on/at/during + which
why	for + which
how	in + which

---

03 문법 동사의 종류 | 대명사 | 비교 구문 난이도 중 ●●○

밑줄 친 부분 중 어법상 옳지 않은 것은?

When I saw my friend ① worrying about a difficult situation, I went over to ② ask to her if she wanted help. She appreciated my concern but said she had to handle things ③ by herself and that nothing was ④ more important to her than staying determined.

해석
친구가 어려운 상황에 대해 걱정하는 것을 보았을 때, 나는 그녀에게 도움을 원하는지 물어보러 다가갔다. 그녀는 나의 걱정에 고마워했지만, 자신이 혼자 힘으로 일을 해결해야 하며 자신에게 다른 어떤 것도 결연하게 있는 것보다 더 중요하지 않다고 말했다.

포인트 해설
② 4형식 동사 동사 ask는 두 개의 목적어를 '간접 목적어 + 직접 목적어'의 순서로 취하는 4형식 동사인데, 목적어 자리에는 명사 역할을 하는 것이 와야 하므로 ask to her를 ask her로 고쳐야 한다.

[오답 분석]
① 원형 부정사를 목적격 보어로 취하는 동사 지각동사 see는 목적격 보어로 원형 부정사나 현재분사를 취하므로 현재분사 worrying이 올바르게 쓰였다. 참고로, 현재분사가 올 경우 동작의 진행을 강조한다.
③ 재귀대명사 문맥상 '혼자 힘으로'라는 의미가 되어야 자연스러운데, '혼자 힘으로'는 재귀대명사 관용 표현 by oneself를 사용하여 나타낼 수 있으므로 by herself가 올바르게 쓰였다.
④ 비교급 형태로 최상급 의미를 만드는 표현 '다른 어떤 것도 결연하게 있는 것보다 더 중요하지 않다'는 비교급 관련 표현 'nothing ~ 비교급 + than'(다른 어떤 -도 ~보다 더 ~하지 않다)를 사용하여 나타낼 수 있으므로, nothing과 than 사이에 비교급 more important가 올바르게 쓰였다.

정답 ②

어휘
handle 해결하다, 다루다 determined 결연한, 단호한

이것도 알면 합격!

②번의 'ask' 외에 두 개의 목적어를 '간접 목적어(~에게) + 직접 목적어(-을/를)'의 순서로 취하는 4형식 동사들도 함께 알아 두자.

send ~을 보내 주다	lend ~을 빌려주다
buy ~을 사주다	offer ~을 제공하다
owe ~을 빚지다	make ~을 만들어 주다

---

04 생활영어 Have you let the apartment manager know? 난이도 하 ●○○

밑줄 친 부분에 들어갈 말로 가장 적절한 것은?

A: What do you think of your new apartment?
B: Overall, I'm happy with it. The location is perfect, and the apartment has everything I need.
A: It seems like you made a good choice with this place.
B: It's pleasant, but there is one problem I'm facing.
A: What is it?
B: It's hard to relax because of the constant noise from my upstairs neighbors running around all day long.
A: _____
B: Yeah, though it didn't make much of a difference. I think I need to look into other solutions.

① How many units are located on the upper level?
② It might be better to move to a different city.
③ Have you let the apartment manager know?
④ Do you notice the noise mostly at nighttime?

해석
A: 새 아파트는 어때요?
B: 전반적으로 만족해요. 위치가 완벽하고, 제가 필요한 모든 것을 갖추고 있거든요.
A: 이곳을 선택하기를 잘하신 것 같네요.
B: 쾌적하긴 하지만, 제가 마주하고 있는 문제가 하나 있어요.
A: 뭔데요?
B: 위층에 사는 이웃들이 온종일 뛰어다니는 소음이 지속되서 휴식을 취하기가 힘드네요.
A: 아파트 관리인에게 알리셨나요?
B: 네, 그렇지만 크게 달라지는 것은 없었어요. 다른 해결책을 찾아봐야 할 것 같아요.

① 위층에는 몇 가구가 있나요?
② 다른 시로 이사하는 것이 더 나을지도 몰라요.
③ 아파트 관리인에게 알리셨나요?
④ 주로 밤에 소음을 인지하시나요?

포인트 해설
위층에 사는 이웃이 뛰는 소음이 지속되어서 휴식을 취하기가 힘들다는 B의 고민에 대해 A가 말하고, 빈칸 뒤에서 다시 B가 Yeah, though it didn't

make much of a difference(네, 그렇지만 크게 달라지는 것은 없었어요)라고 대답하고 있으므로, '아파트 관리인에게 알리셨나요?'라는 의미의 ③ 'Have you let the apartment manager know?'가 정답이다.

정답 ③

어휘

pleasant 쾌적한   constant 지속적인   unit 가구, 구성단위

이것도 알면 합격!

주거지 문제에 대해 쓸 수 있는 다양한 표현들을 알아 두자.
- Our faucet is leaking badly. 수도꼭지가 심하게 새요.
- The toilet is clogged up. 변기가 막혔어요.
- Would it help if we set up a noise-cancelling device?
  소음 차단 장치를 설치하면 도움이 될까요?
- Should we report the issue to the building management?
  그 문제를 관리 사무소에 신고해야 할까요?

05~06 다음 글을 읽고 물음에 답하시오.

To	Sharpton Mayor's Office
From	Meredith Rodgers
Date	December 9
Subject	Polling Location at Baker Street Fire Station

To whom it may concern,

I hope this message finds you well. I am writing to express my disappointment after hearing that Baker Street fire station will not be used as a polling location for the upcoming election.

I understand that the polling place was removed due to the low population in the area. However, many residents, including myself, do not have reliable transportation to reach the next nearest polling place. This change will make it difficult for us to participate in the next election.

I humbly ask that you reconsider the decision to close the polling place. Keeping it open will help all citizens of our city fully participate in the election process. Thank you for your time, and I look forward to your response.

Respectfully,
Meredith Rodgers

해석

수신: Sharpton 시장실
발신: Meredith Rodgers
날짜: 12월 9일
제목: Baker가 소방서의 투표소

관계자분들께,

이 메시지가 여러분께 잘 도착하기를 바랍니다. 저는 Baker가 소방서가 다가오는 선거에 투표소로 사용되지 않을 것임을 듣고 실망감을 표현하고자 이 글을 씁니다.

Baker가 소방서의 투표소가 그 지역의 낮은 인구 밀도로 인해 철거된 것은 이해합니다. 하지만, 저를 포함하여 많은 주민들은 다음으로 가까운 투표소에 도착하기 위해, 믿을 만한 교통수단이 없습니다. 이 변화는 저희가 다음 선거에 참여하는 것을 어렵게 만들 것입니다.

투표소 폐쇄 결정을 재고해 주시기를 정중히 요청합니다. 그것의 개방을 유지하는 것은 우리 도시의 모든 시민들이 선거 과정에 온전히 참여하도록 도울 것입니다. 시간을 내주셔서 감사드리며, 여러분의 답변을 기다리겠습니다.

삼가,
Meredith Rodgers

어휘

poll 투표하다; 투표   upcoming 다가오는   election 선거
population 인구, 주민   reliable 믿을 만한, 신뢰할 수 있는
transportation 교통수단   reconsider 재고하다   participate 참여하다

---

05 독해 목적 파악   난이도 중 ●●○

윗글의 목적으로 가장 적절한 것은?

① To advocate that the fire department receive more city funds
② To complain about a polling location closing early on election day
③ To request that a decision about a polling place's availability be revised
④ To inquire about a change in the schedule for an upcoming election

해석

① 소방서가 더 많은 시 기금을 받아야 한다는 것을 지지하려고
② 선거일에 투표소가 일찍 폐쇄하는 것에 대해 항의하려고
③ 투표소의 이용 가능성에 대한 결정이 바뀌어야 한다는 것을 요구하려고
④ 다가오는 선거 일정의 변경에 대해 문의하려고

포인트 해설

지문 뒷부분에서 Baker가 소방서의 투표소를 사용하지 않게 되면 많은 주민들이 다음 선거에 참여하는 것이 어려워지므로 투표소 폐쇄 결정을 재고해 달라고 요청하고 있다. 따라서 ③ '투표소의 이용 가능성에 대한 결정이 바뀌어야 한다는 것을 요구하려고'가 이 글의 목적이다.

정답 ③

어휘

advocate 지지하다, 옹호하다   complain 항의하다, 불평하다
availability 이용 가능성, 유용성   revise 바꾸다

06 독해 유의어 파악   난이도 중 ●●○

밑줄 친 reliable의 의미와 가장 가까운 것은?

① public
② trustworthy
③ rapid
④ comfortable

해석

① 대중의
② 믿을 수 있는
③ 빠른
④ 편한

포인트 해설

밑줄 친 부분이 포함된 문장에서 reliable은 문맥상 '믿을 만한' 교통수단이 없다는 의미로 쓰였으므로, '믿을 수 있는'이라는 의미의 ② trustworthy가 정답이다.

정답 ②

어휘

public 대중의, 공공의 trustworthy 믿을 수 있는 rapid 빠른, 신속한
comfortable 편한

---

07 독해 내용 불일치 파악   난이도 중 ●●○

다음 글의 내용과 일치하지 않는 것은?

The Secrets of Market Street Station Tour is held twice a day, at 10 a.m. and 2 p.m. The 90-minute tour will take visitors to areas not open to the public, including a hidden tennis court, a lost movie theater, an abandoned jail, and other mysteries of this more than one-century-old station. Each tour accommodates 15 people and is completely accessible for those in wheelchairs.

- Reserve Tickets: book.marketstreetstation.com/secret-tour

Starting at $300, the Secrets of Market Street Station Tour can be made private for up to eight individuals. Additional guests can be added at $40 per person. Private tours can be scheduled at any time between 8 a.m. and 8 p.m.

- For private tours, call our help desk at 1 (800) 909-9900

Cancellations up to three days before the scheduled tour will be honored with a full refund. For cancellations less than three days before the tour, we offer immediate rescheduling or a credit.

① The tour is held two times daily.
② Private tours accommodate up to 15 people per group.
③ Additional guests for private tours pay $40 each.
④ Full refunds are available for cancellations 3 days ahead.

해석

Market가 역의 비밀 관광은 하루 두 차례, 오전 10시와 오후 2시에 진행됩니다. 90분 동안의 관광은 방문객 여러분을 대중에게 공개되지 않는 구역들로 데려갈 것이며, 이 구역은 숨겨진 테니스 코트, 사라진 영화관, 버려진 감옥, 그리고 한 세기가 넘은 이 오래된 역사의 또 다른 불가사의들이 포함합니다. 각각의 투어는 15명까지 수용하며, 휠체어 사용자도 전적으로 이용할 수 있습니다.

- 티켓 예약: book.marketstreetstation.com/secret-tour

300달러부터 시작하는 Market가 역 비밀 관광은 최대 8명까지 전용 관광으로 진행될 수 있습니다. 추가 인원에 대해서는 1인당 40달러가 추가될 수 있습니다. 전용 관광은 오전 8시부터 오후 8시 사이 언제든 일정을 잡을 수 있습니다.

- 전용 관광을 하실 분은, 안내 데스크 1 (800) 909-9900으로 전화 주세요.

예정된 관광 3일 전까지의 취소는 전액 환불을 받을 것입니다. 관광 3일 이내 취소에 대해서는, 저희는 즉각적인 일정 변경 또는 적립금을 제공합니다.

① 관광은 매일 두 번 진행된다.
② 전용 관광은 단체당 15명까지 수용한다.
③ 전용 관광에서 추가 인원은 인원당 40달러를 지불한다.
④ 취소에 대한 전액 환불은 3일 전에 가능하다.

포인트 해설

지문 중간에서 Market가 역 비밀 관광은 최대 8명까지 전용 관광으로 진행될 수 있다고 했으므로, ② '전용 관광은 단체당 15명까지 수용한다'는 지문의 내용과 다르다.

정답 ②

어휘

abandon 버리다, 그만두다 jail 감옥, 교도소; 투옥하다
accommodate 수용하다 wheelchair 휠체어 reserve 예약하다
private (개인·집단) 전용의, 사적인, 개인의 cancellation 취소
refund 환불; 환불하다 immediate 즉각적인, 즉시의
reschedule 일정을 변경하다 credit 적립금, 예금, 신용

---

08 독해 요지 파악   난이도 중 ●●○

다음 글의 요지로 적절한 것은?

From Thoreau's perspective, living in harmony with nature is paramount for leading a purposeful life. Because nature gives us beauty, knowledge, and spiritual sustenance, it is important to appreciate and protect the natural world. And by examining what is essential for survival—namely food, shelter, clothes, and fuel—many things we consider to be necessities turn out to be excesses that impede spiritual growth. While we should, of course, have the right to own and enjoy the fruits of our labor, the luxuries of capitalism can also harm us. That is why we should strive to be satisfied with fewer of these indulgences and instead pursue a path of simplicity and self-sufficiency, as directed by nature. According to Thoreau, one has to adhere to one's own path that aligns with nature in order to truly comprehend reality and pursue a higher truth.

① Learning survival skills like finding food or building shelters is essential.
② Capitalism is beneficial for people and the societies in which they live.
③ Living in balance with the natural world is the key to a fulfilling life.
④ The constant attainment of knowledge is needed for spiritual growth.

해석

Thoreau의 관점에서, 자연과 조화 속에 살아가는 것은 목적이 충만한 삶을 이끄는 데 있어 가장 중요하다. 자연이 우리에게 아름다움, 지식 그리고 영적인 자양물을 제공하기 때문에, 자연 세계에 감사하고 그것을 보호하는 것이 중요하다. 그리고 생존을 위해 필수적인 것, 즉, 식량, 주거, 의복 및 연료를 검토함으로써, 우리가 필수품이라고 생각하는 것 중 많은 것들이 영적인 성장을 방해하는 과잉인 것으로 드러난다. 물론 우리에게는 우리의 노동의 결실을 소유하고 즐길 권리가 있지만, 자본주의의 사치는 우리를 해칠 수도 있다. 이것이 우리가 이러한 탐닉을 덜 취하고도 만족하기 위해 노력하고 대신 자연이 이끌듯이 소박함과 자급자족의 길을 추구해야 하는 이유이다. Thoreau에 따르면, 사람은 진실을 이해하고 더 높은 진리를 추구하기 위해 자연과 일치하는 자신의 길을 고수해야 한다.

① 식량을 찾거나 주거지를 짓는 것과 같은 생존 기술을 배우는 것은 필수적이다.
② 자본주의는 사람들과 그들이 사는 사회에 유익하다.
③ 자연 세계와 균형을 이루어 살아가는 것이 만족스러운 삶의 핵심이다.
④ 지속적인 지식 습득은 영적 성장을 위해 필요하다.

포인트 해설

지문 앞부분에서 Thoreau의 관점에서는 자연과 조화 속에 살아가는 것이 목적이 충만한 삶을 이끄는 데 있어 가장 중요하다고 하고, 이어서 우리가 필수품이라고 생각하는 것 중 다수가 영적인 성장을 방해하는 과잉에 불과하며 자본주의의 사치는 우리를 해칠 수 있으므로 우리는 탐닉을 덜 취하고도 만족하기 위해 노력하고 자연이 이끄는 소박함과 자급자족의 길을 추구해야 한다고 주장하고 있다. 따라서 ③ '자연 세계와 균형을 이루어 살아가는 것이 만족스러운 삶의 핵심이다'가 이 글의 요지이다.

정답 ③

어휘

perspective 관점 harmony 조화 paramount 가장 중요한
spiritual 영적인 sustenance 자양물, 지속 appreciate 감사하다, 감상하다
shelter 주거(지), 피난처 turn out ~으로 드러나다 excess 과잉, 초과량
impede 방해하다 own 소유하다 fruit 결실, 열매 capitalism 자본주의
indulgence 탐닉, 관대(함) self-sufficiency 자급자족
adhere to ~을 고수하다 comprehend 이해하다 fulfilling 만족스러운
attainment 습득

구문 분석

That is why we / should strive to be satisfied with fewer of these indulgences / and instead pursue a path of simplicity and self-sufficiency, (생략).

: 이처럼 and, but 또는 or는 문법적으로 동일한 형태의 구 또는 절을 연결하여 대등한 개념을 나타내므로, and, but 또는 or가 연결하는 것이 무엇인지 파악하여 '그리고', '그러나', '혹은' 또는 '~과(와)', '~며', '~나'라고 해석한다.

09 독해 빈칸 완성 – 구   난이도 중 ●●○

밑줄 친 부분에 들어갈 말로 적절한 것은?

Objectivity is highly valued in science. After all, science seeks to understand the natural world through empirical observation and rigid experimentation. Yet scientific objectivity is often elusive. Despite their best intentions, scientists have their own biases and preconceptions about the investigations they are conducting, along with the outcomes that are expected. They must _____ _____. In the early 1800s, many scientists held the preconceived notion that tuberculosis was genetic. Effective treatments were only developed in the late 1800s when Robert Koch discovered the bacterium responsible for the disease. Thus, for science to move forward, scientists must recognize that while science aims to be objective, it is ultimately practiced by humans—and humans cannot be completely objective.

*tuberculosis: 결핵

① continually modify their thinking in light of emerging data
② compare their beliefs with the opinions of others
③ repeat experiments for ideas that they cannot give up on
④ consider motives that may benefit them personally

해석

객관성은 과학에서 매우 높이 평가된다. 결국, 과학은 경험적인 관찰과 엄격한 실험을 통해 자연 세계를 이해하려고 한다. 그렇지만 과학적 객관성은 종종 달성하기 힘들다. 과학자들이 최선의 의도를 가짐에도 불구하고, 그들은 자신이 수행하는 연구와 예상되는 결과에 대해 고유한 편견과 선입견을 가지고 있다. 그들은 새로운 데이터에 비추어 자신들의 생각을 지속적으로 수정해야 한다. 1800년대 초에, 많은 과학자들은 결핵이 유전적이라는 선입견을 갖고 있었다. 효과적인 치료법은 Robert Koch가 그 질병의 원인이 되는 세균을 발견했던 1800년대 후반에서야 개발되었다. 그러므로, 과학이 전진하기 위해서는, 과학자들은 과학이 객관적인 것을 목표로 하지만, 그것은 궁극적으로 인간에 의해 실행되며 인간은 전적으로 객관적일 수 없다는 것을 인식해야 한다.

① 새로운 데이터에 비추어 자신들의 생각을 지속적으로 수정한다
② 자신들의 믿음을 다른 사람들의 의견과 비교한다
③ 자신들이 포기할 수 없는 구상에 대해 실험을 반복한다
④ 자신들에게 개인적으로 이익이 될 수도 있는 동기들을 고려한다

포인트 해설

빈칸 앞 문장에 과학자들은 그들만의 편견 및 선입견 등을 가지고 있다는 내용이 있고, 빈칸 뒷부분에 1800년대 초에는 결핵이 유전적이라는 선입견이 있었으나 Robert Koch가 그 질병의 원인이 세균이라는 것을 발견한 후에야 효과적인 치료법이 개발되었다는 사례를 소개하고 있으므로, 과학자들은 '새로운 데이터에 비추어 자신들의 생각을 지속적으로 수정'해야 한다고 한 ①번이 정답이다.

정답 ①

어휘

objectivity 객관성 empirical 경험적인 observation 관찰 rigid 엄격한
elusive 달성하기 힘든, 규정하기 힘든 bias 편견 preconception 선입견
investigation 연구, 조사 outcome 결과 preconceived notion 선입견
genetic 유전적인 effective 효과적인 bacterium 세균
responsible for ~의 원인이 되는, 책임이 있는 modify 수정하다
in light of ~에 비추어 compare 비교하다 experiment 실험
give up on ~을 포기하다 motive 동기

---

10 독해 문단 순서 배열   난이도 중 ●●○

주어진 글 다음에 이어질 글의 순서로 적절한 것은?

It was nearly midnight by the time I arrived at the hotel. I'd left the airport in a taxi and traveled east for about an hour, looking out the windows at the dark streets peppered with the occasional shop or restaurant now closed for the night.

(A) After tipping him and stepping into the room, I looked around. It was a small single room with a double bed and a mini fridge next to it.
(B) Opening it, I counted four bottles of water, and remembering my thirst, I opened one. I swallowed it quickly, my throat feeling super dry from my long journey.
(C) The receptionist greeted me with a weary smile and checked me in, handing over the key card to a room on the fifth floor. I followed the porter into the elevator and stood there awkwardly in silence as the doors closed and we made our way slowly up.

① (A) – (B) – (C)
② (B) – (C) – (A)
③ (C) – (A) – (B)
④ (C) – (B) – (A)

해석

내가 호텔에 도착했을 때는 거의 자정이 되어 있었다. 나는 택시를 타고 공항을 떠나 약 한 시간 동안 동쪽으로 이동하면서, 창밖으로 이따금 밤이라 문을 닫은 가게나 식당이 흩어져 있는 어두운 거리를 바라보았다.

(A) 그에게 팁을 주고 방으로 들어간 후, 나는 주위를 둘러보았다. 그것은 2인용 침대 하나와 그 옆에 소형 냉장고가 있는 작은 싱글 룸이었다.

(B) 그것을 열어 나는 물 네 병이 있는 것을 세고는, 갈증을 떠올리면서 하나를 열었다. 나는 긴 여행으로 목이 몹시 마른 것을 느끼며 그것을 재빨리 삼켰다.

(C) 접수 담당자는 지친 미소를 지으며 나를 맞이하고 5층 방의 카드식 열쇠를 넘겨주며 체크인을 해 주었다. 나는 짐꾼을 따라 엘리베이터로 들어갔고 문이 닫히고 우리가 천천히 올라가는 동안 침묵 속에 어색하게 서 있었다.

포인트 해설

주어진 글에서 화자는 자정이 다 되어 호텔에 도착했다고 한 후, (C)에서 체크인을 마치고 객실까지 올라가는 장면을, (A)에서 객실에 도착하여 침대와 냉장고를 비롯한 객실 내부를 둘러보는 장면을, (B)에서 냉장고에서 물을 꺼내서 마시는 장면을 보여 주고 있다. 따라서 ③ (C)–(A)–(B)가 정답이다.

정답 ③

어휘

midnight 자정 fridge 냉장고 count 세다 thirst 갈증
receptionist 접수 담당자 weary 지친 porter 짐꾼 awkwardly 어색하게

DAY 11 하프모의고사 11회

해커스 공무원시험연구소 총평

난이도	쉬운 문제와 어려운 문제가 번갈아 출제되어 효율적인 시간 배분이 어려웠을 수 있습니다.
어휘·생활영어 영역	생활영어 영역의 보기가 질문으로 구성된 경우, 빈칸 뒤에 오는 상대의 대답을 중심으로 정답을 찾을 수 있습니다.
문법 영역	도치 구문은 주어가 동사 뒤에 위치하기 때문에 자연스럽게 해석하기가 어려울 수 있습니다. 그러므로 도치 구문이 자주 쓰이는 형태를 알아 두고, 해당 형태에 부합하는 문장은 빠르게 주어를 찾아 읽는 훈련이 필요합니다.
독해 영역	빈칸에 적절한 연결어를 고르는 유형에서는 빈칸 앞뒤 문장의 논리적 관계를 파악하여 답을 고릅니다.

정답

01	④	어휘	06	④	독해
02	②	문법	07	④	독해
03	①	문법	08	④	독해
04	④	생활영어	09	④	독해
05	②	독해	10	③	독해

취약영역 분석표

영역	맞힌 답의 개수
어휘	/ 1
생활영어	/ 1
문법	/ 2
독해	/ 6
TOTAL	/ 10

---

01 어휘 distribute 난이도 중 ●●○

밑줄 친 부분에 들어갈 말로 가장 적절한 것은?

> The airline decided to _____ vouchers to passengers affected by a late departure as an apology.

① exchange
② reform
③ negotiate
④ distribute

해석
그 항공사는 출발 지연으로 영향을 받은 승객들에게 사과의 의미로 할인권을 나누어 주기로 결정했다.
① 교환하다
② 개선하다
③ 협상하다
④ 나누어 주다

정답 ④

어휘
voucher 할인권, 쿠폰 exchange 교환하다 reform 개선하다, 개혁하다
negotiate 협상하다 dispense 나누어 주다, 분배하다

이것도 알면 합격!

'나누어 주다'의 의미를 갖는 표현
= hand out, dispense, allocate

---

02 문법 도치 구문 | 시제 난이도 중 ●●○

밑줄 친 부분에 들어갈 말로 가장 적절한 것은?

> Scarcely _____ an agreement when the market conditions shifted, requiring a reassessment of the terms.

① the negotiators reached
② had the negotiators reached
③ did the negotiators reached
④ have the negotiators reached

해석
협상가들이 합의에 도달하자마자 시장 상황이 바뀌었는데, 이는 (합의) 조건들에 대한 재평가를 필요로 했다.

포인트 해설
② 도치 구문 | 시제 일치 부정을 나타내는 부사(Scarcely)가 강조되어 절의 맨 앞에 나오면 주어와 조동사가 도치되어 '조동사 + 주어 + 동사'의 어순이 되므로, '주어 + 동사'의 어순으로 쓰인 ① the negotiators reached는 정답이 될 수 없다. 이때 주절에 scarcely가 오고 종속절에 when이 오는 경우, 주절에는 과거완료 시제를 사용하고 종속절에는 과거 시제(shifted)를 사용하므로, 과거완료 시제가 쓰인 ② had the negotiators reached가 정답이다.

정답 ②

어휘

scarcely ~하자마자, 거의 ~ 않다   agreement 합의, 동의
shift 바뀌다, 이동하다; 교대 근무   reassessment 재평가   terms 조건
negotiator 협상가

이것도 알면 합격!

주절에 hardly가 오고 종속절에 before가 오는 경우에도, 주절에는 과거완료 시제를, 종속절에는 과거 시제를 사용한다는 것을 기억하자.

• **Hardly** had we arrived at the station **when** the train departed.
  우리가 역에 도착하자마자 기차가 출발했다.

어휘

invasive species 침입종   kill off 전멸시키다   relative 친척; 상대적인
genus 종류, (생물) 속   determine 알아내다, 결정하다
investigate 연구하다, 조사하다   aggression 공격성

이것도 알면 합격!

③번의 'try'와 같이, 목적어로 동명사와 to 부정사를 취할 때 의미가 달라지는 동사들을 알아 두자.

관계부사	+ -ing (과거 의미)	+ to 부정사 (미래 의미)
remember	~한 것을 기억하다	~할 것을 기억하다
forget	~한 것을 잊다	~할 것을 잊다
regret	~한 것을 후회하다	~하게 되어 유감스럽다

03 문법 수동태 | 대명사 | to 부정사 | 수동태   난이도 상 ●●●

밑줄 친 부분 중 어법상 옳지 않은 것은?

> The brown widow spider is thought ① being an invasive species in North America. While it has not had a significant impact on most ② other spider species, it is killing off a relative from the same genus: the black widow. Scientists are trying ③ to determine why. In addition, researchers are expected ④ to investigate whether the brown widow's aggression also applies in other parts of the world outside North America.

해석

갈색과부거미는 북아메리카의 침입종으로 여겨진다. 대부분의 다른 거미 종에게는 큰 영향을 미치지 않아 왔지만, 그것은 같은 종류에 속하는 친척인 검은과부거미를 전멸시키고 있다. 과학자들은 이유를 알아내기 위해 노력하고 있다. 그뿐만 아니라, 연구진이 갈색과부거미의 공격성이 북아메리카 외에 세계의 다른 지역에도 적용되는지를 연구할 것으로 기대된다.

포인트 해설

① 3형식 동사의 수동태 능동태 문장 People think that the brown widow spider is an ~ North America에서 that 절의 주어(the brown widow spider)가 문장의 주어로 가서 수동태가 되는 경우, '주어 + be p.p. + to 부정사'의 형태가 되어야 하므로 being을 to 부정사 to be로 고쳐야 한다.

[오답 분석]
② 부정대명사 '대부분의 다른 거미 종'이라는 의미를 나타내기 위해 '이미 언급한 것 이외의'를 의미하는 부정형용사 other가 올바르게 쓰였다.
③ 동명사와 to 부정사 둘 다 목적어로 취하는 동사 문맥상 '이유를 알아내기 위해 노력하고 있다'라는 의미가 되어야 자연스러운데, 동사 try는 '~하려고 노력하다'라는 의미로 쓰일 때 to 부정사를 목적어로 취하므로 to 부정사 to determine이 올바르게 쓰였다.
④ 5형식 동사의 수동태 to 부정사를 목적격 보어로 취하는 5형식 동사(expect)가 수동태가 되면 목적격 보어는 수동태 동사(are expected) 뒤에 그대로 남으므로, are expected 뒤에 to 부정사 to investigate가 올바르게 쓰였다.

정답 ①

04 생활영어 Do we need to restock the ink as well?   난이도 하 ●○○

밑줄 친 부분에 들어갈 말로 가장 적절한 것은?

Nina Shepherd
I noticed we're running low on printer paper. Should we place an order?
11:30

Felipe Harper
I can handle it since I was planning to call the supplier anyway. How many packs of paper do you think we need?
11:31

Nina Shepherd
I'd say at least five, considering how quickly we use them up during end-of-month reporting.
11:32

Felipe Harper
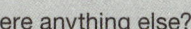
11:32

Nina Shepherd
No. We just got some new cartridges last week.
11:33

Felipe Harper
Good to know. Is there anything else?
11:33

Nina Shepherd
Not that I can think of right now.
11:33

① Isn't there any way to use less paper?
② Have you finished your reports yet?
③ Won't that be too little?
④ Do we need to restock the ink as well?

DAY 11 하프모의고사 11회

해석

Nina Shepherd: 저희 프린터 용지가 부족하다는 것을 알게 되었어요. 주문할까요?
Felipe Harper: 어차피 공급 업체에 전화할 계획이었기 때문에 제가 처리할 수 있어요. 종이가 몇 팩 필요할까요?
Nina Shepherd: 월말 보고 동안 저희가 얼마나 빨리 그것들을 다 써버리는지를 고려하면, 적어도 다섯 팩은 필요하겠어요.
Felipe Harper: <u>잉크도 다시 채워야 하나요?</u>
Nina Shepherd: 아니요. 저희는 지난주에 새 카트리지를 받았어요.
Felipe Harper: 잘 알겠습니다. 더 필요한 게 있나요?
Nina Shepherd: 지금 당장 생각나는 것은 없네요.

① 종이를 덜 사용할 방법이 없나요?
② 보고서를 다 작성하셨나요?
③ 그건 너무 적지 않을까요?
④ 잉크도 다시 채워야 하나요?

포인트 해설

Nina가 프린터 용지를 다섯 팩은 주문해야 할 것 같다고 한 후, 빈칸 뒤에서 다시 No. We just got some new cartridges last week(아니요. 저희는 지난주에 새 카트리지를 받았어요)이라고 말하고 있으므로, '잉크도 다시 채워야 하나요?'라는 의미의 ④ 'Do we need to restock the ink as well?'이 정답이다.

정답 ④

어휘

place an order 주문하다 supplier 공급 업체 use up ~을 다 써버리다
restock 다시 채우다

이것도 알면 합격!

비품 관리와 관련하여 쓸 수 있는 다양한 표현들을 알아 두자.
- Would you like me to check the printer for any other issues?
  프린터의 다른 문제가 있는지 제가 확인해 볼까요?
- Should we consider stocking up on other supplies as well?
  다른 사무용품도 비축해 두는 것을 고려해야 할까요?
- Do we have a preferred supplier? 선호하는 공급업체가 있나요?
- Let me know if you need help reviewing the inventory list.
  재고 목록 검토에 도움이 필요하면 알려주세요.

05~06 다음 글을 읽고 물음에 답하시오.

(A)

We're excited to announce the return of the Beachcombing Festival. Bring the whole family for a fun and educational day at the beach, where you can discover and even take home beautiful objects like seashells and driftwood.

Details
- **Dates:** Saturday, August 10 (the festival will take place rain or shine)
- **Times:** 8:30 a.m.–1:00 p.m.
- **Location:** Baker Beach (near the parking lot's north entrance)

Events
- **Beachcombing Class**
  Join experts as they showcase their extensive collections and teach you how to identify various types of rocks and shells.

- **Treasure Hunt**
  Test your new knowledge in a fun treasure hunt by competing individually or in teams to find all the items on the list first.

For clothing recommendations and a list of what to bring, please visit the "Frequently Asked Questions" page at www.beachcombingfestival.com.

해석

(A) 해변에서 경이로움을 발견하세요

해변에서 물건 줍기 축제의 귀환을 알리게 되어 기쁩니다. 조개껍데기와 유목 같은 아름다운 물건을 발견하여 집에 가져갈 수 있는 이 해변에서, 온 가족이 함께 즐겁고 교육적인 하루를 보내세요.

세부 사항
- 날짜: 8월 10일, 토요일 (축제는 비가 오든 날이 맑든 개최될 것입니다)
- 시간: 오전 8시 30분 – 오후 1시
- 장소: Baker 해변 (주차장 북쪽 입구 근처)

행사
- 해변에서 물건 줍기 수업
  자신들의 방대한 소장품들을 소개하며 여러분께 다양한 종류의 바위와 조개껍데기를 알아보는 방법을 가르쳐 줄 전문가들과 함께하세요.

- 보물 찾기
  목록에 있는 모든 항목을 먼저 찾아내기 위해 개별적으로 또는 팀을 이루어 경쟁함으로써, 즐거운 보물 찾기에서 새로운 지식을 시험해 보세요.

추천 복장 및 준비물 목록은 www.beachcombingfestival.com의 '자주 묻는 질문' 페이지를 방문해 주세요.

어휘

announce 알리다, 발표하다 beachcombing 해변에서 물건 줍기
seashell 조개껍데기 driftwood 유목 showcase 소개하다, 전시하다
collection 소장품 identify 알아보다, 확인하다 treasure 보물
compete 경쟁하다

05 독해 제목 파악 난이도 중 ●●○

(A)에 들어갈 윗글의 제목으로 가장 적절한 것은?

① Join a Beach Clean Up Event
② Discover Wonders at the Beach
③ Learn to Make Seashell Crafts
④ Participate in a Beach Sports Day

해석

① 해변 청소 행사에 함께하세요
② 해변에서 경이로움을 발견하세요
③ 조개껍데기 공예품 만드는 법을 배워 보세요
④ 해변 운동회 날에 참여하세요

포인트 해설

지문 앞부분에서 해변에서 물건 줍기 축제에서 아름다운 물건을 발견하여 집에 가져갈 수 있다고 하고, 지문 뒷부분에서 해변에서 물건 줍기 수업과 보물 찾기 행사를 소개하고 있으므로, ② '해변에서 경이로움을 발견하세요'가 이 글의 제목이다.

정답 ②

어휘

discover 발견하다 wonder 경이로움; 궁금해하다
craft 공예(품); 공예품을 만들다

06 독해 내용 일치 파악 난이도 중 ●●○

Beachcombing Festival에 관한 윗글의 내용과 일치하는 것은?

① Baker 해변에서 처음 개최된다.
② 우천 시 연기될 것이다.
③ 전문가들의 소장품을 구매할 수 있다.
④ 보물 찾기는 단독으로 참가할 수 있다.

포인트 해설

④번의 키워드인 '보물 찾기'가 그대로 언급된 지문의 Treasure Hunt 주변의 내용에서 보물 찾기 행사에서는 개별적으로 또는 팀을 이루어 경쟁할 수 있다고 했으므로, ④ '보물 찾기는 단독으로 참가할 수 있다'가 지문의 내용과 일치한다.

[오답 분석]

① 해변에서 물건 줍기 축제의 귀환을 알리게 되어 기쁘다고 했으므로, Baker 해변에서 처음 개최된다는 것은 지문의 내용과 다르다.
② 축제는 비가 오든 날이 맑든 개최될 것이라고 했으므로, 우천 시 연기될 것이라는 것은 지문의 내용과 다르다.
③ 전문가들이 방대한 소장품들을 소개한다고는 했지만, 전문가들의 소장품을 구매할 수 있는지는 알 수 없다.

정답 ④

07 독해 내용 불일치 파악 난이도 중 ●●○

Community Gardens Initiative에 관한 다음 글의 내용과 일치하지 않는 것은?

Reserve Your Community Garden Plot Today!

This spring, the Urban Planning Department is launching the Community Gardens Initiative, which will convert unused spaces, such as rooftops, into places where produce, flowers, and herbs can be grown. Available garden plots throughout the city can be viewed and reserved online. While most garden plots require a small annual fee, which covers the cost of water, soil, and communal tools, low-income residents can apply for a fee waiver. The initiative will also offer free monthly workshops on gardening techniques and sustainable practices to everyone, regardless of whether they have their own plot. Larger groups, such as schools or community organizations, are encouraged to participate in these workshops but must register in advance.

① Residents can see and reserve garden plots online.
② It provides tools for users to share.
③ Low-income residents may not have to pay the annual fee.
④ Having a plot is required to participate in a free workshop.

해석

오늘 여러분의 지역 사회 정원 구획을 예약하세요!

올봄, 도시설계 관리본부는 지역 사회 정원 만들기 계획을 출범하는데, 이것은 옥상과 같이 사용되지 않는 공간들을 농산물, 꽃, 그리고 허브를 재배할 수 있는 장소로 개조할 것입니다. 도시 전역의 이용 가능한 정원 구획은 온라인으로 살펴보고 예약하실 수 있습니다. 대부분의 정원 구획은 물, 토양 및 공동 도구의 비용을 충당하는 소액의 연간 수수료가 필요하지만, 저소득의 주민들께서는 사용료 면제를 신청하실 수 있습니다. 이 계획은 또한 자신만의 (정원) 구획을 가졌는지와 상관없이, 모든 분들께 원예 기술 및 지속 가능한 관행에 대한 무료 월간 워크숍을 제공할 것입니다. 학교나 지역 사회 기관들과 같이 규모가 큰 단체들은 이 워크숍에 참여하도록 권장되지만, 반드시 사전에 등록해야 합니다.

① 주민들은 온라인으로 정원 구획을 보고 예약할 수 있다.
② 그것은 사용자들이 공유할 수 있는 도구를 제공한다.
③ 저소득 주민들은 연간 수수료를 지불할 필요가 없을 수도 있다.
④ 무료 워크숍에 참여하려면 구획을 보유할 것이 요구된다.

포인트 해설

④번의 키워드인 a free workshop(무료 워크숍)을 바꾸어 표현한 지문의 free monthly workshops(무료 월간 워크숍) 주변의 내용에서 Urban Planning Department는 개인이 자신만의 정원 구획을 가졌는지와 상관없이 모든 사람에게 무료 월간 워크숍을 제공할 것이라고 했으므로, ④ '무료 워크숍에 참여하려면 구획을 보유할 것이 요구된다'는 지문의 내

용과 다르다.

정답 ④

어휘

reserve 예약하다　plot 작은 구획의 땅; 구획하다
launch 출범하다, 시작하다, 개시하다　convert 개조하다, 전환하다
produce 농산물; 생산하다　communal 공동의　waiver 면제, 포기
sustainable 지속 가능한　practice 관행, 실행, 연습　register 등록하다
in advance 사전에

08 독해 빈칸 완성 – 절　난이도 상 ●●●

밑줄 친 부분에 들어갈 말로 적절한 것은?

False memories can occur for a number of reasons, and they can be shared by multiple people. Called the "Mandela Effect," owing to a large number of people incorrectly remembering that Nelson Mandela died in the 1980s, occurrences have numerous causes. Most notably, confabulation is where the brain fills in missing pieces of data with related information, attempting to construct a logical explanation. Another connected explanation depends on how information is stored in the brain: engrams, units of cognitive data, are composed of neurons and biophysical responses linked to their firing. When an engram is encoded and later forgotten, _____. As neurons communicate in unison, the brain may fill gaps with related information, causing partially inaccurate data storage. For example, many people remember Alexander Hamilton as a president because they learned about him while studying the initial presidents of the United States.

① some neurons disappear over time
② confabulation creates false memory patterns
③ memories become permanently stored in engrams
④ grouped neurons may fire together

해석

잘못된 기억은 여러 가지 이유로 발생할 수 있고, 여러 사람들에 의해 공유될 수 있다. Nelson Mandela가 1980년대에 사망했다고 잘못 기억하는 많은 사람들 때문에, 'Mandela 효과'로 불리는 이 사건에는 많은 원인이 있다. 가장 주목할 만한 것은, 뇌가 논리적인 설명을 구성하려고 시도하면서, 누락된 데이터 요소들을 관련 정보로 채우는 '작화'이다. 관련된 또 다른 설명은 정보가 뇌에 저장되는 방식에 달려 있는데, 인지 데이터 단위인 '기억 심상'은 뉴런과 뉴런의 신호에 연결된 생물물리학 반응으로 구성된다. '기억 심상'이 부호화되고 후에 잊히면, 무리를 이룬 뉴런이 함께 신호를 보낼 수 있다. 뉴런이 일제히 소통할 때 뇌는 관련된 정보로 공백을 메울 수 있는데, 이는 부분적으로 부정확한 데이터 저장을 초래할 수 있다. 예를 들어, 많은 사람들은 Alexander Hamilton을 대통령으로 기억하는데, 이는 그들이 미국의 초기 대통령들을 공부하면서 그에 대해 배웠기 때문이다.

① 시간이 지나면서 일부 뉴런이 소멸한다
② 작화가 잘못된 기억 패턴을 만들어낸다
③ 기억은 영구적으로 기억 심상에 저장된다
④ 무리를 이룬 뉴런이 함께 신호를 보낼 수 있다

포인트 해설

빈칸 앞 문장에 기억 심상은 뉴런과 뉴런의 신호로 연결된 생물물리학 반응으로 구성된다는 내용이 있고, 빈칸 뒤 문장에 뉴런이 일제히 소통할 때 뇌는 관련된 정보를 부정확하게 저장할 수 있다는 내용이 있으므로, '무리를 이룬 뉴런이 함께 신호를 보낼 수 있다'고 한 ④번이 정답이다.

정답 ④

어휘

occurrence 사건, 발생
confabulation 작화(마음속으로 이야기를 지어내는 행위 또는 그런 이야기)
missing 누락된, 실종된　construct 구성하다　explanation 설명, 이유
engram 기억 심상　cognitive 인지의　be composed of ~으로 구성되다
biophysical 생물물리학의　fire 신호를 보내다, 점화하다　encode 부호화하다
in unison 일제히　inaccurate 부정확한　president 대통령, 회장
initial 초기의, 원래의　permanently 영구적으로

구문 분석

Most notably, confabulation is / where the brain fills in missing pieces of data / with related information, (생략).
: 이처럼 관계부사가 이끄는 절(where/when/why/how + 주어 + 동사 ~)이 명사를 꾸며주는 경우, '주어가 동사한 명사' 또는 '주어가 동사하는 명사'라고 해석한다.

09 독해 빈칸 완성 – 연결어　난이도 하 ●○○

밑줄 친 (A), (B)에 들어갈 말로 적절한 것은?

It is a wonderful feeling to give a gift, but you should be aware of some differing customs. For a friend in China, presents should never be wrapped in white or black paper. These colors are associated with funerals. ___(A)___, try red to convey luck. The type of gift you give is also important depending on the country. In many African tribes, gifts are given as a show of respect to community elders, who often receive traditional clothing or livestock. Sharp objects or black-colored items shouldn't be gifted in Brazil, since they are believed to bring bad luck. ___(B)___, in Greece, it is considered unfortunate to give someone a compliment without also giving them a small token. According to local belief, the gods will punish those who do not show their appreciation with a gift.

　　　(A)　　　　　(B)
① Of course　　　Although
② After all　　　Consequently
③ However　　　To explain
④ Instead　　　Similarly

해석

선물을 주는 것은 아주 기분이 좋지만, 당신은 몇 가지 서로 다른 관습을 알고 있어야 한다. 중국에 있는 친구에게, 선물은 절대로 흰색이나 검은색 종이로 포장되어서는 안 된다. 이러한 색들은 장례식과 연관되어 있다. (A) 대신, 행운을 전하기 위해 빨간색을 시도해 보라. 당신이 주는 선물의 종류도 나라에 따라 중요하다. 많은 아프리카 부족에서는, 선물은 종종 공동체의 연장자들에 대한 존경의 표시인데, 이들은 전통 의상이나 가축을 받는다. 브라질에서는 날카로운 물건이나 검은색 물건은 불운을 가져온다고 생각되기 때문에 선물로 주어져서는 안 된다. (B) 마찬가지로, 그리스에서는 작은 선물도 주지 않으면서 누군가를 칭찬하는 것은 불운한 일로 여겨진다. 현지 신앙에 따르면, 신들은 선물 없이 감사를 표하는 사람들을 벌할 것이다.

	(A)	(B)
①	물론	비록 ~이지만
②	어찌 되었든	결과적으로
③	하지만	설명하자면
④	대신	마찬가지로

포인트 해설

(A) 빈칸 앞부분은 중국에 있는 친구에게 줄 선물은 장례식과 연관되는 색인 흰색이나 검은색 종이로 포장되어서는 안 된다는 내용이고, 빈칸 뒤 문장은 행운을 전하기 위해 빨간색을 시도해 보라는 전환적인 내용이므로, 빈칸에는 전환을 나타내는 연결어인 Instead(대신)가 들어가야 한다.
(B) 빈칸 앞 문장은 브라질에서는 날카롭거나 검은색인 물건이 불운을 가져온다고 생각되기 때문에 선물로 주어서는 안 된다는 내용이고, 뒤 문장은 그리스에서는 작은 선물도 주지 않고 누군가를 칭찬하는 것이 불운한 일로 여겨진다는 유사한 맥락의 내용이므로, 빈칸에는 유사함을 나타내는 연결어인 Similarly(마찬가지로)가 들어가야 한다.

정답 ④

어휘

aware 알고 있는 custom 관습 wrap 포장하다 associate 연관 짓다
funeral 장례식 tribe 부족 elder 연장자, 노인 livestock 가축
compliment 칭찬 token 선물, 표시 punish 벌하다
appreciation 감사(함), 감상, 평가

---

10 독해 문장 삽입   난이도 중 ●●○

주어진 문장이 들어갈 위치로 적절한 것은?

> As a result, it's highly beneficial for individuals to cultivate and nurture friendships through engaging in various activities and shared experiences, as these can serve as a solid foundation for forming meaningful connections with others.

> It is often difficult for people to meet and make new friends as adults. (①) Holding down a job, not to mention handling familial responsibilities, limits one's flexibility and also restricts their range of interests. (②) It can also be hard for two people to relate if they don't share obvious commonalities. (③) Trying a hobby together, for instance, allows two people to bond over a shared activity. (④) This enduring memory, which is created together, will not only serve as a sturdy cornerstone for their blossoming friendship but will also act as a cherished reminder of the initial bond that brought them closer, further solidifying their connection over time.

해석

그 결과, 개인이 다양한 활동과 공유된 경험에 참여함으로써 우정을 쌓고 키우는 것은 매우 유익한데, 이는 이러한 것들이 다른 사람들과 의미 있는 관계를 형성하는 확실한 기반으로서 역할을 할 수 있기 때문이다.

사람들이 성인이 되어 새로운 친구들을 만나고 사귀는 것은 종종 어렵다. ① 가족의 책무들을 처리하는 것은 말할 것도 없고, 직장을 유지하는 것은 개인의 유연성을 제한하고 그들의 흥미의 범위도 제한한다. ② 또한 확실한 공통점을 공유하지 않는다면 두 사람은 잘 어울리기 어려울 수 있다. ③ 예를 들어, 취미를 함께해 보는 것은 두 사람이 공유된 활동을 뛰어넘어 유대감을 형성하게 한다. ④ 함께 만들어낸 이 지속적인 기억은 그들의 우정을 꽃 피우는 견고한 초석이 될 뿐만 아니라 그들을 더욱 가깝게 해 준 처음의 유대감을 상기시키는 소중한 역할을 할 것이며, 시간이 지남에 따라 그들의 친밀함을 더욱 공고히 할 것이다.

포인트 해설

③번 앞 문장에 확실한 공통점을 공유하지 않는다면 두 사람은 잘 어울리기 어려울 수 있다는 내용이 있고, 뒤 문장에 예를 들어 취미를 함께해 보는 것은 두 사람이 유대감을 형성하게 한다는 내용이 있으므로, ③번 자리에 그 결과(As a result) 다양한 활동과 공유된 경험에 참여함으로써 우정을 쌓고 키우는 것이 유익하다는 내용, 즉 성인이 되어 서로 다른 두 사람이 어울릴 수 있는 방법으로 취미를 제안한 이유를 설명하는 주어진 문장이 나와야 적절하다.

정답 ③

어휘

cultivate (관계를) 쌓다, 경작하다 nurture 키우다, 양육하다
engage in ~에 참여하다 foundation 기반, 재단
hold down ~을 유지하다 flexibility 유연성 restrict 제한하다
range 범위 relate 어울리다, 관련시키다 commonality 공통점, 평범함
bond 유대감을 형성하다; 유대감 enduring 지속적인, 참을성 있는
sturdy 견고한 cornerstone 초석 blossom 꽃을 피우다
cherish 소중히 하다 solidify 공고히 하다, 응고시키다

DAY 12 하프모의고사 12회

▶ 해커스 공무원시험연구소 총평

난이도 문법 영역에서 기본적인 문법 포인트들이 나온 반면, 독해 영역에서는 고난도 문단 순서 배열 유형이 출제되었습니다.

어휘·생활영어 영역 1번 문제 지문에 쓰인 While과 같이, 빈칸에 적절한 어휘를 선택할 때에는 지문에 쓰인 접속사의 뜻을 정확히 읽어내야 합니다.

문법 영역 수동태로 쓸 수 없는 동사는 지방직 9급의 최신 출제경향일 뿐만 아니라 자동사와 타동사를 구별하는 포인트로도 다루어질 수 있으므로, 반복적인 문제풀이를 통해 다양한 동사의 종류 및 쓰임을 알아 둡니다.

독해 영역 7번과 같이 특정 소재에 대해 전문적인 내용이 전개되는 지문의 경우 문장 하나하나의 뜻을 정확하게 파악하기는 어려울 수 있지만, 전체 내용 파악 유형으로 출제된다면 글의 처음과 마지막에 집중함으로써 정답을 보다 쉽게 찾을 수 있습니다.

▶ 정답

01	④	어휘	06	④	독해
02	②	문법	07	④	독해
03	②	문법	08	②	독해
04	④	생활영어	09	②	독해
05	③	독해	10	②	독해

▶ 취약영역 분석표

영역	맞힌 답의 개수
어휘	/ 1
생활영어	/ 1
문법	/ 2
독해	/ 6
TOTAL	/ 10

---

01 어휘 necessitate 난이도 중 ●●○

밑줄 친 부분에 들어갈 말로 가장 적절한 것은?

> Being a translator is more than speaking a language. While anyone can speak a language, translating it accurately _____ real expertise.

① absorbs
② anticipates
③ discloses
④ necessitates

해석
번역가가 되는 것은 언어로 말하는 것 이상이다. 누구나 어떤 언어로 말할 수는 있지만, 그것을 정확하게 번역하는 것은 진정한 전문 지식을 필요로 한다.
① 흡수한다
② 예상한다
③ 폭로한다
④ 필요로 한다

정답 ④

어휘
translator 번역가   expertise 전문 지식, 전문 기술   absorb 흡수하다
anticipate 예상하다   disclose 폭로하다   necessitate 필요로 하다

🖊️ 이것도 알면 합격!

'필요로 하다'의 의미를 갖는 표현
= require, demand, call for

---

02 문법 수동태 | 명사 난이도 중 ●●○

밑줄 친 부분에 들어갈 말로 가장 적절한 것은?

> Information regarding product features and customer support _____ on the company website, providing customers with access to the most current details.

① has updated
② has been updated
③ have been updated
④ updated

해석
제품 기능 및 고객 지원에 관한 정보가 회사 웹사이트에 업데이트되어 있으며, 이는 고객들에게 가장 최신 세부 사항에 대한 접근을 제공한다.

포인트 해설
② **능동태·수동태 구별 | 불가산 명사** 빈칸은 문장의 동사 자리이다. 주어 Information과 동사가 '정보가 업데이트되다'라는 의미의 수동 관계이므로, 능동태로 쓰인 ① has updated와 ④ updated는 정답이 될 수 없다. 이때 주어 자리에 단수 취급하는 불가산 명사 Information이 왔으므로 단수 수동태 동사로 쓰인 ② has been updated가 정답이다.

정답 ②

어휘
feature 기능, 특징; 특징으로 하다

---

68 해커스공무원 gosi.Hackers.com

이것도 알면 합격!

부정관사(a/an)와 함께 쓸 수 없고 단수 취급하는 불가산 명사들을 알아 두자.

- homework 숙제
- evidence 증거
- furniture 가구
- equipment 장비
- advice 조언
- knowledge 지식
- news 뉴스
- luggage 수하물, 짐
- access 접근, 출입
- clothing 의류
- politics 정치학
- stationery 문구류

이것도 알면 합격!

②번의 'lead to'와 같이 수동태로 쓸 수 없는 동사들을 알아 두자.

- remain ~인 채로 남아 있다
- emerge 나타나다/부상하다
- arise 발생하다
- consist 이루어져 있다
- occur 일어나다
- belong 속하다

---

03 문법 수동태 | 주어 | 비교 구문 | 보어 난이도 중 ●●○

밑줄 친 부분 중 어법상 옳지 않은 것은?

It would be impossible ① to envision a world without art in its different forms and genres. Despite this, many take art and artists for granted. They believe that hunger and sickness ② have been led to much suffering, so we should focus on these things rather than on preserving art. But cultural achievements are ③ as important as keeping the body ④ alive, lifting the heart and spirit.

해석

여러 가지의 형태와 장르로 존재하는 예술이 없는 세상을 상상하기란 불가능할 것이다. 이러함에도 불구하고, 많은 이들이 예술과 예술가들을 당연하게 생각한다. 그들은 배고픔과 질병이 많은 고통으로 이어져 왔으므로, 우리가 예술 보존보다는 이런 것들에 집중해야 한다고 믿는다. 그러나 문화적 성취는 신체를 살아 있게 유지하는 것만큼 중요한데, 이것이 마음과 영혼을 고양하기 때문이다.

포인트 해설

② 수동태로 쓸 수 없는 동사 동사 lead to는 '~으로 이어지다'라는 의미로 쓰이는 자동사이므로 수동태로 쓸 수 없다. 따라서 수동태 have been led to를 능동태 have led to로 고쳐야 한다.

[오답 분석]
① 가짜 주어 구문 가주어 it이 길이가 긴 진짜 주어 to 부정사구(to envision ~ forms and genres) 대신 주어 자리에 쓰인 형태이므로, 진짜 주어 자리에 to 부정사 to envision이 올바르게 쓰였다.
③ 원급 문맥상 '문화적 성취는 신체를 살아 있게 유지하는 것만큼 중요하다'라는 의미가 되어야 자연스러운데, '~만큼 -한'은 원급 표현 'as + 형용사의 원급 + as'의 형태로 나타낼 수 있으므로 as important as가 올바르게 쓰였다.
④ 보어 자리 동사 keep은 목적격 보어를 취하는데, 보어 자리에는 명사나 형용사 역할을 하는 것이 올 수 있으므로 형용사 alive가 올바르게 쓰였다.

정답 ②

어휘

envision 상상하다, 마음속에 그리다 take ~ for granted ~을 당연하게 생각하다
preserve 보존하다, 지키다 alive 살아 있는 lift 고양하다, 들어 올리다

---

04 생활영어 take a rain check 난이도 중 ●●○

밑줄 친 부분에 들어갈 말로 가장 적절한 것은?

A: Are you familiar with yoga?
B: Absolutely. I took advanced level classes in yoga until last year.
A: Would you be interested in attending the new company yoga class with me?
B: That sounds great, but I have some work to complete.
A: No problem. We can reschedule for another time.
B: Excellent. Let's _____.

① engage in exercise
② sit in on a class
③ bury the hatchet
④ take a rain check

해석

A: 혹시 요가를 잘 아시나요?
B: 물론이죠. 저는 작년까지 요가 수업에서 고급반을 들었어요.
A: 저와 함께 새로운 사내 요가 수업에 참석하실 생각이 있나요?
B: 좋을 것 같기는 한데, 제가 마쳐야 하는 일이 좀 있어서요.
A: 괜찮아요. 다른 시간대로 일정을 변경하면 되죠.
B: 좋아요. 다음을 기약해요.

① 운동에 참여하다
② 수업에 참석하다
③ 화해하다
④ 다음을 기약하다

포인트 해설

마쳐야 하는 일이 있어 요가 수업에 참석하기 어렵다는 B의 말에 대해 빈칸 앞에서 A가 No problem. We can reschedule for another time(괜찮아요. 다른 시간대로 일정을 변경하면 되죠)이라고 말하고 있으므로, '다음을 기약하다'라는 의미의 ④ 'take a rain check'가 정답이다.

정답 ④

어휘

advanced 고급의, 선진의, 후기의 reschedule 일정을 변경하다
engage in ~에 참여하다 sit in on ~에 참석하다
bury the hatchet 화해하다 take a rain check 다음을 기약하다

DAY 12 하프모의고사 12회

이것도 알면 합격!

약속을 거절하거나 취소할 때 쓸 수 있는 다양한 표현들을 알아 두자.
- I'm afraid I'll have to decline. 거절해야 할 것 같아요.
- Let's make it another time then. 그럼 다음에 만나요.
- I'm booked until next month. 저는 다음 달까지 선약이 있어요.
- The meeting was called off. 그 회의는 취소되었어요.

05~06 다음 글을 읽고 물음에 답하시오.

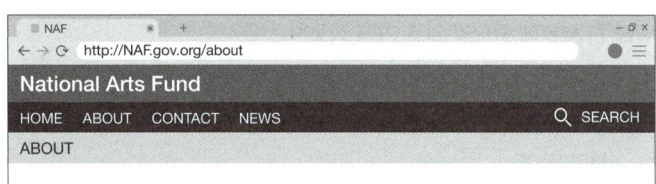

National Arts Fund

Purpose
We are charged with supporting and funding artistic projects that enrich the country's cultural landscape. We provide grants to artists, organizations, and local communities that promote the creation of art and its appreciation in all areas of the country, no matter how remote.

Goals
We aim to make art a vital part of every community that is accessible to all individuals, regardless of income or social status. Our programs encourage people to be more creative, undertake cultural exchange, and preserve the country's artistic heritage while maintaining a diverse, thriving arts sector.

Principles
- Creativity: We value the creative expression of the arts and push for artists to find new ways to express their ideas.
- Equity: We strive to make art accessible to all citizens.

해석

국가 예술 기금

목적
저희는 국가의 문화적 전망을 질적으로 향상시키는 예술 프로젝트를 지원하고 자금을 대는 일을 맡습니다. 저희는 국내 모든 지역에 그곳이 아무리 멀다 할지라도, 예술 창작 및 감상을 촉진하는 예술가, 기관 및 지역 사회에 보조금을 제공합니다.

목표
저희는 소득이나 사회적 지위와 관계없이 모든 개인에게 예술을 접근 가능한, 모든 지역 사회의 필수적인 부분으로 만드는 것을 목표로 합니다. 저희 프로그램은 사람들이 더 창의적이고, 문화 교류에 임하며, 다양하고 번성하는 예술 부문을 유지하면서 국가의 예술 유산을 보존하도록 장려합니다.

원칙
- 창의성: 저희는 예술의 창의적 표현을 중요하게 여기며, 예술가들이 아이디어를 표현할 새로운 방법을 찾도록 독려합니다.
- 형평성: 저희는 모든 시민이 예술에 접근할 수 있게 만들고자 노력합니다.

어휘

be charged with ~을 맡고 있다, ~의 혐의를 받고 있다
fund 자금을 대다; 자금   enrich 질적으로 향상시키다   landscape 전망, 풍경
grant 보조금; 주다   appreciation 감상, 감사   remote 먼   vital 필수적인
accessible 접근 가능한   income 소득   status 지위, 신분
undertake 임하다, 착수하다   exchange 교류, 교환; 교환하다
preserve 보존하다   heritage 유산   diverse 다양한   thrive 번성하다
principle 원칙   push 독려하다   equity 형평성   strive 노력하다

05 독해 내용 일치 파악 난이도 중 ●●○

윗글에서 National Arts Fund에 관한 내용과 일치하는 것은?

① It provides grants only to urban areas with art facilities.
② It adjusts funding based on individual artwork prices.
③ It strives to preserve the country's artistic heritage.
④ It values creativity more than art accessibility.

해석
① 그것은 예술 시설이 있는 도시 지역에만 보조금을 제공한다.
② 그것은 개별 예술품의 가격에 기반하여 기금을 조정한다.
③ 그것은 국가의 예술 유산을 보존하기 위해 노력한다.
④ 그것은 예술의 접근성보다 창의성을 중요하게 여긴다.

포인트 해설

③번의 키워드인 the country's artistic heritage(국가의 예술 유산)가 그대로 언급된 지문 주변의 내용에서 국가 예술 기금은 사람들이 국가의 예술 유산을 보존하도록 장려한다고 했으므로, ③ '그것은 국가의 예술 유산을 보존하기 위해 노력한다'가 지문의 내용과 일치한다.

[오답 분석]
① 국가 예술 기금은 국내 모든 지역에 보조금을 제공한다고 했으므로, 그것이 예술 시설이 있는 도시 지역에만 보조금을 제공한다는 것은 지문의 내용과 다르다.
② 국가 예술 기금이 개별 예술품의 가격에 기반하여 기금을 조정하는지는 언급되지 않았다.
④ 국가 예술 기금의 원칙이 창의성과 형평성이라고는 했지만, 그것이 예술의 접근성보다 창의성을 중요하게 여기는지는 알 수 없다.

정답 ③

어휘
urban 도시의   adjust 조정하다   accessibility 접근성

06 독해 유의어 파악 난이도 중 ●●○

밑줄 친 undertake의 의미와 가장 가까운 것은?

① determine
② invoke
③ reject
④ practice

해석
① 결정하다
② 불러일으키다
③ 거절하다
④ 실행하다

포인트 해설
밑줄 친 부분이 포함된 문장에서 undertake는 문맥상 문화 교류에 '임한다'라는 의미로 쓰였으므로, '실행하다'라는 의미의 ④ practice가 정답이다.

정답 ④

어휘
determine 결정하다 invoke 불러일으키다, 호소하다 reject 거절하다
practice 실행하다

07 독해 주제 파악 난이도 중 ●●○

다음 글의 주제로 적절한 것은?

Although the brain is composed of fat, water, protein, carbohydrates, and salt, it is often compared to a muscle. This is because the brain's overall condition strengthens the more it is used, much like a muscle. If we are inactive, our muscles will get weaker and develop slowly; however, if we exercise consistently, they will remain strong and grow. Similarly, our brains will suffer from cognitive decline if not challenged regularly. As a result, mental health professionals encourage ongoing mental exercises in order to improve its function. This can take many forms, but simply reading or engaging in activities that challenge the brain—such as playing a musical instrument or solving puzzles—can be effective. Not only does brain stimulation increase its overall health, but it can also protect against Alzheimer's disease and dementia.

① What causes the development of Alzheimer's disease?
② Where do thoughts originate in the brain?
③ When are our brains fully developed?
④ How can we promote brain health?

해석
비록 뇌가 지방, 물, 단백질, 탄수화물, 그리고 염분으로 구성되어 있지만, 그것은 근육에 자주 비유된다. 이것은 마치 근육처럼, 뇌의 전반적인 상태는 뇌가 더 많이 사용될수록 강화되기 때문이다. 만약 우리가 활동적이지 않다면, 우리의 근육은 더 약해지고 느리게 발달할 것이다. 하지만, 만약 우리가 지속적으로 운동한다면, 근육은 튼튼하게 유지되고 커질 것이다. 마찬가지로, 우리의 뇌는 규칙적으로 자극받지 않으면 인지력 감퇴를 겪을 것이다. 결과적으로, 정신 건강 전문가들은 그것(뇌)의 기능을 향상하기 위해 지속적인 정신 운동을 권장한다. 이것은 여러 가지 형태일 수 있지만, 간단히 독서를 하거나 악기 연주 또는 퍼즐 풀기와 같이 뇌를 자극하는 활동에 참여하는 것이 효과적일 수 있다. 뇌 자극은 전반적인 뇌 건강을 향상할 뿐만 아니라, 알츠하이머병과 치매로부터 (뇌를) 보호할 수도 있다.

① 무엇이 알츠하이머병의 발병을 초래하는가?
② 생각은 뇌의 어느 부분에서 비롯되는가?
③ 우리의 뇌는 언제 완전히 발달하는가?
④ 우리는 어떻게 뇌 건강을 촉진할 수 있는가?

포인트 해설
지문 전반에 걸쳐 뇌의 상태는 더 많이 사용될수록 강화되는데, 전문가들에 따르면 뇌의 기능을 향상하기 위해서는 뇌를 활동적으로 유지해야 하고, 이를 위해 독서, 악기 연주 그리고 퍼즐 풀기와 같이 간단한 방법들로 뇌를 자극할 수 있다고 설명하고 있다. 따라서 ④ '우리는 어떻게 뇌 건강을 촉진할 수 있는가?'가 이 글의 주제이다.

정답 ④

어휘
be composed of ~으로 구성되다 protein 단백질
cognitive 인지력 있는, 인식의 decline 감퇴, 감소; 줄어들다
challenge 자극하다, 도전하다; 도전, 문제 musical instrument 악기
stimulation 자극 dementia 치매 originate 비롯되다, 유래하다
promote 촉진하다, 홍보하다

구문 분석
Not only does brain stimulation increase its overall health, / but it can also protect against Alzheimer's disease and dementia.
: 이처럼 부정어(not/never/little/rarely/hardly)가 문장 앞에 와서 도치가 일어난 경우, 주어, 조동사, 동사가 무엇인지 빠르게 파악한 다음 '주어 + 조동사 + 동사'의 순서대로 해석한다.

08 독해 빈칸 완성 - 절 난이도 중 ●●○

밑줄 친 부분에 들어갈 말로 적절한 것은?

The negativity bias refers to the relative significance of negative memories and points of data in the memory of the average person. This causes negative information to seemingly cluster and occupy a dominant portion of daily life. The bias largely occurs due to the stronger emotions that are felt during a negative event, leading them to stand out in the mind. This thought pattern is believed to be an evolutionary adaptation meant to help people recognize and adjust to dangerous situations more readily. However, with the progress of science and technology, as well as improvements in living standards and the overall drop in the prevalence of life-threatening situations, _____ in modern society. To counteract the negative effects of the bias, experts suggest intentionally seeking out positive experiences, practicing gratitude, and cultivating a growth mindset.

① the damage caused by this pattern is decreased
② the need for such a bias is remarkably decreased
③ the frequency of negativity encountered is increased
④ the relevance of such thinking is greatly increased

09 독해 내용 불일치 파악

Centrist Alliance Party Convention에 관한 다음 글의 내용과 일치하지 않는 것은?

Centrist Alliance Party Convention (CAP)

Event Details
- **Dates:** August 22 – August 27
- **Hours:** 10 a.m. – 7 p.m
  (Registration begins at 7 a.m. on opening day.)

All delegates to the convention must sign in at the registration desk by 9 a.m. on opening day to collect their "Welcome Package." These will include official credentials for the events.

Tickets will be distributed to invited delegates by August 1. Please contact the party headquarters if tickets are not received.

NOTE: Although there is no dress code for the convention, delegates are expected to dress in a professional way at all events. Those who do not meet the standards will not be allowed entrance.

① The convention will take place over six days.
② A welcome pack will be distributed starting at 9 a.m.
③ Tickets will be sent out by August 1.
④ Entrance can be denied based on attire.

Welcome Package(환영 상자) 주변의 내용에서 모든 대리인들은 환영 상자 수령을 위해 개회일 오전 9시까지 등록 창구에서 서명하여 도착했음을 기록해야 한다고 했으므로, ② '환영 상자는 오전 9시부터 배포될 것이다'는 지문의 내용과 다르다.

정답 ②

어휘

convention 협의회, 대회 registration 등록 delegate 대리인, 대표
collect 수령하다, 수집하다 credential 자격(증)
distribute 배포하다, 나누어 주다 headquarters 본부 entrance 입장
take place 개최되다 deny 거부하다, 부인하다 attire 복장

10 독해 문단 순서 배열   난이도 상 ●●●

주어진 글 다음에 이어질 글의 순서로 적절한 것은?

Traffic jams can be a frustrating experience for those involved. Now, a team led by Dingding Han at Fudan University has developed a recursive modeling technique to evaluate traffic flows in urban areas.

(A) The recursive nature of the technique is vital, as running it repeatedly allows the models to find the domino effect of traffic jams and predict specific areas resulting in these issues. During the model simulation of traffic flows in Shanghai, the recursive modeling technique was able to recognize an exact failure point on Zhonghuan Road.

(B) This analysis demonstrates how recursive modeling techniques can uncover complex traffic patterns that would be difficult to identify through conventional observation methods. The study reveals that traffic issues require sophisticated analytical tools to be fully understood and addressed.

(C) When this point was blocked off, traffic was diverted to other streets, causing further blockages and delays as these routes were unable to handle the increased flow.

① (A) – (B) – (C) ② (A) – (C) – (B)
③ (C) – (A) – (B) ④ (C) – (B) – (A)

해석

교통 체증은 관련된 사람들에게 좌절감을 주는 경험이 될 수 있다. 이제, Fudan 대학교의 Dingding Han이 이끄는 한 팀은 도시 지역의 교통량 흐름을 평가하기 위해 반복 모델링 기술을 개발했다.

(A) 그 기술의 반복적 특성은 필수적인데, 이를 반복적으로 작동시킴으로써 그 모델이 교통 체증의 도미노 효과를 찾고 이러한 문제를 초래하는 특정 영역을 예측하게 하기 때문이다. 상하이의 교통량 흐름에 대한 모델 모의실험 동안, 반복 모델링 기술은 Zhonghuan 도로의 정확한 실패 지점을 인식할 수 있었다.

(B) 이 분석은 반복 모델링 기술이 기존 관찰 방법을 통해서는 식별하기 어려울 복잡한 교통 패턴을 어떻게 밝힐 수 있는지를 보여준다. 그 연구는 교통 문제가 완전히 이해되고 해결되기 위해서는 정교한 분석 도구가 필요하다는 것을 보여 준다.

(C) 이 지점에서 가로막히자, 교통량은 다른 길들로 우회하였는데, 이는 이 경로들이 증가한 (교통) 흐름을 처리하지 못하면서 더 심한 막힌 상태와 지연을 초래했다.

포인트 해설

주어진 문장에서 Fudan 대학교의 한 연구팀이 교통량 흐름을 평가하기 위해 반복 모델링 기술을 개발했다고 언급한 뒤, (A)에서 그 기술의 반복적 특성(The recursive nature of the technique)이 교통 체증을 초래하는 영역을 예측할 수 있게 했으며, 이를 상하이 교통량 모델 모의실험에서 증명했다고 설명하고 있다. 이어서 (C)에서 이 지점(this point)에서 가로막혀 우회한 교통량을 다른 길들이 처리하지 못하면서 막힌 상태와 지연이 초래되었다고 하고, (B)에서 이 분석(This analysis)은 반복 모델링 기술이 복잡한 교통 패턴을 밝힌 것처럼 교통 문제의 완전한 해결을 위해 정교한 분석 도구가 필요하다고 주장하고 있다. 따라서 ② (A) – (C) – (B)가 정답이다.

정답 ②

어휘

traffic jam 교통 체증 involve 관련시키다 recursive 반복되는
nature 특성, 자연 repeatedly 반복적으로 predict 예측하다
simulation 모의실험 exact 정확한 analysis 분석
demonstrate 보여주다 uncover 밝히다 identify 식별하다
conventional 종래의, 관습적인 observation 관찰 reveal 보이다, 폭로하다
sophisticated 정교한 address 해결하다, 연설하다; 주소
block off ~을 가로막다 divert 우회하다 blockage 막힌 상태

DAY 13 하프모의고사 13회

해커스 공무원시험연구소 총평

난이도 어휘 영역에 표현을 묻는 문제가 출제된 것을 제외하고는, 전체 난도가 가장 낮은 회차 중 하나입니다.

어휘·생활영어 영역 1번 문제의 보기로 빈출 표현들이 제시되었습니다. 앞선 회차의 어휘 문제들을 수월하게 풀어낸 데 이어 이번 13회 1번 문제까지 푸는 데 어려움이 없었다면, 이제 어휘 외에 다른 영역에 더 시간을 투자해도 좋습니다.

문법 영역 2번 문제를 통해 같은 명사절 접속사라 하더라도 that은 완전한 절을 취하는 반면 what은 불완전한 절을 취하고, if는 문장의 주어에 올 수 없지만 why는 '~하는 이유'라는 뜻을 의미하는 등 쓰임이 다양함을 확인할 수 있었습니다.

독해 영역 글의 감상 유형에서 화자의 심경은 상황이나 배경 설명 또는 인물의 대사를 통해 간접적으로 드러나는 경우가 많습니다.

정답

01	④	어휘	06	①	독해
02	④	문법	07	④	독해
03	②	문법	08	②	독해
04	③	생활영어	09	④	독해
05	③	독해	10	③	독해

취약영역 분석표

영역	맞힌 답의 개수
어휘	/ 1
생활영어	/ 1
문법	/ 2
독해	/ 6
TOTAL	/ 10

---

01 어휘 put up with 난이도 상 ●●●

밑줄 친 부분에 들어갈 말로 가장 적절한 것은?

With the competition coming up, the athlete had to _____ the rigorous training schedule.

① give rise to ② look up to
③ make do with ④ put up with

해석
대회가 다가오면서, 그 운동선수는 혹독한 훈련 일정을 견뎌야 했다.
① ~을 불러일으키다 ② ~를 존경하다
③ ~으로 임시변통하다 ④ ~을 견디다

정답 ④

어휘
competition 대회, 경쟁 athlete 운동선수 rigorous 혹독한, 엄격한
give rise to ~을 불러일으키다 look up to ~를 존경하다
make do with ~으로 임시변통하다 put up with ~을 견디다, 감수하다

이것도 알면 합격!

'~을 견디다'의 의미를 갖는 유의어
= tolerate, endure, bear

---

02 문법 명사절 난이도 중 ●●○

밑줄 친 부분에 들어갈 말로 가장 적절한 것은?

_____ the company is expanding its operations into international markets is seen as a major step toward global recognition.

① If ② Why
③ What ④ That

해석
그 회사가 해외 시장으로 사업을 확장하는 것은 세계적인 인정을 향한 중요한 단계로 여겨진다.

포인트 해설
④ 명사절 접속사 빈칸은 완전한 절(the company ~ markets)을 이끌면서 동사(is)의 주어 자리에 올 수 있는 명사절 접속사 자리이다. 따라서 불완전한 절을 이끄는 명사절 ③ What, 완전한 절을 이끌 수 있지만 문장의 주어 자리에 올 수 없는 명사절 접속사 ① If는 정답이 될 수 없다. 의문사 ② Why는 완전한 절을 이끌지만 문맥상 '그 회사가 해외 시장으로 사업을 확장하는 이유는 ~ 중요한 단계로 여겨진다'라는 어색한 의미가 되어 정답이 될 수 없다. 따라서 완전한 절을 이끌면서 문장에서 주어 자리에 올 수 있는 명사절 접속사 ④ That이 정답이다.

정답 ④

어휘

expand 확장하다　operation 사업, 운영　recognition 인정, 인식

이것도 알면 합격!

'의문사 + to 부정사'도 명사절 자리에 올 수 있다는 것을 알아 두자.

- I will teach him **what to do** in case of an emergency.
  저는 그에게 응급 상황의 경우 무엇을 해야 할지 가르칠 것입니다.
- You must choose **whether to accept** the offer.
  당신은 그 제안을 받아들일지 말지 선택해야 합니다.

03　문법　비교 구문 | 전치사 | to 부정사 | 관사　난이도 중 ●●○

밑줄 친 부분 중 어법상 옳지 않은 것은?

> A newly developed device is ① equipped with a function that can predict epileptic seizures an hour in advance, which is ② very earlier than currently available technology. Existing devices are limited to detecting seizures while they are in progress, when it may be ③ too late to avoid injury. They do this either by detecting a fall or muscle spasms, but the newest device monitors ④ a series of neural electrical signals to provide earlier warnings.

*epileptic seizure: 간질 발작

해석

새로 개발된 한 장치는 한 시간 전에 간질 발작을 예측할 수 있는 기능을 갖췄으며, 이는 현재 이용 가능한 기술들보다 훨씬 더 빠르다. 기존의 장치들은 발작이 진행되는 동안에만 그것을 감지하는 것으로 제한되어 있어, 너무 늦어서 부상을 피할 수 없을지도 모른다. 그것들은 넘어짐이나 근육 경련을 감지함으로써 이를 수행하지만, 그 최신 장비는 더 빠른 경고를 위해 일련의 신경 전기 신호를 추적 관찰한다.

포인트 해설

② **비교급 강조 표현** 비교급(earlier)을 강조하는 표현으로 부사 very는 올 수 없으므로 very를 비교급 표현 앞에 올 수 있는 강조 표현 much/even/still/far/a lot/by far 중 하나로 고쳐야 한다.

[오답 분석]

① **기타 전치사** '한 시간 전에 간질 발작을 예측할 수 있는 기능을 갖춘'을 나타내기 위해 전치사 숙어 표현 equipped with(~을 갖춘)가 올바르게 쓰였다.

③ **to 부정사 관용 표현** 문맥상 '너무 늦어서 부상을 피할 수 없다'라는 의미가 되어야 자연스러운데, '너무 ~해서 …할 수 없다'는 to 부정사 관용 표현 'too ~ to …'를 써서 나타낼 수 있으므로 too late to avoid가 올바르게 쓰였다.

④ **부정관사 a(n)** '일련의 신경 전기 신호'라는 의미가 되어야 자연스러우므로, '일련의'라는 의미의 부정관사 관련 숙어 표현 a series of가 올바르게 쓰였다.

정답 ②

어휘

predict 예측하다　detect 감지하다, 발견하다

progress 진행; 진행하다　spasm 경련, 발작　neural 신경의
electrical 전기적인

이것도 알면 합격!

한편, 최상급 표현 앞에 써서 최상급을 강조하는 표현으로는 by far(단연코), quite(꽤) 등이 있다는 것도 기억하자.

- They are **by far** the most expensive tickets on the market.
  그것들은 단연코 시중에서 가장 비싼 표이다.

04　생활영어　Where can I get the necessary equipment?　난이도 하 ●○○

밑줄 친 부분에 들어갈 말로 가장 적절한 것은?

 Aaron Reed
How can we make the most of our weekend?
16:20

Sophia Adams
I want to do something that's both fun and active.
16:21

 Aaron Reed
Then, how about we try indoor climbing?
16:21

Sophia Adams
I'm not very good at it, but I'll try.
16:22

 Aaron Reed
Great! I'll make a reservation for Saturday at 2 p.m.
16:23

Sophia Adams

16:23

 Aaron Reed
Don't worry. You can rent everything at the climbing facility.
16:24

① Climbing outside must be memorable.
② Are there courses designed for beginners?
③ Where can I get the necessary equipment?
④ I have several indoor climbing outfits.

해석

Aaron Reed: 우리가 어떻게 하면 주말을 최대한 활용할 수 있을까?
Sophia Adams: 나는 뭔가 재미있고 활동적인 걸 해 보고 싶어.
Aaron Reed: 그럼, 실내 클라이밍 어때?
Sophia Adams: 잘하지는 못하지만, 시도해 볼게.
Aaron Reed: 좋아! 내가 토요일 오후 2시로 예약해 둘게.

DAY 13 하프모의고사 13회

Sophia Adams: 필요한 장비는 어디서 구할 수 있니?
Aaron Reed: 걱정하지 마. 클라이밍 시설에서 모두 대여할 수 있어.

① 바깥에서 등산하는 건 분명 기억에 남겠지.
② 초보자들을 위해 만들어진 수업이 있어?
③ 필요한 장비는 어디서 구할 수 있니?
④ 나는 실내 클라이밍 복장을 몇 벌 갖고 있어.

포인트 해설
토요일 오후 2시에 실내 클라이밍을 예약하겠다는 Aaron의 제안에 대해 Sophia가 말하고, 빈칸 뒤에서 다시 Aaron이 You can rent everything at the climbing facility(클라이밍 시설에서 모두 대여할 수 있어)라고 말하고 있으므로, '필요한 장비는 어디서 구할 수 있니?'라는 의미의 ③ 'Where can I get the necessary equipment?'가 정답이다.

정답 ③

어휘
indoor 실내의   memorable 기억에 남는   equipment 장비   outfit 복장, 옷

이것도 알면 합격!

물품을 대여할 때 쓸 수 있는 다양한 표현들을 알아 두자.
· How long can I rent this item? 이 물건을 얼마나 오래 대여할 수 있나요?
· Is there a deposit required for the rental?
  대여할 때 보증금이 필요한가요?
· Do you offer any discounts for long-term rentals?
  장기 대여에 대해 할인을 제공하나요?
· What's the process for returning the item?
  물건을 반납하는 절차는 어떻게 되나요?

05~06 다음 글을 읽고 물음에 답하시오.

Rising Urban Temperatures
A chief concern for the National Urban Sustainability Authority (NUSA) is the rise in temperatures that densely populated urban areas are increasingly experiencing. Urban areas with elevated temperatures not only face increased energy consumption and cooling costs but also put vulnerable residents at risk of heat-related illness and death.

Urban Heat Island Effect
The urban heat island (UHI) effect occurs when an urban area maintains temperatures that are significantly higher than those in surrounding regions, particularly during the summer. The primary causes include the _____ of heat-absorbing materials like asphalt and concrete, lack of vegetation, and heat generated by vehicles, factories, and air-conditioning systems.

The NUSA promotes the development of green infrastructure, such as rooftop gardens and urban forests, to increase vegetation and reduce heat absorption in cities. It also provides emergency funding for cooling centers and advises communities on heat mitigation strategies.

해석

상승하는 도시 기온
국립 도시 지속 가능성 연구소(NUSA)의 주요 관심사는 인구가 밀집된 도시 지역이 점점 더 겪고 있는 기온 상승입니다. 기온이 상승한 도시 지역은 늘어난 에너지 소비와 냉방 비용에 직면할 뿐만 아니라 취약 계층 주민들이 열 관련 질병 및 사망의 위험에 처하게 합니다.

도시 열섬 현상
도시 열섬(UHI) 현상은 어떤 도시 지역이 특히 여름철에, 주변 지역보다 현저하게 더 높은 기온을 유지할 때 발생합니다. 주요 원인은 아스팔트와 콘크리트 같은 열을 흡수하는 물질의 존재, 초목의 부족함, 그리고 차량, 공장 및 에어컨 시스템에서 발생하는 열을 포함합니다.

국립 도시 지속 가능성 연구소는 도시 속 초목을 늘리고 열 흡수를 줄이기 위해, 옥상 정원과 도시 숲 같은 친환경 기반 시설의 개발을 촉진합니다. 그것은 또한 냉방 센터를 위한 긴급 자금을 제공하고 지역 사회에 열 완화 전략에 대해 조언합니다.

어휘
urban 도시의   sustainability 지속 가능성   densely 밀집하여, 빽빽하게   elevated 상승한, 높은   vulnerable 취약한, 민감한   heat island 열섬   primary 주요한   vegetation 초목   promote 촉진하다   mitigation 완화

05 독해 요지 파악   난이도 중 ●●○

윗글의 요지로 적절한 것은?

① The NUSA studies the health impacts of the UHI effect on vulnerable residents.
② The NUSA offers alternatives to heat-absorbing materials found in cities.
③ The NUSA implements strategies to reduce the harmful effects of elevated heat in cities.
④ The NUSA funds the construction of green infrastructure in cities.

해석
① 국립 도시 지속 가능성 연구소는 취약 계층 주민들에게 도시 열섬 현상이 미치는 건강상의 영향을 연구한다.
② 국립 도시 지속 가능성 연구소는 도시에서 발견되는, 열을 흡수하는 물질들에 대한 대안을 제시한다.
③ 국립 도시 지속 가능성 연구소는 도시의 높은 온도로 인한 유해한 영향을 줄이려는 전략을 시행한다.
④ 국립 도시 지속 가능성 연구소는 도시의 친환경 기반 시설의 건설에 자금을 댄다.

포인트 해설
지문 처음에서 국립 도시 지속 가능성 연구소의 주요 관심사는 도시 지역의 기온 상승이라고 하고, 지문 뒷부분에서 연구소는 도시 속 초목을 늘리

고 열 흡수를 줄이기 위한 방법을 모색하고 냉방 센터에 자금을 제공하며 열 완화 전략을 조언한다고 했으므로, ③ '국립 도시 지속 가능성 연구소는 도시의 높은 온도로 인한 유해한 영향을 줄이려는 전략을 시행한다'가 이 글의 요지이다.

정답 ③

어휘

alternative 대안; 대체 가능한 implement 시행하다 construction 건설

---

06 독해 빈칸 완성 - 단어   난이도 중 ●●○

밑줄 친 부분에 들어갈 말로 적절한 것은?

① presence
② decline
③ hardness
④ affordability

해석

① 존재
② 감소
③ 단단함
④ 감당할 수 있는 비용

포인트 해설

빈칸이 있는 문장에서 도시 열섬 현상의 원인에는 초목의 부족함, 차량, 공장 및 에어컨 시스템에서 발생하는 열이 포함된다고 했으므로, 아스팔트와 콘크리트 같은 열을 흡수하는 물질의 '존재'라고 한 ①번이 정답이다.

정답 ①

어휘

presence 존재, 참석 decline 감소, 하락 hardness 단단함
affordability 감당할 수 있는 비용, 이용 가능성

---

07 독해 내용 불일치 파악   난이도 하 ●○○

다음 이메일의 내용과 일치하지 않는 것은?

To	reserve@NomadicTravel.com
From	LeeS@BellevilleCity.com
Date	March 21
Subject	Airline Tickets

To Whom It May Concern,

I am contacting you about booking airline tickets for an upcoming trip.

The city of Belleville is sending a group of employees to Toronto for a convention. We will need 10 economy-class tickets departing on May 5 and returning on May 10. In addition, we will require additional luggage for all travelers, since they will be carrying presentation materials with them. The departing flight needs to be in the morning, but we have no preference for the returning flight.

Could you please send me a list of options including times and cost of the flights? If your travel agency also arranges airport shuttles, please send me information about that service too.

I look forward to your response.

Thank you.
Lee Silva, City Manager

① 협의회는 5월에 있을 예정이다.
② 이코노미석 항공권 10매가 필요하다.
③ 모든 여행자는 추가 수하물이 필요하다.
④ 돌아오는 항공편은 오후 시간대여야 한다.

해석

수신: reserve@NomadicTravel.com
발신: LeeS@BellevilleCity.com
날짜: 3월 21일
제목: 항공권

관계자분께,

다가오는 여행의 항공권 예약에 대해 문의하고자 연락드립니다.

Belleville 시는 협의회를 위해 직원들을 Toronto로 보낼 예정입니다. 저희는 5월 5일에 출발하고 5월 10일 돌아오는 이코노미 클래스 항공권 10장이 필요할 것입니다. 또한, 모든 여행객이 발표 자료를 가져갈 예정이기 때문에, 우리는 전체 인원에 대해 추가 수하물을 필요로 할 것입니다. 출발 항공편은 오전 중이어야 하지만, 돌아오는 항공편에 대해서는 선호하는 것이 없습니다.

항공편의 시간 및 비용을 포함한 선택지 목록을 보내 주실 수 있을까요? 만약 귀 여행사가 공항 셔틀 서비스도 준비하신다면, 그 서비스에 대한 정보도 함께 보내 주시기를 부탁드리겠습니다.

귀하의 답변을 고대하겠습니다.

감사합니다.
Lee Silva, 시 행정 담당관

포인트 해설

④번의 키워드인 '돌아오는 항공편'이 그대로 언급된 지문의 returning flight 주변의 내용에서 출발 항공편은 오전 중이어야 하지만, 돌아오는 항공편에 대해서는 선호하는 것이 없다고 했으므로, ④ '돌아오는 항공편은 오후 시간대여야 한다'는 지문의 내용과 다르다.

정답 ④

어휘

upcoming 다가오는 convention 협의회 depart 출발하다
luggage 수하물, 짐 presentation 발표 preference 선호
arrange 준비하다, 정리하다

DAY 13 하프모의고사 13회

08 독해 빈칸 완성 – 절

밑줄 친 부분에 들어갈 말로 적절한 것은?

Debates over the effectiveness of counterterrorism measures persist in many countries. These measures can take various forms, such as increased airport security screenings, surveillance of individuals or groups, and military operations to eliminate terrorist cells. Some believe that they are necessary to safeguard national security, while others argue that _____. For instance, intensified surveillance of Muslim communities following 9/11 in the US has been criticized for stigmatizing innocent people and exacerbating social tensions without reducing the threat of terrorism. It is also challenging to assess the effectiveness of counterterrorism measures since it is difficult to determine the number of failed attacks. Furthermore, by adapting their tactics and strategies in response to new security measures, terrorists create a perpetual cycle of evasion, leaving the authorities constantly trying to catch up with them. Nevertheless, many countries continue to invest significant resources in counterterrorism efforts, and policymakers face the demanding task of balancing security concerns with civil liberties and other competing priorities.

① they create psychological trauma
② they infringe on civil liberties
③ they weaken international cooperation
④ they expand exchanges between cultures

해석

반테러 조치의 실효성에 대한 논쟁은 많은 나라들에서 계속된다. 이러한 조치들은 증가한 공항 보안 검사, 개인 또는 집단에 대한 감시, 그리고 테러 조직을 제거하기 위한 군사 작전 등 다양한 형태를 취할 수 있다. 몇몇 사람들은 그것들이 국가 안보를 보호하기 위해 필요하다고 생각하지만, 다른 사람들은 그것들이 시민의 자유를 침해한다고 주장한다. 예를 들어, 미국에서 9.11 테러 이후 무슬림 공동체에 대한 강화된 감시는 무고한 사람들을 낙인찍고 테러의 위협을 감소시키지 않으면서 사회적 갈등을 악화시킨다고 비난받아 왔다. 실패한 공격의 수를 판단하기가 어렵기 때문에, 반테러 조치의 실효성을 가늠하는 것 또한 어렵다. 게다가, 새로운 보안 조치에 대응하여 전술과 전략을 조정함으로써, 테러리스트들은 당국이 그들을 따라잡기 위해 끊임없이 노력하게 만들면서, 되풀이되는 회피의 순환 과정을 만든다. 그럼에도 불구하고, 많은 나라들이 반테러 노력에 상당한 자원을 계속 투자하고 있으며, 정책 입안자들은 안보 문제와 시민의 자유 및 다른 경쟁하는 우선순위 간의 균형을 맞추는 힘든 과제에 직면해 있다.

① 그것들이 심리적인 트라우마를 만들어낸다
② 그것들이 시민의 자유를 침해한다
③ 그것들이 국제적인 협력을 약화한다
④ 그것들이 문화 간의 교류를 확대한다

포인트 해설

빈칸 뒤 문장에서 9.11 테러 이후 미국에서 무슬림에 대한 강화된 감시가 무고한 사람들을 낙인찍고 사회적 갈등을 악화시킨다고 비난받았다고 했으므로, 몇몇 사람들은 반테러 조치가 국가 안보를 보호하기 위해 필요하다고 생각하는 반면 다른 사람들은 '그것들이 시민의 자유를 침해한다'고 주장한다고 한 ②번이 정답이다.

정답 ②

어휘

effectiveness 실효성, 효과 counterterrorism 반테러
measure 조치; 측정하다 screening 검사, 상영 surveillance 감시
operation 작전, 수술 eliminate 제거하다 terrorist cell 테러 조직
intensify 강화하다 stigmatize 낙인찍다 innocent 무고한, 무죄의
exacerbate 악화시키다 tension 갈등, 긴장 adapt 조정하다, 적응하다
tactic 전술 strategy 전략 perpetual 되풀이하는, 끊임없는
evasion 회피, 탈출 policymaker 정책 입안자 demanding 힘든, 부담이 큰
liberty 자유 compete 경쟁하다 priority 우선순위
psychological 심리적인 infringe 침해하다, 위반하다 cooperation 협력

09 독해 글의 감상

다음 글에 나타난 화자의 심경으로 적절한 것은?

I felt confident walking into the interview earlier that morning before meeting with the hiring manager. But shortly into the interview, I began to doubt myself. Despite preparing extensively by studying the company's history, business, and organization, the interviewer had not asked any questions related to the company or my projected place within it. Instead, he had posed a series of critical reasoning questions to evaluate my thought processes, and I froze up. I didn't even respond. A drop of sweat ran down my brow, and my eyes glanced nervously around the room. The manager checked his watch, which was never a good sign, as I silently attempted to figure out an answer to his questions. He interrupted to tell me they'd contact me if they decided to move forward with my application, but I felt like I already knew the answer.

① anxious and expectant
② determined and focused
③ excited and energetic
④ worried and regretful

해석

나는 그날 아침 일찍 채용 담당자를 만나기 전에 면접장에 걸어 들어가면서 자신감을 느꼈다. 그러나 면접이 시작되자마자, 나는 내 자신을 의심하기 시작했다. 그 회사의 역사, 사업, 그리고 조직 등을 공부함으로써 폭넓게 준비했음에도 불구하고, 면접관은 회사 또는 그 안에서 예상되는 나의 직무와 관련된 그 어떤 질문도 하지 않았다. 대신, 그는 나의 사고 과정을 평가하기 위해 일련의 비판적인 추론 질문을 제기했고, 나는 얼어붙었다. 나는 대답조차 하지 않았다. 땀방울이 이마를 타고 흘러내렸고, 눈은 초조하게 방 안을 훑어봤다. 내가 아무 말 없이 그의 질문에 대한 답을 알아내려

13회 정답·해석·해설 해커스공무원 매일 하프모의고사 영어 5

고 시도했을 때, 그 담당자는 그의 시계를 확인했는데, 이는 결코 좋은 징조가 아니었다. 그는 그들이 내 지원서를 진행하기로 결정하면 나에게 연락할 것이라며 내가 말하는 것을 중단시켰지만, 나는 이미 그 답을 알고 있는 것처럼 느꼈다.
① 초조하고 기대하는
② 단호하고 목적의식이 있는
③ 신나고 활기찬
④ 걱정되고 후회하는

포인트 해설

지문 전반에 걸쳐 면접관의 추론 질문에 얼어붙은 화자가 아무 대답도 하지 못하자 그 담당자는 시계를 확인한 후 인터뷰를 중단했는데, 이에 화자는 이미 면접 결과를 알고 있는 것처럼 느꼈다는 일화를 소개하고 있으므로, 화자의 심경을 '걱정되고 후회하는'이라고 표현한 ④번이 정답이다.

정답 ④

어휘

confident 자신감 있는 doubt 의심하다; 의심
extensively 폭넓게, 광범위하게 project 예상하다, 계획하다
critical 비판적인, 대단히 중요한 reasoning 추론 evaluate 평가하다
freeze up (태도가) 얼어붙다 brow 이마 glance 대강 훑어보다, 흘긋 보다
figure out ~을 알아내다, 이해하다 interrupt 중단시키다, 방해하다
application 지원(서), 적용 anxious 초조한
expectant 기대하는 determined 단호한 focused 목적의식이 있는
regretful 후회하는, 유감스러운

---

10 독해 문장 삽입   난이도 중 ●●○

주어진 문장이 들어갈 위치로 적절한 것은?

> Also, the preferences of the crowd controlled the level of violence that took place in the arena.

The knights charging at each other with lances and shields in jousting did not originate on the battlefield but as a form of entertainment for wealthy nobles. (①) Based on writing from the medieval period, it appears that the rules of this sport varied, and there was little by way of standardization. (②) For instance, it was not a set of regulations but the tastes of the knight that determined the size and weight of his lance as well as the material used to fashion it. (③) In some areas, the joust would end when a knight was unhorsed from a blow. (④) In others, even once a knight had fallen off his horse, the fight would continue on the ground until one of the two surrendered or was killed.

*joust: 마상 창 시합을 하다

해석

> 또한, 군중들의 선호가 경기장에서 발생했던 폭력성의 수준을 조절했다.

마상 창 시합에서 창과 방패를 가지고 서로를 향해 돌격하는 기사들은 전쟁터가 아니라, 부유한 귀족들의 오락의 한 형태에서 유래했다. ① 중세 시대의 문서로 미루어 볼 때, 이 스포츠의 규칙은 다양했던 것으로 보이며, 표준화 방법은 거의 존재하지 않았다. ② 예를 들어, 그것을 만드는 데 사용되는 재료뿐만 아니라 창의 크기와 무게를 결정했던 것은 일련의 규정들이 아니라 기사의 취향이었다. ③ 어떤 지역에서는, 마상 창 시합은 타격으로 기사 한 명이 말에서 떨어지면 종료되었다. ④ 다른 곳에서는, 심지어 일단 한 기사가 말에서 떨어져도, 시합은 둘 중 한 명이 항복하거나 죽임을 당할 때까지 지상에서 계속되었다.

포인트 해설

③번 앞 문장에 기사들이 사용하는 창의 크기와 무게는 규정이 아니라 기사들의 취향에 따라 결정되었다는 내용이 있고, ③번 뒷부분에 어떤 지역에서는 기사 한 명이 말에서 떨어지면 시합이 종료되는 반면 다른 곳에서는 기사 둘 중 한 명이 항복하거나 죽임을 당할 때까지 시합이 계속되었다는 내용이 있으므로, ③번 자리에 또한(Also) 군중들의 선호가 경기장에서 폭력성의 수준을 조절했다는 내용, 즉 기사들의 취향 외에 마상 경기에 일관된 규칙이 없던 것에 기여한 요인에 대해 설명하는 주어진 문장이 나와야 지문이 자연스럽게 연결된다.

정답 ③

어휘

preference 선호, 기호 crowd 군중 violence 폭력(성), 위반
arena 경기장 knight 기사 charge at ~을 향해 돌격하다 lance 창
shield 방패 originate 유래하다 battlefield 전쟁터 noble 귀족; 고결한
medieval 중세의 standardization 표준화 regulation 규정
fashion 만들다 unhorse 말에서 떨어뜨리다 blow 타격; 불다
surrender 항복하다

구문 분석

(생략), it was not a set of regulations / but the tastes of the knight / that determined the size and weight of his lance / as well as the material used to fashion it.

: 이처럼 'A as well as B' 구문의 B에는 기본이 되는 내용, A에는 첨가하는 내용이 나오며, 'B뿐만 아니라 A도'라고 해석한다.

DAY 14 하프모의고사 14회

▶ 해커스 공무원시험연구소 총평

난이도	정답이 대부분 명확하게 제시되면서, 공무원 9급 시험과 비슷한 난이도로 출제되었습니다.
어휘·생활영어 영역	유의어 파악 유형에서 밑줄 부분의 뜻을 정확히 모르는 경우 정답이 헷갈릴 수 있습니다. 따라서 평소에 다양한 어휘와 그 유의어들을 충분히 학습해 두어야 합니다.
문법 영역	비교 구문은 드물게 출제되는 포인트이기는 하지만, 오히려 독해 영역에서 쓰일 수 있으므로 3번 문제의 '이것도 알면 합격!'을 꼼꼼히 짚고 넘어갑니다.
독해 영역	빈칸이 지문 후반부에 위치한 빈칸 완성 유형의 경우, 빈칸을 포함한 문장이 주제문을 재진술하는 문장일 수 있음을 염두에 둡니다.

▶ 정답

01	③	어휘	06	④	독해
02	③	문법	07	③	독해
03	④	문법	08	②	독해
04	④	생활영어	09	③	독해
05	①	독해	10	③	독해

▶ 취약영역 분석표

영역	맞힌 답의 개수
어휘	/ 1
생활영어	/ 1
문법	/ 2
독해	/ 6
TOTAL	/ 10

---

01 어휘 customary = conventional 난이도 중 ●●○

밑줄 친 부분의 의미와 가장 가까운 것은?

> Saying "bless you" after someone sneezes is <u>customary</u> in many parts of the world. This is a polite response to wish the person well.

① constant ② disruptive
③ conventional ④ irrelevant

해석

누군가 재채기를 하고 나서 "신의 가호가 있기를"이라고 말하는 것은 세계의 많은 지역에서 관습적이다. 이것은 그 사람의 건강을 바라는 정중한 반응이다.

① 지속적인 ② 지장을 주는
③ 관습적인 ④ 무관한

정답 ③

어휘

sneeze 재채기하다 customary 관습적인, 습관적인
polite 정중한, 예의 바른 disruptive 지장을 주는
conventional 관습적인, 전통적인 irrelevant 무관한, 엉뚱한

🏆 이것도 알면 합격!

'관습적인'의 의미를 갖는 유의어
= traditional, typical, habitual

---

02 문법 분사 난이도 하 ●○○

밑줄 친 부분에 들어갈 말로 가장 적절한 것은?

> Half of the documents _____ in the archive were damaged by the flood.

① storing ② is stored
③ stored ④ are stored

해석

기록 보관소에 보관된 문서의 절반이 홍수로 손상되었다.

포인트 해설

③ 현재분사 vs. 과거분사 문장에 이미 동사(were damaged)가 있으므로 빈칸은 명사 the documents를 수식하는 수식어 거품 자리이다. 따라서 동사 형태의 ② is stored와 ④ are stored는 정답이 될 수 없다. 이때 수식받는 명사(the documents)와 분사가 '문서가 보관되다'라는 의미의 수동 관계이므로, 현재분사 ① storing이 아닌 과거분사 ③ stored가 정답이다.

정답 ③

어휘

document 문서, 기록; 기록하다 archive 기록 보관소 flood 홍수; 범람하다

이것도 알면 합격!

감정을 나타내는 분사가 수식 또는 보충 설명하는 대상이 감정을 일으키는 주체인 경우 현재분사를, 감정을 느끼는 대상인 경우 과거분사를 쓴다는 것도 함께 알아 두자.

[현재분사] The **amusing** stories from his childhood always make everyone laugh.
그의 어린 시절의 재미있는 이야기들은 항상 모든 사람을 웃게 만든다.

[과거분사] The **excited** students cheered loudly when their team won the championship.
흥분한 학생들은 그들의 팀이 선수권 대회에서 우승했을 때 크게 환호했다.

---

03 문법 관계절 | 시제 | 형용사 | 비교 구문   난이도 중 ●●○

밑줄 친 부분 중 어법상 옳지 않은 것은?

I am writing in response to your request for feedback on my order from your website. I ① have used the product over the last several ② days. I think that this moisturizer is ③ more effective than any other cream for soothing dry, sensitive skin. I would therefore recommend Softly Nourishing Cream to customers ④ what are interested in buying it.

해석
저는 귀사의 웹사이트에서 제 주문에 대한 의견 요청에 응답하고자 글을 씁니다. 저는 지난 며칠 동안 그 제품을 사용해 왔습니다. 이 수분 크림은 건조하고 민감한 피부를 진정시키는 데 있어 다른 어떤 크림보다 더 효과적이라고 생각합니다. 따라서 저는 Softly Nourishing Cream의 구매에 관심 있는 고객들에게 그것을 추천합니다.

포인트 해설
④ **관계대명사** 명사 customers를 수식하기 위해 형용사 역할을 하는 관계절이 와야 하므로, 명사절 접속사 what이 아닌 관계대명사가 와야 한다. 이때 선행사 customers가 사람이고 관계절 내에서 be동사(are)의 주어 역할을 하므로, 명사절 접속사 what을 사람을 가리키는 주격 관계대명사 who 또는 that으로 고쳐야 한다.

[오답 분석]
① **현재완료 시제** 현재완료 시제와 자주 함께 쓰이는 시간 표현 'over + 시간 표현'(over the last several days)이 왔고, 문맥상 '제품을 사용해 왔다'라며 과거에 시작된 일이 현재까지 계속되고 있음을 표현하고 있으므로, 현재완료 시제 have used가 올바르게 쓰였다.
② **수량 표현** 수량 표현 several은 가산 복수 명사 앞에 쓰이므로 several 뒤에 가산 복수 명사 days가 올바르게 쓰였다.
③ **비교급 형태로 최상급 의미를 나타내는 표현** 문맥상 '다른 어떤 크림보다 더 효과적인'이라는 의미가 되어야 자연스러운데, '다른 어떤 - 보다 더 ~한'은 비교급 형태로 최상급 의미를 만드는 표현 '비교급 + than any other + 단수 명사'의 형태로 나타낼 수 있다. 따라서 than any other cream 앞에 비교급 more effective가 올바르게 쓰였다.

정답 ④

어휘
moisturizer 수분 크림 soothe 진정시키다 sensitive 민감한

이것도 알면 합격!

아래의 비교급 형태로 최상급 의미를 만드는 표현들도 기억하자.

- no other + 단수 명사 + 비교급 + than 다른 어떤 –도 ~보다 더 …하지 않다
  ex) **No other team** is **stronger than** ours in this year's league.
  다른 어떤 팀도 올해 리그에서 우리 팀보다 더 강하지 않다.

- nothing ~ 비교급 + than 다른 어떤 –도 ~보다 더 …하지 않다
  ex) **Nothing** is **more exciting than** traveling to new countries.
  다른 어떤 것도 새로운 나라들을 여행하는 것보다 더 흥미롭지 않다.

---

04 생활영어 How about consulting with a fitness instructor?   난이도 하 ●○○

밑줄 친 부분에 들어갈 말로 가장 적절한 것은?

A: I can't fall asleep no matter how tired I am.
B: Have you tried relaxation techniques, like meditation and deep breathing?
A: Yes, I've tried meditation and deep breathing.
B: Maybe you should try some exercises.
A: That sounds like a good idea. But I'm not sure what kind of exercise I should try.
B: _____
A: I think an expert's advice would be very helpful.

① Engaging in meditation is an excellent pastime.
② Establishing a consistent exercise routine might be the key.
③ What time of day do you prefer to exercise?
④ How about consulting with a fitness instructor?

해석
A: 아무리 피곤해도 잠을 잘 수가 없어요.
B: 명상과 심호흡 같은 이완 기법들을 시도해 보셨나요?
A: 네, 저는 명상도 해 보고 심호흡도 해 봤어요.
B: 아마도 운동을 좀 해 보는 게 좋겠어요.
A: 좋은 생각인 것 같아요. 그렇지만 어떤 종류의 운동을 시도해 봐야 할지 모르겠네요.
B: 운동 강사와 상담해 보는 건 어때요?
A: 전문가의 조언이라면 큰 도움이 될 것 같아요.

① 명상에 참여하는 건 훌륭한 취미예요.
② 지속적인 운동 루틴을 수립하는 것이 핵심일 거예요.
③ 하루 중 어느 시간에 운동하는 걸 선호하나요?
④ 운동 강사와 상담해 보는 건 어때요?

DAY 14 하프모의고사 14회

포인트 해설
불면을 치료하기 위한 운동으로 어떤 것을 시도해 봐야 할지 모르겠다는 A의 고민에 대해 B가 대답하고, 빈칸 뒤에서 다시 A가 I think an expert's advice would be very helpful(전문가의 조언이라면 큰 도움이 될 것 같아요)이라고 대답하고 있으므로, '운동 강사와 상담해 보는 건 어때요?'라는 의미의 ④ 'How about consulting with a fitness instructor?'가 정답이다.

정답 ④

어휘
relaxation 이완, 휴식, 완화 meditation 명상
engage in ~에 참여하다, 관여하다 pastime 취미
establish 수립하다, 설정하다 fitness 운동, 건강 instructor 강사

이것도 알면 합격!
건강 상태를 말할 때 쓸 수 있는 다양한 표현들을 알아 두자.
- I feel a bit sore. 약간 아파요.
- I've been under the weather lately. 요즘 몸이 좀 안 좋아요.
- I'm back to normal. 몸 상태가 정상으로 돌아왔어요.
- He's in great shape for a man his age.
  그는 나이에 비해 상당히 건강해요.

05~06 다음 글을 읽고 물음에 답하시오.

To	Bridlewood Housing Commission
From	Clark Rutherford
Date	May 27
Subject	Application Status Update Needed

Dear Housing Commissioner,

I am writing to request an update on the status of my public housing application, which I submitted over a month ago.

According to the website, it should only take two weeks to determine if I qualify for the affordable housing program. While I understand that applying for the program does not guarantee housing, it would be helpful to know where I stand in the application process so that I can decide whether I should explore other housing options.

I would greatly appreciate an update on my status as soon as possible, either in a response to this email or via a notification on the program portal. Thank you for your attention to this matter.

Best regards,
Clark Rutherford

해석
수신: Bridlewood 주거 위원회
발신: Clark Rutherford
날짜: 5월 27일
제목: 신청 상황에 대한 업데이트 필요

주거 위원회 위원님께,

저는 제가 한 달 전에 제출한 공공 주택의 신청 상황에 대한 업데이트를 요청하고자 글을 씁니다.

웹사이트에 따르면, 제가 적당한 가격의 주택 프로그램에 자격이 있는지를 결정하는 데에는 단지 2주가 걸린다고 합니다. 비록 프로그램을 신청한다고 해서 주택을 보장하지 않는다는 점은 이해하지만, 다른 주택 선택지를 살펴보아야 하는지를 결정할 수 있도록 제가 신청 절차 중 어디에 있는지를 알게 된다면 도움이 될 것입니다.

이 이메일에 대한 답장에서든 프로그램 포털 사이트의 공지를 통해서든, 제 상황에 대해 가능한 한 빨리 업데이트를 해 주신다면 매우 감사할 것입니다. 이 문제에 대한 귀하의 관심에 감사드립니다.

안부를 전하며,
Clark Rutherford

어휘
commission 위원회, 수수료 application 신청(서), 지원(서), 적용
status 상황, 지위, 신분 submit 제출하다 qualify 자격이 있다, 자격을 주다
affordable 적당한 가격의 guarantee 보장하다 explore 살펴보다, 탐색하다
notification 공지, 알림

---

05 독해 목적 파악 난이도 중 ●●○

윗글의 목적으로 가장 적절한 것은?

① To inquire about the current standing of an ongoing application
② To request the required documents to fill out an application
③ To seek technical support regarding an online portal system
④ To ask about the location of a new affordable housing development

해석
① 진행 중인 신청 건의 현재 상태에 대해 문의하려고
② 신청서를 작성하기 위해 필요한 서류를 요청하려고
③ 온라인 포털 시스템에 관한 기술 지원을 모색하려고
④ 적당한 가격의 신규 주택 개발 장소에 대해 질문하려고

포인트 해설
지문 뒷부분에서 다른 주택 선택지를 살펴보아야 하는지 결정할 수 있도록 주택 프로그램 신청 절차 내 위치를 안다면 도움이 될 것이므로, 이메일 답장 또는 포털 사이트의 공지를 통해 업데이트해 달라고 요청하고 있다. 따라서 ① '진행 중인 신청 건의 현재 상태에 대해 문의하려고'가 이 글의 목적이다.

정답 ①

어휘
ongoing 진행 중인 document 서류, 기록; 기록하다 fill out ~을 작성하다

06 독해 유의어 파악 · 난이도 중 ●●○

밑줄 친 explore의 의미와 가장 가까운 것은?

① encompass ② address
③ test ④ examine

해석

① 포함하다 ② 해결하다
③ 시험하다 ④ 살펴보다

포인트 해설

밑줄 친 부분이 포함된 문장에서 explore는 문맥상 다른 주택의 선택지를 '살펴보아야' 하는지를 결정한다는 의미로 쓰였으므로, '살펴보다'라는 의미의 ④ examine이 정답이다.

정답 ④

어휘

encompass 포함하다, 둘러싸다   address 해결하다, 연설하다; 주소
examine 살펴보다, 조사하다

구문 분석

(생략), it would be helpful to know / where I stand in the application process / so that I can decide / whether I should explore other housing options.
: 이처럼 'so that ~ can' 구문이 쓰인 경우 '~하도록'이라고 해석한다.

07 독해 요지 파악 · 난이도 중 ●●○

다음 글의 요지로 적절한 것은?

Young professionals are reminded that one of the keys to career success is developing a strong network. Doing so, they are told, will strengthen their business connections and enhance their visibility within the industry. This, in turn, will allow their accomplishments to become more well-known and lead to additional job opportunities, advancing their careers. But what they aren't told is the cost of relying heavily on professional networking. Cultivating and nurturing a large network can be incredibly time-consuming, even becoming as burdensome as a second full-time job. This takes time away from both their personal lives and the careers they are trying to further. It can also be excessively expensive since attending various networking events requires money for travel expenses and participation fees. As a result, the benefits and costs of networking should be balanced out to guarantee that it is cost-effective in terms of both time and money.

① Visibility within one's industry is the key to career success.
② Career accomplishments are more important than network expansion.
③ The pros and cons of networking must be weighed to ensure it is worth it.
④ Young professionals can rely on professional connections to advance in an industry.

해석

젊은 전문가들은 직업적 성공의 비결 중 하나가 견고한 인적 네트워크의 형성을 발전시키는 것임을 상기하게 된다. 그들은 이렇게 하는 것이 그들의 거래 관계를 강화하고 업계 내에서 지명도를 향상시킬 것이라는 말을 듣는다. 이것은 결과적으로 그들의 업적이 더 잘 알려지게 하고 추가적인 취업 기회로 이어지는데, 이는 그들의 경력을 발전시킨다. 그러나 그들이 듣지 못하는 부분은 전문 인적 네트워크의 형성에 크게 의존하는 데 드는 비용이다. 대규모 인적 네트워크를 구축하고 육성하는 것은 엄청나게 시간이 소요될 수 있으며, 심지어 두 번째 전업만큼 부담이 될 수도 있다. 이것은 그들의 개인적인 삶과 그들이 더 발전시키려고 노력하고 있는 직업 모두에서 시간을 빼앗는다. 또한 다양한 인적 네트워크 형성 행사에 참석하는 것은 여행 경비와 참가비에 드는 돈을 요구하기 때문에 비용이 지나치게 많이 들 수 있다. 결과적으로, 시간과 비용 양쪽 모두에 대해 비용 효율적임을 보장하기 위해서는 인적 네트워크 형성의 이점과 비용이 균형 잡히게 해야 한다.

① 자신의 업계 내의 지명도는 직업적 성공의 비결이다.
② 직업에서의 성취는 인적 네트워크 확장보다 더 중요하다.
③ 인적 네트워크 형성의 장단점을 따져보고 그것이 가치가 있는지 확인해야 한다.
④ 젊은 전문가들은 한 업계에서 발전을 도모하기 위해 직업적 관계에 의존할 수 있다.

포인트 해설

지문 전반에 걸쳐 젊은 전문가들의 관점에서 견고한 인적 네트워크의 형성을 발전시키는 것이 성공에 있어 매우 중요한데, 이러한 인적 네트워크 형성에는 시간과 비용이 지나치게 소요될 수 있으므로 시간과 비용 양쪽에 대해 비용 효율적이게 균형을 맞춰야 한다고 주장하고 있다. 따라서 ③ '인적 네트워크 형성의 장단점을 따져보고 그것이 가치가 있는지 확인해야 한다'가 이 글의 요지이다.

정답 ③

어휘

strengthen 강화하다   enhance 향상시키다   visibility 지명도, 가시성
accomplishment 업적, 성취   cultivate 구축하다, 재배하다
nurture 육성하다, 양육하다   time-consuming 시간이 소요되는
burdensome 부담이 되는   further 발전시키다; 더 멀리   expense 경비, 지출
guarantee 보장하다   cost-effective 비용 효율적인
pros and cons 장단점, 찬반양론   weigh 따져보다, 무게가 ~이다
worth 가치가 있는; 가치

08 독해 빈칸 완성 - 구

밑줄 친 부분에 들어갈 말로 적절한 것은?

Human progress is moving forward at an unprecedented rate thanks to the implementation of digital technologies. However, in spite of this progress, the digital age has brought with it immense setbacks when it comes to protecting human rights. The use of digital technologies has enabled governments and organizations to collect and analyze vast amounts of data about individuals, which can then be used to track their activities and even manipulate their behavior. If this is not addressed with strong data protection laws, our privacy will remain at risk and we may find ourselves as mere components in a system influenced by the decision of those in power; we will once again live in a time where human rights are not protected. The development of policies, regulations, and other measures that ensure the protection of individuals' rights and freedoms is of utmost importance. Otherwise, in the face of all our supposed progress, we will _____.

① be unable to identify threats to democracy
② enter a state of decline
③ have secure access to online spaces
④ return to older technologies

정답 ②

어휘
unprecedented 전례 없는 implementation 시행
immense 엄청난, 거대한 setback 좌절, 차질 analyze 분석하다
vast 방대한, 어마어마한 manipulate 조종하다, 조작하다
address 다루다, 연설하다, 해결하다 component 부품, 요소
measure 조치; 측정하다 in the face of ~에도 불구하고
democracy 민주주의 decline 쇠퇴; 거절하다, 내려가다

09 독해 내용 일치 파악

Consumer Financial Protection Department에 관한 다음 글의 내용과 일치하는 것은?

History and Current Status of the Consumer Financial Protection Department (CFPD)

The CFPD was formed in 2010 via legislation in response to the financial crisis of 2008. It was originally established to safeguard consumers from large financial institutions that used exploitative practices, such as charging excessive fees for credit cards, student loans, and mortgages. In the last decade, the CFPD has shifted its focus toward newly emerging financial technology companies that provide a broad range of services but are not yet under the same level of scrutiny as traditional financial institutions. The CFPD's complaint system allows consumers to submit grievances against such companies. When warranted, it has the power to order offending companies to compensate victims of illegal fees or scams.

① It was officially established in 2008.
② Its initial mission was to punish exploitative practices of financial institutions.
③ It provides a way for consumers to file complaints.
④ It offers direct compensation to victims of fraud.

용 사기 사건의 피해자들에게 보상하도록 문제가 되는 회사들에 명령할 권한을 가집니다.

① 그것은 2008년에 공식적으로 설립되었다.
② 그것의 초기 사명은 금융 기관들의 착취적인 관행을 처벌하는 것이었다.
③ 그것은 소비자들이 민원을 넣을 방법을 제공한다.
④ 그것은 사기 피해자들에게 직접적인 보상을 제공한다.

포인트 해설

③번의 키워드인 file complaints(민원을 넣다)를 바꾸어 표현한 지문의 submit grievances(불만 사항을 제기하다) 주변의 내용에서 소비자금융보호원의 민원 시스템은 소비자들이 불만 사항을 제기할 수 있게 한다고 했으므로, ③ '그것은 소비자들이 민원을 넣을 방법을 제공한다'가 지문의 내용과 일치한다.

[오답 분석]

① 소비자금융보호원은 2008년 금융 위기에 대응하여 2010년에 입법을 통해 구성되었다고 했으므로, 그것이 2008년에 공식적으로 설립되었다는 것은 지문의 내용과 다르다.
② 소비자금융보호원은 착취적인 관행을 하는 대형 금융 기관들로부터 소비자를 보호하기 위해 설립되었다고 했지만, 그것의 초기 사명이 금융 기관들의 착취적인 관행을 처벌하는 것이었는지는 알 수 없다.
④ 소비자금융보호원은 불법 수수료 또는 신용 사기 사건의 피해자들에게 보상하도록 문제가 되는 회사들에 명령할 권한을 가진다고 했으므로, 그것이 사기 피해자들에게 직접적인 보상을 제공한다는 것은 지문의 내용과 다르다.

정답 ③

어휘

financial 금융의   legislation 입법   crisis 위기   institution 기관
exploitative 착취적인   charge 부과하다, 청구하다; 요금   excessive 과도한
scrutiny 철저한 검토, 정밀 조사   complaint 민원, 항의, 불평
grievance 불만 (사항)   warrant 정당하게 만들다; 정당한 이유, 보증
offending 문제가 되는, 불쾌하게 하는   compensate 보상하다
victim 피해자   illegal 불법적인   scam 신용 사기 (사건)

---

10 독해 무관한 문장 삭제   난이도 중 ●●○

다음 글의 흐름상 어색한 문장은?

On a movie set, the camera crew collaborates to capture the most visually stunning shots for a film. ① The director of photography oversees all visual aspects of the film, from lighting to the lenses used, and works closely with the movie's director to bring their vision to life on the screen. ② The first assistant camera is responsible for ensuring that each shot remains in focus during filming while also documenting the positions of the actors and other elements in each shot. ③ For many major movie studio productions, advertising campaigns begin two months before the film's release. ④ The second assistant camera keeps track of the transportation of camera equipment between locations and uses the film slate to mark the beginning and end of each take.

해석

영화 세트장에서, 촬영진은 영화에서 가장 시각적으로 근사한 장면들을 포착하기 위해 공동으로 작업한다. ① 사진 감독은 조명에서부터 사용되는 렌즈에 이르기까지 영화의 모든 시각적 측면들을 감독하고 스크린 위로 그것들의 영상에 활기를 불어넣기 위해 영화감독과 긴밀히 협력한다. ② 첫 번째 보조 카메라는 촬영 중에 각각의 장면이 초점을 유지하도록 하는 동시에 또한 각각의 장면에서 배우들과 다른 요소들의 위치를 기록하는 것을 담당한다. ③ 많은 주요 영화 스튜디오 제작물들에 대해, 광고 캠페인은 영화 개봉 두 달 전에 시작한다. ④ 두 번째 보조 카메라는 장소들 사이의 카메라 장비의 이동을 추적하고 각 테이크의 시작과 끝을 표시하기 위해 필름 슬레이트를 사용한다.

포인트 해설

첫 문장에서 영화 세트장에서 촬영진은 근사한 장면을 포착하기 위해 공동으로 작업한다고 언급하고, ①번은 '영화의 모든 시각적 측면들을 감독하는 사진 감독', ②, ④번은 '첫 번째 보조 카메라와 두 번째 보조 카메라가 영화 촬영 시 맡는 역할'에 대해 설명하고 있다. 그러나 ③번은 '영화 광고 캠페인의 시작 시점'에 대한 내용으로, 첫 문장의 내용과 관련이 없다.

정답 ③

어휘

camera crew 촬영진   collaborate 공동으로 작업하다, 협력하다
capture 포착하다   stunning 근사한, 아름다운   director 감독, 책임자
oversee 감독하다   bring to life 활기를 불어넣다   vision 영상, 시력, 미래상
release 개봉, 발표, 출시; 풀어 주다   keep track of ~을 추적하다, 파악하다
transportation 이동, 운송
take 테이크(영화에서 카메라를 중단시키지 않고 한 번에 찍는 장면이나 부분)

DAY 15 하프모의고사 15회

▶ 해커스 공무원시험연구소 총평

난이도 지문의 길이와 상관없이 문제 유형에 따른 풀이 전략을 차근차근 적용함으로써 쉽게 풀어낼 수 있는 회차였습니다.

어휘·생활영어 영역 4번과 같이 생활영어 문제가 일상생활 속 짧은 대화로 주어지는 경우, 결코 틀려서는 안 됩니다.

문법 영역 능동태와 수동태를 구별하는 포인트에서는 주어와 동사를 해석하는 것이 필수적이므로, 여러 동사의 기본 의미를 정확하게 알아 두는 것이 중요합니다.

독해 영역 이메일은 보통 '인사 – 목적 확인 – 세부 사항 – 추가 요청 또는 결론 강조 – 끝맺음'의 흐름으로 전개되므로, 문제가 묻는 것에 해당하는 부분을 집중하여 읽음으로써 정답에 대한 단서를 빠르게 찾을 수 있습니다.

▶ 정답

01	④	어휘	06	②	독해
02	①	문법	07	③	독해
03	④	문법	08	④	독해
04	②	생활영어	09	④	독해
05	③	독해	10	②	독해

▶ 취약영역 분석표

영역	맞힌 답의 개수
어휘	/1
생활영어	/1
문법	/2
독해	/6
TOTAL	/10

---

01 어휘 functional 난이도 중 ●●○

밑줄 친 부분에 들어갈 말로 가장 적절한 것은?

> The latest vehicle design is fairly _____, as it lacks any unnecessary features equipped with performance.

① trendy ② durable
③ spacious ④ functional

해석
그 최신 자동차 디자인은 상당히 실용적인데, 그것은 성능을 갖추면서 어떠한 불필요한 기능도 없기 때문이다.
① 최신 유행의 ② 내구성 있는
③ 넓찍한 ④ 실용적인

정답 ④

어휘
fairly 상당히, 꽤 lack ~이 없다, 부족하다 equip 갖추다
trendy 최신 유행의 durable 내구성 있는, 오래가는 spacious 넓찍한
functional 실용적인, 기능적인

🖊 이것도 알면 합격!

'실용적인'의 의미를 갖는 유의어
= practical, useful, serviceable

---

02 문법 부사절 난이도 중 ●●○

밑줄 친 부분에 들어갈 말로 가장 적절한 것은?

> They monitored their child's online activity lest she accidentally _____ harmful or inappropriate content.

① access ② accesses
③ accessed ④ had accessed

해석
그들은 자녀의 온라인 활동을 감시했는데, 이는 그녀가 우연히 해롭거나 부적절한 콘텐츠에 접근하지 않도록 하기 위해서였다.

포인트 해설
① 부사절 접속사 '그녀가 우연히 해롭거나 부적절한 콘텐츠에 접근하지 않도록'은 부사절 접속사 lest(~하지 않도록)를 사용하여 나타낼 수 있는데, 접속사 lest가 이끄는 절의 동사는 '(should) + 동사원형'의 형태를 취하므로 ① access가 정답이다.

정답 ①

어휘
monitor 감시하다 lest ~하지 않도록 inappropriate 부적절한

이것도 알면 합격!

한편, '~하도록'이라는 의미를 나타내기 위해서는 부사절 접속사 so that (in order that) ~ can/may/will을 사용할 수 있다는 것도 알아 두자.
- I'll save some money **so that** I **can** buy a new computer.
  나는 새 컴퓨터를 살 수 있도록 돈을 일부 저축할 것이다.

이것도 알면 합격!

④번의 'regard as'처럼 '타동사 + 부사' 형태의 동사구가 수동태가 되는 경우, 동사구의 부사는 수동태 동사 뒤에 그대로 남는다는 것을 기억하자.
- The event **was called off** as a result of unexpected weather conditions. 그 행사는 예기치 못한 기상 조건으로 취소되었다.

---

03 문법 수동태 | 동사의 종류 | 전치사 | 대명사 난이도 중 ●●○

밑줄 친 부분 중 어법상 옳지 않은 것은?

A fable is a fictional narrative that highlights, as well as ① <u>helps clarify</u>, certain aspects of human behavior and a lesson. By using animals and inanimate objects, fables try to make light of human weakness without ② <u>insulting</u> the person the tale concerns. If readers pay attention to characters' weaknesses, they may recognize ③ <u>theirs</u> as well. Traditionally, fables can ④ <u>regard</u> as more than just children's stories, as they were meant to teach not only children but also adults.

해석

우화는 인간 행동의 특정한 측면과 교훈을 명확하게 하도록 도울 뿐만 아니라, 강조하기도 하는 허구의 이야기이다. 동물과 무생물들을 사용함으로써, 우화는 이야기와 관련된 사람을 모욕하지 않으면서 인간의 약점을 가볍게 여기려고 한다. 만약 독자가 등장인물들의 약점에 주의를 기울인다면, 그들은 자신들의 것(약점) 역시 깨달을 수 있다. 전통적으로, 우화는 단지 아이들의 이야기 이상으로 여겨질 수도 있는데, 이는 아이들뿐만 아니라 어른들에게도 가르침을 주도록 의도되었기 때문이다.

포인트 해설

④ **능동태·수동태 구별** 주어 fables와 동사가 '우화가 ~으로 여겨질 수 있다'라는 의미의 수동 관계이므로 능동태 regard를 수동태 be regarded로 고쳐야 한다.

[오답 분석]

① **원형 부정사를 목적격 보어로 취하는 동사** 준 사역동사 help는 목적어로 to 부정사 또는 원형 부정사를 취하므로, helps 뒤에 원형 부정사 clarify가 올바르게 쓰였다.
② **전치사 자리** 전치사 without 뒤에 명사 역할을 하는 동명사 insulting이 올바르게 쓰였다.
③ **인칭대명사** 문맥상 '독자가 등장인물들의 약점에 주의를 기울인다면, 그들은 자신들의 것 역시 깨달을 수 있다'라는 의미가 되어야 자연스러우므로, 대명사가 지시하는 것은 '자신들의 약점'이다. 이때, '소유격(their) + 명사(weaknesses)'는 소유대명사로 나타낼 수 있으므로 소유대명사 theirs가 올바르게 쓰였다.

정답 ④

어휘

fable 우화, 꾸며낸 이야기 fictional 허구의, 소설의 narrative 이야기, 묘사
highlight 강조하다 clarify 명확하게 하다 aspect 측면
inanimate 무생물의 make light of ~을 가볍게 여기다
insult 모욕하다; 모욕 regard as ~으로 여기다

---

04 생활영어 How long will the exhibition run? 난이도 하 ●○○

밑줄 친 부분에 들어갈 말로 가장 적절한 것은?

 Matthew Reynolds
Have you seen the new exhibition at the art museum?
15:04

Samantha Barnes
No, I haven't. What's it about?
15:04

 Matthew Reynolds
It's a collection of contemporary art pieces from around the world.
15:05

Samantha Barnes
_____?
15:05

 Matthew Reynolds
It'll be displayed until September, so there's still plenty of time to go check it out.
15:06

Samantha Barnes
That sounds great. I'll have to make time to go see it.
15:06

① When can I avoid crowds
② How long will the exhibition run
③ When is the artist's tour scheduled
④ What time does the museum close

해석

Matthew Reynolds: 미술관에서 새로 열리는 전시회 봤어요?
Samantha Barnes: 아뇨, 아직이요. 어떤 건데요?
Matthew Reynolds: 전 세계에서 온 현대 미술 작품들을 모아놓은 거예요.
Samantha Barnes: 그 전시가 얼마나 운영될까요?
Matthew Reynolds: 9월까지는 전시될 거라서, 가서 볼 시간은 아직 많이 있어요.
Samantha Barnes: 잘됐네요. 그것을 보러 갈 시간을 내야겠어요.

DAY 15 하프모의고사 15회

① 언제 가면 사람들을 피할 수 있을까요
② 그 전시가 얼마나 운영될까요
③ 그 예술가의 투어가 언제 예정되어 있나요
④ 그 미술관은 몇 시에 문을 닫나요

포인트 해설
미술관의 신규 전시회가 전 세계 현대 미술 작품을 모아놓은 것이라는 Matthew의 말에 Samantha가 질문하고, 빈칸 뒤에서 다시 Matthew가 It'll be displayed until September(9월까지는 전시될 거예요)라고 말하고 있으므로, '그 전시가 얼마나 운영될까요?'라는 의미의 ② 'How long will the exhibition run'이 정답이다.

정답 ②

어휘
exhibition 전시(회)   contemporary 현대의, 동시대의
display 전시하다, 진열하다   crowd 사람들, 군중   run 운영하다, 달리다

이것도 알면 합격!

기간에 대해 말할 때 쓸 수 있는 다양한 표현들을 알아 두자.
- It's due at 5 p.m. 오후 5시까지예요.
- There's no time to lose. 지체할 시간이 없어요.
- There's only half an hour left! 30분밖에 남지 않았어요!
- I won't be able to finish by the deadline.
  기한까지 완성하지 못할 것 같아요.

05~06 다음 글을 읽고 물음에 답하시오.

(A)

Are you looking for a fun way to stay in shape while connecting with other community members?

If so, become a player in the new adult softball league! We already have access to a field and sponsorships for uniforms.

For those interested in playing, we're holding a meeting. We'll also discuss volunteer positions for non-players to assist the league in running smoothly, such as pitching in to help with scheduling and refereeing.

Who's ready to play ball?

Supported by the Callahassee Recreation Department

- Location: Callahassee Recreation Center
- Date: Thursday, April 28
- Time: 7:00 p.m.

To sign up to play, please fill out the online form on the "Softball Recruitment" page at www.callahasseerecreation.com. The season is expected to start on June 1.

해석

(A) 지금 스포츠 리그에 참가하셔서, 여러분의 열정을 불태우세요!

다른 지역 사회 구성원들과 관계를 맺으면서 건강을 유지하는 재미있는 방법을 찾고 계신가요?

그렇다면, 새로워진 성인 소프트볼 리그에서 선수가 되세요! 저희는 경기장 접근권과 유니폼에 대한 후원을 이미 확보한 상태입니다.

경기에 관심 있으신 분들을 위해, 저희는 모임을 개최합니다. 저희는 또한 일정 조정과 심판 보는 것을 도우려 협력하는 것처럼, 리그가 원활하게 운영되도록 선수가 아닌 분들을 위한 자원봉사자 직책에 대해서도 논의할 것입니다.

소프트볼 경기를 할 준비가 되셨나요?

Callahassee 레크리에이션 부서 후원

- 장소: Callahassee 레크리에이션 센터
- 날짜: 4월 28일, 목요일
- 시간: 오후 7시

경기를 하기 위해 등록하시려면, www.callahasseerecreation.com의 '소프트볼 모집' 페이지에서 온라인 양식을 작성해 주세요. 시즌은 6월 1일에 시작할 예정입니다.

어휘
stay in shape 건강을 유지하다   sponsorship 후원   pitch in ~에 협력하다
referee 심판을 보다   recruitment 모집

05 독해 제목 파악   난이도 중 ●●○

(A)에 들어갈 윗글의 제목으로 가장 적절한 것은?

① Exciting Volunteer Opportunities at the Recreation Center
② Celebrate the Callahassee Softball Team's Triumph!
③ Fuel Your Passion: Join Our Sports League Now!
④ Watch Thrilling Sports Events in Callahassee!

해석
① 레크리에이션 센터에서 신나는 자원봉사 기회
② Callahassee 소프트볼팀의 승리를 축하하세요!
③ 지금 스포츠 리그에 참가하셔서, 여러분의 열정을 불태우세요!
④ Callahasse의 짜릿한 스포츠 행사를 관람하세요!

포인트 해설

지문 앞부분에서 새로워진 성인 소프트볼 리그에서 선수가 될 것을 권유하면서, 경기에 관심 있는 사람들을 위한 모임을 가지고 리그가 원활하게 운영되기 위한 자원봉사자 직책에 대해 논의할 것이라고 설명하고 있다. 따라서 ③ '지금 스포츠 리그에 참가하셔서, 여러분의 열정을 불태우세요!'가 이 글의 제목이다.

정답 ③

어휘

celebrate 축하하다 triumph 승리 passion 열정 thrilling 짜릿한

---

06 독해 내용 불일치 파악 난이도 중 ●●○

위 안내문의 내용과 일치하지 않는 것은?

① 소프트볼 리그가 열릴 경기장이 결정되었다.
② 전문 심판이 참여할 예정이다.
③ 선수 등록은 웹사이트를 통해 가능하다.
④ 경기 시즌은 6월부터 시작될 것이다.

포인트 해설

②번의 키워드인 '심판'을 바꾸어 언급한 지문의 refereeing(심판 보는 것) 주변의 내용에서 리그가 원활하게 운영되도록 자원봉사자 직책에 대해서도 논의할 것이라고 했지만, ② '전문 심판이 참여할 예정인'지는 알 수 없다.

정답 ②

---

07 독해 빈칸 완성 - 절 난이도 중 ●●○

밑줄 친 부분에 들어갈 말로 적절한 것은?

To	introstudents@ddschool.com
From	o.henderson@ddschool.com
Date	September 10
Subject	Notice before First Class

Dear Students,

Thank you for enrolling in the User Interface (UI) Introduction course. Before our first lesson, I want you to familiarize yourself with the basics of UI design. The following five guidelines will be the basis of all of our work this semester:

1. Design element consistency helps users get familiar with the interface.
2. Clear and simple language allows users to understand the interface efficiently.
3. User-friendly menus provide quick navigation through the site.
4. Accessibility solutions address the needs of users with visual impairments to make the app as inclusive as possible.
5. Bug-free programming creates a frustration-free user experience by eliminating issues in the code.

I hope _____.
I will strive to prepare outstanding classes that meet your needs. Please remember to bring your laptop and the textbook.

Warm regards,
Olivia Henderson
Digital Design School UI Instructor

① you clearly understand the course grading system
② the value of this course will spread through word of mouth
③ these guidelines will prepare you well for our exciting journey
④ the UI industry remains closely connected to our daily lives.

해석

수신: introstudents@ddschool.com
발신: o.henderson@ddschool.com
날짜: 9월 10일
제목: 첫 수업 전 공지 사항

수강생 여러분께,

사용자 인터페이스(UI) 소개 강의에 등록해 주신 데 감사드립니다. 첫 수업 전에, 저는 여러분이 사용자 인터페이스 디자인의 기본에 익숙해지기를 바랍니다. 다음 다섯 가지 가이드라인은 이번 학기에 우리의 모든 작업의 기초가 될 것입니다:

1. 디자인 요소의 일관성은 사용자가 인터페이스에 익숙해지도록 돕습니다.
2. 명확하고 간단한 언어는 사용자가 인터페이스를 효율적으로 이해하게 합니다.
3. 사용자 친화적인 메뉴는 사이트를 통해 신속한 탐색을 제공합니다.
4. 접근성 해결책은 시각 장애가 있는 사용자의 요구를 해결하여 앱을 최대한 포괄적으로 만듭니다.
5. 버그 없는 프로그래밍은 코드에 있는 문제를 제거함으로써 불만이 없는 사용자 경험을 만듭니다.

저는 이 가이드라인이 여러분이 우리의 흥미로운 여정을 잘 준비할 수 있게 해주기를 바랍니다. 여러분의 필요를 충족시키는, 우수한 수업을 준비하기 위해 노력하겠습니다. 노트북과 교과서를 지참하는 것을 명심해 주세요.

따뜻한 안부를 전하며,
Olivia Henderson
디지털 디자인 학교 사용자 인터페이스 강사

① 여러분이 강의의 채점 체계를 명확하게 이해한다
② 이 수업의 가치가 입소문으로 퍼질 것이다
③ 이 가이드라인이 여러분이 우리의 흥미로운 여정을 잘 준비할 수 있게 해준다
④ 사용자 인터페이스 산업이 여전히 우리의 일상과 밀접하게 연관된다

포인트 해설

지문 앞부분에 사용자 인터페이스 강의 전에 그 강의의 기초가 될 다섯 가지 가이드라인을 제시하고, 빈칸 뒤 문장에 수강생들의 요구를 충족시키는 수업을 준비하겠다는 내용이 있으므로, '이 가이드라인이 여러분이 우리의 흥미로운 여정을 잘 준비할 수 있게 해주기'를 바란다고 한 ③번이 정답이다.

정답 ③

어휘

enroll 등록하다 familiarize 익숙하게 하다, 친해지다 element 요소
consistency 일관성 efficiently 효율적으로 navigation 탐색, 항해
accessibility 접근성 impairment 장애 inclusive 포괄적인
frustration 불만, 좌절 eliminate 제거하다 strive 노력하다
outstanding 우수한, 뛰어난 instructor 강사
grade 채점하다, 성적을 매기다 word of mouth 입소문으로

---

08 독해 요지 파악   난이도 중 ●●○

다음 글의 요지로 적절한 것은?

> Setting boundaries in a professional setting is essential for maintaining a healthy working life and avoiding burnout. To do this, first, communicate openly about your availability. For example, let coworkers know that you won't be checking emails after a certain time in the evening or that you won't be free to take calls during designated times. In addition, make sure to establish boundaries around workload. This involves setting realistic deadlines and communicating with your supervisor about your capacity to handle additional work. By being honest about how much you can do, you can prevent others from overburdening you with tasks and ensure that you prioritize your most important responsibilities. Related to this is learning to say no. Accepting every opportunity that comes your way can quickly lead to burnout. When you become comfortable with turning down requests beyond your capacity, it allows you to direct your time and energy toward your top priorities.

① Work together to get ahead.
② Assign tasks to ease the workload.
③ Utilize digital communication.
④ Create healthy limits at work.

해석

직업 환경에서 경계를 정하는 것은 건강한 직장 생활을 유지하고 번아웃을 방지하기 위해 필수적이다. 이렇게 하려면, 먼저 당신의 업무 가능성에 대해 터놓고 대화를 나눠야 한다. 예를 들어, 동료로 하여금 당신이 저녁의 특정한 시간 이후에 이메일을 확인하지 않을 것이라든지 지정된 시간 동안에는 자유롭게 전화를 받을 수 없을 것임을 알게 하라. 그뿐만 아니라, 업무량에 대한 경계를 설정해야 한다. 이것은 현실적인 기한을 정하고 추가 업무를 처리할 수 있는 당신의 능력에 대해 관리자와 대화를 나누는 것을 포함한다. 당신이 얼마나 많이 할 수 있는지에 대해 솔직함으로써, 당신은 다른 이들이 당신에게 과중한 업무 부담을 주지 않게 하고 당신이 자신의 가장 중요한 책임의 우선순위를 매기는 것을 보장할 수 있다. 이것과 관련된 것은 아니라고 말하는 법을 배우는 것이다. 당신에게 오는 모든 기회를 받아들이는 것은 번아웃으로 빠르게 이어질 수 있다. 당신이 능력을 초과하는 요청에 거절하는 데 익숙해지면, 그것은 당신의 시간과 에너지가 당신의 최우선 순위로 향하게 해 준다.

① 성공하기 위해 협력하라.
② 업무량을 완화하기 위해 업무를 맡겨라.
③ 디지털 통신을 활용하라.
④ 직장에서 건전한 경계를 만들어라.

포인트 해설

지문 처음에서 직업 환경에서 경계를 정하는 것은 건강한 직장 생활을 유지하고 번아웃을 예방하기 위해 필수적이라고 하고, 지문 중간에서 걸쳐 자신의 이용 가능성에 대해 터놓고 대화를 나눌 것과 업무량에 대한 경계를 설정할 것을 제시하고 있다. 따라서 ④ '직장에서 건전한 경계를 만들어라'가 이 글의 요지이다.

정답 ④

어휘

boundary 경계 setting 환경, 배경 availability 이용 가능성, 유용성
coworker 동료 designate 지정하다, 지명하다
establish 설정하다, 수립하다 workload 업무량 deadline 기한
supervisor 관리자, 감독관 capacity 능력 overburden 과중한 부담을 주다
prioritize 우선순위를 매기다 responsibility 책임
turn down ~을 거절하다 direct 향하게 하다, 지도하다
get ahead 성공하다 limit 경계, 한계(선); 제한하다

구문 분석

By being upfront about how much you can do, / you can **prevent others from** overburdening you with tasks (생략).
: 이처럼 'prevent + 목적어 + from' 구문이 오면 '목적어가 ~하지 않게 하다' 또는 '목적어가 ~하는 것을 막다'라고 해석한다.

---

09 독해 문장 삽입   난이도 중 ●●○

주어진 문장이 들어갈 위치로 적절한 것은?

> This could be because space agencies are not always vocal about their achievements.

> The United States first put a man on the moon in 1969, and other men later walked on its surface, but no one has been up there since 1972. (①) Instead, NASA began its Space Shuttle program, though its rockets never ventured beyond Earth's orbit. (②) Today, governments and private companies are spending billions on space exploration and sending wealthy entrepreneurs on costly joyrides into space. (③) Some wonder if human space flight is worth the expense as they see little redeeming value in exploring space. (④) In truth, due to the need for new systems to make space exploration possible, many areas of human life have benefitted from sending people into space. For example, the Apollo guidance computer was a

predecessor to the microcomputer, which is now used in smartphones.

해석

이것은 우주 기관들이 그들의 업적에 대해 항상 목소리를 내지는 않기 때문일 수 있다.

미국은 1969년에 처음으로 사람을 달에 보냈고, 후에 다른 사람들이 달 표면을 걸었지만, 1972년 이후로는 아무도 그곳에 가지 않았다. ① 대신, NASA는 비록 그것의 로켓이 지구의 궤도를 벗어나 모험한 적이 없음에도 불구하고, 우주 왕복선 프로그램을 시작했다. ② 오늘날, 정부와 민간 기업들은 우주 탐사에 수십억 달러를 쓰고 부유한 기업가들을 값비싸고 무모한 우주 여행에 보내고 있다. ③ 몇몇 사람들은 우주 탐사에 보상 가치가 거의 없다고 보기 때문에 유인 우주 비행이 비용을 들일 만한 가치가 있는지 의심한다. ④ 사실, 우주 탐사를 가능하게 하기 위해 새로운 시스템이 필요하기 때문에, 우리 삶의 많은 분야는 사람들을 우주로 보내는 것으로부터 혜택을 받아 왔다. 예를 들어, Apollo 안내 컴퓨터는 마이크로컴퓨터의 전신이었는데, 이것은 현재 스마트폰에 사용된다.

포인트 해설

④번 앞 문장에 몇몇 사람들이 유인 우주 비행이 비용을 들일 만한 가치가 있는지 의심한다는 내용이 있고, 뒤 문장에 사실(In truth) 우리 삶의 많은 분야가 사람들을 우주로 보내는 것으로부터 이익을 얻어 왔다는 내용이 있으므로, ④번 자리에 이것(This)은 우주 기관들이 자신들의 업적에 대해 항상 목소리를 내지는 않기 때문일 수 있다는 내용, 즉 우주 기관들의 홍보 부족을 근거로 우주 탐사에 대한 부정적인 의견이 옳지 않다는 것을 주장하는 주어진 문장이 나와야 적절하다.

정답 ④

어휘

vocal 목소리를 내는, 구두의 achievement 업적 shuttle 왕복선
venture 모험하다; 모험 orbit 궤도; 궤도를 돌다 exploration 탐사, 탐험
entrepreneur 기업가 joyride 무모한 여행, 난폭하게 운전하기
wonder 의심하다, 궁금해하다 expense 비용, 경비
redeeming 보상하는, 상쇄하는 predecessor 전신, 전임자

---

10 독해 무관한 문장 삭제   난이도 중 ●●○

다음 글의 흐름상 어색한 문장은?

Wireless communication technology is being applied in innovative ways. One of which allows medical professionals in the healthcare industry to remotely access real-time updates of patient vital signs, including heart rate, blood pressure, and oxygen levels. ① This is especially helpful for those with chronic conditions such as diabetes, heart disease, or respiratory disorders that require regular monitoring. ② Interestingly, there are concerns about the possibility that remote patient monitoring could lead to more medical errors than traditional in-person care. ③ Wireless communication is also integral to advanced transportation systems, with smart highways and connected cars communicating to reduce accidents and improve traffic flow. ④ This technology has the potential to enhance road safety and reduce congestion. Furthermore, public safety communication networks use this technology to provide secure and reliable channels between first responders during emergency situations, allowing them to accelerate their response times and have better situational awareness in critical situations, ultimately leading to more lives saved.

해석

무선 통신 기술은 혁신적인 방식으로 적용되고 있다. 그 기술들 중 하나는 의료계에 종사하는 의료 전문가들이 심박수, 혈압 및 산소 수준을 포함한 환자 활력 징후에 대한 실시간 최신 정보에 원격으로 접근할 수 있게 해준다. ① 이것은 정기적인 관찰이 필요한 당뇨병, 심장 질환, 또는 호흡기 장애와 같은 만성 질환을 가진 사람들에게 특히 도움이 된다. ② 흥미롭게도, 원격 환자 모니터링이 전통적인 대면 진료보다 많은 의료 과실을 발생시킬 수 있다는 가능성에 대한 우려가 있다. ③ 무선 통신은 또한 첨단 교통 시스템에 필수적인데, 이는 스마트 고속도로와 커넥티드 카가 사고를 줄이고 교통 흐름을 개선하기 위해 서로 통신하는 방식으로 이루어진다. ④ 이 기술은 도로 안전을 강화하고 혼잡을 줄일 가능성이 있다. 그뿐만 아니라, 공공 안전 통신 네트워크는 응급 상황 도중에 응급 처치 요원 간의 안전하고 신뢰할 수 있는 채널을 제공하기 위해 이 기술을 사용하는데, 이는 결정적인 상황에서 그들이 대응 시간을 단축하고 더 나은 상황 인식을 가지게 함으로써, 궁극적으로 더 많은 생명을 구하는 것으로 이어진다.

포인트 해설

지문 앞부분에서 무선 통신 기술은 혁신적인 방식으로 적용되고 있는데, 의료 산업에서는 원격으로 환자의 활력 징후를 확인할 수 있다고 언급하고, ①번은 '원격으로 환자의 활력 징후를 확인하는 것이 유용한 사례', ③, ④번은 '교통 시스템에 필수적인 무선 통신 기술과 그 기술의 예상되는 효과'에 대해 설명하고 있다. 그러나 ②번은 '원격 환자 모니터링의 불완전함에 대한 우려'에 대한 내용으로, 지문 앞부분의 내용과 관련이 없다.

정답 ②

어휘

wireless 무선의 apply 적용하다, 신청하다 innovative 혁신적인
remotely 원격으로 real-time 실시간의 vital sign 활력 징후
chronic 만성적인, 장기간에 걸친 diabetes 당뇨병
respiratory 호흡 기관의, 호흡 작용의 disorder 장애, 엉망
integral 필수적인
connected car 커넥티드 카(인터넷이 연결되어 데이터를 송수신할 수 있는 자동차)
congestion 혼잡, 밀집 reliable 신뢰할 수 있는
first responder 응급 처치 요원 accelerate 기간을 단축하다, 가속화하다
awareness 인식 ultimately 궁극적으로

DAY 16 하프모의고사 16회

> **해커스 공무원시험연구소 총평**

난이도	회의실 예약·멀티태스킹 등 일상에서 쉽게 찾을 수 있는 소재 위주로 출제되어, 특별히 어려운 문제가 없었을 것입니다.
어휘·생활영어 영역	4번과 같이 어색한 대화를 고르는 유형에서는 문맥에서 살짝 벗어나는 대답에 주의합니다.
문법 영역	분사는 관련 포인트로만 구성되어 한 문제로 출제된 적이 있을 만큼 공무원 시험에서 자주 출제되어 왔으므로, 3번의 보기 ②번과 같은 기본 이론을 묻는 경우 틀려서는 안 됩니다.
독해 영역	정부 기관을 다루는 지문의 경우 관련 분야의 전문적인 어휘들이 등장하여 빠르게 지문을 읽어내기 어렵다고 느낄 수 있지만, 이와 같은 지문에 대해 어휘를 꼼꼼히 정리해 두면 비슷한 소재의 지문을 읽는 것이 훨씬 수월해질 것입니다.

> **정답**

01	④	어휘	06	③	독해
02	①	문법	07	④	독해
03	②	문법	08	③	독해
04	④	생활영어	09	④	독해
05	②	독해	10	②	독해

> **취약영역 분석표**

영역	맞힌 답의 개수
어휘	/ 1
생활영어	/ 1
문법	/ 2
독해	/ 6
TOTAL	/ 10

01 어휘 subside   난이도 중 ●●○

밑줄 친 부분에 들어갈 말로 가장 적절한 것은?

> The city was buzzing with activity during the fire festival, but the excitement _____ once the event was over.

① intensified   ② lingered
③ fluctuated   ④ subsided

해석
불꽃 축제 내내 그 도시는 활기로 떠들썩했지만, 행사가 끝나자 흥분이 진정되었다.

① 격렬해졌다   ② 계속되었다
③ 변동을 거듭했다   ④ 진정되었다

정답 ④

어휘
buzz with activity 활기로 떠들썩하다   excitement 흥분, 신남
intensify 격렬해지다   linger 계속되다, 남아 있다   fluctuate 변동을 거듭하다
subside 진정되다

> **이것도 알면 합격!**

'진정되다'와 의미를 갖는 표현
= calm down, settle down, abate, ease

02 문법 수동태   난이도 중 ●●○

밑줄 친 부분에 들어갈 말로 가장 적절한 것은?

> Corporations are compelled _____ financial issues to regulatory authorities.

① to report   ② to be reported
③ reporting   ④ reported

해석
기업들은 재정 문제를 규제 당국에 보고해야 한다.

포인트 해설
① 5형식 동사의 수동태   to 부정사를 목적격 보어로 취하는 5형식 동사(compel)가 수동태가 되면 to 부정사는 수동태 동사(are compelled) 뒤에 그대로 남아야 하므로, to 부정사 형태의 ① to report와 ② to be reported가 정답 후보이다. 이때 to 부정사가 가리키는 명사(Corporations)와 to 부정사가 '기업들이 보고하다'라는 의미의 능동 관계이므로 to 부정사의 능동형 ① to report가 정답이다.

정답 ①

어휘
corporation 기업   compel ~하게 하다, 강제하다   regulatory 규제의
authority 당국, 권한

이것도 알면 합격!

한편, 목적격 보어로 원형 부정사를 취하는 5형식 동사가 수동태가 되는 경우, 목적격 보어는 to 부정사가 되어 수동태 동사 뒤에 남는다는 것을 알아 두자.
I **made** my students **complete** their homework before the deadline.
나는 학생들이 마감일 전에 숙제를 완료하게 했다.
→ My students **were made to complete** their homework before the deadline.

이것도 알면 합격!

동명사를 목적어로 취하는 동사들을 알아 두자.

제안·고려	suggest 제안하다 recommend 추천하다	consider 고려하다
중지·연기	stop 그만두다 quit 그만두다 finish 끝내다	delay 연기하다 postpone 연기하다 give up 포기하다
부정적 의미	dislike 싫어하다 mind 꺼리다	deny 부인하다 resist 반대하다
기타	enjoy 즐기다 imagine 상상하다 allow 허락하다	risk 감행하다 admit 인정하다 practice 연습하다

---

03 문법 분사 | 보어 | 명사절 | 동명사   난이도 중 ●●○

밑줄 친 부분 중 어법상 옳지 않은 것은?

> Fertile soil makes high crop yields and first-rate plants ① possible for farmers. ② Replenishing with adequate amounts of nutrients, the soil causes plants to thrive, whether the nutrient source is soil microorganisms or natural fertilizers to add ③ what is lacking in soil. Nevertheless, farmers keep ④ using synthetic fertilizers, which do not contain micronutrient organisms and release nutrients too quickly or slowly, as they are inexpensive and easy to handle.

해석

비옥한 토양은 농부들에게 높은 작물 수확량과 최고의 식물들이 가능하게 만든다. 적절한 양의 영양분을 공급받으면서, 토양은 영양 공급원이 토양 미생물이든 천연 비료이든 간에, 토양에 부족한 것을 더하여 식물이 잘 자라게 한다. 그럼에도 불구하고, 농부들은 미량 영양소 유기체를 함유하지 않으면서 너무 빠르게 또는 느리게 영양분을 방출하는 합성 비료를 계속해서 사용하는데, 이는 그것들이 저렴하고 다루기 쉽기 때문이다.

포인트 해설

② **분사구문의 형태** 주절의 주어 the soil과 분사구문이 '토양이 (영양분을) 공급받다'라는 의미의 수동 관계이므로, 현재분사 Replenishing을 과거분사 Replenished로 고쳐야 한다.

[오답 분석]
① **보어 자리** 동사 make의 목적어(high crop yields and first-rate plants) 뒤에 오는 목적격 보어 자리에는 명사나 형용사 역할을 하는 것이 와야 하므로, 형용사 possible이 올바르게 쓰였다.
③ **명사절 접속사** 주어가 없는 불완전한 절(is lacking in soil)을 이끌면서 to 부정사(to add)의 목적어 자리에 올 수 있는 명사절 접속사 what이 올바르게 쓰였다.
④ **동명사를 목적어로 취하는 동사** 동사 keep은 동명사를 목적어로 취하므로 동명사 using이 올바르게 쓰였다.

정답 ②

어휘

fertile 비옥한 yield 수확량, 총수익; 산출하다 first-rate 최고의, 1급의
replenish 공급하다, 보충하다 adequate 적절한 nutrient 영양분
thrive 잘 자라다, 번성하다 microorganism 미생물 fertilizer 비료
synthetic 합성의 micronutrient 미량 영양소 organism 유기체
release 방출하다, 풀어 주다

---

04 생활영어 That won't work for me. I will be available next week.   난이도 하 ●○○

두 사람의 대화 중 가장 어색한 것은?

① A: I'm learning a new language, but I'm not used to the pronunciation.
   B: You don't have to worry. You'll master it with practice.
② A: I want to create a beautiful garden in my backyard.
   B: I have no doubt that you can, considering your green thumb.
③ A: My mentor at work retired. I miss his guidance so much.
   B: Yeah, I know exactly what you mean.
④ A: Is it okay if we reschedule our meeting for next week?
   B: That won't work for me. I will be available next week.

해석

① A: 저는 새로운 언어를 배우고 있지만, 발음에 익숙하지 않아요.
   B: 걱정할 필요 없어요. 연습하면 숙달될 거예요.
② A: 뒷마당에 아름다운 정원을 만들고 싶어.
   B: 네게 식물을 기르는 재주가 있는 걸 생각하면, 네가 할 수 있으리라는 걸 의심치 않아.
③ A: 내 직장 멘토가 은퇴했어. 나는 그의 지도가 너무 그리워.
   B: 그래, 무슨 느낌인지 정확히 알아.
④ A: 회의 일정을 다음 주로 변경해도 될까요?
   B: 저는 안 될 것 같아요. 다음 주에 시간이 있어요.

포인트 해설

④번에서 A가 회의 일정을 다음 주로 변경해도 될지 묻고 있으므로, B의 대답 ④ 'That won't work for me. I will be available next week'(저는 안 될 것 같아요. 다음 주에 시간이 있어요)은 어울리지 않는다.

정답 ④

어휘

pronunciation 발음 backyard 뒷마당 green thumb 식물을 기르는 재주
guidance 지도, 안내 reschedule 일정을 변경하다
available 시간이 있는, 이용할 수 있는

DAY 16 하프모의고사 16회

이것도 알면 합격!

약속 시간에 대해 말할 때 쓸 수 있는 다양한 표현들을 알아 두자.
- You're right on time. 제시간에 왔네요.
- You're just in time. 딱 맞춰 왔네요.
- Were you here for long? 오래 기다리셨어요?
- I'm on my way. 가는 중이에요.

05~06 다음 글을 읽고 물음에 답하시오.

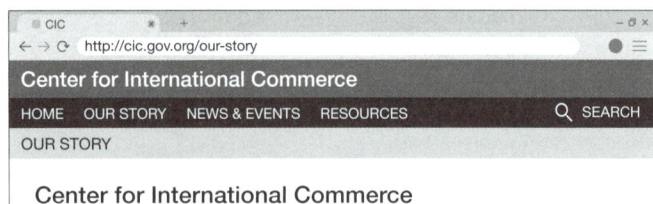

Center for International Commerce

Our Philosophy
We believe that international trade is a powerful way for developing countries to grow quickly. To this end, we advocate for trade policies, training courses, and job placement programs that help companies from emerging markets participate in the global economy and benefit from it.

Breakthrough Initiatives
Our breakthrough initiatives emphasize providing solutions that can be rapidly implemented at the ground level in developing countries. Our current program is focused on digital equality, with the goal of bringing 20,000 small businesses online this year. Future programs will center around balancing economic growth with environmental stability.

Empowering Youth
Through entrepreneurship and employability training courses in trade operations, as well as providing networking and mentoring opportunities, we equip young people to achieve economic success with the tools and motivation they need.

해석

국제무역진흥원

우리의 철학
우리는 국제 무역이 개발도상국들이 빠르게 성장하는 강력한 방법이라고 생각합니다. 이 목표를 위해, 우리는 신흥 시장에서 기업들이 세계 경제에 참여하고 그것으로부터 이익을 얻도록 돕는, 무역 정책, 교육 과정 및 직업 소개 프로그램을 지원합니다.

획기적인 계획
우리의 획기적인 계획은 개발도상국의 현장에서 신속하게 실행될 수 있는 해결책을 제공하는 것을 강조합니다. 현재의 프로그램은 디지털 평등에 중점을 두는데, 이것에는 올해 2만 개의 소기업을 온라인으로 이끈다는 목표가 있습니다. 향후 프로그램들은 경제 성장과 환경 안정성의 균형을 맞추는 데 집중할 것입니다.

청년 능력 향상
무역업에서의 창업 및 고용 가능성 교육 과정뿐만 아니라, 인적 네트워크 형성 및 멘토링 기회를 제공함으로써, 우리는 청년들이 자신들이 필요로 하는 도구 및 동기로 경제적 성공을 성취할 수 있게 준비를 갖춰 줍니다.

어휘

commerce 무역 philosophy 철학 trade 무역; 거래하다
developing country 개발도상국 advocate 지원하다, 지지하다
job placement 직업 소개 emerging 신흥의, 부상하는
breakthrough 획기적인; 돌파구 initiative 계획 emphasize 강조하다
implement 실행하다 equality 평등 center around ~에 집중하다
stability 안정성 empower 능력을 향상시키다 entrepreneurship 창업
employability 고용 가능성 equip 준비를 갖춰 주다 motivation 동기

05 독해 내용 일치 파악   난이도 중 ●●○

윗글에서 Center for International Commerce에 관한 내용과 일치하는 것은?

① It intends to promote trade among developing countries.
② It advocates for trade policies that help companies benefit.
③ Its goal is to support 20,000 small businesses engaged in online commerce.
④ It is focused on providing funding to young entrepreneurs.

해석
① 그것은 개발도상국들 간의 무역을 촉진하고자 한다.
② 그것은 기업들이 이익을 얻도록 돕는 무역 정책을 지원한다.
③ 그것의 목표는 온라인 상거래에 참여 중인 2만 개의 소기업을 지원하는 것이다.
④ 그것은 청년 사업가들에게 자금을 제공하는 것에 중점을 둔다.

포인트 해설

②번의 키워드인 trade policies(무역 정책)가 그대로 언급된 지문 주변의 내용에서 국제무역진흥원은 신흥 시장에서 기업들이 이익을 얻도록 돕는 무역 정책을 지원한다고 했으므로, ② '그것은 기업들이 이익을 얻도록 돕는 무역 정책을 지원한다'가 지문의 내용과 일치한다.

[오답 분석]
① 국제무역진흥원은 국제 무역이 개발도상국들이 빠르게 성장하는 방법이라고 생각한다고는 했지만, 그것이 개발도상국들 간의 무역을 촉진하고자 하는지는 알 수 없다.
③ 국제무역진흥원이 올해 2만 개의 소기업을 온라인으로 이끈다는 목표가 있다고 했으므로, 그것의 목표가 온라인 상거래에 참여 중인 2만 개의 소기업을 지원하는 것이라는 것은 지문의 내용과 다르다.
④ 국제무역진흥원이 창업 및 고용 가능성 교육 과정과 인적 네트워크 형성 및 멘토링 기회를 제공함으로써 청년들이 경제적 성공을 성취할 수 있게 준비를 갖춰 준다고는 했지만, 그것이 청년 사업가들에게 자금을 제공하는 것에 중점을 두는지는 알 수 없다.

정답 ②

06 독해 유의어 파악   난이도 중 ●●○

밑줄 친 equip의 의미와 가장 가까운 것은?

① connect
② urge
③ prepare
④ involve

해석

① 연결하다
② 권고하다
③ 준비시키다
④ 관련시키다

포인트 해설

밑줄 친 부분이 포함된 문장에서 equip은 문맥상 경제적 성공을 성취할 수 있게 '준비를 갖춰 준다'는 의미로 쓰였으므로, '준비시키다'라는 의미의 ③ prepare가 정답이다.

정답 ③

어휘

connect 연결하다   urge 권고하다, 촉구하다   involve 관련시키다, 참여시키다

---

07 독해 내용 불일치 파악   난이도 중 ●●○

다음 이메일의 내용과 일치하지 않는 것은?

> To: reservations@DurbanHighline.com
> From: KaceyMarquez@WestOrleans.com
> Date: January 12
> Subject: Hotel conference room
>
> To Whom It May Concern,
>
> I am writing to inquire about the conference room facilities offered by your hotel.
>
> I am in charge of booking a conference room for the upcoming Municipal Employee Convention being held in Durban on April 1-3.
>
> West Orleans will have 150 guests attending the event. We require the room daily from 9 a.m. to 5 p.m. We need 15 tables, each seating ten people, as team-based activities are planned. Also, the room must include equipment such as a projector with a screen, an audio system with microphones, and stable Wi-Fi, but a separate podium will not be necessary. If feasible, refreshments such as beverages and light snacks would be appreciated for the attendees. Additionally, I'd like to know if you offer shuttle services from the nearby subway station for our attendees.
>
> Could you let me know if you could host our group and provide information about the conference room cost?
>
> I look forward to your reply.
>
> Regards,
> Kacey Marquez
> West Orleans Personnel Manager

① 하루에 8시간씩 회의실 사용이 필요하다.
② 참석자가 열 명씩 앉을 수 있는 테이블 15개가 필요하다.
③ 참석자들에게 다과가 제공되는 선택지를 선호한다.
④ 지하철역에서 호텔까지 운행하는 무료 셔틀이 필요하다.

해석

수신: reservations@DurbanHighline.com
발신: KaceyMarquez@WestOrleans.com
날짜: 1월 12일
제목: 호텔 회의실 관련

관련분들께,

저는 귀 호텔에서 제공하는 회의실 시설에 대해 문의드리고자 글을 씁니다.

저는 4월 1일부터 3일까지 Durban에서 개최되는 다가오는 지방 공무원 협의회를 위해 회의실을 예약하는 일을 맡고 있습니다.

West Orleans에서는 150명의 손님이 행사에 참석할 예정입니다. 매일 오전 9시부터 오후 5시까지 회의실이 필요합니다. 팀 단위 활동이 계획되어 있기 때문에 테이블당 열 명씩 앉을 수 있는 테이블 15개가 필요합니다. 또한 회의실은 화면이 있는 프로젝터, 마이크가 있는 음향 시스템, 그리고 안정적인 Wi-Fi와 같은 장비를 포함해야 하지만, 별도의 연단은 필요하지 않을 것입니다. 가능하다면, 음료와 가벼운 간식 같은 다과를 참석자들에게 제공해 주시면 감사하겠습니다. 추가로, 저는 참석자들을 위해 인근 지하철역에서 (호텔까지) 셔틀 서비스를 제공하는지 알고 싶습니다.

귀 호텔에서 저희 단체를 수용할 수 있는지 알려주시고 회의실 비용에 대한 정보를 제공해 주실 수 있나요?

귀하의 답변을 고대하겠습니다.

안부를 전하며,
Kacey Marquez
West Orleans 인사부장

포인트 해설

④번의 키워드인 '셔틀'이 그대로 언급된 지문의 shuttle 주변의 내용에서 인근 지하철역에서 호텔까지 운행하는 셔틀 서비스가 있는지 문의하고는 있지만, ④ '지하철역에서 호텔까지 운행하는 무료 셔틀이 필요한'지는 알 수 없다.

정답 ④

어휘

inquire 문의하다   in charge of ~을 맡는   municipal 지방 (자치제)의
convention 협의회, 대회의; 관습   podium 연단   feasible (실현) 가능한
refreshment 다과   beverage 음료   host 수용하다, 주최하다

DAY 16 하프모의고사 16회

08 독해 주제 파악 난이도 중 ●●○

다음 글의 주제로 적절한 것은?

You know the feeling: you're fully absorbed, totally immersed in a task and losing track of time. That's what being in a "flow state" feels like. Psychologist Mihaly Csikszentmihalyi was the first to coin the term in the 1970s. He further described it as a state of effortless action, where the task at hand feels natural and easy. The problem is that achieving flow isn't always straightforward. To get into a flow state, you need to engage in an activity that challenges you just enough to keep you interested, but not so much that you feel overwhelmed. Once a task has been chosen, set clear, specific, and measurable goals. Eliminating distractions is also vital. Finally, make it a habit to partake in activities that require you to focus and stay in the moment. This continued practice will make entering a flow state easier.

① opponents to the flow theory
② strategies to prioritize goals
③ tips to reach a flow state
④ tools to increase productivity

해석

당신은 그 감정을 알고 있다. 어떤 업무에 완전히 몰두하여 시간 가는 줄 모르는 채로, 당신이 온전히 빠져 있는 것 말이다. '상태 몰입감'에 놓임으로써 느끼는 것이 바로 그것이다. 심리학자 Mihaly Csikszentmihalyi는 1970년대에 그 용어를 만든 최초의 사람이었다. 그는 더 나아가 그것을 당면한 과제가 자연스럽고 쉽게 느껴지는, 힘이 들지 않는 행동의 상태라고 설명했다. 문제는 몰입감을 얻는 것이 항상 간단하지는 않다는 것이다. 상태 몰입감에 들어가기 위해, 당신은 흥미를 유지할 만큼 충분히 당신의 도전 의식을 북돋우면서도, 당신이 압도되었다고 느낄 정도는 아닌 활동에 참여할 필요가 있다. 일단 한 업무가 선택되면, 명확하고 구체적이며, 측정할 수 있는 목표를 설정하라. 방해 요소를 제거하는 것 또한 중요하다. 마지막으로, 그 순간에 집중하고 머무를 것을 요구하는 활동에 참여하는 것을 습관화하라. 이 계속되는 연습은 상태 몰입감을 시작하는 것을 더 쉽게 만들 것이다.

① 몰입감 이론에 반대하는 사람들
② 목표에 우선순위를 매기는 전략
③ 상태 몰입감에 도달하기 위한 조언
④ 생산성을 향상시키기 위한 도구

포인트 해설

지문 전반에 걸쳐 '상태 몰입감'이란 당면한 과제에 몰두하여 그것이 자연스럽고 쉽게 느껴지는 상태인데, 이 상태에 들어가기 위해서는 도전 의식을 북돋는 활동에 참여하고, 구체적이며 측정 가능한 목표를 설정하고, 방해 요소를 제거하고, 집중을 요구하는 활동에 참여하는 것을 습관화해야 한다고 알려 주고 있다. 따라서 ③ '상태 몰입감에 도달하기 위한 조언'이 이 글의 주제이다.

정답 ③

어휘

absorbed 빠져 있는, 몰두한 immerse 몰두하다
lose track of time 시간 가는 줄 모르다 flow state 상태 몰입감
psychologist 심리학자 coin (새로운 낱말 어구를) 만들다; 동전
effortless 힘이 들지 않는, 수월해 보이는 at hand 당면하여, 머지않아
straightforward 간단한, 쉬운 engage in ~에 참여하다, 관여하다
overwhelmed 압도된 measurable 측정할 수 있는 eliminate 제거하다
distraction 방해 (요소), 주의 산만 partake 참여하다
opponent 반대하는 사람 prioritize 우선순위를 매기다
productivity 생산성

구문 분석

(생략), you need to engage in an activity / that challenges you just enough / to keep you interested, (생략).
: 이처럼 '… enough to ~' 구문이 정도를 나타내는 경우, '~할 만큼 충분히 …하다'라고 해석한다.

09 독해 문장 삽입 난이도 중 ●●○

주어진 문장이 들어갈 위치로 적절한 것은?

Yet, they are inclined to try again, only with a different or improved idea.

Idealists envision an optimal world and have very definite ideas about the way things should be. Basically, they strive for something that may seem ambitious or even unachievable to others. They believe it is proper to use one's creative power to change things for the better. (①) Indeed, they are hopeful to the point where they are willing to sacrifice everything—their job, reputation, and financial consistency—in order to achieve a dream. (②) Many idealists have attained their dreams despite big losses, and these include inventors, businesspeople, and artists. (③) They do not, however, always achieve what they want. (④) Realists, on the contrary, do not have positive expectations and would rather work within the constraints of reality. When they make goals, they use current facts and past events rather than hopes and dreams.

해석

그래도, 그들은 다르거나 개선된 생각만으로 다시 시도하는 경향이 있다.

이상주의자들은 최적의 세계를 구상하며 상황이 어떻게 되어야 하는지에 대해 매우 명확한 생각을 가지고 있다. 기본적으로, 그들은 다른 사람들에게는 야심적이거나 심지어 성취할 수 없는 것으로 보일지 모르는 무언가를 위해 노력한다. 그들은 상황을 더 좋게 바꾸기 위해서는 창조적인 힘을 사용하는 것이 적절하다고 생각한다. ① 실제로, 그들은 꿈을 이루기 위해 직업, 명성, 그리고 재정적 지속성과 같은 모든 것을 기꺼이 희생할 정도로 희망적이다. ② 많은 이상주의자들은 큰 손실에도 불구하고 그들의 꿈을 이루어 왔고, 이들은 발명가, 사업가, 그리고 예술가들을 포함한다. ③ 하지만, 그들이 원하는 것을 항상 성취하는 것은 아니다. ④ 그와 반대로, 현실주의자들은 긍정적인 기대를 갖지 않고 대신 현실의 제약 범위 내에서 일하고 싶어 한다. 그들이 목표를 세울 때는, 희망과 꿈보다는 현재의 사실과 과거의 사건들을 사용한다.

포인트 해설

④번 앞 문장에 이상주의자들이 원하는 것을 항상 성취하는 것은 아니라는 내용이 있고, 뒤 문장에 그와 반대로(on the contrary) 현실주의자들은 긍정적인 기대 없이 현실의 제약 범위 내에서만 일하고 싶어 하기 때문에 현재의 사실과 과거의 사건들을 사용한다는 내용이 있으므로, ④번 자리에 그래도(Yet) 그들은 다르거나 개선된 생각만으로 다시 시도하는 경향이 있다는 내용, 즉 원하는 것을 성취하지 못한 이상주의자들이 현실주의자들과는 다른 접근 방법을 취하는 모습에 대해 설명하는 주어진 문장이 들어가야 지문이 자연스럽게 연결된다.

정답 ④

어휘

be inclined to ~하는 경향이 있다 idealist 이상주의자
envision 구상하다, 상상하다 optimal 최적의 definite 명확한, 확실한
strive 노력하다 ambitious 야심적인, 야망을 품은
unachievable 성취할 수 없는 be willing to 기꺼이 ~하다
sacrifice 희생하다 reputation 명성 consistency 지속성, 일관성
attain 이루다, 획득하다 realist 현실주의자 constraint 제약, 제한

---

10 독해 빈칸 완성 – 절   난이도 중 ●●○

밑줄 친 부분에 들어갈 말로 적절한 것은?

Successful people are not only aware of their own strengths, weaknesses, and how to leverage each appropriately, but they are also acutely aware of those possessed by others around them. While people everywhere believe that they are excellent multitaskers, in reality, performing in this manner results in what's known as continuous partial attention, diverting cognitive power and decreasing the quality of the final outcome for both tasks. Successful people understand the truth in an oft-repeated maxim: _____. They have learned to delegate effectively, sharing responsibilities with other team members and allocating them according to each team member's specific proficiencies and capabilities. This requires a keen understanding of one's own strengths as well as the strengths of one's teammates, making the ability to perceive and scrutinize strengths and weaknesses crucial to success.

① practice makes perfect
② two heads are better than one
③ you are never too old to learn
④ actions speak louder than words

해석

성공한 사람들은 자신의 강점과 약점, 그리고 각각을 적절하게 활용하는 방법을 알고 있을 뿐만 아니라, 그들 주변에 있는 다른 사람들에 의해 소유된 것들 또한 예리하게 인지하고 있다. 사람들은 어디서든 그들이 훌륭한 멀티태스커라고 믿지만, 실제로는 이러한 방식으로 일하는 것이 '부분적 관심의 지속'으로 알려진 결과를 초래하는데, 이는 인지력을 분산시키고 두 작업 모두에 대한 최종 결과의 질을 떨어뜨린다. 성공한 사람들은 자주 인용되는 격언으로 그 진실을 이해하는데, 백지장도 맞들면 낫다는 것이다. 그들은 팀의 다른 구성원들과 책임을 공유하고 각 팀원의 특정한 기량과 능력에 따라 그것들을 할당하면서, 효과적으로 위임하는 법을 배워 왔다. 이것은 팀 동료들의 강점뿐만 아니라 자신의 강점에 대한 깊은 이해를 필요로 하며, 성공에 중요한 능력, 즉 강점과 약점을 인식하고 세심히 살피는 능력을 만든다.

① 연습이 완벽을 만든다는 것이다
② 백지장도 맞들면 낫다는 것이다
③ 배움에는 나이가 없다는 것이다
④ 말보다 행동이 중요하다는 것이다

포인트 해설

빈칸 앞부분에 멀티태스킹이 인지력을 분산시키고 동시에 수행한 작업들의 질을 떨어뜨린다는 내용이 있고, 빈칸 뒷부분에서 성공한 사람들은 팀원들의 기량과 능력에 따라 책임을 효과적으로 위임하는 법을 배워 왔다고 했으므로, '백지장도 맞들면 낫다는 것이다'라고 한 ②번이 정답이다.

정답 ②

어휘

aware of ~을 알고 있는 strength 강점, 장점 weakness 약점
leverage 활용하다; 지렛대 appropriately 적절하게 acutely 예리하게
multitasker 멀티태스커(여러 작업을 동시에 수행하는 사람) partial 부분적인
divert 분산시키다, 주위를 딴 데로 돌리다 cognitive 인지적인
oft-repeated 자주 인용되는 maxim 격언 delegate 위임하다; 대표
allocate 할당하다, 배분하다 proficiency 기량, 능숙함 capability 능력
keen 깊은, 열정적인 perceive 인식하다, 인지하다
scrutinize 세심히 살피다, 조사하다 crucial 중요한

DAY 17 하프모의고사 17회

해커스 공무원시험연구소 총평

난이도	오답이 매력적인 일부 독해 문제들에 유의해야 했습니다.
어휘·생활영어 영역	1번 문제를 통해 밑줄 친 부분에 적절한 명사 어휘를 찾는 문제에서 밑줄 부분에 대한 정의/설명/예시를 지문 속에서 단서로 찾을 수 있음을 확인할 수 있었습니다.
문법 영역	조동사 포인트 중에서는 조동사 관련 표현을 묻는 문제의 출제 가능성이 가장 높습니다. 3번의 '이것도 알면 합격'을 통해 뒤에 동사원형이 와야 하는 조동사 관련 숙어들을 함께 알아 둡니다.
독해 영역	내용 일치/불일치 유형에서 지문 속 정보에 대해 비슷한 표현으로 변형시킨 보기가 주어지는 경우 자칫 많은 시간을 허비하기 쉽습니다. 먼저 주어진 보기를 명확하게 읽은 후, 각 보기의 키워드를 통해 지문에서 어떤 내용을 찾아 비교해야 하는지 차근차근 파악합니다.

정답

01	③	어휘	06	②	독해
02	①	문법	07	②	독해
03	④	문법	08	②	독해
04	②	생활영어	09	②	독해
05	④	독해	10	④	독해

취약영역 분석표

영역	맞힌 답의 개수
어휘	/ 1
생활영어	/ 1
문법	/ 2
독해	/ 6
TOTAL	/ 10

---

01 어휘 fulfillment · 난이도 중 ●●○

밑줄 친 부분에 들어갈 말로 가장 적절한 것은?

> Engaging in a hobby can bring _____ : the pleasure of creating something with your own hands and the feeling of pride from learning a new ability.

① obligation
② overflow
③ fulfillment
④ admiration

해석
취미에 참여하는 것은 성취감을 가져다줄 수 있는데, 당신의 손으로 무언가를 만들어 내는 기쁨과 새로운 능력을 배우는 것에서 오는 자부심이 바로 그것이다.

① 의무감
② 넘침
③ 성취감
④ 존경심

정답 ③

어휘
engage in ~에 참여하다 pleasure 기쁨 obligation 의무(감)
overflow 넘침; 넘치다 fulfillment 성취(감), 실행 admiration 존경(심)

이것도 알면 합격!
'성취감'의 의미를 갖는 유의어
= accomplishment, achievement, satisfaction, contentment

---

02 문법 병치 구문 · 난이도 하 ●○○

밑줄 친 부분에 들어갈 말로 가장 적절한 것은?

> A society's advancement occurs not because individuals choose to conform to existing norms but because they dare to challenge conventions and _____ meaningful change.

① create
② creates
③ creating
④ having created

해석
한 사회의 발전은 개인들이 기존 규범에 순응할 것을 선택해서가 아니라 그들이 감히 관습에 도전하고 의미 있는 변화를 만들어 내려 하기 때문에 일어난다.

포인트 해설
① 병치 구문 빈칸은 등위접속사(and)로 연결된 것의 자리이다. 등위접속사(and)로 연결된 병치 구문에서는 같은 구조끼리 연결되어야 하는데, and 앞에 동사원형 challenge가 왔으므로 and 뒤에도 동사원형이 와야 한다. 따라서 동사원형으로 쓰인 ① create가 정답이다. 참고로, 조동사처럼 쓰이는 표현 dare to 뒤에 동사원형 challenge가 쓰였다.

정답 ①

17회 정답·해석·해설 해커스공무원 매일 하프모의고사 영어 5

어휘

advancement 발전, 진보　**conform** 순응하다　**existing** 기존의
norm 규범　**dare** 감히 ~하다　**convention** 관습

이것도 알면 합격!

'not A but B'(A가 아니라 B)와 같이 A, B가 병치를 이루는 상관접속사들을 알아 두자.

- both A and B A와 B 둘 다
- not only A but (also) B A뿐만 아니라 B도
- either A or B A 또는 B 중 하나
- neither A nor B A도 B도 아닌
- A as well as B B뿐만 아니라 A도

어휘

collaborate 협력하다　**tension** 긴장　**counselor** 상담가　**undue** 과도한
negativity 부정적 성향　**brutal** 잔인할 정도의　**conceal** 숨기다

이것도 알면 합격!

④번의 had better(~하는 게 좋겠다)와 같이 뒤에 동사원형이 와야 하는 조동사 관련 숙어들을 함께 알아 두자.

- would rather 차라리 ~하는 게 낫다
- may well ~하는 게 당연하다
- would like to ~하고 싶다
- cannot ~ too 아무리 ~해도 지나치지 않다
- cannot (help) but ~할 수밖에 없다

---

03 문법 조동사 | to 부정사 | 수 일치 | 동사의 종류
난이도 중 ●●○

밑줄 친 부분 중 어법상 옳지 않은 것은?

In an honest relationship, both partners are free to collaborate on solutions ① <u>so as to</u> relieve tensions and handle conflicts. However, some relationship counselors warn that there ② <u>is</u> a limit to the benefits of honesty, and too much can ③ <u>result in</u> undue stress and negativity. For instance, if your brutal honesty hurts your partner, with no secondary benefit, you had better ④ <u>to conceal</u> the truth.

해석

정직한 관계에서, 두 동료는 긴장을 완화하고 갈등을 해결하기 위해 해결책에 대해 자유롭게 협력할 수 있다. 하지만, 일부 관계 상담가들은 정직함의 이점에는 한계가 있으며, 너무 지나친 것은 과도한 스트레스와 부정적 성향으로 이어질 수 있다고 경고한다. 예를 들어, 당신의 잔인할 정도의 정직함이 부차적인 유익함 없이 동료에게 상처를 준다면, 당신은 진실을 숨기는 것이 더 나을 것이다.

포인트 해설

④ **조동사 관련 표현** 조동사처럼 쓰이는 표현 had better(~하는 게 좋겠다) 뒤에는 동사원형이 와야 하므로 to 부정사 to conceal을 동사원형 conceal로 고쳐야 한다.

[오답 분석]

① **to 부정사의 역할** 문맥상 '긴장을 완화하고 갈등을 해결하기 위해'라는 의미가 되어야 자연스러우므로, to 부정사가 목적을 나타낼 때 to 대신 쓸 수 있는 so as to가 올바르게 쓰였다.

② **주어와 동사의 수 일치** there 구문 'there + 동사 + 진짜 주어(a limit)'에서 동사는 진짜 주어에 수 일치시켜야 하는데, 진짜 주어 자리에 단수 명사 a limit이 왔으므로 단수 동사 is가 올바르게 쓰였다.

③ **자동사** 동사 result는 목적어(undue stress and negativity)를 취하기 위해 전치사(in)가 필요한 자동사이므로, 목적어 undue stress and negativity 앞에 result in이 올바르게 쓰였다.

정답 ④

---

04 생활영어 Unfortunately, I can only visit the library after 6 p.m.
난이도 중 ●●○

밑줄 친 부분에 들어갈 말로 가장 적절한 것은?

 Katherine
Could I ask you about the library operation hours?
14:08

 Civic library
Of course! Which section of the library are you interested in?
14:08

 Katherine
I'm looking to visit the history archives.
14:09

 Civic library
It is open from 9 a.m. to 5 p.m. every day.
14:10

 Katherine
_____
14:11

 Civic library
In that case, you can access our archives online through the library website to search and view documents.
14:11

 Katherine
That seems like the best option right now. Thank you.
14:12

① I've never been to the history archives before.
② Unfortunately, I can only visit the library after 6 p.m.
③ I don't have an account for the library's website.
④ Just let me know when the regular closing days are.

DAY 17 하프모의고사 17회

해석

Katherine: 도서관 운영 시간에 대해 문의드려도 될까요?
시 도서관: 물론이죠! 도서관의 어느 구역에 관심이 있으신가요?
Katherine: 저는 역사 기록 보관소를 방문하고 싶어요.
도서관 직원: 그것은 매일 오전 9시부터 오후 5시까지 개방합니다.
Katherine: <u>유감스럽지만, 제가 오후 6시 이후에만 도서관을 방문할 수 있어서요.</u>
시 도서관: 그렇다면, 고객님께서는 도서관 웹사이트를 통해 온라인으로 기록 보관소에 접속하여 문서를 검색하고 보실 수 있습니다.
Katherine: 지금으로서는 그것이 가장 좋은 선택인 것 같네요. 감사해요.

① 제가 역사 기록 보관소에 한 번도 가 본 적이 없어서요.
② 유감스럽지만, 제가 오후 6시 이후에만 도서관을 방문할 수 있어서요.
③ 제가 도서관 웹사이트 계정이 없어서요.
④ 정기 휴관일이 언제인지만 알려 주세요.

포인트 해설

도서관의 역사 기록 보관소가 매일 오전 9시부터 오후 5시까지 개방한다는 도서관 직원의 안내에 대해 Katherine이 말하고, 빈칸 뒤에서 다시 도서관 직원이 you can access our archives online through the library website to search and view documents(고객님께서는 도서관 웹사이트를 통해 온라인으로 기록 보관소에 접속하여 문서를 검색하고 보실 수 있습니다)라고 말하고 있으므로, '유감스럽지만, 제가 오후 6시 이후에만 도서관을 방문할 수 있어서요'라는 의미의 ② 'Unfortunately, I can only visit the library after 6 p.m.'이 정답이다.

정답 ②

어휘

operation 운영, 작동, 수술 archive 기록 보관소 document 문서, 기록

이것도 알면 합격!

운영 시간에 대해 문의할 때 쓸 수 있는 다양한 표현들을 알아 두자.
- Are you open on public holidays? 공휴일에도 운영하나요?
- Can you confirm your weekend hours?
  주말 운영 시간을 확인해 주실 수 있나요?
- Is there a specific time for maintenance?
  유지 보수를 위한 특정 시간대가 정해져 있나요?
- What's the latest time we can visit?
  저희가 방문할 수 있는 가장 늦은 시간이 언제인가요?

05~06 다음 글을 읽고 물음에 답하시오.

To	Lilybrooke Transportation Department
From	Isabel Chan
Date	October 11
Subject	Improving the Safety of Our Crosswalks

To the Transportation Department,

I am sending this email to express my gratitude for the recent installation of in-ground traffic lights throughout the downtown area.

While I'm aware that the principal purpose of these in-ground traffic lights at crosswalks is to increase safety for those who may be distracted by their cell phones, I believe they benefit all pedestrians and drivers as well. They are brighter and much easier to see than _____ street lights.

I just wanted to take a moment to thank you for enhancing the safety of our community. This improvement makes me proud to be a resident of Lilybrooke. Keep up the great work!

Sincerely,
Isabel Chan

해석

수신: Lilybrooke 교통부
발신: Isabel Chan
날짜: 10월 11일
제목: 횡단보도 안전 개선

교통부 담당자분께,

저는 시내 도처에 매설된 교통 신호등의 최근 설치에 대해 감사의 마음을 전하고자 이 이메일을 보냅니다.

횡단보도에 매설된 이러한 교통 신호등의 주요한 목적이 휴대폰에 주의를 빼앗길 수 있는 보행자의 안전성을 높이기 위한 것임을 인지하고 있지만, 저는 그 신호등이 모든 보행자와 운전자에게도 이롭다고 생각합니다. 그 신호등은 <u>기존의</u> 가로등보다 더 밝고 훨씬 더 보기 쉽습니다.

저는 그저 우리 지역 사회의 안전을 강화해 주신 데 감사드리기 위해 시간을 내고 싶었습니다. 이러한 개선은 제가 Lilybrooke의 주민임을 자랑스럽게 만듭니다. 계속해서 훌륭한 일을 해주세요!

진심을 담아,
Isabel Chan

어휘

crosswalk 횡단보도 gratitude 감사 installation 설치
in-ground 매설된, 지하의 principal 주요한 distract 주의를 딴 데로 돌리다
pedestrian 보행자 enhance 강화하다

---

05 독해 목적 파악 난이도 중 ●●○

윗글의 목적으로 적절한 것은?

① To recommend ideas to improve resident life in Lilybrooke
② To request that additional street lights be added to city roads
③ To complain about the dangerous driving taking place downtown
④ To express appreciation for a recent renovation to downtown crosswalks

해석
① Lilybrooke 주민들의 생활을 개선할 아이디어를 추천하려고
② 시 도로에 가로등을 추가해 달라고 요청하려고
③ 시내에서 발생하는 위험한 운전에 대해 항의하려고
④ 최근 시내 횡단보도 개조에 대해 감사를 표하려고

포인트 해설
지문 앞부분에서 시내에 매설된 교통 신호등의 최근 설치에 대해 감사를 전하고자 이메일을 보낸다고 했으므로, ④ '최근 시내 횡단보도 개조에 대해 감사를 표하려고'가 이 글의 목적이다.

정답 ④

---

06 독해 빈칸 완성 – 단어   난이도 하 ●○○

밑줄 친 부분에 들어갈 말로 적절한 것은?

① alternative
② traditional
③ innovative
④ practical

해석
① 대체의
② 기존의
③ 혁신적인
④ 현실적인

포인트 해설
빈칸 앞부분에 최근 설치된 교통 신호등이 모든 보행자와 운전자에게 이롭다고 생각한다는 내용이 있으므로, 그 신호등이 '기존의' 가로등보다 더 밝고 훨씬 더 보기 쉽다고 한 ②번이 정답이다.

정답 ②

어휘
alternative 대체의   innovative 혁신적인   practical 현실적인

---

07 독해 내용 일치 파악   난이도 중 ●●○

다음 글의 내용과 일치하는 것은?

In caves across Europe, evidence has been found that proves that humans were creating art as far back as the Upper Paleolithic period. These caves contain representational art in the form of not only paintings and sketches but also small carved sculptures. Some of the best-preserved of these works are found in the caves of Chauvet-Pont-d'Arc in southeastern France. Discovered in 1994, the paintings in the cave date to between 30,000 and 32,000 years ago, but they were hidden for approximately 20,000 years due to a rock slide that sealed off the cave's entrance. This protected the pieces by preventing them from being damaged by human or animal activity and provided a consistent environment that halted their natural degradation. So far, researchers have catalogued approximately 1,000 pieces of art in the cave, many of which depict the wildlife that existed in the region during the period of their creation, including horses, deer, woolly rhinoceroses, and cave hyenas.

*Paleolithic period: 구석기 시대

① The oldest known manmade art works are found in southeastern France.
② A rock slide left the Chauvet-Pont-d'Arc paintings in excellent condition.
③ Researchers have discovered art in around 1,000 caves across Europe.
④ Some of the cave paintings depict animals that did not exist in the area.

해석
유럽 전역의 동굴에서, 인간이 구석기 시대 초창기만큼 멀리 거슬러 올라가 예술을 창작하고 있었음을 증명하는 증거가 발견되어 왔다. 이 동굴들은 그림과 스케치뿐만 아니라 글씨가 새겨진 작은 조각품 형태의 재현 예술을 포함한다. 이 작품들 중 가장 잘 보존된 일부는 프랑스 남동부의 Chauvet-Pont-d'Arc 동굴에서 발견된다. 1994년에 발굴된, 그 동굴 안의 그림들은 3만 년에서 3만 2천 년 전까지 거슬러 올라가지만, 동굴 입구를 봉쇄한 낙석 때문에 대략 2만 년 동안 숨겨져 있었다. 이것은 인간이나 동물의 활동에 의해 손상되는 것을 방지함으로써 그 작품들을 보호했고 그것들의 자연적인 퇴화를 멈추게 하는 일관된 환경을 제공했다. 지금까지, 연구원들은 동굴 안에 있는 대략 1,000점의 예술 작품들을 목록화해 왔는데, 그 중 많은 것들이 말, 사슴, 털북숭이 코뿔소 그리고 동굴 하이에나를 포함하여 그것들이 창작된 기간 동안 그 지역에 존재했던 동물상들을 묘사한다.

① 인간이 만든 가장 오래된 예술 작품은 프랑스 남동부에서 발견된다.
② 낙석이 Chauvet-Pont-d'Arc 그림을 훌륭한 상태로 남겼다.
③ 연구원들은 유럽 전역에 걸쳐 약 1,000개의 동굴에서 예술품을 발견해 왔다.
④ 동굴 그림 중 일부는 그 지역에 존재하지 않았던 동물들을 묘사한다.

포인트 해설
②번의 키워드인 A rock slide(낙석)가 그대로 언급된 지문 주변의 내용에서 동굴 입구가 낙석으로 봉쇄되면서 내부의 그림들을 보호했고 자연적인 퇴화를 멈추게 했다고 했으므로, ② '낙석이 Chauvet-Pont-d'Arc 그림을 훌륭한 상태로 남겼다'가 지문의 내용과 일치한다.

[오답 분석]
① 구석기 시대 재현 예술 가운데 가장 잘 보존된 일부가 프랑스 남동부에서 발견된다고는 했지만, 인간이 만든 가장 오래된 예술 작품이 프랑스 남동부에서 발견되는지는 알 수 없다.
③ 연구원들이 유럽 전역의 동굴에서 대략 1,000점의 예술 작품들을 목록화해 왔다고는 했지만, 연구원들이 유럽 전역에 걸쳐 약 1,000개의 동굴에서 예술품을 발견해 왔는지는 알 수 없다.
④ 많은 예술 작품들이 창작된 기간 동안 그 지역에 존재했던 동물상들을 묘사한다고는 했지만, 동굴 그림 중 일부가 그 지역에 존재하지 않았던 동물들을 묘사하는지는 알 수 없다.

정답 ②

DAY 17 하프모의고사 17회

어휘

evidence 증거　representational art 재현 예술
carve (글씨를) 새기다, 조각하다　sculpture 조각품
preserve 보존하다, 보호하다　seal off ~을 봉쇄하다
consistent 일관된, 변함없는　halt 멈추다　degradation 퇴화
catalogue 목록화하다; 목록　depict 묘사하다

08 독해 요지 파악　난이도 중 ●●○

다음 글의 요지로 적절한 것은?

Accident Response
Avoiding accidents and investigating them when they do occur is the main function of the National Air-Travel Safety Board (NASB). Air travel-related accidents put the public at risk and can lead to mass casualties, including serious injury and even death.

Air travel-related Incidents (ATI)
An air travel-related incident (ATI) is an event that jeopardizes the safety of passengers, crew, and aircraft operation caused by mechanical failure or human actions and can range from disturbances during flight to crashes.

The NASB has a team of qualified aviation experts to respond to these incidents within minutes. When an ATI is reported, the NASB sends its teams out to attend to those involved in the incident and to investigate the causes in order to prevent further such events and make air travel safer in the future.

① NASB's main job is to train staff for air travel jobs.
② NASB is dedicated to preventing accidents during air travel.
③ NASB sets rules for the actions of people on flights.
④ NASB investigates ways to stop ATIs from occurring.

해석

사고 대응
사고를 방지하고 사고 발생 시 그것들을 조사하는 것이 국가항공여행안전위원회(NASB)의 주요 기능입니다. 항공 여행 관련 사고는 공공의 안전을 위협하고 심각한 부상과 심지어 사망까지도 포함하는 대량 사상자를 초래할 수 있습니다.

항공 여행 관련 사고(ATI)
항공 여행 관련 사고(ATI)는 기계 고장이나 사람의 행동으로 인해 승객, 승무원 및 항공기 운영의 안전을 위태롭게 하는 사건이며 범위가 비행 중의 소란에서부터 추락 사고에까지 이를 수 있습니다.

국가항공여행안전위원회는 이러한 사고에 몇 분 내로 대응할 수 있는, 자격을 갖춘 항공 전문가 팀을 보유하고 있습니다. 항공 여행 관련 사고가 보고되면, 국가항공여행안전위원회는 사고와 관련된 사람들을 돌보고 더 나아가 이러한 사고를 방지하여 향후 항공 여행을 더 안전하게 만들기 위해 원인을 조사하는 팀을 파견합니다.

① 국가항공여행안전위원회의 주된 업무는 항공 여행 업무를 위해 직원들을 교육하는 것이다.
② 국가항공여행안전위원회는 항공 여행 중의 사고를 방지하기 위해 전념한다.
③ 국가항공여행안전위원회는 항공기 내 사람들의 행동에 대한 규칙을 설정한다.
④ 국가항공여행안전위원회는 항공 여행 관련 사고가 발생하지 않게 하는 방법을 조사한다.

포인트 해설

지문 앞부분에서 사고를 방지하고 사고 발생 시 그것들을 조사하는 것이 국가항공여행안전위원회의 주요 기능이라고 하고, 지문 뒷부분에서 국가항공여행안전위원회는 항공 여행 관련 사고가 보고되면 관련된 사고 관련자들을 돌보고 추가 사고 방지를 위해 원인 조사 팀을 파견한다고 설명하고 있다. 따라서 ② '국가항공여행안전위원회는 항공 여행 중의 사고를 방지하기 위해 전념한다'가 이 글의 요지이다.

정답 ②

어휘

investigate 조사하다　mass casualty 대량 사상자　injury 부상
incident 사고, 사건　jeopardize 위태롭게 하다　crew 승무원
operation 운영, 수술　disturbance 소란　crash 추락 (사고); 추락하다
qualified 자격을 갖춘　aviation 항공　expert 전문가
attend 돌보다, 참석하다

09 독해 무관한 문장 삭제　난이도 중 ●●○

다음 글의 흐름상 어색한 문장은?

When looking at the biographies of Nobel laureates, an interesting commonality becomes apparent—they typically exhibit creative polymathy. In other words, they build expertise in more than one field. ① Alexis Carrel, the 1912 winner of the Nobel Prize in Medicine, for example, was a talented lacemaker and embroiderer who adapted those skills to develop new stitches that made organ transplantation possible. ② Historically, lacemaking has been widely adopted, generally ranging from sleeve cuffs to curtains, tablecloths, and pillowcases. ③ Interestingly, winners of the literature prize are three times as likely to also be fine artists as the average person, and like Carrel, their seemingly disconnected skills often complement each other. ④ Dario Fo, the 1997 Nobel Literature Prize winner, occasionally drew his plays before writing them, using these visual sketches as an anchor for his dramatic ideas. He could then see his overall idea in pictures and set about writing the dialogue and scene notes for it.

해석

노벨상 수상자들의 전기를 볼 때, 흥미로운 공통점 하나가 분명해진다. 그들이 일반적으로 창조적인 박식함을 보여 준다는 것이다. 다시 말해, 그들은 하나 이상의 분야에서 전문성을 개발한다. ① 예를 들어, 1912년 노벨

의학상 수상자인 Alexis Carrel은 장기 이식을 가능하게 하는 새로운 바느질 방식을 개발하기 위해 그러한 기술을 적합하게 만든 재능있는 레이스 제작자이자 자수업자였다. ② 역사적으로, 레이스 제작은 일반적으로 소맷동에서부터 커튼, 식탁보 및 베갯잇에 이르기까지, 널리 응용되어 왔다. ③ 흥미롭게도, 문학상 수상자들은 또한 보통 사람들보다 훌륭한 예술가가 될 가능성이 3배만큼 높으며, Carrel처럼, 겉보기에 단절된 그들의 기술은 종종 서로를 보완한다. ④ 1997년 노벨 문학상 수상자였던 Dario Fo는 그가 희곡들을 쓰기 전에 가끔 그것들을 그려서, 이러한 시각적인 스케치들을 자신의 극적인 아이디어를 위한 장치로 사용했다. 그리고 나서 그는 그림에서 그의 전체적인 생각을 볼 수 있었고 그것을 위한 대화와 장면 원고를 작성하기 시작할 수 있었다.

포인트 해설

지문 앞부분에서 노벨상 수상자들은 일반적으로 하나 이상의 분야에서 전문성을 개발한다고 언급한 후, ①, ③번은 '재능 있는 레이스 제작자이자 자수업자였던 Alexis Carrel의 사례', ④번은 '희곡을 쓰는 데 시각적인 스케치를 사용했던 노벨 문학상 수상자 Dario Fo의 사례'에 대해 설명하고 있다. 그러나 ②번은 '일상 속 레이스의 폭넓은 활용 사례'에 대한 내용으로, 지문 앞부분의 내용과 관련이 없다.

정답 ②

어휘

biography 전기 laureate 수상자 commonality 공통점
polymathy 박식함 expertise 전문성 embroiderer 자수업자
adapt 적합하게 만들다 stitch 바느질 organ transplantation 장기 이식
literature 문학 complement 보완하다 anchor 장치, 닻
set about ~을 시작하다

구문 분석

Interestingly, / winners of the literature prize are / three times as likely to also be fine artists as the average person, (생략).
: 이처럼 '배수사 + as + 원급 + as' 구문이 쓰인 경우, '~배만큼 -하다'라고 해석한다.

10 독해 내용 불일치 파악   난이도 중 ●●○

다음 글의 내용과 일치하지 않는 것은?

Approximately a quarter of Earth's surface is covered in mountains, which have unique ecosystems due to their structure. The differences in altitude cause stratification in the types of plants and animals that occur on the mountain slope. As the altitude increases, temperatures fall, meaning that the environment is no longer suitable for the species living near the base of the mountain. The milder temperatures and heavier rainfall at moderate elevations allow them to be covered in thick forests that support a wide variety of animals. Moving higher up the mountain, the climate becomes harsher as temperatures fall lower and wind speeds increase. As a result, there are few trees, making alpine grasslands the dominant ecosystems. While these harsher areas have fewer resident animal species, there are many that appear at different times of year. This is because of vertical migration. Much like other animals that move north or south seasonally, animals on the mountainside often move between elevations.

*stratification: 계층화

① Around 25 percent of the world's land is mountainous.
② A large variety of animals exist in forests at moderate elevations.
③ Few trees exist near mountain tops due to harsh weather conditions.
④ Many animal species leave the mountain to migrate south during winter.

해석

지구 표면의 대략 4분의 1은 산으로 덮여 있는데, 이것은 그것들의 구조 때문에 독특한 생태계를 가지고 있다. 고도의 차이는 산 비탈에 존재하는 동식물의 종류에 계층화를 야기한다. 고도가 높아짐에 따라 기온은 떨어지는데, 이는 그 환경이 더 이상 산 기슭에 사는 종에 적합하지 않다는 것을 의미한다. 중간 고도에서의 더 온화한 기온과 더 많은 강우량은 그곳들이 매우 다양한 동물을 먹여 살리는 울창한 숲으로 덮여 있게 한다. 산을 더 높이 올라갈수록, 기온이 더 낮아지고 풍속이 빨라지면서 기후는 더 혹독해진다. 그 결과, 나무가 거의 없는데, 이는 높은 산의 목초지를 지배적인 생태계로 만든다. 이러한 더 혹독한 지역들에 더 적은 수의 거주 동물 종들이 살고 있기는 하지만, 한 해의 서로 다른 시기에 나타나는 많은 종들이 있다. 이것은 수직 이동 때문이다. 마치 계절적으로 북쪽이나 남쪽으로 이동하는 다른 동물처럼, 산비탈에 있는 동물들은 종종 고도 사이를 이동한다.

① 전 세계 육지의 약 25퍼센트가 산악 지대이다.
② 매우 다양한 동물들이 중간 고도에 있는 숲에 존재한다.
③ 혹독한 기상 상태 때문에 산꼭대기 근처에는 나무가 거의 존재하지 않는다.
④ 많은 동물 종들이 겨울 동안 남쪽으로 이동하기 위해 산을 떠난다.

포인트 해설

④번의 키워드인 migrate(이동하다)를 바꾸어 표현한 지문의 migration(이동) 주변 내용에서 산비탈에 있는 동물들이 마치 계절적으로 이동하는 다른 동물들처럼 산 내부에서 고도 사이를 이동한다고는 했지만, ④ '많은 동물 종들이 겨울 동안 남쪽으로 이동하기 위해 산을 떠난다'인지는 알 수 없다.

정답 ④

어휘

surface 표면 altitude 고도 suitable 적합한 mild 온화한
moderate 중간의 elevation 고도 thick 울창한 alpine 높은 산의
grassland 목초지 dominant 지배적인 vertical 수직의 migration 이동
intermediate 중간의

DAY 18 하프모의고사 18회

▶ 해커스 공무원시험연구소 총평

난이도 이미 알고 있는 배경지식에 휘둘리지 않고 문제를 차근차근 풀었다면, 어려움 없이 고득점을 달성할 수 있는 회차였습니다.

어휘·생활영어 영역 밑줄 친 부분에 적절한 동사 어휘를 찾는 문제의 경우, 문맥상 주어 또는 목적어의 동작이나 상태를 가장 잘 나타내는 것이 정답일 수 있습니다.

문법 영역 관계절은 공무원 9급 시험에서 꾸준히 등장해 온 문법 포인트입니다. 관계대명사의 종류와 함께 '전치사 + 관계대명사', 관계부사, 관계대명사 that의 특이 사항까지 알아 두는 것이 좋습니다.

독해 영역 내용 일치/불일치 파악 유형에서 네 개의 보기 속 정보는 지문에서 제시되고 있는 순서대로 쓰였을 가능성이 높습니다.

▶ 정답

01	③	어휘	06	④	독해
02	①	문법	07	②	독해
03	①	문법	08	②	독해
04	②	생활영어	09	④	독해
05	②	독해	10	④	독해

▶ 취약영역 분석표

영역	맞힌 답의 개수
어휘	/ 1
생활영어	/ 1
문법	/ 2
독해	/ 6
TOTAL	/ 10

---

01 어휘 eliminate 난이도 중 ●●○

밑줄 친 부분에 들어갈 말로 가장 적절한 것은?

> I was deeply saddened to realize that the beautiful landscape of my hometown would be _____ by the construction of an expressway.

① shaped ② revealed
③ eliminated ④ acclaimed

해석
나는 고속도로 공사로 인해 고향의 아름다운 풍경이 없어질 것임을 깨닫고 깊은 슬픔에 잠겼다.
① 형성된 ② 드러난
③ 없어진 ④ 환호받은

정답 ③

어휘
sadden 슬프게 하다 landscape 풍경 construction 공사, 건설
expressway 고속도로 shape 형성하다; 모양 reveal 드러내다, 밝히다
eliminate 없애다 acclaim 환호하다

이것도 알면 합격!
'없애다'의 의미를 갖는 표현
= destroy, remove, demolish, wipe out

---

02 문법 관계절 난이도 중 ●●○

밑줄 친 부분에 들어갈 말로 가장 적절한 것은?

> A teacher should be someone _____ students can always discuss new ideas and ask questions.

① with whom ② in which
③ whom ④ who

해석
교사는 학생들이 언제나 새로운 아이디어에 대해 의논하고 질문할 수 있는 사람이어야 한다.

포인트 해설
① 전치사 + 관계대명사 빈칸은 완전한 절(students can ~ questions)을 이끌면서 명사(someone)를 수식하는 것의 자리이므로, 완전한 절을 이끌 수 없는 관계대명사 ③ whom과 ④ who는 정답이 될 수 없다. 따라서 완전한 절을 이끌 수 있는 '전치사 + 관계대명사' 형태의 ① with whom과 ② in which가 정답 후보인데, 선행사(someone)가 사람이고 관계절 내에서 전치사(with)의 목적어 역할을 하고 있으므로 사람을 나타내는 목적격 관계대명사 whom이 쓰인 ① with whom이 정답이다. 참고로, '전치사 + 관계대명사'에서 전치사는 선행사 또는 관계절의 동사에 따라 결정되는데, 문맥상 '교사와 함께'라는 의미가 되어야 자연스러우므로 전치사 with(~와 함께)가 쓰였다.

정답 ①

이것도 알면 합격!

한편, 관계대명사 that은 '전치사 + 관계대명사'의 형태에서 전치사 뒤에 올 수 없다는 것을 알아 두자.

- The museum is a place (**to which**, ~~to that~~) many tourists flock every year. 그 박물관은 매년 많은 관광객이 모여드는 곳이다.

이것도 알면 합격!

한편, 가짜 주어 there 구문은 'there + 동사 + 진짜 주어' 형태를 취하고, 동사는 진짜 주어에 수 일치시킨다는 것도 알아 두자.

- **There** exists a significant gap between theory and practice.
  단수 동사   단수 주어

이론과 실천 사이에는 큰 차이가 있다.

---

03 문법 동사의 종류 | 주어 | 전치사 | to 부정사 난이도 중 ●●○

밑줄 친 부분 중 어법상 옳지 않은 것은?

> Many people turn to multitasking as a way to get multiple tasks ① to accomplish in less time. However, ② it is more important to focus on one task at a time and give it your full attention than to do many things simultaneously. One technique that can help you do this is the Pomodoro Technique, which involves breaking your work into 25-minute intervals, separated ③ by short breaks. This can help you work more efficiently and effectively, allowing your brain ④ to recharge and refocus.

해석

많은 사람들이 더 짧은 시간에 많은 업무가 완수되게 하는 방법으로 멀티태스킹에 의존합니다. 하지만, 동시에 많은 일을 하는 것보다 한 번에 하나의 업무에 집중하고 그것에 모든 주의를 기울이는 것이 더 중요합니다. 여러분이 이것을 하는 데 도움을 줄 수 있는 한 가지 기술은 포모도로(Pomodoro) 기법인데, 이것은 여러분의 일을 짧은 휴식 시간으로 구분하면서 25분 간격으로 쪼개는 것을 포함합니다. 이것은 여러분이 더 효율적이고 효과적으로 일하도록 도울 수 있으며, 여러분의 뇌가 재충전하고 다시 집중하게 합니다.

포인트 해설

① **5형식 동사** 사역동사 get은 목적어와 목적격 보어가 능동 관계일 때 목적격 보어로 to 부정사를, 목적어와 목적격 보어가 수동 관계일 때 목적격 보어로 과거분사를 취하는데, 목적어 multiple tasks와 목적격 보어가 '많은 업무가 완수되다'라는 의미의 수동 관계이므로 to 부정사 to accomplish를 과거분사 accomplished로 고쳐야 한다.

[오답 분석]
② **가짜 주어 구문** to 부정사구(to focus ~ simultaneously)와 같이 긴 주어가 오면 진주어인 to 부정사구를 맨 뒤로 보내고 가주어 it이 주어 자리에 대신해서 쓰이므로, 주어 자리에 가주어 it이 올바르게 쓰였다

③ **전치사** 명사(short breaks) 앞에 올 수 있는 것은 전치사인데, 문맥상 '짧은 휴식 시간으로'라는 의미가 되어야 자연스러우므로 수단을 나타내는 전치사 by (~으로)가 올바르게 쓰였다.

④ **to 부정사를 취하는 동사** 동사 allow는 to 부정사를 목적격 보어로 취하므로 to 부정사 to recharge가 올바르게 쓰였다.

정답 ①

어휘

simultaneously 동시에 efficiently 효율적으로 effectively 효과적으로
recharge 재충전하다

---

04 생활영어 Can I try one of them on? 난이도 하 ●○○

밑줄 친 부분에 들어갈 말로 가장 적절한 것은?

> A: Excuse me, I would like to return this shirt.
> B: Sure. Could you tell me the reason for the return, please?
> A: It's not the right size for me. I have a receipt with me as well.
> B: Alright. I will process the return for you.
> A: By the way, are there any other colors available for this shirt?
> B: Yes. It comes in three different colors.
> A: _____
> B: Of course. The fitting room is located over there.

① Isn't it too bright for me?
② Can I try one of them on?
③ What would you recommend?
④ Can I get a refund instead?

해석

A: 실례합니다. 이 셔츠를 반품하고 싶은데요.
B: 그럼요. 반품하시려는 이유를 말씀해 주실 수 있나요?
A: 저한테 맞는 사이즈가 아니어서요. 영수증도 가지고 있어요.
B: 알겠습니다. 반품 처리해 드릴게요.
A: 그런데, 이 셔츠에 다른 색상이 있나요?
B: 네. 그건 세 가지 다른 색상으로 나와요.
A: 제가 그것들 중 하나를 입어 볼 수 있을까요?
B: 물론입니다. 탈의실은 저쪽에 있어요.

① 그건 저한테 너무 밝지 않나요?
② 제가 그것들 중 하나를 입어 볼 수 있을까요?
③ 어떤 것을 추천하시나요?
④ 대신 환불을 받을 수 있을까요?

포인트 해설

사이즈가 맞지 않아 반품하려는 셔츠에 다른 색상이 있는지 묻는 A의 질문에 대해 B가 세 가지 다른 색상이 있다고 대답하고, 빈칸 뒤에서 다시 B가 Of course. The fitting room is located over there(물론입니다. 탈의실은 저쪽에 있어요)라고 말하고 있으므로, '제가 그것들 중 하나를 입어 볼 수 있을까요?'라는 의미의 ② 'Can I try one of them on?'이 정답이다.

정답 ②

DAY 18 하프모의고사 18회

어휘

return 반품하다, 돌아오다; 반품, 복귀   receipt 영수증
available 이용 가능한, 시간이 있는   bright 밝은, 빛나는

이것도 알면 합격!

교환·환불할 때 쓸 수 있는 다양한 표현들을 알아 두자.

- It's not working. 작동이 되지 않아요.
- You can return it within 30 days. 30일 이내에 반품하실 수 있습니다.
- We'll credit it to your card account. 저희가 카드 계좌로 입금해 드릴게요.
- Do you have a receipt for the book?
  그 책의 영수증을 가지고 있으신가요?

05~06 다음 글을 읽고 물음에 답하시오.

Mental Health Care
Providing support for those experiencing mental health issues is the key focus of the Mental Health Services Agency (MSHA). Effective programs and policies can mitigate the far-reaching impact of mental health illness on individuals struggling with it, their families, and their communities.

Substance Abuse Disorder
A substance abuse disorder (SAD) is a medical condition characterized by the ongoing use of a substance that causes impairment, such as drugs or alcohol, leading to health problems, disability, and inability to function properly in society, often resulting in _____ effects and concerns related to health and safety.

The MSHA focuses on treatment and prevention programs for SADs through crisis intervention services and access to treatment programs. Professionals working with the MSHA attempt to identify those with SADs and provide them the support and resources necessary to regain their health.

해석

정신 건강 관리
정신 건강 증진 센터(MSHA)의 주안점은 정신 건강 문제를 겪고 있는 사람들을 위한 지원을 제공하는 것입니다. 효과적인 프로그램과 정책은 정신 건강 질환과 싸우는 개인, 그들의 가족, 그리고 지역 사회에 미치는 광범위한 영향을 완화할 수 있습니다.

약물 남용 장애
약물 남용 장애(SAD)는 약물이나 술과 같이, 장애를 일으키는 물질의 지속적인 사용으로 특징 지어지는 의학적 질환인데, 이는 건강 문제, 장애, 그리고 사회에서 제대로 기능할 수 없는 상태로 이어지며, 종종 건강 및 안전과 관련된 파괴적인 영향과 문제를 발생시킵니다.

정신 건강 증진 센터는 위기 개입 서비스와 치료 프로그램에 대한 접근을 통해 약물 남용 장애에 대한 치료 및 예방 프로그램에 중점을 둡니다. 정신 건강 증진 센터와 함께 일하는 전문가들은 약물 남용 장애가 있는 사람들을 찾고 그들의 건강을 회복하는 데 필요한 지원과 자원을 제공하려고 노력한다.

어휘

effective 효과적인   policy 정책   mitigate 완화하다
far-reaching 광범위한   illness 질환, 질병   struggle 싸우다, 투쟁하다
substance abuse 약물 남용   disorder 장애   characterize 특징 짓다
ongoing 지속적인, 진행 중인   impairment 장애, 손상   disability 장애
properly 제대로   treatment 치료   prevention 예방   crisis 위기
intervention 개입   identify 찾다, 식별하다   regain 회복하다

05 독해 요지 파악   난이도 중 ●●○

윗글의 요지로 적절한 것은?

① MSHA strives to educate communities about the impact of addiction.
② MSHA aims to treat people who are addicted to substances.
③ MSHA provides financial resources to those whose disabilities hinder their lives.
④ MSHA is focused on providing resources to improve overall health.

해석

① 정신 건강 증진 센터는 중독이 미치는 영향에 대해 지역 사회를 교육하기 위해 노력한다.
② 정신 건강 증진 센터는 약물에 중독된 사람들을 치료하는 것을 목표로 한다.
③ 정신 건강 증진 센터는 장애가 삶을 방해하는 사람들에게 재정적 자원을 제공한다.
④ 정신 건강 증진 센터는 전반적인 건강을 개선하기 위한 자원 제공에 중점을 둔다.

포인트 해설

지문 앞부분에서 정신 건강 증진 센터의 주안점은 정신 건강 문제를 겪는 사람들에게 지원을 제공하는 것이라고 하고, 지문 뒷부분에서 정신 건강 증진 센터는 위기 개입 서비스와 치료 프로그램으로 약물 남용 장애에 대한 치료 및 예방에 중점을 둔다고 했으므로, ② '정신 건강 증진 센터는 약물에 중독된 사람들을 치료하는 것을 목표로 한다'가 이 글의 요지이다.

정답 ②

어휘

strive 노력하다   addiction 중독   hinder 방해하다

06 독해 빈칸 완성 - 단어   난이도 중 ●●○

밑줄 친 부분에 들어갈 말로 적절한 것은?

① mild
② invisible
③ constructive
④ devastating

해석

① 경미한
② 보이지 않는
③ 건설적인
④ 파괴적인

포인트 해설

빈칸 앞부분에 약물 남용 장애가 건강 문제, 장애 및 사회에서 제대로 기능할 수 없는 상태로 이어진다고 했으므로, '파괴적인' 영향이라고 한 ④번이 정답이다.

정답 ④

어휘

mild 경미한 invisible 보이지 않는 constructive 건설적인
devastating 파괴적인

구문 분석

A substance abuse disorder (SAD) is a medical condition / characterized by the ongoing use of a substance / that causes impairment, (생략).

: 이처럼 과거분사(characterized ~)가 명사를 꾸며주는 경우, '~해진 명사' 또는 '~된 명사'라고 해석한다.

07 독해 내용 일치 파악 난이도 중 ●●○

Advanced Defense Research Agency에 관한 다음 글의 내용과 일치하는 것은?

Advanced Defense Research Agency (ADRA) Accomplishments

ADRA is the research arm of the Defense Department. Throughout its history, ADRA has advanced technological breakthroughs to enhance the nation's security and the capabilities of the military. ADRA played a key role in developing the foundation upon which today's Internet was built, along with stealth technology and the global positioning satellite (GPS) system. It has also been instrumental in the development of artificial intelligence, robots, and biotechnology. ADRA works on these cutting-edge technologies to anticipate and address threats in the modern world. The agency cooperates with academic and industry partners to accelerate technological advances and ensure the country remains a technological leader in the world.

① It works to create new technology for the civilian world.
② It created the predecessor to the Internet of today.
③ It purchased technology used in GPS systems.
④ It helps schools and companies become technological leaders.

해석

첨단국방연구원(ADRA)의 성과

첨단국방연구원은 국방부의 연구 부서입니다. 역사를 통틀어, 첨단국방연구원은 국가의 안보와 군사 능력을 향상시키고자 기술 혁신을 진행시켜 왔습니다. 첨단국방연구원은 스텔스 기술과 전 지구 위치 파악 시스템(GPS)과 함께, 오늘날의 인터넷이 개발된 기반을 발달시키는 데 핵심적인 역할을 했습니다. 그것은 또한 인공 지능, 로봇 및 생명 공학의 발전에도 중요한 역할을 해왔습니다. 첨단국방연구원은 현대 세계의 위협을 예측하고 대응하기 위해 이러한 최첨단 기술을 연구합니다. 연구원은 기술적 진보를 가속화하고 국가가 세계적으로 기술적 리더십을 유지하게 하기 위해 학계 및 산업 파트너들과 협력합니다.

① 그것은 민간 분야를 위한 새로운 기술을 창출하기 위해 노력한다.
② 그것은 오늘날 인터넷의 전신을 만들어냈다.
③ 그것은 전 지구 위치 파악 시스템에 사용되는 기술을 구매했다.
④ 그것은 학교와 기업이 기술적 리더가 될 수 있게 돕는다.

포인트 해설

②번의 키워드인 the Internet of today(오늘날 인터넷)를 바꾸어 표현한 지문의 today's Internet(오늘날의 인터넷) 주변의 내용에서 첨단국방연구원은 오늘날의 인터넷이 개발된 기반을 발달시키는 데 핵심적인 역할을 했다고 했으므로, ② '그것은 오늘날 인터넷의 전신을 만들어냈다'가 지문의 내용과 일치한다.

[오답 분석]

① 첨단국방연구원이 국가의 안보와 군사 능력을 향상시키고자 기술 혁신을 진행시켜 왔다고 했으므로, 그것이 민간 분야를 위한 새로운 기술을 창출하기 위해 노력한다는 것은 지문의 내용과 다르다.
③ 첨단국방연구원이 전 지구 위치 파악 시스템(GPS)으로 인터넷이 개발된 기반을 발달시키는 역할을 했다고 했으므로, 전 지구 위치 파악 시스템에 사용되는 기술을 구매했다는 것은 지문의 내용과 다르다.
④ 첨단국방연구원이 국가가 세계적인 기술 리더십을 유지하게 하기 위해 학계 및 산업 파트너들과 협력한다고는 했지만, 그것이 학교와 기업이 기술적 리더가 될 수 있게 돕는지는 알 수 없다.

정답 ②

어휘

arm 부서, 팔 advance 진행시키다, 발전시키다 breakthrough 혁신, 돌파구
capability 능력 foundation 기반, 기초, 토대
instrumental 중요한 역할을 하는, 도움이 되는
artificial intelligence 인공 지능 biotechnology 생명 공학
cutting-edge 최첨단의 anticipate 예측하다 threat 위협, 협박
cooperate 협력하다 academic 학계의 accelerate 가속화하다
civilian 민간의 predecessor 전신

08 독해 주제 파악

다음 글의 주제로 적절한 것은?

One of the best aspects of technological development in the past two decades is that the quality and accessibility of technology have made it possible for anyone to acquire a piece of technology, learn to use it, and produce work on a professional level. For example, in the past, an aspiring filmmaker would have to attend film school to make use of the devices and attain the skills necessary for their craft. Today, such a person can use free online tutorials to master the skills and upload their work on the Internet for all to see. The downside of this accessibility is that if the bar to entry has been lowered so that anyone can reach a level of professional filmmaking on their own, the amount of competition rises substantially. Therefore, aspiring filmmakers must go one step further and innovate in their craft or find a niche within the film world that no one else currently occupies.

① the accessibility of filmmaking tools
② technological change and filmmakers
③ film and the special effects industry
④ the Internet and technology

해석

지난 20년 동안 기술 발전의 가장 좋은 측면들 중 하나는 기술의 품질과 접근성이 누구나 기술의 일부분을 습득하고, 그것을 사용하는 법을 배우고, 전문적인 수준의 작업물을 제작하는 것을 가능하게 만들었다는 것이다. 예를 들어, 과거에 장차 영화 제작자가 되려는 사람들은 장치들을 사용하고 그들의 직업에 필요한 기술을 습득하기 위해 영화 학교에 다녀야 했을 것이다. 오늘날, 그러한 사람은 기술을 숙달하기 위해 무료 온라인 사용 지침서를 이용하고, 모두가 볼 수 있게 인터넷에 그들의 작업물을 업로드할 수 있다. 이러한 접근성의 단점은 누구나 혼자서 전문적인 영화 제작 수준에 도달할 수 있도록 진입 장벽이 낮아질 경우, 경쟁의 양이 상당히 증가한다는 것이다. 그러므로, 장차 영화 제작자가 되려는 사람들은 그들의 직업에 있어 한 걸음 더 나아가 혁신하거나, 아니면 영화계 내에서 현재 아무도 차지하지 않은 틈새를 찾아야 한다.

① 영화 제작 도구에 대한 접근성
② 기술 변화와 영화 제작자
③ 영화 및 특수 효과 산업
④ 인터넷과 기술

포인트 해설

지문 전반에 걸쳐 기술 발전은 누구나 영화 기술을 습득하고 전문적인 수준의 작업물을 제작하는 것을 가능하게 만들었지만, 진입 장벽이 낮아지면 경쟁이 치열해지기 때문에 영화 제작자는 혁신과 틈새시장 개척을 도모해야 한다고 주장하고 있다. 따라서 ② '기술 변화와 영화 제작자'가 이 글의 주제이다.

정답 ②

어휘

accessibility 접근성 acquire 습득하다, 얻다
aspiring 장차 ~이 되려는, 야심이 있는 filmmaker 영화 제작자
make use of ~을 사용하다, 활용하다 device 장치, 기기
attain 습득하다, 성취하다 craft 직업, 기술, 공예
tutorial 사용 지침서, 개별 지도 시간 downside 단점, 불리한 면
lower 낮추다; 아래쪽의 competition 경쟁 substantially 상당히, 많이
innovate 혁신하다 niche 틈새 occupy 차지하다

09 독해 내용 불일치 파악

다음 글의 내용과 일치하지 않는 것은?

Before the Industrial Revolution, it was common for people to partake in two-phase sleep, where they would settle down for their first sleep around 9 p.m. and naturally awaken around 11 p.m. without the use of an alarm. Evidence of this can be found even dating back to the 8th century BC. During the period of wakefulness, which lasted about two hours, people would attend to household chores or tend to farm animals. At around 1 a.m., they would bed down for the second sleep, which lasted until dawn. However, with the widespread accessibility of artificial light, people began going to bed later but waking up at the same time, leading to a consolidation of sleep into a single uninterrupted span. Interestingly, in a 1995 experiment, subjects were placed in an environment devoid of artificial light, and after four weeks, they reverted to two-phase sleep, indicating that this sleep pattern may still be innate to humans.

① Evidence of two-phase sleep goes back thousands of years.
② People would take care of domestic tasks during the period between the two sleeps.
③ The proliferation of unnatural lighting led to the end of the two-phase sleep practice.
④ The experiment results suggest humans have lost the innate drive for two-phase sleep.

해석

산업 혁명 이전에는, 사람들이 두 단계 수면에 참여하는 것이 일반적이었는데, 이 수면에서 그들은 밤 9시쯤 첫 번째 잠에 들고 알람 없이 밤 11시쯤에 자연스럽게 깨어났다. 이것에 대한 증거는 심지어 기원전 8세기로 거슬러 올라가 발견될 수 있다. 약 2시간 동안 지속되는 잠들지 않은 시간 동안, 사람들은 집안일을 처리하거나 농장 동물들을 돌보았다. 새벽 1시쯤에, 그들은 새벽까지 지속되는 두 번째 잠을 잤다. 하지만, 인공 조명의 광범위한 접근 가능성으로, 사람들은 더 늦게 잠자리에 들지만 같은 시간에 깨어나기 시작했고, 이는 중단되지 않는 단일 기간으로의 수면 통합을 초래했다. 흥미롭게도, 1995년 실험에서, 피실험자들은 인공 조명이 없는 환경에 놓였고, 4주 후 그들은 두 단계 수면으로 되돌아갔는데, 이는 이 수면 패턴이 인간에게 여전히 선천적인 것일 수도 있다는 것을 나타낸다.

① 두 단계 수면에 대한 증거는 수천 년 전으로 거슬러 올라간다.
② 사람들은 두 수면 사이의 시간 동안 집안일을 처리했을 것이다.
③ 인공 조명의 확산은 두 단계 수면 관행의 종료를 초래했다.

④ 실험 결과는 인간이 두 단계 수면에 대한 선천적인 욕구를 잃어 왔음을 시사한다.

포인트 해설

④번의 키워드인 innate(선천적인)가 그대로 언급된 지문 주변의 내용에서 인공 조명이 없는 환경에서의 4주 후 피실험자들이 두 단계 수면으로 되돌아간 것은 이 수면 패턴이 인간에게 여전히 선천적일 수 있다는 것을 나타낸다고 했으므로, ④ '실험 결과는 인간이 두 단계 수면에 대한 선천적인 욕구를 잃어 왔음을 시사한다'는 지문의 내용과 다르다.

정답 ④

어휘

partake in ~에 참여하다　phase 단계, 국면　settle down 잠들다, 정착하다
awaken 깨어나다, 불러일으키다　evidence 증거
date back to ~로 거슬러 올라가다　wakefulness 잠들지 않은 상태, 각성 상태
last 지속되다; 가장 최근의　attend to ~을 처리하다
household chore 집안일　tend 돌보다　accessibility 접근 가능성
artificial 인공의　consolidation 통합, 강화
uninterrupted 중단되지 않는, 연속된　subject 피실험자, 주제
devoid of ~이 없는　revert 되돌아가다　innate 선천적인, 타고난
proliferation 확산, 보급

---

10 독해 문단 순서 배열　난이도 하 ●○○

주어진 글 다음에 이어질 글의 순서로 적절한 것은?

Human communication is a complex system. In addition to the words that we use to express ourselves, we also use other vocal devices, such as tone and timbre that show emotion regardless of whether words are used.

(A) We can also often tell how our cats are feeling based on the particular way that they are meowing, either aggressively, loudly, or timidly. Effectively, they are communicating with us without words.

(B) Similarly, in animals, various sounds are used to convey emotional states, and these can be understood across species. Although our dogs cannot tell us they are in pain, whimpering makes it clear.

(C) For instance, if we hear someone screaming, we perceive their feeling of fear even if we don't speak the same language.

① (B) – (A) – (C)
② (B) – (C) – (A)
③ (C) – (A) – (B)
④ (C) – (B) – (A)

해석

인간의 의사소통은 복잡한 체계이다. 우리가 자신을 표현하기 위해 사용하는 단어 외에도, 우리는 또한 단어가 사용되었는지 여부에 관계없이 감정을 보여 주는 어조 및 음색 같은 다른 목소리 장치를 사용한다.

(A) 우리는 또한 종종 고양이들이 공격적으로, 크게, 또는 소극적으로 야옹 하고 우는 특정한 방식에 근거하여 그것들이 어떻게 느끼는지 판단할 수 있다. 사실상, 그것들은 단어 없이 우리와 소통하고 있다.

(B) 마찬가지로, 동물들 사이에서 다양한 소리들이 감정 상태를 전달하기 위해 사용되며, 이것은 서로 다른 종들 간에 이해될 수 있다. 비록 개들이 우리에게 그것들이 고통받고 있다고 말할 수 없긴 하지만, 킹킹거리는 것은 그것을 분명히 한다.

(C) 예를 들어, 만약 누군가가 비명을 지르고 있는 것을 듣는다면, 우리는 같은 언어를 말하지 않더라도 그들의 두려운 감정을 감지한다.

포인트 해설

주어진 글에서 우리는 단어를 사용하지 않더라도 어조 및 음색 같은 목소리 장치를 사용한다고 한 뒤, (C)에서 예를 들어(For instance) 누군가의 비명을 듣고 두려운 감정을 감지한다고 설명하고 있다. 이어서 (B)에서 마찬가지로(Similarly) 개들의 킹킹거림과 같이, 감정 상태를 전달하기 위해 사용되는 동물의 다양한 소리들이 서로 다른 종들 간에 이해될 수 있다고 하고, (A)에서 우리는 또한(also) 고양이들이 우는 방식에 근거하여 그것들이 어떻게 느끼는지 판단할 수 있다고 주장하고 있다. 따라서 ④ (C) – (B) – (A)가 정답이다.

정답 ④

어휘

vocal 목소리의　tone 어조　timbre 음색　meow 야옹 하고 울다
aggressively 공격적으로　timidly 소극적으로, 겁 많게
effectively 사실상, 효과적으로　whimper 킹킹거리다, 훌쩍이다
perceive 감지하다, 인지하다

DAY 19 하프모의고사 19회

해커스 공무원시험연구소 총평

난이도	단문으로 구성된 문법 문제가 출제되고 이메일 형태의 독해 문제가 다소 긴 지문으로 출제되어, 체감 난도가 높았을 수 있습니다.
어휘·생활영어 영역	생활영어 영역에서는 실생활과 밀접한 대화의 출제 가능성이 높은 만큼, 특정 단체·기관·회사에 문의하는 상황이 주어질 수 있습니다. 일반적인 문의 상황에서 쓰이는 관용 표현들을 눈에 익혀 두면 도움이 될 것입니다.
문법 영역	3번 문제를 통해 시제에 대한 이론을 정확하게 학습했는지 확인할 수 있었습니다. 시제의 경우 기본적인 형태를 파악하는 것에서 더 나아가 특정 시간 표현이 쓰였을 때 자주 함께 쓰이는 시제, 주절과 종속절의 시제가 다른 경우 등의 심층적인 내용까지도 출제될 수 있습니다.
독해 영역	전체 내용 파악 유형 위주로 문제들을 풀어 볼 수 있는 회차였습니다. 5, 7, 9번 모두 수월하게 정답을 찾았다면, 독해 영역 내에서는 다른 유형에 좀 더 시간을 투자해도 좋습니다.

정답

01	②	어휘	06	②	독해
02	③	문법	07	②	독해
03	②	문법	08	②	독해
04	④	생활영어	09	①	독해
05	③	독해	10	④	독해

취약영역 분석표

영역	맞힌 답의 개수
어휘	/ 1
생활영어	/ 1
문법	/ 2
독해	/ 6
TOTAL	/ 10

01 어휘 resist 난이도 중 ●●○

밑줄 친 부분에 들어갈 말로 가장 적절한 것은?

> Despite their mounting exhaustion and the temptation to give up, the marathon runners _____ their fatigue and persevered to cross the finish line.

① sustained ② resisted
③ enhanced ④ boasted

이것도 알면 합격!

'저항하다'의 의미를 갖는 유의어
= overcome, withstand, endure, combat

해석
커져 가는 피로와 포기하고 싶은 유혹에도 불구하고, 마라톤 선수들은 그들의 피로에 저항했고 결승선을 통과하기 위해 인내했다.
① 지속했다 ② 저항했다
③ 강화했다 ④ 자랑했다

정답 ②

어휘
mounting 커져 가는 exhaustion 피로, 고갈 temptation 유혹
give up 포기하다 fatigue 피로 persevere 인내하다 sustain 지속하다
resist 저항하다 enhance 강화하다 boast 자랑하다

02 문법 분사 | 전치사 | 형용사 | 대명사 | to 부정사 난이도 중 ●●○

밑줄 친 부분 중 어법상 옳지 않은 것은?

> Some people argue that a good relationship depends on ① how many similar interests and hobbies individuals in a relationship share with ② each other. There is a lot of debate ③ involving in this idea of compatibility. However, we believe the key question is whether you are willing ④ to compromise and grow together or just settle for the status quo.

해석
일부 사람들은 좋은 관계는 관계에 있는 개인들이 얼마나 많은 비슷한 관심사와 취미를 서로 공유하는지에 달려 있다고 주장한다. 호환성에 대한 이 생각과 관련된 많은 논쟁이 있다. 하지만, 우리는 당신이 기꺼이 타협하고

함께 성장하고자 하는지 아니면 그저 현재의 상황에 안주하는지가 핵심적인 문제라고 생각한다.

포인트 해설

③ **현재분사 vs. 과거분사** 수식받는 명사(a lot of debate)와 분사가 '논쟁이 관련되다'라는 의미의 수동 관계이므로 현재분사 involving을 과거분사 involved로 고쳐야 한다.

[오답 분석]
① **전치사 자리 | 수량 표현** 전치사(on) 뒤에는 의문사(how)가 이끄는 의문사절이 올 수 있고, 수량 표현 many가 지시하는 명사(interests, hobbies)가 가산 복수 명사이므로 how many가 올바르게 쓰였다.
② **부정대명사** 문맥상 '서로 공유하다'라는 의미가 되어야 자연스러우므로, '서로'를 의미하는 부정대명사 each other가 올바르게 쓰였다.
④ **to 부정사 관련 표현** 문맥상 '기꺼이 타협하고 함께 성장하다'라는 의미가 되어야 자연스러운데, '기꺼이 ~하다'는 to 부정사 관련 표현 be willing to를 사용하여 나타낼 수 있으므로 to 부정사 to compromise가 올바르게 쓰였다.

정답 ③

어휘
argue 주장하다 debate 논쟁, 토론; 논의하다 involve 관련시키다
compatibility 호환성 compromise 타협하다
settle for ~에 안주하다, 만족하다 status quo 현재의 상황

이것도 알면 합격!

④번의 'be willing to' 외에 다양한 to 부정사 관용 표현들도 알아 두자.

- too ~ to 너무 ~해서 –할 수 없다
- be supposed to ~하는 경향이 있다
- be inclined to ~하기로 되어 있다
- enough to ~하기에 충분히 –하다
- be projected to ~하기로 되어 있다

---

03 문법 분사 | 수 일치 | 시제   난이도 중 ●●○

밑줄 친 부분이 어법상 옳지 않은 것은?

① Most of the evidence <u>was</u> precise regarding the defendant's alibi.
② <u>Being snowy all day</u>, I put on my boots so as not to slip on the ice.
③ By the time the construction ends, the company <u>will have invested</u> over 5 million dollars.
④ The test <u>had already begun</u> when I entered the classroom.

해석
① 피고의 알리바이에 관한 대부분의 증거는 정확했다.
② 하루 종일 눈이 왔기 때문에, 나는 빙판 위에서 미끄러지지 않기 위해 부츠를 신었다.
③ 공사가 끝날 무렵, 그 회사는 5백만 달러 이상을 투자했을 것이다.
④ 내가 교실에 들어갔을 때 시험은 이미 시작되었다.

포인트 해설

② **분사구문의 의미상 주어** 주절의 주어(I)와 분사구문의 주어가 달라 분사구문의 의미상 주어가 필요한 경우 명사 주어를 분사구문 앞에 써야 하는데, 분사구문의 주어가 날씨를 나타내는 비인칭 주어 it으로 주절의 주어(I)와 일치하지 않으므로, Being snowy all day를 It being snowy all day로 고쳐야 한다.

[오답 분석]
① **부분 표현의 수 일치** 전체를 나타내는 표현(Most of)을 포함한 주어는 of 뒤 명사에 동사를 수 일치시켜야 하는데, of 뒤에 단수 취급하는 불가산 명사 the evidence가 왔으므로 단수 동사 was가 올바르게 쓰였다.
③ **미래완료 시제** 문장에 'by + 미래 시간 표현'(By the time ~ ends)이 왔고, 문맥상 '5백만 달러 이상을 투자했을 것이다'라며 현재나 과거에 발생한 동작이 미래의 어떤 시점까지 완료될 것임을 표현하고 있으므로, 미래완료 시제 will have invested가 올바르게 쓰였다.
④ **과거완료 시제** '시험이 이미 시작된' 것은 '내가 교실에 들어간' 특정 과거 시점보다 이전에 일어난 일이므로, 과거완료 시제 had (already) begun이 올바르게 쓰였다.

정답 ②

어휘
evidence 증거 precise 정확한 defendant 피고 alibi 알리바이, 변명

이것도 알면 합격!

특정 시제와 자주 함께 쓰이는 시간 표현들을 알아 두자.

과거	yesterday 어제 시간 표현 + ago ~ 전에
현재완료	since + 과거 시간 표현 ~ 이래로 over/for + 시간 표현 ~ 동안
미래·미래완료	by/until + 미래 시간 표현 ~까지 *단, until은 미래완료와는 함께 쓰이지 않는다.

---

04 생활영어 What exactly does this insurance cover?   난이도 중 ●●○

밑줄 친 부분에 들어갈 말로 가장 적절한 것은?

Laura Turner
Thank you for calling the WanderSafe Insurance Co. How can I assist you today?
11:15

Henry Carter
Hi, I'm planning to backpack across Asia and I'm curious about which insurance I should obtain.
11:15

Laura Turner
What kind of activities do you have planned for your trip?
11:15

DAY 19 하프모의고사 19회

Henry Carter
I'll go hiking, camping, and do water sports.
11:16

Laura Turner
Okay. Based on the things you mentioned, I recommend our Adventure Sports insurance.
11:16

Henry Carter
_____
_____
11:17

Laura Turner
It provides up to 5 million won in hospital expenses for injuries during sports activities.
11:17

① How many days does this insurance cover?
② What happens if I need to cancel my trip?
③ Do I need to submit any related documents?
④ What exactly does this insurance cover?

해석

Laura Turner: WanderSafe 보험사에 전화해 주셔서 감사합니다. 오늘 무엇을 도와드릴까요?
Henry Carter: 안녕하세요, 저는 아시아를 횡단하는 배낭여행을 계획하고 있는데 제가 들어야 하는 보험이 어떤 것인지 궁금해서요.
Laura Turner: 여행에서 어떤 종류의 활동들을 계획하고 있으신가요?
Henry Carter: 저는 등산, 캠핑, 그리고 수상 스포츠를 할 거예요.
Laura Turner: 알겠습니다. 말씀하신 것들을 바탕으로, 저는 저희의 Adventure Sports 보험을 추천해 드릴게요.
Henry Carter: 이 보험이 정확히 무엇을 보장하나요?
Laura Turner: 그것은 스포츠 활동 중에 발생하는 부상에 대해 병원비를 500만 원까지 제공합니다.

① 이 보험은 며칠을 보장하나요?
② 제가 여행을 취소하면 어떻게 되나요?
③ 관련 서류를 제출해야 하나요?
④ 이 보험이 정확히 무엇을 보장하나요?

포인트 해설

Henry의 배낭여행에 대해 Adventure Sports 보험을 추천한다는 Laura에게 Henry가 말하고, 빈칸 뒤에서 다시 Laura가 It provides up to 5 million won in hospital expenses for injuries during sports activities(그것은 스포츠 활동 중에 발생하는 부상에 대해 병원비를 500만 원까지 제공합니다)라고 대답하고 있으므로, '이 보험이 정확히 무엇을 보장하나요?'라는 의미의 ④ 'What exactly does this insurance cover?'가 정답이다.

정답 ④

어휘

insurance 보험 backpack 배낭여행을 하다 expense 비용
cover 보장하다, 덮다

이것도 알면 합격!

보험과 관련하여 쓸 수 있는 다양한 표현들을 알아 두자.

• I need to check if I'm eligible for life insurance.
  저는 제가 생명 보험 (가입) 자격이 있는지 확인해야 해요.
• I'm thinking about getting car insurance soon.
  저는 곧 자동차 보험에 가입하려고 생각 중이에요.
• I'm looking for affordable insurance.
  저는 저렴한 보험을 찾고 있어요.
• Does my home insurance covers flood damage?
  제 주택 보험이 홍수로 인한 피해도 보장하나요?

05~06 다음 글을 읽고 물음에 답하시오.

To	San Felipe Coastal Management
From	Sue Davis
Date	June 18
Subject	Lack of Lifeguards on Duty

To Whom It May Concern:

I hope this message finds everyone on the management team well. I would like to bring your attention to an issue I observed during a visit to El Mar Beach last weekend with my family.

Despite El Mar Beach being over three miles long, I noticed there are only two lifeguard stands. This limited coverage could result in slow response times in case of an emergency. With the warmer months approaching and more families heading to the beach, I believe this problem will become more pressing.

While I understand that constructing additional lifeguard stands might not be feasible, I hope that more lifeguards will be put on patrol to provide adequate coverage for beachgoers. Thank you for your attention to this matter.

Respectfully,
Sue Davis

해석

수신: San Felipe 해변 관리 담당자분들
발신: Sue Davis
날짜: 6월 18일
제목: 근무 중인 안전 요원의 부족

담당자분들께,

이 메시지가 관리팀의 모든 분께 잘 전달되기를 바랍니다. 지난 주말에 가족과 함께 El Mar 해변을 방문하는 동안 제가 보았던 문제에 대해

주의를 환기하고자 합니다.

El Mar 해변이 3마일 이상의 긴 해변임에도 불구하고, 저는 단 두 개의 안전 요원 대기석만 있는 것을 알아차렸습니다. 이러한 제한된 (안전) 보장 범위는 비상 상황 발생 시 늦은 대응 시간을 초래할 수 있습니다. 다가오는 더운 계절과 해변으로 향할 것으로 예상되는 더 많은 가족 방문객들과 함께, 저는 이 문제가 더 긴급해질 것으로 생각합니다.

비록 추가 안전 요원 대기석을 만드는 것이 실현 가능하지 않을 수도 있다는 것을 이해하기는 하지만, 저는 해변 이용객들에게 적절한 (안전) 보장 범위를 제공하는, 더 많은 안전 요원들이 순찰에 배치되기를 바랍니다. 이 문제에 대한 여러분의 관심에 감사드립니다.

삼가,
Sue Davis

어휘

on duty 근무 중인   observe 보다, 관찰하다
coverage 보장 범위, 보도 (방송)   emergency 비상 상황   pressing 긴급한
construct 만들다, 건설하다   feasible 실현 가능한
patrol 순찰(대): 순찰을 돌다   adequate 적절한
beachgoer 해변 이용객, 해수욕하는 사람

05 독해 목적 파악   난이도 중 ●●○

윗글의 목적으로 가장 적절한 것은?

① To ask that more lifeguard stands be built on a beach
② To complain about the unclean water conditions at El Mar Beach
③ To request that a beach have additional safety personnel
④ To inquire about a beach's opening hours during the summer months

해석

① 해변에 더 많은 안전 요원 대기석의 설치를 요청하려고
② El Mar 해변의 깨끗하지 않은 수질 상태에 대해 항의하려고
③ 해변이 추가 안전 인력을 갖출 것을 요구하려고
④ 여름철 해변의 개장 시간에 대해 문의하려고

포인트 해설

지문 마지막에 해변 이용객들에게 적절한 안전 보장 범위를 제공하기 위해 더 많은 안전 요원들을 순찰에 배치해 주기를 바란다고 했으므로, ③ '해변이 추가 안전 인력을 갖출 것을 요구하려고'가 이 글의 목적이다.

정답 ③

06 독해 유의어 파악   난이도 중 ●●○

밑줄 친 "feasible"의 의미와 가장 가까운 것은?

① beneficial   ② possible
③ credible   ④ appropriate

해석

① 이로운   ② 가능성 있는
③ 믿을 수 있는   ④ 적절한

포인트 해설

밑줄 친 부분이 포함된 문장에서 feasible은 문맥상 추가 안전 요원 대기석을 만드는 것이 '실현 가능'하지 않을 수 있음을 이해한다는 의미로 쓰였으므로, '가능성 있는'이라는 의미의 ② possible이 정답이다.

정답 ②

어휘

beneficial 이로운, 유익한   credible 믿을 수 있는   appropriate 적절한

07 독해 요지 파악   난이도 중 ●●○

다음 글의 요지로 적절한 것은?

Whether in a school setting, at a debate, or via a news report, there are individuals tasked with the goal of educating others and swaying them to their side. In any setting, there are a few crucial components to this endeavor. 1. The way in which the information is delivered must be persuasive. It is not enough simply to provide bare information; the speaker must insert subjectivity in a way that is compelling but not unpleasant. 2. It is necessary that the information be factual, and that lapses in accuracy are addressed. Listeners need to know they can trust the speaker to deliver factual information. 3. The listeners must be prepared to learn. If they approach the speaker with skepticism or are not prepared to learn, there is little the speaker can do to reach them.

① Education depends on the background and training of the speaker.
② Education requires truthfulness as well as a persuasive presentation.
③ Education necessitates a receptive and engaged audience.
④ Education must be supported by public institutions and authorities.

해석

학교 환경에서든, 토론에서든, 또는 뉴스 보도를 통해서든 간에, 다른 이들을 교육하여 그들을 자신들의 편으로 움직이는 목표를 맡는 개인들이 있다. 어느 환경에서든, 이러한 노력에 대한 몇 가지 결정적인 구성 요소가 있다. 1. 정보가 전달되는 방식은 설득력이 있어야 한다. 단순히 있는 그대로의 정보를 전달하는 것은 충분하지 않으며, 화자는 설득력이 있지만 불쾌하지는 않은 방식으로 주관성을 넣어야 한다. 2. 정보는 사실에 근거하며, 정확성에서 실수가 해결되는 것이 필수이다. 청자들은 그들이 화자가 사실적인 정보를 전달한다는 것을 신뢰할 수 있다는 것을 알아야 한다. 3. 청자들은 배울 준비가 되어 있어야 한다. 만약 그들이 회의적인 태도로 화자에게 접근하거나 배울 준비가 되어 있지 않다면, 화자가 그들에게 닿기 위해 할 수 있는 일은 거의 없다.

① 교육은 화자의 배경과 훈련에 달려 있다.
② 교육은 설득력 있는 설명뿐만 아니라 정직함을 필요로 한다.
③ 교육은 수용적이고 참여적인 청중을 요한다.
④ 교육은 공공 기관과 당국에 의해 지원받아야 한다.

포인트 해설

지문 전반에 걸쳐 다른 이들을 교육하여 자신들의 편으로 움직이는 목표를 맡은 개인들이 청자들에게 교육 내용을 전달할 때는 단순히 정보만을 전달하는 것에서 더 나아가 설득력이 있어야 하고, 정확성에서의 실수가 없어야 하며, 청자는 화자에게 회의적인 태도로 접근하지 않고 배울 준비가 되어 있어야 한다고 주장하고 있다. 따라서 ② '교육은 설득력 있는 설명뿐만 아니라 정직함을 필요로 한다'가 이 글의 요지이다.

정답 ②

어휘

debate 토론   sway 움직이다, 동요시키다   crucial 결정적인, 중요한
component 구성 요소   endeavor 노력   persuasive 설득력 있는
bare 있는 그대로의, 맨   subjectivity 주관성
compelling 설득력이 있는, 강렬한   lapse 실수, 경과   accuracy 정확성
address 해결하다, 주소를 적다   skepticism 회의적인 태도, 의심
truthfulness 정직함   necessitate 요하다, 필요로 하다   receptive 수용적인
institution 기관, 협회   authorities 당국

(B) 그 이유는 그것이 햇빛의 있고 없음과 같은 환경적 신호에 근거하여 우리의 수면 각성 주기를 좌우하는 신체 내부 시계인 24시간 주기 리듬에 지장을 주기 때문이다.
(C) 그런데 이렇게 규칙적인 수면 습관을 유지하지 못하는 것이 왜 개인이 취하는 휴식의 질과 양에 부정적인 영향을 미치는 것일까?

포인트 해설

주어진 문장에서 불면증은 대부분의 경우 생활 방식 선택의 결과로 유발된다고 언급한 뒤, (A)에서 아마도 이것들(these) 중 가장 흔한 것이 불규칙한 수면 일정일 것이라고 제시하고 있다. 이어서 (C)에서 이렇게 규칙적인 수면 습관을 유지하지 못하는 것(this failure to maintain regular sleeping habits)이 개인이 취하는 휴식의 질과 양에 부정적인 영향을 미치는 이유에 대해 질문하고, (B)에서 그 이유(The reason)가 그것이(it) 우리의 수면 각성 주기를 좌우하는 24시간 주기 리듬에 지장을 주기 때문이라고 설명하고 있다. 이어서 ② (A) - (C) - (B)가 정답이다.

정답 ②

어휘

insomnia 불면증   disorder 장애   approximately 약, 거의
trigger 유발하다   underlying 기저의, 근본적인   irregular 불규칙한
frequently 자주   disrupt 지장을 주다   circadian rhythm 24시간 주기 리듬
internal 내부의, 체내의   govern 좌우하다, 통제하다   cue 신호, 단서

---

08 독해 문단 순서 배열   난이도 중 ●●○

주어진 문장 다음에 이어질 글의 순서로 적절한 것은?

> Although insomnia, a sleep disorder that affects approximately 10 percent of the world's population, is sometimes triggered by an underlying medical condition, it is the result of lifestyle choices in most cases.

(A) Perhaps the most common of these is an irregular sleep schedule, whereby a person frequently changes the times at which he or she goes to bed or wakes up.
(B) The reason is that it disrupts the circadian rhythm, the body's internal clock that governs our sleep-wake cycle based on environmental cues such as the presence or absence of sunlight.
(C) But why does this failure to maintain regular sleeping habits have a negative effect on the quality and quantity of rest that an individual receives?

① (A) – (B) – (C)   ② (A) – (C) – (B)
③ (C) – (A) – (B)   ④ (C) – (B) – (A)

해석

세계 인구의 약 10퍼센트에서 발생하는 수면 장애인 불면증은 비록 때로는 기저 질환에 의해 유발되기는 하지만, 그것은 대부분의 경우에 생활 방식 선택의 결과이다.
(A) 아마도 이것들 중 가장 흔한 것은 불규칙한 수면 일정일 것인데, 이는 사람이 잠자리에 들거나 일어나는 시간을 자주 바꾸는 상황이다.

---

09 독해 제목 파악   난이도 중 ●●○

다음 글의 제목으로 적절한 것은?

> Realizing how many things that were once physical now exist mainly in digital form is surprising. We still use money in the form of paper and coins, but our greatest expenses are almost entirely paid for digitally. Money is paid and stored digitally, and it is only a matter of time before physical currency is phased out. Television and film are mostly broadcast to viewers over digital platforms, and even physical movie theaters have seen audiences shrink in favor of watching digital content at home. And most recently, 3-D printers have digitized the process of acquiring physical products. Most of these changes would have been unthinkable just a decade or two ago. We can only speculate about which physical aspects of society will become digitized next.

① How Has Digitization Revolutionized Society?
② Why Was Physical Entertainment Media Phased Out?
③ What Are the Benefits of Physical Currency?
④ How Are Digital Products Making Life Unpredictable?

해석

한때는 물리적이었던 것들이 이제는 대부분 디지털 형태로 존재한다는 것을 깨닫는 것은 놀라운 일이다. 우리는 여전히 종이와 동전 형태의 돈을 사용하지만, 우리의 가장 큰 지출은 거의 전적으로 디지털 방식으로 지불된다. 돈은 디지털 방식으로 지불되고 보관되며, 물리적 통화가 단계적으로 폐지되는 것은 시간 문제일 뿐이다. 텔레비전과 영화는 주로 디지털 플랫폼을

통해 시청자들에게 방송되며, 심지어 물리적 영화관들은 집에서 디지털 콘텐츠를 보는 것이 선호되면서 관객들이 줄어드는 것을 목격해 왔다. 그리고 가장 최근에는, 3D 프린터가 물리적 제품을 손에 넣는 과정을 디지털화해 왔다. 이러한 변화의 대부분은 불과 10년에서 20년 전에는 상상도 할 수 없었을 것이다. 우리는 사회의 어떤 물리적 측면이 그다음으로 디지털화될 것인지에 대해서 추측할 수 있을 뿐이다.

① 디지털화는 어떻게 사회에 대변혁을 일으켰는가?
② 물리적 오락 매체는 왜 단계적으로 폐지되었는가?
③ 물리적 통화의 이점은 무엇인가?
④ 디지털 제품은 어떻게 삶을 예측 불가능하게 만들고 있는가?

포인트 해설

지문 전반에 걸쳐 한때는 물리적이었던 것들이 오늘날에는 대부분 디지털 형태로 존재하게 되었는데, 이러한 디지털화는 우리의 지출 방식, 콘텐츠 산업 및 3D 프린터 사용에 이르기까지 다양한 물리적 측면들에서 일어난다고 설명하고 있다. 따라서 ① '디지털화는 어떻게 사회에 대변혁을 일으켰는가?'가 이 글의 제목이다.

정답 ①

어휘

physical 물리적인, 신체적인 expense 지출, 비용 store 보관하다, 저장하다
currency 통화 phase out ~을 단계적으로 폐지하다 broadcast 방송하다
shrink 줄어들다, 오그라들다 acquire 손에 넣다, 얻다 speculate 추측하다
revolutionize 대변혁을 일으키다 unpredictable 예측 불가능한

구문 분석

Most of these changes / would have been unthinkable / just a decade or two ago.
: 이처럼 조동사 would가 'have + p.p.'와 함께 쓰이는 경우, '~했을 것이다'라고 해석한다.

- could have p.p. ~할 수 있었다
- cannot have p.p. ~했을 리가 없다
- should have p.p. ~했어야 했다
- must have p.p. ~했음에 틀림없다

---

10 독해 무관한 문장 삭제   난이도 중 ●●○

다음 글의 흐름상 어색한 문장은?

Runners often describe the renewed burst of energy they experience while they're already into a run as getting their "second wind." This usually occurs when a runner is quite tired out and aching, and likely to soon run out of energy. At this point, a runner is taking deeper and more frequent breaths than they did at the beginning of their run. ① These deep breaths serve to replenish their body's supply of oxygen faster than it is being expended. ② As long as the runner does not become exhausted, eventually the body's intake and consumption of oxygen reach a balance, and the runner regains their energy. ③ This is the "second wind" effect, at which point a runner seemingly overcomes any pain and lethargy to keep running with renewed fervor. ④ Oxygen provides nutrients to blood cells, which results in a healthy, bright red appearance. Trained runners may undergo several "second winds" in a single run.

해석

주자들은 그들이 이미 달리기를 하고 있는 동안에 경험하는 새로운 에너지의 폭발을 '두 번째 바람(새로운 활력)'을 얻는다고 종종 묘사한다. 이것은 보통 주자가 꽤 녹초가 되고 아픔을 느끼며, 곧 에너지가 고갈될 것 같을 때 발생한다. 이 시점에서, 주자는 그들이 달리기를 시작했을 때 그랬던 것보다 더 깊이 그리고 더 자주 호흡하고 있다. ① 이러한 깊은 호흡은 그들의 몸의 산소 공급을 그것(산소)이 소비되는 것보다 더 빨리 보충하는 역할을 한다. ② 주자가 탈진하지 않는 한, 결국 몸의 산소 흡입과 소비가 균형을 이루게 되고, 주자는 에너지를 되찾는다. ③ 이것이 '두 번째 바람' 효과인데, 이는 주자가 새로운 열정으로 계속 달리기 위해 어떤 통증과 무기력도 극복하는 것처럼 보이는 지점이다. ④ 산소는 혈액 세포에 영양분을 공급하는데, 이는 건강하고 밝은 선홍색의 모습으로 나타난다. 훈련된 주자들은 한 번의 달리기에서 여러 번의 '두 번째 바람'을 겪을 수도 있다.

포인트 해설

지문 앞부분에서 주자들이 달리기를 하는 동안에 겪는 새로운 에너지의 폭발인 '두 번째 바람'이 발생하는 시점에 주자들은 더 깊이 더 자주 호흡한다고 언급하고, ①, ②, ③번에서 이 깊은 호흡을 통해 체내에 산소의 공급과 소비가 균형을 이룸으로써 통증과 무기력을 극복하게 하는 '두 번째 바람' 효과가 나타난다고 설명하고 있다. 그러나 ④번은 '혈액 세포에 영양분을 공급하는 산소'에 대한 내용으로, 지문 앞부분의 내용과 관련이 없다.

정답 ④

어휘

burst 폭발, 분출; 터지다 tire out 녹초가 되게 만들다 ache 아프다
run out of ~이 고갈되다 replenish 보충하다 supply 공급; 공급하다
expend 소비하다, 쓰다 exhausted 탈진한 eventually 결국
intake 흡입, 섭취 consumption 소비 regain 되찾다, 회복하다
overcome 극복하다 lethargy 무기력 fervor 열정 nutrient 영양분
cell 세포 undergo (변화를) 겪다, 경험하다

DAY 20 하프모의고사 20회

▶ 해커스 공무원시험연구소 총평

난이도	독해 영역에 쓰인 정치 관련 지문을 제외하고는 전반적으로 평이한 난이도로 출제되었습니다.
어휘·생활영어 영역	밑줄 친 부분에 적절한 형용사 어휘를 찾는 문제의 경우, 형용사가 서술하거나 수식하는 명사에서 단서를 찾아봅니다.
문법 영역	to 부정사는 그 자체만으로도 빈출 포인트지만, 수동태·병치 구문 등 다른 문법 포인트와 복합적으로 쓰일 수도 있으므로 주의가 필요합니다.
독해 영역	5~6번 문제를 풀고 나서 지문에 등장한 정치 관련 어휘들을 따로 정리해 둔다면, 추후 유사한 소재의 지문을 읽을 때 보다 수월할 것입니다.

▶ 정답

01	②	어휘	06	④	독해
02	②	문법	07	③	독해
03	②	문법	08	②	독해
04	③	생활영어	09	③	독해
05	③	독해	10	②	독해

▶ 취약영역 분석표

영역	맞힌 답의 개수
어휘	/1
생활영어	/1
문법	/2
독해	/6
TOTAL	/10

---

01 어휘 memorable 난이도 중 ●●○

밑줄 친 부분에 들어갈 말로 가장 적절한 것은?

> The famous chef added a distinctive spice to the dish, allowing those who tasted it to experience a _____ flavor.

① vague ② memorable
③ common ④ permanent

해석

그 유명한 요리사는 요리에 독특한 향신료를 첨가했는데, 이는 그것을 맛본 사람들이 기억에 남을 만한 맛을 경험하게 했다.

① 모호한 ② 기억에 남을 만한
③ 흔한 ④ 영구적인

정답 ②

어휘

distinctive 독특한 spice 향신료, 양념 flavor 맛, 풍미 vague 모호한
memorable 기억에 남을 만한, 인상적인 common 흔한
permanent 영구적인

[이것도 알면 합격!]

'기억에 남을 만한'의 의미를 갖는 유의어
= unforgettable, remarkable, notable

---

02 문법 to 부정사 난이도 중 ●●○

밑줄 친 부분에 들어갈 말로 가장 적절한 것은?

> The suspect claimed to _____ a conference during the time of the incident, but investigators assumed he was making up a false story.

① have been attended ② have attended
③ be attended ④ attend

해석

용의자는 사건 당시 회의에 참석했다고 주장했지만, 수사관들은 그가 거짓 이야기를 지어내고 있다고 추정했다.

포인트 해설

② **to 부정사의 형태** to 부정사가 가리키는 명사(The suspect)와 to 부정사가 '용의자가 참석하다'라는 의미의 능동 관계이므로 to와 함께 to 부정사 능동태를 완성하는 ② have attended, ④ attend가 정답 후보이다. 이때 '참석했던' 시점이 '(참석했다고) 주장한' 시점보다 이전이므로, to 부정사의 완료형을 완성하는 ② have attended가 정답이다.

정답 ②

어휘

suspect 용의자 claim 주장하다; 주장, 권리 conference 회의
incident 사건 investigator 수사관 assume 추정하다
make up ~을 지어내다, 형성하다

이것도 알면 합격!

한편, to 부정사의 부정형은 to 앞에 not을 붙이며, 수동형은 'to be p.p.', 진행형은 'to be -ing'의 형태로 쓴다는 것도 알아 두자.

부정형	I decided **not to attend** the party tonight. 나는 오늘 밤 파티에 참석하지 않기로 했다.
수동형	He hopes **to be selected** for the national team. 그는 국가대표팀에 선발되기를 희망한다.
진행형	The company seems **to be preparing** for a major announcement. 그 회사는 큰 발표를 준비하고 있는 것처럼 보인다.

---

03 문법 조동사 | 전치사 | 동사의 종류 | 동명사 | 부사
난이도 중 ●●○

밑줄 친 부분 중 어법상 옳지 않은 것은?

Icelandic naming conventions follow a unique pattern. Instead of ① using a surname that indicates the family's traditional long-term ancestral ties, the Icelandic system requires that children ② given a surname derived from the father's name. To prevent this naming system from ③ being lost as it was elsewhere, the Icelandic government strictly regulates naming practices. For example, names that have been ④ previously unused in Iceland must be approved by the Icelandic Naming Committee.

해석
아이슬란드어 작명 관습은 독특한 패턴을 따른다. 아이슬란드의 (작명) 제도는 가족의 전통적인 오랜 기간의 조상 관계를 나타내는 성을 사용하는 대신, 아이들이 아버지의 이름에서 파생된 성을 부여받을 것을 요구한다. 이 작명 제도가 다른 곳에서 그랬던 것처럼 상실되는 것을 막기 위해, 아이슬란드 정부는 작명 관행을 엄격하게 규제한다. 예를 들어, 아이슬란드에서 이전에 사용되지 않았던 이름들은 아이슬란드 작명 위원회로부터 승인을 받아야 한다.

포인트 해설
② **조동사 should의 생략** 주절에 요청을 나타내는 동사(require)가 나오면 종속절에는 '(should +) 동사원형'이 와야 하는데, 종속절의 주어 children과 동사가 '아이들이 (성을) 부여받다'라는 의미의 수동 관계이므로 수동태가 와야 한다. 따라서 과거분사 given을 (should) be given으로 고쳐야 한다.

[오답 분석]
① **전치사 자리** 전치사(instead of)의 목적어 자리에는 명사 역할을 하는 것이 와야 하므로 동명사 using이 올바르게 쓰였다.
③ **타동사 | 동명사의 형태** 동사 prevent는 '~가 −하는 것을 막다'의 의미로 쓰일 때 'prevent + 목적어(this naming system) + from'의 형태를 취하는데, 전치사 from 뒤에는 명사 역할을 하는 것이 와야 한다. 이때 동명사의 의미상 주어 this naming system과 동명사가 '이 작명 제도가 상실되다'라는 의미의 수동 관계이므로, 동명사의 수동형 being lost가 올바르게 쓰였다.

④ **부사 자리** 부사(previously)는 형용사(unused)를 앞에서 수식하므로 형용사 unused 앞에 부사 previously가 올바르게 쓰였다.

정답 ②

어휘
convention 관습 indicate 나타내다 ancestral 조상의 surname 성
derive from ~에서 파생하다, 유래하다 regulate 규제하다
approve 승인하다

이것도 알면 합격!

③번의 prevent처럼 특정 전치사구와 함께 쓰이는 타동사들을 알아 두자.

rob/deprive ~에게서 −을 제거하다	+ 목적어	+ of
deter/keep ~을 −으로부터 막다		+ from
provide/supply ~에게 −을 제공하다		+ with

---

04 생활영어 I will take care of it for you.
난이도 하 ●○○

밑줄 친 부분에 들어갈 말로 가장 적절한 것은?

A: Can you do me a favor?
B: Sure. What do you need?
A: I need someone to take over my shift at work tomorrow.
B: What time does your shift start?
A: It starts at 9 a.m. and goes until 5 p.m.
B: _____
A: Thanks! You've saved me.

① Let bygones be bygones.
② I apologize for making a mistake.
③ I will take care of it for you.
④ It's better late than never.

해석
A: 부탁 좀 들어주실 수 있어요?
B: 그럼요. 뭐가 필요하세요?
A: 내일 제 교대 근무 시간을 대신 맡아 줄 사람이 필요해서요.
B: 당신의 교대 근무 시간이 언제 시작하는데요?
A: 오전 9시에 시작해서 오후 5시까지예요.
B: 제가 당신을 위해 그것을 맡을게요.
A: 고마워요! 당신이 저를 살렸어요.

① 지난 일은 잊어버려요.
② 제가 실수한 것에 대해 사과드려요.
③ 제가 당신을 위해 그것을 맡을게요.
④ 늦어도 안 하는 것보단 나아요.

포인트 해설
오전 9시부터 오후 5시까지의 교대 근무 시간을 대신해 줄 사람을 찾는 A에게 B가 말하고, 빈칸 뒤에서 다시 A가 Thanks! You've saved me(고마워요! 당신이 저를 살렸어요)라고 말하고 있으므로, '제가 당신을 위해 그것

DAY 20 하프모의고사 20회

을 맡을게요'라는 의미의 ③ 'I will take care of it for you'가 정답이다.

정답 ③

어휘
favor 부탁, 호의; 호의를 보이다 take over ~을 대체하다, 인계받다
shift 교대 근무 시간, 교체; 이동하다

이것도 알면 합격!

고마워할 때 쓸 수 있는 다양한 표현들을 알아 두자.
- How can I ever repay you? 어떻게 보답하죠?
- I appreciate your cooperation. 당신의 협조에 감사해요.
- It's very considerate of you to say so.
  그렇게 말씀해 주시다니 정말 사려 깊으시군요.
- I can't begin to express my gratitude.
  뭐라 감사의 인사를 드려야 할지 모르겠어요.

05~06 다음 글을 읽고 물음에 답하시오.

Congressional Office of Ethics

Responsibilities
Our office is responsible for ensuring that all members of Congress and their staffs adhere to the highest ethical standards. We implement policies passed by Congress to prevent conflicts of interest and foster transparency in order to bolster public trust in its government.

Activities
We provide training and educational resources about ethics rules to everyone involved in the legislative branch. In addition, the COE monitors compliance with Congressional ethics regulations, including financial disclosures. The office requests, maintains, and publishes financial statements from all members and can launch an investigation when an <u>inaccurate</u> filing or potential illegal activity is found.

Organizational Values
- Integrity & Accountability: We take actions to protect honesty, fairness, and responsibility in the name of the public.
- Transparency & Objectivity: We promote openness and impartiality in all matters.

해석

국회윤리위원회
책무
저희 위원회는 국회의 모든 의원들과 직원들이 최고 수준의 윤리 기준을 준수하도록 보장할 책임이 있습니다. 저희는 이해 충돌을 방지하고 정부에 대한 대중의 신뢰를 강화하고자 투명성을 조성하기 위해 국회에 의해 통과된 정책들을 시행합니다.

활동
저희는 입법부의 모든 관계자들에게 윤리 규칙에 대한 교육 및 학습 자료를 제공합니다. 또한, 국회윤리위원회는 재정 공개를 포함하여 국회 윤리 규정의 준수를 추적 관찰합니다. 위원회는 모든 의원들의 재무제표를 요청하고, 유지하고, 공개하며, 부정확한 신고나 잠재적인 불법 활동이 발견되는 경우 조사에 착수할 수 있습니다.

조직의 가치
- 정직과 책임: 저희는 공공의 이름으로 정직, 공정, 그리고 책임을 지키기 위해 조치를 취합니다.
- 투명성과 객관성: 저희는 모든 사안에 대해 개방성과 공명정대함을 촉진합니다.

어휘
congressional 국회의, 의회의 ethic 윤리, 도덕 adhere to ~을 준수하다
implement 시행하다; 도구 conflict 충돌, 갈등 transparency 투명성
bolster 강화하다, 지지하다 legislative 입법의 compliance 준수
financial 재정적인 disclosure 공개, 발표 financial statement 재무제표
investigation 조사, 수사 inaccurate 부정확한 integrity 정직, 진실성
accountability 책임(감) honesty 정직 fairness 공정, 공평
objectivity 객관성 promote 촉진하다, 홍보하다 impartiality 공명정대

05 독해 내용 일치 파악   난이도 상 ●●●

윗글에서 Congressional Office of Ethics에 관한 내용과 일치하는 것은?

① It is in charge of overseeing the ethics of everyone in government.
② It creates ethics policies to prevent conflicts of interest.
③ It monitors the financial affairs of Congress members.
④ It conducts its activities secretly to protect government employees.

해석
① 그것은 정부 내 모든 사람의 윤리를 감독하는 일을 맡는다.
② 그것은 이해 충돌을 방지하기 위해 윤리 정책을 만든다.
③ 그것은 국회 의원들의 재정적인 문제들을 추적 관찰한다.
④ 그것은 정부 직원들을 보호하기 위해 비밀리에 활동을 수행한다.

포인트 해설
③번의 키워드인 monitors(추적 관찰한다)가 그대로 언급된 지문 주변의 내용에서 국회윤리위원회는 재정 공개를 추적 관찰하고 모든 국회 의원들의 재무제표를 요청하고, 유지하고, 공개한다고 했으므로, ③ '그것은 국회 의원들의 재정적인 문제들을 추적 관찰한다'가 지문의 내용과 일치한다.

[오답 분석]
① 국회윤리위원회가 국회의 모든 의원들과 직원들이 윤리 기준을 준수하도록 보장할 책임이 있다고는 했지만, 그것이 정부 내 모든 사람의 윤리를 감독하는 일을 맡는지는 알 수 없다.
② 국회윤리위원회는 이해 충돌을 방지하기 위해 국회에 의해 통과된 정

책들을 시행한다고 했으므로, 그것이 이해 충돌을 방지하기 위해 윤리 정책을 만든다는 것은 지문의 내용과 다르다.
④ 국회윤리위원회는 모든 사안에 대해 개방성을 촉진한다고 했으므로, 그것이 정부 직원들을 보호하기 위해 비밀리에 활동을 수행한다는 것은 지문의 내용과 다르다.

정답 ③

어휘
in charge of ~을 맡아서, 담당해서 oversee 감독하다 affair 문제, 일, 사건
conduct 수행하다

---

06 독해 유의어 파악 | 난이도 중 ●●○

밑줄 친 inaccurate의 의미와 가장 가까운 것은?

① late
② annual
③ unreliable
④ erroneous

해석
① 늦은
② 매년의
③ 믿을 수 없는
④ 잘못된

포인트 해설
밑줄 친 부분이 포함된 문장에서 inaccurate는 문맥상 '부정확한' 신고나 잠재적인 불법 활동이 발견되는 경우라는 의미로 쓰였으므로, '잘못된'이라는 의미의 ④ erroneous가 정답이다.

정답 ④

어휘
annual 매년의, 연간의 unreliable 믿을 수 없는 erroneous 잘못된

---

07 독해 무관한 문장 삭제 | 난이도 중 ●●○

다음 글의 흐름상 어색한 문장은?

In software development, back-end developers are responsible for making the software work. They program all the features so that the software can do what it's intended to do. ① In contrast, front-end developers are concerned with how users will make use of this software. ② They are responsible for designing an interface that's intuitive and accessible, and for providing explanations that the average person can understand. ③ User engagement is crucial to the sales and popularity of IT companies. ④ Essentially, they interpret the technical terms of the back-end developers to produce a simplified and coherent presentation. Without them, it is unlikely that the average person would understand how to use the software.

해석
소프트웨어 개발에서, 백엔드 개발자들은 소프트웨어가 작동하게 만드는 것에 책임이 있다. 그들은 소프트웨어가 의도된 것을 할 수 있도록 모든 기능들을 프로그래밍한다. ① 그에 반해, 프론트엔드 개발자들은 사용자가 이 소프트웨어를 어떻게 사용할 것인지에 관심이 있다. ② 그들은 직관적이고 접근 가능한 인터페이스를 설계하고, 일반인이 이해할 수 있는 설명을 제공하는 것에 책임이 있다. ③ 사용자 참여는 IT 기업의 매출과 인기에 매우 중요하다. ④ 기본적으로, 그들은 간소화되고 일관성 있는 제공 방식을 만들어 내기 위해 백엔드 개발자들의 전문 용어를 해석한다. 그들이 없다면, 일반인은 소프트웨어를 사용하는 방법을 이해하지 못할 것이다.

포인트 해설
지문 앞부분에서 소프트웨어 개발에서 소프트웨어가 작동하게 만드는 백엔드 개발자들의 역할을 언급하고, ①번은 '그와 대조적인 부분에 초점을 두는 프론트엔드 개발자들', ②, ④번은 '프론트엔드 개발자들이 하는 일'에 대해 설명하고 있다. 그러나 ③번은 'IT 기업에 매우 중요한 사용자 참여'에 대한 내용으로, 지문 앞부분의 내용과 관련이 없다.

정답 ③

어휘
feature 기능, 특징; 특별히 포함하다 make use of ~을 사용하다
intuitive 직관적인 engagement 참여, 약속
essentially 기본적으로, 필수적으로 interpret 해석하다 term 용어, 학기
coherent 일관성 있는 presentation 제공 방식, 발표

---

08 독해 목적 파악 | 난이도 하 ●○○

다음 글의 목적으로 적절한 것은?

To	customers@UnionEnergy.com
From	CustOutreach@UnionEnergy.com
Date	January 10
Subject	Winter tips

Dear Customers,

As winter temperatures drop, many people want to know how to stay warm without a skyrocketing energy bill. As your electrical provider, Union Energy is here to help. Here are some ways that you can keep your home nice and toasty while keeping costs down:

1. Seal all doorways and windows to prevent drafts and heat loss.
2. Lower your thermostat at night when your blankets can keep you warm in bed.
3. Invest in energy-efficient heaters that produce the same warmth at a lower cost.
4. Open curtains during the day to take advantage of the Sun's warmth and close them at night to trap heat in your home.
5. Have your home's heating system regularly serviced to keep it running at its best.

Visit the Electricity-Saving Tips Center on the Union Energy website to learn more energy-saving ways to stay warm without breaking the bank.

Kind regards,
Union Energy

① to notify customers of an increase in electric bills during the winter
② to notify customers of ways to stay warm and lower costs
③ to notify customers of a new, more energy-efficient type of heater
④ to notify customers of an update to a company's website

해석

수신: customers@UnionEnergy.com
발신: CustOutreach@UnionEnergy.com
날짜: 1월 10일
제목: 겨울나기 비결

고객 여러분께,

겨울철 기온이 떨어짐에 따라, 많은 분들이 치솟는 에너지 요금 없이 어떻게 따뜻하게 지낼 수 있는지 알고 싶어 하십니다. 여러분의 전기 공급 업체로서, Union Energy가 도와드리겠습니다. 여러분이 (에너지) 비용은 낮게 유지하면서 집을 근사하고 훈훈하게 유지할 수 있는 몇 가지 방법들을 여기 소개합니다.

1. 외풍과 열 손실을 막기 위해 모든 출입문과 창문을 밀봉하세요.
2. 잠자리에서 이불이 여러분을 따뜻하게 유지해 줄 수 있을 때는 밤에 온도 조절 장치를 낮추세요.
3. 더 낮은 비용으로 같은 온기를 만들어내는, 에너지 효율이 좋은 히터에 투자하세요.
4. 낮에는 햇빛의 온기를 활용하기 위해 커튼을 열고 밤에는 집안의 열기를 가두기 위해 커튼을 닫으세요.
5. 여러분의 집에 있는 난방 시스템이 최상의 상태로 작동하게 하기 위해 그것을 정기적으로 점검받으세요.

큰돈을 들이지 않고 따뜻하게 지내기 위해 더 많은 에너지 절약 방법들을 알아보시려면 Union Energy 웹사이트의 전기 절약 비결 센터를 방문해 주세요.

안부를 전하며,
Union Energy

① 고객들에게 겨울철 전기 요금 인상에 대해 알리려고
② 고객들에게 따뜻하게 지내면서 비용을 낮출 방법에 대해 알리려고
③ 고객들에게 새롭고 더 에너지 효율이 좋은 유형의 난방 기구에 대해 알리려고
④ 고객들에게 회사 웹사이트의 업데이트에 대해 알리려고

포인트 해설

지문 앞부분에서 에너지 비용은 낮게 유지하면서 집을 훈훈하게 유지할 수 있는 방법들을 소개한다고 했으므로, ② '고객들에게 따뜻하게 지내면서 비용을 낮출 방법에 대해 알리려고'가 이 글의 목적이다.

정답 ②

어휘

temperature 기온 skyrocket 치솟다, 급상승하다 bill 요금, 고지서, 법안 toasty 훈훈한 seal 밀봉하다 draft 외풍, 원고 thermostat 온도 조절 장치 energy-efficient 에너지 효율이 좋은 take advantage of ~을 활용하다 trap 가두다; 덫 service 점검하다, 제공하다 break the bank 큰돈을 들이다 notify 알리다

---

09 독해 문단 순서 배열   난이도 중 ●●○

주어진 문장 다음에 이어질 글의 순서로 적절한 것은?

Before the invention of glasses as we know them today, people with vision problems had to make do without correction and still make a living.

(A) In addition, other tools were also used to aid people with vision problems. For example, some scholars and scribes would use a device called a "reading stone" to magnify text. This was a small glass or crystal ball that could be placed over a page to enlarge the letters.

(B) Another technique was to use a pinhole to improve vision. By looking through a tiny hole, the depth of field is increased, which can make objects appear clearer. It is still used today in some low-vision aids.

(C) In such premodern times, not many people were literate, so there was less need for accurate eyesight. There was a solution for those with poor vision who were able to read, however, as they could make use of magnifying lenses for this task.

*scribe: 필경사

① (A) – (B) – (C) ② (A) – (C) – (B)
③ (C) – (A) – (B) ④ (C) – (B) – (A)

해석

오늘날 우리가 알고 있는 안경의 발명 이전에는, 시력 문제가 있는 사람들은 교정 없이 견디고 그럼에도 생계를 꾸려야 했다.

(A) 게다가, 시력 문제가 있는 사람들을 돕기 위해 다른 도구들도 사용되었다. 예를 들어, 일부 학자들과 필경사들은 글자를 확대하기 위해 '독서석'이라고 불리는 장치를 사용하곤 했다. 이것은 글자를 확대하기 위해 페이지 위에 놓을 수 있는 작은 유리나 수정 구슬이었다.

(B) 또 다른 기법은 시력을 향상시키기 위해 아주 작은 구멍을 사용하는 것이었다. 작은 구멍을 통해 봄으로써 시야의 깊이가 증대되는데, 이는 사물들이 더 선명하게 보이게 만들 수 있다. 그것은 오늘날에도 여전히 일부 저시력 보조 기구에 사용된다.

(C) 그러한 근대 이전의 시기에는, 글을 읽고 쓸 줄 아는 사람들이 많지 않았기 때문에 정밀한 시력에 대한 필요성이 더 적었다. 하지만, 글을 읽을 줄 알지만 시력이 나쁜 사람들이 이 일을 위해 확대경을 사용할 수 있었기 때문에 해결책은 있었다.

포인트 해설

주어진 문장에서 안경이 발명되기 전에는 시력 문제가 있는 사람들이 교정 없이 견디며 생계를 꾸려야 했다고 하고, (C)에서 그러한 근대 이전의 시기(In such premodern times)에는 정밀한 시력에 대한 필요성이 별로 없었지만, 글을 읽고 쓸 줄 아는 사람들 중 시력이 나쁜 사람들을 위한 확대경이 있었다고 설명하고 있다. 이어서 (A)에서 게다가(In addition) 글자를 확대하기 위해 페이지 위에 놓이던 '독서석'이 있었다고 언급하고, (B)에서 또 다른 기법(Another technique)인 시력 보조 기법은 아주 작은 구멍을 사용하는 것이었다고 설명하고 있다. 따라서 ③ (C) - (A) - (B)가 정답이다.

정답 ③

어휘

invention 발명　make do 견디다　correction 교정
make a living 생계를 꾸리다　device 장치, 기기　magnify 확대하다
enlarge 확대하다　pinhole 아주 작은 구멍　field 시야, 분야
literate 글을 읽고 쓸 줄 아는　accurate 정밀한, 정확한　eyesight 시력

10　독해 빈칸 완성 - 구　난이도 중 ●●○

밑줄 친 부분에 들어갈 말로 적절한 것은?

Sequoia sempervirens, or the Californian redwood, is a type of tree found along the coast of California. It is easily distinguishable from others in the region—a fully grown redwood is usually over 90 meters tall with diameter of up to 6 meters. This has made redwoods a prime target of the logging industry, with over 95 percent of these trees having been harvested in the 19th and 20th centuries. Still, their _____ can also provide considerable advantages. Most importantly, redwoods are able to fully make use of fog, which is prevalent in their coastal habitat, as a water source. As the fog moves over a forest, it comes into contact with the massive redwoods towering above their neighbors. This causes large quantities of fog to evaporate, producing liquid water, some of which is absorbed through leaves and bark, while the remainder flows down into the surrounding soil to be drawn in by the trees' roots.

① unusual reproductive strategy
② extreme physical dimensions
③ unique defensive adaptations
④ extensive geographical range

해석

세쿼이아 또는 캘리포니아 삼나무는 캘리포니아 해안을 따라 발견되는 나무의 한 종류이다. 그것은 그 지역에 있는 다른 것들과 쉽게 구별할 수 있는데, 다 자란 삼나무는 보통 높이가 90미터 이상이고 지름이 최대 6미터에 이른다. 이것은 삼나무를 벌목 산업의 주된 대상으로 만들어서, 19세기와 20세기에는 이 나무들의 95퍼센트 이상이 채취되었다. 그럼에도 불구하고, 그것의 극단적인 물리적 크기는 상당한 이점도 제공할 수 있다. 가장 중요한 것은, 삼나무가 그것들의 해안 서식지에 널리 퍼져 있는 안개를 수원으로 충분히 활용할 수 있다는 것이다. 안개가 숲 위로 이동할 때, 그것은 주변에 있는 나무들 위로 우뚝 솟은 거대한 삼나무들과 접촉한다. 이것은 많은 양의 안개가 증발하게 하여 액체 상태의 물을 만들어 내는데, 이 중 일부는 나뭇잎과 나무껍질을 통해 흡수되고, 나머지는 주위의 토양으로 흘러 내려가 나무 뿌리에 의해 빨려 들어간다.

① 특이한 생식 전략
② 극단적인 물리적 크기
③ 독특한 방어적 적응
④ 광범위한 지리적 범위

포인트 해설

빈칸 앞부분에서 다 자란 캘리포니아 삼나무는 높이가 90미터 이상이고 지름이 최대 6미터에 이른다고 하고, 빈칸 뒷부분에서 가장 중요한 이점은 거대한 삼나무가 많은 양의 안개와 접촉하여 안개를 수원으로 활용함으로써 액체 상태의 물을 만들어 낸다는 것이라는 내용이 있으므로, 그것의 '극단적인 물리적 크기'가 상당한 이점도 제공할 수 있다고 한 ②번이 정답이다.

정답 ②

어휘

distinguishable 구별할 수 있는　diameter 지름　logging 벌목
harvest 채취하다, 수확하다　advantage 이점　fog 안개
prevalent 널리 퍼진, 만연한　habitat 서식지　massive 거대한
tower above ~ 위로 우뚝 솟다　evaporate 증발하다　absorb 흡수하다
bark 나무껍질　surrounding 주위의　reproductive 생식의, 번식의
strategy 전략　extreme 극단적인　dimension 크기　defensive 방어적인
adaptation 적응　extensive 광범위한　geographical 지리적인

구문 분석

As the fog moves over a forest, / it comes into contact with the massive redwoods / towering above their neighbors.
: 이처럼 접속사가 이끄는 절(접속사 + 주어 + 동사 ~)이 문장을 꾸며주는 경우, 접속사의 의미에 따라 '~할 때', '~ 때문에', '~함에 따라' 등으로 해석한다.

DAY 21 하프모의고사 21회

▶ 해커스 공무원시험연구소 총평

난이도	문법 영역이 상대적으로 어려운 편이기는 하나, 독해 영역이 일상적인 소재를 주로 다루고 있어 수월하게 접근할 수 있었을 것입니다.
어휘·생활영어 영역	1번 문제는 빈칸 뒤 목적어와 호응하는 동사들로 보기가 구성되기는 했지만, 주어진 문장을 정확하게 해석했다면 쉽게 정답을 찾을 수 있었습니다.
문법 영역	지문형으로 주어진 문법 문제에서는 밑줄 친 부분과 그 앞뒤 부분만으로 문법적으로 올바른지 여부를 확인할 수 있는가 하면, 3번의 소유격 관계대명사와 부사절 접속사처럼 전반적인 지문을 해석한 후에야 확인할 수 있는 경우도 있음을 알아 둡니다.
독해 영역	10번의 문장 삽입 유형을 통해 시간의 흐름에 따라 사건이 진행되는, 논리적 추론 유형의 최신 출제경향을 확인할 수 있었습니다.

▶ 정답

01	②	어휘	06	④	독해
02	②	문법	07	④	독해
03	④	문법	08	④	독해
04	③	생활영어	09	③	독해
05	③	독해	10	④	독해

▶ 취약영역 분석표

영역	맞힌 답의 개수
어휘	/ 1
생활영어	/ 1
문법	/ 2
독해	/ 6
TOTAL	/ 10

---

01 어휘 pursue   난이도 중 ●●○

밑줄 친 부분에 들어갈 말로 가장 적절한 것은?

> She _____ her dream of becoming a writer despite her manuscripts having been rejected by publishers multiple times.

① abandoned   ② pursued
③ betrayed   ④ exaggerated

해석
그녀는 자신의 원고가 출판사들로부터 여러 차례 거절당해 왔음에도 불구하고 작가가 되려는 꿈을 <u>추구했다</u>.
① 버렸다   ② 추구했다
③ 배신했다   ④ 과장했다

정답 ②

어휘
reject 거절하다 publisher 출판사 abandon 버리다 pursue 추구하다
betray 배신하다 exaggerate 과장하다

이것도 알면 합격!

'추구하다'의 의미를 갖는 표현
= follow, chase, seek, strive for

---

02 문법 동사의 종류 | 수동태   난이도 상 ●●●

밑줄 친 부분에 들어갈 말로 가장 적절한 것은?

> It had been three years since my grandmother passed away. Last summer, I restored her vintage photographs professionally because I didn't want to let my memory of her _____.

① faded away   ② fade away
③ be faded away   ④ to fade away

해석
할머니가 돌아가신 지 3년이 지났다. 지난여름, 나는 할머니에 대한 내 기억이 희미해지는 것을 원치 않았기 때문에 그녀의 오래된 사진을 전문적으로 복원했다.

포인트 해설
② 원형 부정사를 목적격 보어로 취하는 동사 | 수동태로 쓸 수 없는 동사
빈칸은 사역동사 let의 목적격 보어 자리이다. 사역동사 let은 목적격 보어로 원형 부정사를 취하므로 원형 부정사 형태의 ② fade away와 ③ be faded away가 정답 후보이다. 이때 동사 fade는 수동태로 쓸 수 없는 자동사이므로, 능동태로 쓰인 ② fade away가 정답이다.

정답 ②

어휘
pass away 돌아가시다, 사망하다   restore 복원하다   fade away 희미해지다

이것도 알면 합격!

사역동사 let은 목적어와 목적격 보어가 수동 관계일 때 목적격 보어로 'be + p.p.' 형태를 취한다는 것도 알아 두자.

- She let the documents be signed by the manager.
         목적어   목적격 보어

그녀는 그 문서가 관리자에 의해 서명되게 했다.

engage 참여하다, 고용하다   interactive 대화형의, 상호 작용의
advantageous 유익한, 이로운

이것도 알면 합격!

한편, that절을 목적어로 취하는 3형식 동사가 수동태가 되어, that절의 주어가 수동태 문장의 주어로 가면 '주어 + be p.p. + to 부정사'의 형태로 쓴다는 것도 알아 두자.

- The new regulations are believed to impact press freedom.
    that절의 주어   be p.p.   to 부정사

새로운 규제는 언론의 자유에 영향을 줄 것으로 여겨진다.

03 문법 관계절|수동태|부사절   난이도 중 ●●○

밑줄 친 부분 중 어법상 옳지 않은 것은?

> While on a mission to change the way students learn science, Michael Jensen and Mads Bonde noticed that students ① were not interested in the topics being taught, ② no matter how fascinating. Inspired by flight simulators, the duo created Labster. This educational app uses 3D simulations ③ so that students can engage in interactive science lessons. The app has been advantageous to students ④ who access to a learning laboratory is limited.

해석

학생들이 과학을 학습하는 방식을 바꾸는 임무를 수행하면서, Michael Jensen과 Mads Bonde는 학생들은 (주제들이) 아무리 흥미롭더라도 배우는 주제들에 관심이 없다는 것을 알아차렸다. 비행 모의실험 장치에서 영감을 받아, 그 2인조는 Labster를 만들었다. 이 교육용 앱은 학생들이 대화형 과학 수업에 참여할 수 있도록 3D 시뮬레이션을 사용한다. 그 앱은 학습 실험실로의 접근권이 제한된 학생들에게 유익했다.

포인트 해설

④ 관계대명사 관계대명사의 선행사(students)가 사람이고, 관계절 내에서 학습 실험실로의 접근권(access to a learning laboratory)이 누구의 것인지를 나타내므로, 주격 관계대명사 who를 소유격 관계대명사 whose로 고쳐야 한다.

[오답 분석]

① 3형식 동사의 수동태 감정을 나타내는 동사(interest)는 주어가 감정의 원인이면 능동태를, 감정을 느끼는 주체이면 수동태를 써야 하는데, '학생들이 관심이 없다'라는 의미로 주어(students)가 감정을 느끼는 주체이므로 수동태 were not interested가 올바르게 쓰였다.

② 복합관계부사 문맥상 '(주제들이) 아무리 흥미롭더라도'라는 의미가 되어야 자연스러우므로, '아무리 ~하더라도'라는 의미의 복합관계부사 no matter how가 올바르게 쓰였다.

③ 부사절 접속사 문맥상 '학생들이 ~ 참여할 수 있도록'이라는 의미가 되어야 자연스러우므로, '~하도록'을 나타내는 부사절 접속사 so that이 올바르게 쓰였다.

정답 ④

어휘
fascinating 흥미로운, 매력적인   inspire 영감을 받다

04 생활영어 That means I'm paying for 20 extra meals that won't be used.   난이도 중 ●●○

밑줄 친 부분에 들어갈 말로 가장 적절한 것은?

 Tyler Sanders
Thank you for choosing our catering service.
15:10

Grace Sullivan
Hi, I need to adjust my order. We originally planned for 110 people, but now only 80 will attend.
15:10

 Tyler Sanders
I understand. We will update your order.
15:11

Grace Sullivan
What will be the total cost?
15:11

 Tyler Sanders
The total cost will be 500,000 won for a minimum of 100 people.
15:12

Grace Sullivan

15:13

 Tyler Sanders
I apologize for the inconvenience. Our service has a minimum order requirement of 100 people.
15:13

① I would like to know if the deadline for order changes has passed.
② Then, I will transfer 10 percent of the total as a deposit first.
③ That means I'm paying for 20 extra meals that won't be used.
④ I need to adjust the dining menu for our event.

DAY 21 하프모의고사 21회

해석

Tyler Sanders: 저희 케이터링 서비스를 선택해 주셔서 감사합니다.
Grace Sullivan: 안녕하세요, 제가 주문을 조정해야 해서요. 저희는 원래 110명으로 계획했었는데, 지금은 80명만 참석할 예정이에요.
Tyler Sanders: 알겠습니다. 주문을 업데이트해 드리겠습니다.
Grace Sullivan: 총비용이 얼마가 될까요?
Tyler Sanders: 최소 100명에 대한 총비용은 50만 원입니다.
Grace Sullivan: 제가 이용하지 않을 20명분의 추가 식사 비용을 지불한다는 것이군요.
Tyler Sanders: 불편하게 해 드려 죄송합니다. 저희 서비스는 100명의 최소 주문 조건을 가지고 있어서요.

① 주문 변경에 대한 최종 기한이 지났는지 알고 싶어요.
② 그러면, 전체 금액의 10퍼센트를 보증금으로 먼저 이체할게요.
③ 제가 이용하지 않을 20명분의 추가 식사 비용을 지불한다는 것이군요.
④ 저희 행사를 위한 식사 메뉴를 조정해야 해서요.

포인트 해설

Grace가 80명이 참석할 예정인 케이터링의 총비용을 묻자 Tyler가 빈칸 앞에서 The total cost will be 500,000 won for a minimum of 100 people(최소 100명에 대한 총비용은 50만 원입니다)이라고 알려 주고 있으므로, '제가 이용하지 않을 20명분의 추가 식사 비용을 지불한다는 것이군요'라는 의미의 ③ 'That means I'm paying for 20 extra meals that won't be used'가 정답이다.

정답 ③

어휘

adjust 조정하다 minimum 최소의 inconvenience 불편함
transfer 이체하다, 전송하다 deposit 보증금, 착수금

이것도 알면 합격!

이해한 것을 확인할 때 쓸 수 있는 다양한 표현들을 알아 두자.
- Did I make myself clear? 제 말 이해하셨나요?
- Let me put it another way. 다른 말로 설명해 볼게요.
- Are you following me? 제 말을 이해하시겠어요?
- I beg your pardon? 다시 한번 말씀해 주시겠어요?

05~06 다음 글을 읽고 물음에 답하시오.

_____(A)_____

Archibald County is holding a voter registration drive to help residents prepare for the upcoming municipal elections. Whether you're registering for the first time or updating your information, participating in this event will help you rest assured that everything goes smoothly when it comes time to cast your ballot.

Details
- **Date:** Thursday, September 19
- **Time:** 10:00 a.m. – 3:00 p.m.
- **Location:** Aventura Community Library

Please Bring:
- A valid government-issued photo ID (e.g., driver's license or passport)
- Proof of residency ONLY if your ID does not include your current address (e.g., utility bill, bank statement, or lease agreement)

You'll Get:
- Assistance with filling out voter registration forms
- Information about voting locations, polling hours, and candidates
- The chance to sign up for text or email reminders about election dates and registration deadlines

For more information, visit www.archibaldcountyvotes.org or contact the election office at (229) 532-2463.

해석

(A) 투표할 준비를 하세요

Archibald 주는 주민 여러분이 다가오는 지방 선거를 준비하는 것을 돕고자 유권자 등록 운동을 개최합니다. 처음 등록하시든 정보를 업데이트하시든 간에, 이 행사에 참여하는 것은 여러분이 투표하실 때 모든 것이 원활하게 진행될 것임을 확신하실 수 있게 도울 것입니다.

세부 사항
- 날짜: 9월 19일, 목요일
- 시간: 오전 10시 – 오후 3시
- 장소: Aventura 주민 도서관

준비물:
- 정부에서 발행한 사진이 부착된 유효 신분증 (예: 운전면허증 또는 여권)
- 신분증이 현주소를 포함하지 않는 경우에 한해 거주지 증명 서류 (예: 공과금 고지서, 은행 명세서, 또는 임대 계약서)

제공 서비스:
- 유권자 등록 양식 작성에 대한 지원
- 투표소 위치, 투표 시간 및 후보자에 대한 정보
- 선거 날짜 및 등록 접수 마감에 대한 문자 또는 이메일 알림을 신청할 기회

더 많은 정보를 위해서는, www.archibaldcountyvotes.org를 방문하시거나 선거관리사무소 (229) 532-2463으로 연락하시기를 바랍니다.

어휘

hold 개최하다, 잡다 voter 유권자, 투표자 registration 등록
drive 운동, 동기; 운전하다 upcoming 다가오는
municipal 지방 (자치)의, 시의 election 선거 cast a ballot 투표하다
valid 유효한 issue 발행하다 utility bill 공과금 고지서
statement 명세서, 성명(서) lease 임대 agreement 계약, 동의, 협정
fill out ~을 작성하다 poll 투표하다; 여론 조사 candidate 후보자

05 독해 제목 파악 난이도 중 ●●○

(A)에 들어갈 윗글의 제목으로 가장 적절한 것은?

① Meet the Candidates
② Update Your Identification
③ Get Ready to Vote
④ Learn How Elections Work

[해석]
① 후보자들을 만나 보세요
② 여러분의 신분증을 갱신하세요
③ 투표할 준비를 하세요
④ 선거가 어떻게 운영되는지 배워 보세요

[포인트 해설]
지문 앞부분에서 주민들이 다가오는 지방 선거에 원활하게 참여할 수 있도록 유권자 등록 운동을 개최한다고 하고, 지문 뒷부분에서 유권자 등록을 통해 제공받을 수 있는 서비스를 안내하고 있으므로, ③ '투표할 준비를 하세요'가 이 글의 제목이다.

정답 ③

[어휘]
identification 신분증

---

06 독해 내용 일치 파악 난이도 중 ●●○

Archibald County's voter registration drive에 관한 윗글의 내용과 일치하는 것은?

① 주민 도서관이 주최한다.
② 사진이 들어간 신분증을 발급한다.
③ 신분증은 현주소를 포함하고 있어야 한다.
④ 등록 접수 마감 알림 서비스를 받을 수 있다.

[포인트 해설]
④번의 키워드인 '등록 접수 마감'을 그대로 언급한 지문의 registration deadlines 주변의 내용에서 선거 날짜 및 등록 접수 마감에 대한 알림을 신청할 기회를 제공한다고 했으므로, ④ '등록 접수 마감 알림 서비스를 받을 수 있다'가 지문의 내용과 일치한다.

[오답 분석]
① 유권자 등록 운동이 Aventura 주민 도서관에서 개최된다고는 했지만, 주민 도서관이 주최하는지는 알 수 없다.
② 정부에서 발행한 사진이 부착된 유효 신분증이 필요하다고는 했지만, 사진이 들어간 신분증을 발급하는지는 알 수 없다.
③ 신분증이 현주소를 포함하지 않는 경우 거주지 증명 서류를 준비해야 한다고 했으므로, 신분증이 현주소를 포함하고 있어야 한다는 것은 지문의 내용과 다르다.

정답 ④

---

07 독해 내용 불일치 파악 난이도 중 ●●○

Be My Eyes 앱에 관한 다음 글의 내용과 일치하지 않는 것은?

 **Help others see in your spare time with the Be My Eyes app.**

Volunteer your time with the Be My Eyes app. Launched in 2015, Be My Eyes is a free service that connects visually impaired individuals with sighted volunteers via video call 24/7 to assist with tasks such as reading labels or navigating surroundings. To date, over 800,000 volunteers have helped nearly 8 million people with visual impairments in more than 180 languages. In 2024, Be My Eyes announced the development of its AI virtual volunteer. While still in beta testing with human volunteers, it is expected to handle 90 percent of all user requests once fully operational.

① It first became available in 2015.
② Users can utilize the app at any time for free.
③ Volunteers have provided assistance in over 100 languages.
④ The AI system currently solves 90 percent of requests.

[해석]
Be My Eyes 앱으로 여가 시간에 다른 이들이 앞을 볼 수 있게 도와주세요.

여러분의 시간을 Be My Eyes 앱에 제공해 주세요. 2015년에 출시된 Be My Eyes 앱은 라벨 읽기와 주변의 길 찾기 등의 일을 돕기 위해 연중무휴로 화상통화를 통해 장애인분들을 시력이 정상인 자원봉사자분들과 연결해 주는 무료 서비스입니다. 현재까지, 80만 명 이상의 자원봉사자분들이 180개 이상의 언어로 약 800만 명의 시각 장애인분들을 도와 왔습니다. 2024년에, Be My Eyes 앱은 AI 가상 자원봉사자 개발을 발표했습니다. 인간 자원봉사자와 함께 아직 베타 테스트 중이긴 하지만, 온전히 사용할 준비가 갖춰지면 모든 사용자 요청의 90퍼센트를 처리할 것으로 예상됩니다.

① 그것은 2015년에 처음으로 이용 가능해졌다.
② 사용자들은 언제든지 무료로 앱을 이용할 수 있다.
③ 자원봉사자들은 100개 이상의 언어로 지원을 제공했다.
④ AI 시스템은 현재 요청의 90퍼센트를 해결한다.

[포인트 해설]
④번의 키워드인 '90 percent'가 그대로 언급된 지문 주변에서 AI 가상 자원봉사자가 아직 베타 테스트 중인데 온전히 사용할 준비가 갖춰지면 모든 사용자 요청의 90퍼센트를 처리할 것으로 예상된다고 했으므로, ④ 'AI 시스템은 현재 요청의 90퍼센트를 해결한다'는 지문의 내용과 다르다.

정답 ④

[어휘]
volunteer (자발적으로) 제공하다; 자원봉사자 launch 출시하다, 시작하다
impaired 장애가 있는 sighted 시력이 정상인
navigate 길을 찾다, 방향을 읽다 surrounding 주변; 주변의 virtual 가상의
operational 사용할 준비를 갖춰진, 운영상의

DAY 21 하프모의고사 21회

08 독해 주제 파악 난이도 중 ●●○

다음 글의 주제로 적절한 것은?

Dubai has seen a rapid rise in economic prosperity in less than half a century. While it has always been a hub for trade and relied heavily on oil exports, it gradually became the center of business in the region during the 1990s. Following the Persian Gulf War, the instability in the region and economic turmoil encouraged many businesses to relocate to Dubai, which had strong economic and political ties worldwide. This turmoil had the added effect of spiking global oil prices, further enriching Dubai. Thus, a great investment was made in overhauling Dubai's infrastructure, boosting its image, and turning it into the futuristic mecca it exists as today.

① oil's critical role in global economic dependency
② the historical development of Dubai as a trade center
③ a decade of instability in the aftermath of the Persian Gulf War
④ how a city has achieved prosperity due to regional turmoil

해석

두바이는 반세기도 안 되어 경제적 번영의 급속한 상승을 경험했다. 비록 그것이 항상 무역의 중심지였고 석유 수출에 크게 의존하기는 했지만, 그것은 1990년대 동안 점차 그 지역에서 상업의 중심지가 되었다. 페르시아만 전쟁 이후, 그 지역의 불안정과 경제적 혼란은 많은 기업들이 전 세계적으로 강력한 경제적, 정치적 유대를 갖춘 두바이로 이전하게 했다. 이러한 혼란은 급등하는 세계 유가라는 추가된 결과를 가져왔고, 두바이를 더욱 부유하게 만들었다. 이렇게 하여, 두바이의 사회 기반 시설을 정비하고, 이미지를 신장시키며, 그것을 오늘날 존재하는 선진적인 메카로 바꾸는 데 큰 투자가 이루어졌다.

① 세계의 경제적 의존성에 있어 석유의 중요한 역할
② 무역 중심지로서 두바이의 역사적인 발전
③ 페르시아만 전쟁의 여파 속 10년 간의 불안정성
④ 한 도시가 지역적 혼란으로 인해 어떻게 번영을 이루어 왔는가

포인트 해설

지문 전반에 걸쳐 두바이가 1990년대에 점차 상업의 중심지가 되었으며, 페르시아만 전쟁이 초래한 혼란으로 인해 많은 기업들이 두바이로 이전하면서 큰 투자가 이루어졌고, 결국 오늘날 선진적인 메카인 두바이가 되었다고 설명하고 있다. 따라서 ④ '한 도시가 지역적 혼란으로 인해 어떻게 번영을 이루어 왔는가'가 이 글의 주제이다.

정답 ④

어휘

rapid 급속한 prosperity 번영 hub 중심지 rely on ~에 의존하다
export 수출; 수출하다 gradually 점차 instability 불안정 turmoil 혼란
tie 유대; 묶다 enrich 부유하게 만들다 overhaul 정비하다
boost 신장시키다, 북돋우다 futuristic 선진적인 dependency 의존성
aftermath 여파

09 독해 무관한 문장 삭제 난이도 중 ●●○

다음 글의 흐름상 어색한 문장은?

It is difficult to determine when a problem has a chance to resolve itself and when it requires intervention. ① It is natural to want to resolve issues, but when they don't directly involve us, our participation may not always be the best resource. ② Sometimes getting involved too hastily in a situation has the adverse effect of making it worse, such as trying to break up an argument between two other people, which makes them resentful toward the third person. ③ Problems cannot be solved by ignoring the complexity of human interactions and behavioral patterns. ④ On the other hand, there are times when a problem seems unlikely to be resolved without intervention, and in such a situation, one should consider the best way to approach it.

해석

문제가 스스로 해결될 가능성이 있을 때와 그것이 개입을 필요로 하는 때를 알아내는 것은 어렵다. ① 문제를 해결하고 싶어 하는 것은 자연스러운 일이지만, 그것들이 직접적으로 우리를 말려들게 하지 않을 때는, 우리의 관여가 항상 최선의 수단이 아닐 수도 있다. ② 때때로 너무 성급하게 어떤 상황에 말려드는 것은 다른 두 사람 사이의 논쟁을 끝내려고 노력하는 것과 같이 상황을 더 악화시키는 역효과를 낳는데, 이것은 그들이 제3자에 대해 분개하게 만든다. ③ 문제는 인간의 상호작용과 행동 패턴의 복잡성을 무시함으로써 해결될 수 없다. ④ 반면에, 개입 없이는 문제가 해결되지 않을 것처럼 보이는 때가 있는데, 이와 같은 상황에서는 그것에 접근할 최선의 방법을 고려해야 한다.

포인트 해설

첫 문장에서 문제가 스스로 해결될 가능성이 있을 때와 그것이 개입을 필요로 하는 때를 알기 어렵다고 언급한 후, ①, ②번에서 모든 문제에 직접 개입하는 것이 역효과를 낳는 경우를, ④번에서는 개입이 필요한 경우에 대해 설명하고 있다. 그러나 ③번은 인간의 상호작용과 행동 패턴의 복잡성을 무시하는 것은 문제를 해결할 수 없다는 내용으로, 첫 문장의 내용과 관련이 없다.

정답 ③

어휘

determine 알아내다, 결정하다 resolve 해결하다 intervention 개입
directly 직접적으로 involve 말려들게 하다, 수반하다 resource 수단, 자원
hastily 성급하게 adverse effect 역효과 resentful 분개하는
ignore 무시하다 complexity 복잡성 interaction 상호작용

10 독해 문장 삽입   난이도 중 ●●○

주어진 문장이 들어갈 위치로 적절한 것은?

> After performing subsequent tests, he concluded that the device was capable of sensing almost any quantity of smoke produced by a burning material.

> In the late 1930s, the Swiss physicist Walter Jaeger was trying to develop a means to detect poison gas in the air. (①) Upon completing a prototype device, he activated it to determine if it could sense the presence of the lethal chemicals, only to discover that it could not. (②) Frustrated by his failure, he lit a cigarette and began to consider what changes needed to be made for it to function as intended. (③) To his great surprise, he noticed that his prototype had been triggered almost immediately by the small amount of smoke rising from his cigarette. (④) Jaeger had accidentally invented a smoke detector, a safety device that is now used around the world and that saves millions of lives every year.

해석

> 후속 시험을 수행한 후, 그는 그 장치가 타고 있는 물질에 의해 발생되는 거의 모든 양의 연기를 감지할 수 있다고 결론 내렸다.

1930년대 후반에, 스위스의 물리학자 Walter Jaeger는 공기 중의 독가스를 감지하는 수단을 개발하려 하고 있었다. ① 견본 장치를 완성하자마자, 그는 그것이 치명적인 화학 물질(독가스)의 존재를 감지할 수 있는지 알아내기 위해 작동시켰지만, 결국 그것이 할 수 없다는 것을 발견했을 뿐이었다. ② 실패에 좌절하여, 그는 담배에 불을 붙이고 그것이 의도된 대로 기능하기 위해 어떤 변화가 이뤄져야 하는지 생각하기 시작했다. ③ 매우 놀랍게도, 그는 그의 견본이 담배에서 피어오르는 소량의 연기로 거의 바로 작동되었다는 것을 알아차렸다. ④ Jaeger는 현재 전 세계에서 사용되며 매년 수백만 명의 생명을 구하는 안전장치인 연기 감지기를 우연히 발명했다.

포인트 해설

④번 앞 문장에 Jaeger가 자신의 견본 장치가 담배에서 피어오르는 소량의 연기로 즉시 작동되었다는 것을 알아차렸다는 내용이 있고, 뒤 문장에 그가 현재 전 세계에서 사용되는 연기 감지기를 우연히 발명했다는 내용이 있으므로, ④번 자리에 후속 시험을 수행한 후 그는 그 장치(the device)가 타고 있는 물질에 의해 발생하는 연기를 감지할 수 있다고 결론 내렸다는 내용, 즉 견본이 담배 연기에 작동하는 것을 우연히 발견함으로써 연기 탐지기를 발명하게 된 과정에 대해 설명하는 주어진 문장이 나와야 지문이 자연스럽게 연결된다.

정답 ④

어휘

subsequent 후속의, 뒤이은 sense 감지하다; 감각 quantity 양
detect 감지하다, 발견하다 poison 독 prototype 견본, 원형
activate 작동시키다 determine 알아내다, 결정하다 presence 존재
lethal 치명적인 chemical 화학 물질; 화학의 frustrated 좌절한
trigger 작동시키다, 유발하다 immediately 바로

구문 분석

(생략) he activated it to determine / if it could sense the presence of the lethal chemicals, / only to discover that it could not.
: 이처럼 to 부정사 앞에 only가 오는 경우, 의도되지 않은 결과를 나타내며 '결국 ~할 뿐이다'라고 해석한다.

DAY 22 하프모의고사 22회

해커스 공무원시험연구소 총평

난이도 일상적이고 친숙한 소재들이 주로 쓰여, 기본기가 있는 학습자라면 무리 없이 접근할 수 있는 수준이었습니다.

어휘·생활영어 영역 4번과 같이 쉽게 출제된 생활영어 문제를 빠르게 풀어낼 수 있다면, 이때 절약한 시간을 다른 문제를 푸는 데 사용하는 전략이 가능합니다.

문법 영역 도치 구문이 빈출 포인트는 아니지만, 그 형태에 익숙해지면 독해 문제를 읽을 때도 도움이 될 것입니다.

독해 영역 유의어 파악 유형에서는 보기를 구성하는 어휘들이 매우 다양한 난이도로 제시될 수 있으므로 평소 폭넓은 어휘 학습이 필요합니다.

정답

01	②	어휘	06	①	독해
02	④	문법	07	①	독해
03	②	문법	08	③	독해
04	④	생활영어	09	②	독해
05	③	독해	10	③	독해

취약영역 분석표

영역	맞힌 답의 개수
어휘	/ 1
생활영어	/ 1
문법	/ 2
독해	/ 6
TOTAL	/ 10

---

01 어휘 soothe   난이도 중 ●●○

밑줄 친 부분에 들어갈 말로 가장 적절한 것은?

Personalized approaches that a therapist utilizes during a session may _____ the anxiety of the patient.

① embrace   ② soothe
③ retrieve   ④ overlook

해석
치료사가 치료 시간 중에 사용하는 개인 맞춤형 접근법들은 환자의 불안을 달랠 수 있다.

① 받아들이다   ② 달래다
③ 되찾다   ④ 간과하다

정답 ②

어휘
personalized 개인 맞춤형의 utilize 사용하다 anxiety 불안, 걱정
embrace 받아들이다, 포괄하다 soothe 달래다 retrieve 되찾다
overlook 간과하다, 못 본 체하다

이것도 알면 합격!
'달래다'의 의미를 갖는 유의어
= calm, ease, pacify, assuage

---

02 문법 명사절   난이도 중 ●●○

밑줄 친 부분에 들어갈 말로 가장 적절한 것은?

_____ artificial intelligence will replace human jobs is a topic of intense debate among technology experts.

① That   ② What
③ If   ④ Whether

해석
인공 지능이 인간의 일자리를 대체할지는 기술 전문가들 사이에서 열띤 논쟁의 주제이다.

포인트 해설
④ **명사절 접속사** 빈칸은 완전한 절(artificial ~ jobs)을 이끌면서 문장의 주어 자리에 올 수 있는 명사절 접속사 자리이다. 따라서 불완전한 절을 이끄는 명사절 접속사 ② What과 완전한 절을 이끌 수는 있지만 문장의 주어 자리에 올 수 없는 명사절 접속사 ③ If는 정답이 될 수 없다. 이때 문맥상 '인공 지능이 인간의 일자리를 대체할지 (아닌지)'라는 의미가 되어야 자연스러우므로, 확실한 사실을 나타내는 명사절 접속사 ① That이 아닌 불확실한 사실을 나타내는 명사절 접속사 ④ Whether가 정답이다.

정답 ④

어휘
artificial intelligence 인공 지능 replace 대체하다 intense 열띤, 극심한

이것도 알면 합격!

Whether는 명사절 접속사로 쓰이며, 'Whether A or B', 'Whether or not' 형태로도 사용할 수 있다. 하지만 If는 'If or not' 형태로 사용되지 않는다는 점을 알아 두자.

- I haven't decided **whether or not** I should accept the job offer.
  나는 그 일자리 제의를 수락할지 말지 결정하지 못했다.

03 문법 도치 구문 | 수 일치 | 시제 | 분사   난이도 중 ●●○

밑줄 친 부분 중 어법상 옳지 않은 것은?

Three pieces of marble sculpture that once adorned the Parthenon in ancient Greece ① have resided within the Vatican Museum for the past 200 years. However, only after these two centuries ② have an arrangement been made among Vatican officials to return the pieces. Despite this accomplishment, other pieces of the Parthenon are still missing, ③ displayed in various countries around the world. With the Vatican pieces ④ recovered, it is likely that progress can be made in recovering the others.

해석

한때 고대 그리스의 파르테논 신전을 장식했던 세 점의 대리석 조각품은 지난 200년 동안 바티칸 박물관 안에 있었다. 하지만, 이 두 세기가 지난 후에야 바티칸의 관리들 사이에서 그 작품들을 반환하겠다는 합의가 이루어졌다. 이 성취에도 불구하고, 파르테논 신전의 다른 조각품들은 여전히 분실된 상태인데, 이것들은 전 세계의 여러 나라에서 전시된다. 바티칸 조각품들이 회수됨에 따라, 다른 것들을 회수하는 데 진전이 있을 수 있다.

포인트 해설

② **도치 구문 | 주어와 동사의 수 일치** 제한을 나타내는 부사구(only after these two centuries)가 강조되어 문장 맨 앞에 나오면 주어와 조동사가 도치되어 '조동사 + 주어 + 동사'의 어순이 되어야 하는데, 주어 자리에 단수 명사 an arrangement가 왔으므로 복수 동사 have를 단수 동사 has로 고쳐야 한다.

[오답 분석]
① **현재완료 시제** 현재완료 시제와 자주 함께 쓰이는 시간 표현 'for + 시간 표현'(for the past 200 years)이 왔고, 문맥상 '지난 200년 동안 바티칸 박물관 안에 있었다'라며 과거에 시작된 일이 현재까지 계속되고 있음을 표현하고 있으므로, 현재완료 시제 have resided가 올바르게 쓰였다.
③ **분사구문의 형태** 주절의 주어(other pieces of the Parthenon)와 분사구문이 '파르테논 신전의 다른 조각품들이 전시되다'라는 의미의 수동 관계이므로 과거분사 displayed가 올바르게 쓰였다.
④ **분사구문의 역할** 동시에 일어나는 상황은 'with + 목적어(the Vatican pieces) + 분사' 형태로 나타낼 수 있는데, 목적어 the Vatican pieces와 분사가 '바티칸 조각품들이 회수되다'라는 의미의 수동 관계이므로 과거분사 recovered가 올바르게 쓰였다.

정답 ②

어휘

marble 대리석 sculpture 조각품 adorn 장식하다 reside 있다, 살다
accomplishment 성취, 업적 display 전시하다
recover 회수하다, 회복하다 progress 진전, 진척

이것도 알면 합격!

②번의 only처럼 문장의 맨 앞에 나오면 주어와 조동사가 도치되는 부정·제한을 나타내는 부사(구)들을 알아 두자.

- hardly / seldom / rarely / little 거의 ~ 않다
- not until ~하고 나서야 비로소 -하다
- no sooner ~ than - ~하자마자 -하다
- no longer 더 이상 ~ 않다
- nowhere 어디에서도 ~ 않다
- on no account 결코 ~ 않다
- under no circumstance 어떤 일이 있어도 ~ 않다

04 생활영어 Is there a solution to this problem?   난이도 하 ●○○

밑줄 친 부분에 들어갈 말로 가장 적절한 것은?

A: This is so frustrating. I can't download this photo editing app.
B: Really? What's the problem?
A: My phone is full. I'm always running out of storage space.
B: Tell me about it. Me, too.
A: _____
B: You can try backing up your photos and videos to a cloud service.
A: Oh, that's a good idea. How does that work?
B: It stores photos and videos on servers for easy access.

① What kind of phone do you have?
② Have you tried using a memory card?
③ Can you explain how storage works?
④ Is there a solution to this problem?

해석

A: 이건 너무 답답해. 이 사진 편집 앱을 다운로드할 수가 없어.
B: 정말? 뭐가 문제야?
A: 내 휴대폰이 꽉 찼어. 나는 항상 저장 공간을 다 써버리거든.
B: 무슨 말인지 잘 알아. 나도 그래.
A: 이 문제에 대한 해결책이 있을까?
B: 너는 클라우드 서비스에 사진과 동영상을 백업할 수 있어.
A: 오, 그거 좋은 생각이다. 어떻게 되는 건데?
B: 그건 쉽게 접근할 수 있게 사진과 동영상을 서버에 저장해.

DAY 22 하프모의고사 22회

① 네가 가지고 있는 휴대폰은 무슨 종류야?
② 메모리 카드를 사용해 본 적 있어?
③ 저장소가 어떻게 작동하는지 설명해 줄 수 있어?
④ 이 문제에 대한 해결책이 있을까?

포인트 해설
항상 휴대폰의 저장 공간을 다 써버린다는 A의 말에 B가 동의한 후, 빈칸 뒤에서 다시 B가 You can try backing up your photos and videos to a cloud service(너는 클라우드 서비스에 사진과 동영상을 백업할 수 있어)라고 말하고 있으므로, '이 문제에 대한 해결책이 있을까?'라는 의미의 ④ 'Is there a solution to this problem?'이 정답이다.

정답 ④

어휘
frustrating 답답하게 하는, 좌절감을 일으키는   run out of ~을 다 써버리다
storage 저장(소)

이것도 알면 합격!
문제를 해결할 때 쓸 수 있는 다양한 표현들을 알아 두자.
• How can we fix this? 저희는 어떻게 이것을 고칠 수 있나요?
• Are there alternative solutions? 대안적인 해결책이 있나요?
• What is the root of the problem? 문제의 원인이 뭔가요?
• Could you show me some options to resolve it?
  그것을 해결하기 위한 몇 가지 선택지를 보여 주시겠어요?

05~06 다음 글을 읽고 물음에 답하시오.

To	Fair Housing Administration
From	Sam Jones
Date	July 30
Subject	Excessive Rental Charges

Dear Respected Team,

I hope that you are well. I am contacting your office in regard to a problem that has arisen after the recent floods in the area—rental agencies charging inflated prices.

Since our home was damaged, we have to look for temporary housing. When I contacted some agencies, I was told that the only available apartments are over $3,000 a month. The same units were going for $1,200 before the floods. It seems the businesses are taking advantage of people's hard times.

I believe this violates the Rent Control Act. I would ask that your office look into this matter and penalize rental companies that are not following the law. I thank you for your time and hope for a rapid response.

Respectfully,
Sam Jones

해석
수신: 공정한 주거 만들기 본부
발신: Sam Jones
날짜: 7월 30일
제목: 과도한 임대료

존경하는 담당 부서 담당자분께,

잘 지내고 계시는지요. 저는 해당 지역의 최근 홍수 이후 발생해 온, 폭등한 가격을 청구하는 임대 기관들에 대한 문제를 논하고자 귀 본부로 연락드립니다.

저희 집이 피해를 입었기 때문에, 저희는 임시 주거지를 찾아야 합니다. 일부 기관들에 연락했을 때, 저는 유일하게 이용 가능한 아파트가 한 달에 3,000달러 이상이라고 들었습니다. 동일한 (주택) 구성이 홍수 이전에는 1,200백 달러였습니다. 업체들이 사람들의 힘든 시간을 이용하고 있는 것처럼 보입니다.

저는 이것이 임대료 규제 법을 위반한다고 생각합니다. 귀 본부에서 이 문제를 조사하고 법을 준수하지 않는 임대 회사들을 처벌해 주실 것을 요청드립니다. 귀하의 시간에 감사드리며 신속한 대응을 기대하겠습니다.

삼가,
Sam Jones

어휘
rental 임대료; 임대의   charge 요금; 청구하다, 부과하다
arise 발생하다, 생기다   flood 홍수   inflated 폭등한, 부풀린
temporary 임시의   available 이용 가능한   unit 구성 (단위), 한 개
take advantage of ~을 이용하다   violate 위반하다   act 법, 행동; 행동하다
penalize 처벌하다

05 독해 목적 파악   난이도 중 ●●○

윗글의 목적으로 가장 적절한 것은?

① To request help in finding housing after a natural disaster
② To explain why the cost of rent has recently increased
③ To ask that potentially illegal rental prices be investigated
④ To inquire about receiving funds for rent after a flood

해석
① 자연재해 이후 주거지를 찾는 것에 도움을 요청하려고
② 임대료가 최근에 왜 상승해 왔는지 설명하려고
③ 불법일 가능성이 있는 임대료를 조사해 달라고 부탁하려고
④ 홍수 이후에 임대료를 위한 자금을 받는 것에 대해 문의하려고

포인트 해설
지문 중간에서 홍수 이후 임시 주거지로 이용 가능한 아파트가 홍수 이전보다 훨씬 높은 임대료를 요구한다고 하고, 지문 뒷부분에서 폭등한 임대료 문제를 조사하고 법을 준수하지 않는 임대 회사들을 처벌해 줄 것을 요청하고 있으므로, ③ '불법일 가능성이 있는 임대료를 조사해 달라고 부탁하려고'가 이 글의 목적이다.

정답 ③

어휘
investigate 조사하다   inquire 문의하다

---

06 독해 유의어 파악   난이도 중 ●●○

밑줄 친 violates의 의미와 가장 가까운 것은?

① breaks   ② corrupts
③ encompasses   ④ undermines

해석
① 위반한다   ② 타락시킨다
③ 포함한다   ④ 약화시킨다

포인트 해설
밑줄 친 부분이 포함된 문장에서 violates는 문맥상 임대료 규제 법을 '위반한다'는 의미로 쓰였으므로, '위반한다'라는 의미의 ① breaks가 정답이다.
정답 ①

어휘
break 위반하다, 깨뜨리다, 고장 내다   corrupt 타락시키다, 오염시키다
encompass 포함하다, 에워싸다   undermine 약화시키다

---

07 독해 주제 파악   난이도 하 ●○○

다음 글의 주제로 적절한 것은?

One area where wearable technology is having a significant impact is in sports and fitness. Athletes and coaches are using devices like smartwatches to track performance, monitor recovery, and prevent injuries. In addition to fitness trackers and heart rate monitors, smartwatches are equipped with sensors that can track the movement of the wearer. This includes GPS tracking, which can record the distance, speed, and route of a run. Additionally, some wearable devices are designed specifically for sports, such as sensors that track golf swings or running form. These devices may also come with specialized software or training programs to help users improve their skills or reach their fitness goals. Overall, wearable technology is revolutionizing the way athletes approach training and performance, and is expected to continue to play a major role in sports and fitness in the future.

① how wearable technology is transforming sports and fitness
② how wearable technology impacts the future of work
③ how fitness trackers motivate people to exercise
④ how fitness trackers compare to smartwatches

해석
웨어러블 기술이 상당한 영향을 미치고 있는 한 분야는 스포츠와 피트니스이다. 선수들과 코치들은 성적을 추적하고, 회복을 추적 관찰하고, 부상을 예방하기 위해 스마트 워치 같은 기기를 사용하고 있다. 피트니스 추적기와 심박수 감시기 외에도, 스마트 워치는 착용자의 움직임을 추적할 수 있는 감지기를 갖추고 있다. 이것은 달리기의 거리, 속도, 경로를 기록할 수 있는 GPS 추적을 포함한다. 게다가, 일부 웨어러블 기기들은 골프 스윙이나 달리기 자세를 추적하는 감지기처럼 스포츠를 위해 특별히 고안되었다. 이러한 기기들은 또한 사용자들이 그들의 기량을 향상시키거나 피트니스 목표에 도달하는 데 도움을 주는 전문적인 소프트웨어나 훈련 프로그램과 함께 제공될 수도 있다. 종합적으로, 웨어러블 기술은 선수들이 훈련과 성적에 접근하는 방식에 혁명을 일으키고 있으며, 향후 스포츠와 피트니스에 있어 계속해서 주된 역할을 할 것으로 예상된다.

① 웨어러블 기술이 스포츠와 피트니스를 바꿔 놓고 있는 방식
② 웨어러블 기술이 업무의 미래에 영향을 주는 방식
③ 피트니스 추적기가 사람들이 운동하도록 동기를 부여하는 방식
④ 피트니스 추적기가 스마트 워치와 비교되는 방식

포인트 해설
지문 처음에서 웨어러블 기술이 상당한 영향을 미치고 있는 한 분야가 스포츠와 피트니스라고 언급한 후, 지문 전반에 걸쳐 스마트 워치 같은 웨어러블 기기들이 스포츠 선수들과 피트니스 목표를 달성하려는 사람들에게 다양한 방면에서 도움을 주고 있다고 설명하고 있다. 따라서 ① '웨어러블 기술이 스포츠와 피트니스를 바꿔 놓고 있는 방식'이 이 글의 주제이다.
정답 ①

어휘
athlete 선수   device 기기, 장치   track 추적하다
performance 성적, 성과, 연기   recovery 회복   heart rate 심박수
equip 갖추다   revolutionize 혁명을 일으키다   motivate 동기를 부여하다
compare 비교하다

---

08 독해 요지 파악   난이도 중 ●●○

다음 글의 요지로 적절한 것은?

For sustainability and long-term growth, it is necessary for a society to have a stable political system and economy, and an education system to raise more productive members of society. However, a flourishing arts and entertainment industry, while not as central to a society's survival, is still important. Even if individuals in a society are not taken by the art produced by its creative members, having an industry in which creators can pursue their goals and produce unique work gives the society a better sense of identity, purpose, and pride. After all, a country's art and entertainment are core components of what becomes its culture.

① A society cannot last without a thriving entertainment industry.
② An education system is necessary to strengthen a society's creative potential.

③ Art and entertainment construct the framework of societal culture.
④ The growth of a society is dependent on its production of works of art.

해석
지속 가능성과 장기적인 성장을 위해, 사회가 안정된 정치 체계와 경제, 그리고 더 생산적인 사회 구성원을 양성할 교육 제도를 갖추는 것이 필요하다. 하지만, 번성하는 예술과 오락 산업은 비록 (이것들이) 사회의 생존에 그만큼 중심이 되지는 않지만, 여전히 중요하다. 사회의 개인들이 창의적인 구성원들에 의해 만들어지는 예술에 이끌리지 않는다고 할지라도, 창작자들이 그들의 목표를 추구하고 독특한 작품을 만들어 낼 수 있는 산업을 가지고 있는 것은 그 사회에 더 나은 정체성, 목적의식, 그리고 자부심을 준다. 결국, 한 나라의 예술과 오락은 그것의 문화가 되는 것의 핵심 요소이다.
① 사회는 번성하는 오락 산업 없이는 지속될 수 없다.
② 사회의 창의적인 잠재력을 강화하기 위해 교육 제도가 필요하다.
③ 예술과 오락은 사회 문화의 기틀을 구성한다.
④ 사회의 성장은 예술 작품의 생산에 달려 있다.

포인트 해설
지문 앞부분에서 번성하는 예술과 오락 산업을 갖추는 것이 사회에 중요하다고 하고, 지문 뒷부분에서 예술과 오락은 사회에 더 나은 정체성, 목적의식, 자부심을 부여하는 문화의 핵심 요소가 된다고 설명하고 있다. 따라서 ③ '예술과 오락은 사회 문화의 기틀을 구성한다'가 이 글의 요지이다.

정답 ③

어휘
sustainability 지속 가능성 stable 안정된 productive 생산적인
flourish 번성하다 entertainment 오락 pursue 추구하다 core 핵심적인
component 요소, 부품 thrive 번성하다 strengthen 강화하다
potential 잠재력, 가능성; 잠재성 있는 construct 구성하다, 건설하다
framework 틀, 뼈대 societal 사회의 be dependent on ~에 달려 있다

구문 분석
(생략) having an industry / in which creators can pursue their goals and produce unique work / gives the society a better sense of identity, purpose, and pride.
: 이처럼 동명사구(having ~ work)가 주어 자리에 온 경우, '~하는 것은' 또는 '~하기는'이라고 해석한다.

09 독해 빈칸 완성 - 연결어 난이도 중 ●●○

밑줄 친 (A), (B)에 들어갈 말로 적절한 것은?

Most experts in the field of early childhood education agree that having children attend preschool offers significant benefits. A recent study of American students revealed that children who attend preschool are better prepared for grade school and make greater learning progress than those who don't. There is even evidence that these advantages extend into adulthood—research indicates that they are more likely to graduate from university and to earn a higher-than-average salary. ___(A)___, some groups advocate against putting children in a classroom environment prior to kindergarten. The concern is the lack of one-on-one interaction with adults, which is known to be an important element in a young child's emotional development. They argue that young children should remain with a parent, as this ensures that they receive individual attention. ___(B)___, proponents of preschool claim that this concern is not valid because children spend ample time outside of preschool with their parents.

	(A)	(B)
①	As a result	Likewise
②	Nevertheless	In response
③	As a result	Additionally
④	Nevertheless	Unfortunately

해석
유아 교육 분야에 있는 대부분의 전문가들은 아이들을 유치원에 다니게 하는 것이 상당한 이점을 제공한다는 것에 동의한다. 미국 학생들에 대한 최근의 한 연구는 유치원에 다니는 아이들이 그렇지 않은 아이들보다 초등학교에 갈 준비가 더 잘 되어 있고 더 큰 학업적 진척을 이룬다는 것을 밝혀냈다. 심지어 이러한 이점들이 성인기까지 이어진다는 증거도 있는데, 연구는 그들이 대학을 졸업하고 평균보다 높은 급여를 받을 가능성이 더 높다는 것을 보여 준다. (A) 그럼에도 불구하고, 일부 단체들은 유치원 이전에 아이들을 교실 환경에 두는 것에 반대한다. 우려되는 것은 유아의 정서 발달에 중요한 요소로 알려진 성인과의 일대일 상호 작용의 부족이다. 그들은 유아들이 부모와 함께 있어야 한다고 주장하는데, 이것이 개별적인 관심을 받는 것을 보장하기 때문이다. (B) 이에 대응하여, 유치원 지지자들은 아이들이 유치원 밖에서 부모와 함께 충분한 시간을 보내기 때문에 이러한 우려는 타당하지 않다고 주장한다.

	(A)	(B)
①	그 결과	마찬가지로
②	그럼에도 불구하고	이에 대응하여
③	그 결과	게다가
④	그럼에도 불구하고	안타깝게도

포인트 해설
(A) 빈칸 앞 문장에 유치원에 다닌 아이들이 대학을 졸업하고 평균보다 높은 급여를 받을 가능성이 더 높다는 내용이 있고, 빈칸 뒤 문장에 일부 단체들은 유치원 이전에 아이들을 교실 환경에 두는 것에 반대한다는 양보적인 내용이 있으므로, 빈칸에는 양보를 나타내는 연결어인 Nevertheless(그럼에도 불구하고)가 들어가야 한다.

(B) 빈칸 앞 문장에 일부 단체들은 유아들이 개별적인 관심을 받게 하기 위해 유치원에 가는 대신 부모와 함께 있어야 한다고 주장한다는 내용이 있고, 뒤 문장에 유치원 지지자들은 아이들이 유치원 밖에서 부모와 함께 충분한 시간을 보내기 때문에 이러한 우려는 타당하지 않다고 주장한다는, 앞 문장에 대응하는 내용이 있으므로, 빈칸에는 대응을 나타내는 연결어인 In response(이에 대응하여)가 들어가야 한다.

정답 ②

어휘
attend 다니다, 참석하다 preschool 유치원 reveal 밝혀내다, 드러내다
grade school 초등학교 advantage 이점 extend into ~까지 이어지다

graduate 졸업하다 advocate against ~에 반대하다
kindergarten 유치원 proponent 지지자
claim 주장하다, 요구하다; 주장, 권리 valid 타당한, 유효한 ample 충분한

10 독해 문장 삽입   난이도 중 ●●○

주어진 문장이 들어갈 위치로 적절한 것은?

> The availability of these healthy meals brings about an increase in grades where they are served.

> Nutrition has a marked impact on the academic performance of students. (①) That being so, the U.S. government has taken steps to ensure that children are well-nourished when they are in school. (②) One of the most important of these efforts is the National School Lunch Program, which provides free or low-cost balanced meals to students in public and non-profit schools. (③) On average, test scores rise by four percentage points in schools that offer them. (④) This is largely due to the effect of proper nutrition on children who may otherwise go hungry, as test scores for those receiving free or reduced-cost meals rise by 40 percent more.

해석

> 이러한 건강한 식사의 이용 가능성은 그것들이 제공되는 곳에서 성적의 향상을 초래한다.

영양은 학생들의 학업 성과에 뚜렷한 영향을 미친다. ① 그렇기 때문에, 미국 정부는 아이들이 학교에 다닐 때 반드시 영양 상태가 좋게 하는 조치들을 취해 왔다. ② 이러한 노력 중에서 가장 중요한 것들 중 하나는 국가 학교 급식 프로그램인데, 이것은 공립 및 비영리 학교의 학생들에게 무료 또는 저렴한 균형 잡힌 식사를 제공한다. ③ 평균적으로, 그것들(식사)을 제공하는 학교에서 시험 점수가 4퍼센트 오른다. ④ 이것은 주로 그렇지 않으면(식사를 제공받지 않으면) 배가 고플지도 모르는 아이들에 대한 적절한 영양의 효과로 인한 것인데, 이는 무료 또는 적은 비용의 식사를 받는 아이들의 경우 시험 점수가 40퍼센트 이상 상승하기 때문이다.

포인트 해설

③번 앞 문장은 학생들에게 무료 또는 저렴한 균형 잡힌 식사를 제공하는 국가 학교 급식 프로그램이 있다는 내용이고, 뒤 문장은 그것들(them)을 제공하는 학교에서 시험 점수가 평균 4퍼센트 오른다는 내용이므로, ③번 자리에 이러한 건강한 식사(these healthy meals)의 이용 가능성이 성적의 향상을 초래한다는 내용, 즉 국가 학교 급식 프로그램과 시험 점수 간의 관계를 설명하는 주어진 문장이 나와야 지문이 자연스럽게 연결된다.

정답 ③

어휘

bring about ~을 초래하다 grade 성적, 등급 nutrition 영양
marked 뚜렷한 performance 성과, 수행 that being so 그렇기 때문에
well-nourished 영양 상태가 좋은 low-cost 저렴한 non-profit 비영리적인
on average 평균적으로 proper 적절한

DAY 23 하프모의고사 23회

해커스 공무원시험연구소 총평

난이도 어휘 영역에 빈칸 두 개인 문제가 출제되고 문법과 독해 영역에 까다로운 문제들이 연달아 등장한 고난도 회차입니다.

어휘·생활영어 영역 하나의 지문에 두 개 이상의 빈칸이 주어지는 문제의 경우, 확실하게 알고 있는 빈칸의 어휘를 중심으로 오답 보기를 소거해 나감으로써 정답 후보를 추릴 수 있습니다.

문법 영역 가정법은 지방직 9급 시험에서 다양한 형태로 출제되므로, 2번 문제로 기출 문제를 복습해 보면 좋습니다.

독해 영역 시민권 관련 단체·기후 변화 등 현재 일어나고 있는 사건에 대해 유독 많이 다루고 있습니다. 현대 사회 속 시의성 있는 소재의 출제 가능성이 높은 만큼, 평소 시사 및 이슈를 다양하게 알아 두는 것 또한 시험에 대한 대비가 될 것입니다.

정답

01	③	어휘	06	③	독해
02	④	문법	07	④	독해
03	③	문법	08	④	독해
04	①	생활영어	09	④	독해
05	③	독해	10	②	독해

취약영역 분석표

영역	맞힌 답의 개수
어휘	/ 1
생활영어	/ 1
문법	/ 2
독해	/ 6
TOTAL	/ 10

---

01 어휘 peril | worthless 난이도 중 ●●○

밑줄 친 (A), (B)에 들어갈 말로 가장 적절한 것은?

> In the aftermath of World War I, the Weimar Republic experienced economic ____(A)____. The country's decision to print more money led to serious inflation. The local currency, the mark, lost value so quickly that workers' wages became nearly ____(B)____ in a matter of hours.

　　(A)　　　　　(B)
① peril　　　　　rare
② prosperity　　rational
③ peril　　　　　worthless
④ prosperity　　stable

해석

제1차 세계 대전의 여파로 바이마르 공화국은 경제적 (A) 위기를 겪었다. 더 많은 돈을 발행하기로 한 그 국가의 결정은 심각한 인플레이션으로 이어졌다. 지역 통화인 마르크화가 너무 빨리 가치를 잃어서 노동자들의 임금은 겨우 몇 시간 만에 거의 (B) 가치가 없게 되었다.

　　(A)　　　　(B)
① 위기　　　　드문
② 번영　　　　합리적인
③ 위기　　　　가치가 없는
④ 번영　　　　안정적인

정답 ③

어휘
aftermath 여파　inflation 인플레이션　currency 통화, 화폐　wage 임금
peril 위기　rare 드문　prosperity 번영　rational 합리적인, 이성적인
worthless 가치가 없는, 쓸모없는　stable 안정적인

이것도 알면 합격!

'가치가 없는'의 의미를 갖는 유의어
= valueless, useless, futile

---

02 문법 가정법 난이도 중 ●●○

밑줄 친 부분에 들어갈 말로 가장 적절한 것은?

> Had the ancient civilization discovered advanced mathematical principles, their technological progress _____ centuries ahead.

① is　　　　　　　② were
③ might be　　　　④ might have been

해석
고대 문명이 고도의 수학 원리를 발견했었다면, 그들의 기술 발전은 수 세기를 앞당겼을지도 모른다.

23회 정답·해설

포인트 해설

④ **가정법 과거완료** 문맥상 '고대 문명이 ~ 원리를 발견했었다면'이라는 의미로 과거의 반대 상황을 가정하고 있고, if절에 가정법 과거완료 'if + 주어 + had p.p.'에서 if가 생략되어 주어(the ancient civilization)와 동사(Had)가 도치된 형태가 왔으므로, 주절에도 가정법 과거완료 '주어 + might + have p.p.' 형태가 와야 한다. 따라서 ④ might have been이 정답이다.

정답 ④

어휘

ancient 고대의 civilization 문명 advanced 고도의, 발전된
mathematical 수학의 principle 원리

이것도 알면 합격!

Had it not been for(~가 아니었다면/없었다면 -했을 텐데) 가정법 과거완료 도치 구문도 함께 알아 두자.

- **Had it not been for** the heavy rain, we would have arrived on time. 폭우가 아니었다면, 우리는 제시간에 도착했을 텐데.

---

03 문법 보어 | 동명사 | 동사의 종류 | to 부정사 | 병치 구문
난이도 중 ●●○

밑줄 친 부분 중 어법상 옳지 않은 것은?

A new hobby that entails ① raising bees has become popular around the world. Initially, there was resistance to urban beekeeping, but in recent years, it has come to ② be accepted in more and more places. This is because bees were shown not to be dangerous and proved ③ valuably to the city's inhabitants. The small, hard-working insects not only pollinate the plants but also ④ produce honey that can be enjoyed by their human neighbors.

해석

꿀벌을 기르는 것을 수반하는 새로운 취미가 전 세계적으로 인기를 얻어 왔다. 처음에는, 도시 양봉에 대한 반대가 있었지만, 최근 몇 년 동안 그것은 점점 더 많은 곳에서 받아들여지게 되었다. 이것은 꿀벌이 위험하지 않은 것으로 드러나고 도시의 주민들에게 가치가 크다는 것이 증명되었기 때문이다. 열심히 일하는 그 작은 곤충들은 식물들을 수분시킬 뿐만 아니라 인간 이웃들이 즐길 수 있는 꿀도 생산한다.

포인트 해설

③ **보어 자리** 주격 보어를 취하는 동사 prove의 보어 자리에는 형용사나 명사 역할을 하는 것이 와야 하므로 부사 valuably를 형용사 valuable로 고쳐야 한다.

[오답 분석]

① **동명사를 목적어로 취하는 동사 | 혼동하기 쉬운 자동사와 타동사** 동사 entail은 동명사를 목적어로 취하는데, '꿀벌을 기르다'는 타동사 raise(기르다)를 사용하여 나타낼 수 있고 타동사는 전치사 없이 목적어(bees)를 바로 취하므로 raising bees가 올바르게 쓰였다.

② **to 부정사의 형태** 주어(it)와 to 부정사가 '그것이 받아들여지다'라는 의미의 수동 관계이므로, to와 함께 to 부정사의 수동형을 완성하는 be accepted가 올바르게 쓰였다.

④ **병치 구문** 상관접속사(not only A but also B)로 연결된 병치 구문에서는 같은 구조끼리 연결되어야 하는데, A 자리에 복수 동사(pollinate)가 왔으므로 B 자리에도 복수 동사 produce가 올바르게 쓰였다.

정답 ③

어휘

entail 수반하다 initially 처음에 resistance 반대, 저항
beekeeping 양봉 valuably 가치가 많게, 값비싸게 inhabitant 주민
pollinate 수분시키다

이것도 알면 합격!

④번의 'not only A but also B'(A뿐만 아니라 B도)가 주어 자리에 쓰이면 B에 동사를 수 일치시키는데, 이처럼 동사를 수 일치시키는 상관접속사들을 알아 두자.

- A or B A나 B
- neither A nor B A도 B도 아닌
- either A or B A 또는 B 중 하나
- Not A but B A가 아니라 B

---

04 생활영어 How will we know if we're accepted?
난이도 하 ●○○

밑줄 친 부분에 들어갈 말로 가장 적절한 것은?

Benjamin Evans
Are you planning to attend the seminar on digital communication skills next month?
10:40

Amelia Stevenson
Yes, I've already applied for it.
10:41

Benjamin Evans
Great! I'm going to attend as well.
10:41

Amelia Stevenson
That's a good choice. It will provide helpful materials and a hands-on experience session.
10:42

Benjamin Evans
But I heard not all applicants will be allowed to attend due to limited seats.
10:42

Amelia Stevenson
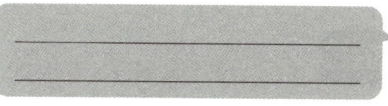
10:43

Benjamin Evans
The list of attendees will be posted on the noticeboard next week.
10:43

① How will we know if we're accepted?
② Is the registration on a first-come, first-served basis?
③ What is the total capacity for the session?
④ Can you provide more details about an advance reservation?

Department of Civil Rights

History
The department was founded in response to calls for social reform in society. As the consciousness of civil rights gradually expanded, citizens demanded a more equal and inclusive society for all. Since its founding, the department has worked to eliminate systemic discrimination in education, employment, housing, and public services.

Goals
The department seeks to remove inequalities and barriers to access in all aspects of society. It aims to empower marginalized communities and to protect the civil rights of everyone in the country, creating an equitable society that gives all individuals the tools needed to prosper.

Values
- Diversity & Inclusion: We honor the benefits of a diverse society and strive to _____.
- Justice & Empowerment: We address common barriers to equality, petitioning lawmakers for legal solutions to make conditions fairer.

05~06 다음 글을 읽고 물음에 답하시오.

05 독해 내용 일치 파악   난이도 상 ●●●

윗글에서 Department of Civil Rights에 관한 내용과 일치하는 것은?

① It was created to address inequality in private businesses.
② It develops separate opportunities for marginalized communities.
③ It provides resources to help everyone in society become prosperous.
④ It passes laws to make conditions more equal.

해석
① 그것은 사기업 내 불평등을 해결하기 위해 만들어졌다.
② 그것은 소외된 공동체를 위해 별개의 기회를 개발한다.
③ 그것은 사회의 모든 사람이 번영하게 되도록 돕는 수단을 제공한다.
④ 그것은 조건을 더 평등하게 만들기 위해 법률을 제정한다.

포인트 해설
③번의 키워드인 become prosperous(번영하게 되다)를 바꾸어 표현한 지문의 prosper(번영하다) 주변의 내용에서 시민권 본부의 목표는 모든 개인에게 번영하는 데 필요한 수단을 제공하는 공평한 사회를 만드는 것이라고 했으므로, ③ '그것은 사회의 모든 사람이 번영하게 되도록 돕는 수단을 제공한다'가 지문의 내용과 일치한다.

[오답 분석]
① 시민권 본부는 평등하고 포괄적인 사회에 대한 요구에 대응하여 설립되었으며, 교육, 고용, 주거, 공공 서비스 분야에서 차별을 없애기 위해 노력해 왔다고 했으므로, 그것이 사기업 내 불평등을 해결하기 위해 만들어졌다는 것은 지문의 내용과 다르다.
② 시민권 본부가 소외된 공동체에 자율권을 준다고는 했지만, 그것이 소외된 공동체를 위해 별개의 기회를 개발하는지는 알 수 없다.
④ 시민권 본부는 조건을 더 공정하게 만들기 위해 입법자들에게 법적 해결책을 청원한다고 했으므로, 그것이 조건을 더 평등하게 만들기 위해 법률을 제정한다는 것은 지문의 내용과 다르다.

정답 ③

어휘
separate 별개의, 서로 다른   resource 수단, 자원   prosperous 번영한

06 독해 빈칸 완성 - 구   난이도 중 ●●○

밑줄 친 부분에 들어갈 말로 적절한 것은?

① develop policies for social participation
② estimate equity across institutional boundaries
③ include people from walks of life
④ promote multilingual cultures

해석
① 사회 참여를 위한 정책을 개발하다
② 제도적인 경계에 걸쳐 평등함을 평가하다
③ 여러 계층의 사람들을 포함하다
④ 여러 언어를 사용하는 문화를 촉진하다

포인트 해설
시민권 본부는 다양한 사회의 이점을 기리기 위해 노력함으로써 다양성과 포용성의 가치를 추구한다고 했으므로, '여러 계층의 사람들을 포함하'기 위해 노력한다고 한 ③번이 정답이다.

정답 ③

어휘
estimate 평가하다; 견적(서)   institutional 제도적인   boundary 경계
promote 촉진하다, 홍보하다   multilingual 여러 언어를 사용하는

07 독해 내용 불일치 파악   난이도 하 ●○○

다음 이메일의 내용과 일치하지 않는 것은?

To	events@galaxybooks.com
From	RandallThompson@aerialagency.com
Date	July 1
Subject	Upcoming event

Hello,

I am reaching out to confirm the details for an upcoming event for my client, author Genevie Montclair.

I received your contact information from Diana Marshall, the owner of Galaxy Books, who approved this event, scheduled for August 16.

The event will last three hours and be divided into two parts: the reading followed by the book signing. For the reading, we will need 50 chairs for the audience, along with a podium and microphone setup. For the book signing, we request three long tables—one for the signing itself and the other two for refreshments. Ms. Marshall mentioned we can expect some help from the bookstore staff. Could you please confirm if we can have two staff members to assist with providing refreshments?

I look forward to working with you.

Sincerely,
Randall Thompson
Aerial Agency

① 작가 Genevie Montclair에 대한 행사가 예정되어 있다.
② Diana Marshall이 행사 일정을 최종 승인했다.
③ 낭독회를 위해 관객용 의자 50개가 필요하다.
④ 다과를 위해 테이블 세 개가 필요할 것이다.

해석

수신: events@galaxybooks.com
발신: RandallThompson@aerialagency.com
날짜: 7월 1일
제목: 다가오는 행사

안녕하세요,

제 의뢰인인 작가 Genevie Montclair의 다가오는 행사에 대한 세부 사항을 확인하고자 연락드립니다.

저는 Galaxy 출판사의 소유주인 Diana Marshall로부터 당신의 연락처를 받았는데, 그녀는 8월 16일로 예정된 이 행사를 승인한 사람입니다.

행사는 3시간 동안 지속되며 두 부분으로 나뉠 것입니다. 책 사인회 뒤에 낭독회가 있을 것입니다. 낭독회를 위해, 저희는 관객용 의자 50개와 함께, 연단과 마이크 설치가 필요할 것입니다. 책 사인회를 위해서는, 세 개의 긴 테이블을 요청드리는데, 하나는 사인하는 것 자체를 위한 것이고 나머지 두 개는 다과를 위한 것입니다. Marshall 씨는 서점 직원들의 도움을 기대할 수 있다고 말씀하셨습니다. 저희가 다과를 제공하기 위해 직원 두 분의 도움을 받을 수 있는지 확인해 주실 수 있으신가요?

여러분과 함께 일하는 날을 고대합니다.

진심을 담아,
Randall Thompson
Aerial 대행사

포인트 해설

④번의 키워드인 '다과'가 그대로 언급된 지문의 refreshments(다과) 주변의 내용에서 세 개의 긴 테이블 중 두 개가 다과를 위한 것이라고 했으므로, ④ '다과를 위해 테이블 세 개가 필요할 것이다'는 지문의 내용과 다르다.

정답 ④

어휘

upcoming 다가오는 confirm 확인하다 approve 승인하다 podium 연단
microphone 마이크 refreshment 다과, 가벼운 식사
mention 말하다, 언급하다

---

08 독해 주제 파악   난이도 상 ●●●

다음 글의 주제로 적절한 것은?

Climate change can cause a shift in the timing of key ecological events, such as the emergence of hibernating species. When certain species emerge earlier than usual, their interactions with other species that have not yet emerged or are not currently active are interrupted. For example, bears may emerge from hibernation earlier than normal, when their primary food sources, such as berries or fish, are still scarce. This can lead to increased competition with other omnivores, such as raccoons and skunks, which are searching for food as well. Such disruption can have cascading effects on ecosystems, potentially resulting in changes in population dynamics, food webs, and nutrient cycling. It can also have an impact on human populations. Without access to their normal food sources, animals become desperate for food, which can lead to confrontation with humans as they seek out food in garbage cans, sheds, or even residential buildings.

① the impacts of hibernation disruptions
② consistency of species dynamics in changing climates
③ preventing species extinction through climate change adaptation efforts
④ the cascading effects of climate change on events in ecosystems

해석

기후 변화는 겨울잠을 자는 종의 출현과 같은 주요한 생태학적 사건의 시기에 변화를 일으킬 수 있다. 특정 종들이 평소보다 더 일찍 나올 때, 아직 나오지 않았거나 현재 활동하지 않는 다른 종들과의 상호 작용이 중단된다. 예를 들어, 곰은 평소보다 더 일찍 겨울잠에서 깨어날 수 있는데, 이는 산딸기류 열매나 생선 같은 주요 먹이 공급원이 아직 부족할 때이다. 이것은 역시나 먹이를 찾고 있는 너구리와 스컹크 같은 다른 잡식 동물들과의 치열해진 경쟁으로 이어질 수 있다. 그러한 지장은 생태계에 연쇄 효과를 가져올 수 있고, 잠재적으로는 개체군 역학, 먹이 그물 및 영양분 순환에서의 변화를 야기할 수 있다. 그것은 또한 인간 개체군에도 영향을 미칠 수 있다. 정상적인 음식 공급원에 접근하지 못하면, 동물들은 먹이를 간절히 필요로 하게 되고, 이것은 그것들이 쓰레기통, 헛간, 심지어는 주거용 건물에서 먹이를 찾기 때문에 인간과의 대립으로 이어질 수 있다.

① 겨울잠 중단의 영향
② 기후 변화 속 종 역학의 일관성
③ 기후 변화 적응 노력을 통한 종 멸종 보호
④ 기후 변화가 생태계 사건들에 미치는 연쇄 효과

포인트 해설

지문 처음에서 기후 변화로 인해 생태학적 사건의 시기가 변한 예로 겨울잠을 자는 종들의 이른 출현을 제시하고, 지문 전반에 걸쳐 특정 종들이 평소보다 더 일찍 겨울잠에서 깨어날 때 이 변화는 개체군 역학, 먹이 그물, 영양분 순환 등 생태계에 연쇄 효과를 가져오고 심지어 인간과의 대립으로까지 이어질 수 있다고 설명하고 있다. 따라서 ④ '기후 변화가 생태계 사건들에 미치는 연쇄 효과'가 이 글의 주제이다.

정답 ④

어휘

shift 변화, 교대 근무; 이동하다 ecological 생태학적인 emergence 출현
hibernate 겨울잠을 자다 interrupt 중단시키다 primary 주요한, 본래의
scarce 부족한 competition 경쟁 omnivore 잡식 동물
disruption 지장, 중단 cascading effect 연쇄 효과, 폭포 효과
potentially 잠재적으로 dynamics 역학 nutrient 영양분
desperate 간절히 필요로 하는, 필사적인 confrontation 대립 shed 헛간
consistency 일관성 extinction 멸종 adaption 적응, 각색

구문 분석

(생략), animals become desperate for food, / which can lead to confrontation with humans / as they seek out food (생략).

: 이처럼 '콤마 + which'가 이끄는 절이 문장을 꾸며주는 경우, 이때 which는 앞에 나온 문장 전체를 의미한다는 것에 유의하며 '이것은'이라고 해석한다.

09 독해 문장 삽입 난이도 중 ●●○

주어진 문장이 들어갈 위치로 적절한 것은?

Unfortunately, many Americans are buying food they will never use.

Today, Americans have more options for food than at any other time in history. Local grocery chains, hypermarkets, and supermarkets put vast quantities of food at the average consumer's disposal. This includes fresh produce, meats, and grains, as well as processed foods and packaged meals. (①) They also offer foods from distant lands that people would have had little access to in the past. (②) Having so many options, people are spending more on food than ever before, with Americans now shelling out just shy of a trillion dollars a year on food for home preparation. (③) This comprises 13 percent of the average household's budget. (④) In fact, studies show that 108 billion pounds of food are thrown away each year in the United States, or nearly 40 percent of the total purchased.

해석

유감스럽게도, 많은 미국인들은 그들이 결코 소비하지 않을 음식을 구매하고 있다.

오늘날, 미국인들은 역사상 그 어느 때보다도 더 많은 음식 선택지를 갖는다. 지역 식료품 체인점, 대형 슈퍼마켓 및 일반 슈퍼마켓은 막대한 양의 음식을 일반 소비자가 마음대로 이용할 수 있게 한다. 이는 가공식품과 포장된 식사뿐만 아니라 신선한 농산물, 육류 및 곡물류도 포함한다. ① 그것들은 과거에는 사람들이 거의 접할 수 없었던 먼 지역의 음식들 또한 제공한다. ② 매우 많은 선택지를 가지면서, 사람들은 그 어느 때보다 음식에 더 많은 돈을 쓰고 있는데, 미국인들은 이제 1년에 1조 달러에 조금 못 미치는 돈을 가정용 음식 준비에 쏟아붓고 있다. ③ 이는 일반 가정의 예산에서 13퍼센트를 차지한다. ④ 실제로, 연구들은 미국에서 매년 1,080억 파운드의 음식, 즉 구매된 전체 음식의 거의 40퍼센트가 버려진다는 것을 보여 준다.

포인트 해설

④번 앞부분에 1년에 1조 달러에 가까운 돈이 미국인들의 가정용 음식 준비에 쓰이는데, 이는 일반 가정의 예산에서 13퍼센트를 차지한다는 내용이 있고, 뒤 문장에 실제로(In fact) 미국에서 구매된 음식의 거의 40퍼센트가 버려진다는 내용이 있으므로, ④번 자리에 유감스럽게도(Unfortunately) 많은 미국인들이 소비하지 않을 음식을 사고 있다는 내용, 즉 일반 가정 예산의 13퍼센트에 달하는 비용이 식비에 지출되는 것을 부정적으로 바라보는 이유에 대해 설명하는 주어진 문장이 나와야 지문이 자연스럽게 연결된다.

정답 ④

어휘

vast 막대한, 방대한 at one's disposal ~의 마음대로 이용할 수 있게
produce 농산물, 생산품; 생산하다 processed 가공된
shell out (돈을) 쏟아붓다 shy of ~에 못 미치는 trillion 1조
comprise 차지하다, 구성하다 budget 예산 throw away ~을 버리다

---

10 독해 문단 순서 배열 난이도 중 ●●○

주어진 글 다음에 이어질 글의 순서로 적절한 것은?

The concept of language is not limited to spoken or written communication. Nonverbal communication, including body language and facial expressions, is a key aspect of human interaction.

(A) This idea is supported by studies that have shown nonverbal communication can sometimes be more powerful and influential than spoken language.

(B) By using non-spoken cues, individuals can communicate complex information without ever saying a word, conveying nuances of meaning that might be difficult or impossible to express through conventional language alone.

(C) For example, in one experiment when the same message was delivered with different facial expressions and gestures, audiences showed a much stronger tendency to interpret the message based on nonverbal elements rather than the actual content of the words.

① (A) – (C) – (B)   ② (B) – (A) – (C)
③ (B) – (C) – (A)   ④ (C) – (B) – (A)

해석

언어의 개념은 구어나 문자 의사소통에 국한되지 않는다. 몸짓 언어와 얼굴 표정을 포함하는 비언어적 의사소통은 인간의 상호 작용에 있어 중요한 측면이다.

(A) 이 견해는 비언어적 의사소통이 때로는 구어보다 더 강력하고 영향력이 있을 수 있다는 것을 보여준 연구들에 의해 뒷받침된다.
(B) 구어가 아닌 단서들을 사용함으로써, 개인들은 한마디도 하지 않고도 복잡한 정보를 전달할 수 있으며, 종래의 언어만으로는 표현하기 어렵거나 불가능할 수도 있는 의미의 뉘앙스를 전달한다.
(C) 예를 들어, 한 실험에서 같은 메시지가 다른 얼굴 표정과 몸짓으로 전달되었을 때, 청중들은 말의 실제 내용보다 비언어적 요소들에 근거하여 메시지를 해석하는 경향을 훨씬 더 강하게 보였다.

포인트 해설

주어진 글에서 몸짓 언어와 얼굴 표정을 포함하는 비언어적 의사소통은 인간의 상호 작용에 있어 중요한 측면이라고 하고, (B)에서 구어가 아닌 단서들을 사용함으로써 종래의 언어만으로 표현하기 어려운 의미의 뉘앙스를 전달할 수 있다고 설명하고 있다. 이어서 (A)에서 이 견해(This idea)는 비언어적 의사소통이 구어보다 더 강력할 수 있음을 보여 주는 연구들에 의해 뒷받침된다고 하고, (C)에서 예를 들어(For example) 같은 메시지가 다른 표정과 몸짓으로 전달되었을 때 청중들은 말의 실제 내용보다 비언어적인 요소들에 근거하여 메시지를 해석하는 경향이 강했다는 실험을 보여 주고 있다. 따라서 ② (B) – (A) – (C)가 정답이다.

정답 ②

어휘

nonverbal 비언어적인 interaction 상호 작용 spoken language 구어
cue 단서, 신호 conventional 종래의, 관습적인 interpret 해석하다
element 요소

DAY 24 하프모의고사 24회

해커스 공무원시험연구소 총평

난이도	10문제 모두 일관된 난이도를 유지하여, 주어진 시간을 충분히 사용하여 문제풀이를 마칠 수 있었을 것입니다.
어휘·생활영어 영역	1번의 in order to와 같이, 어휘 지문을 읽을 때는 부사구 또는 부사절의 의미를 명확하게 파악하고 나서 답을 골라야 실수할 가능성이 줄어듭니다.
문법 영역	빈칸형 문제에서는 두 개 이상의 문법 포인트를 동시에 묻는 경향이 있으므로 주의해야 합니다. 특히 2번에서는 수동태로 쓸 수 없는 동사를 생각해 낼 수 있는지가 문제의 핵심이었습니다.
독해 영역	특정 정부 기관을 소재로 하는 지문에는 전문적인 단어들이 쓰여서 해석하기 쉽지 않을 수 있습니다. 하지만 7번처럼 전체 내용 파악 유형에서는 단어 하나하나의 의미보다 지문 전체의 흐름에 집중하여 정답을 찾도록 합니다.

정답

01	③	어휘	06	③	독해
02	②	문법	07	②	독해
03	②	문법	08	①	독해
04	②	생활영어	09	①	독해
05	④	독해	10	③	독해

취약영역 분석표

영역	맞힌 답의 개수
어휘	/ 1
생활영어	/ 1
문법	/ 2
독해	/ 6
TOTAL	/ 10

---

01 어휘 propose · 난이도 중 ●●○

밑줄 친 부분에 들어갈 말로 가장 적절한 것은?

In order to ensure stability of the country's energy sources, the new policy _____ using renewable energy in place of fossil fuels.

① criticizes ② postpones
③ proposes ④ admits

해석
국가의 에너지원 안정성을 확보하기 위해, 그 새로운 정책은 화석 연료 대신 재생 가능한 에너지를 사용할 것을 제안한다.
① 비판한다 ② 미룬다
③ 제안한다 ④ 인정한다

정답 ③

어휘
stability 안정성 renewable 재생 가능한 in place of 대신
fossil fuel 화석 연료 criticize 비판하다, 비난하다
postpone 미루다, 연기하다 propose 제안하다 admit 인정하다

이것도 알면 합격!
'제안하다'의 의미를 갖는 유의어
= suggest, recommend, advise, advocate

---

02 문법 시제 | 수동태 · 난이도 중 ●●○

밑줄 친 부분에 들어갈 말로 가장 적절한 것은?

As long as diplomatic channels _____ open and constructive, international tensions will gradually ease.

① will remain ② remain
③ are remained ④ have remained

해석
외교 채널들이 개방적이고 건설적인 상태를 유지하는 한, 국제적 긴장은 점차 완화될 것이다.

포인트 해설
② 현재 시제 | 수동태로 쓸 수 없는 동사 빈칸은 부사절의 동사 자리이다. 조건을 나타내는 부사절(As long as ~)에서는 미래를 나타내기 위해 현재 시제를 사용하므로, 미래 시제의 ① will remain과 현재완료 시제의 ④ have remained는 정답이 될 수 없다. 이때 동사 remain은 수동태로 쓸 수 없는 자동사이므로, 수동태 ③ are remained가 아닌, 현재 시제 능동태 ② remain이 정답이다.

정답 ②

어휘
diplomatic 외교적인 constructive 건설적인 tension 긴장
gradually 점차 ease 완화되다

이것도 알면 합격!

아래의 시간·조건을 나타내는 부사절 접속사가 이끄는 절에서는 미래를 나타내기 위해 현재 시제를 사용하므로, 이를 기억해 두자.

시간	when ~할 때 as soon as ~하자마자 by the time ~할 때쯤에
조건	if 만약 ~이라면 once 일단 ~하면 provided that 오직 ~하는 경우에

---

03 문법 비교 구문 | 동명사 | 형용사 | 조동사   난이도 중 ●●○

밑줄 친 부분 중 어법상 옳지 않은 것은?

Before you decide you've reached your peak fitness level and give up, it might be worth ① considering the benefits of making your workout harder over time. The easier your workouts become by repeating the same set of exercises, ② the least you are challenging your body. When this happens, your body actually starts burning ③ fewer calories than it used to. Thus, coach Mike T. Nelson recommends that you ④ add more weights and reps to your strength routine or run faster.

해석

당신이 체력 수준의 정점에 도달했다고 판단하고 포기하기 전에, 시간이 지남에 따라 운동을 더 힘들게 만드는 것의 이점들을 고려할 가치가 있을지도 모른다. 같은 세트의 운동을 반복함으로써 운동이 더 수월해질수록, 당신은 당신의 몸에 더 적은 도전 의식을 북돋웁니다. 이것이 일어나면, 당신의 몸은 예전에 그랬던 것보다 실제로 더 적은 칼로리를 소모하기 시작한다. 그러므로, Mike T. Nelson 코치는 당신이 근력 운동 일정에 더 많은 중량과 반복 운동을 추가하거나 더 빨리 달릴 것을 권장한다.

포인트 해설

② **비교급** 문맥상 '운동이 더 수월해질수록, ~ 더 적은 도전 의식을 북돋운다'라는 의미가 되어야 자연스러운데, '더 ~할수록, 더 -하다'는 비교급 표현 'the + 비교급 + 주어 + 동사 ~, the + 비교급 + 주어 + 동사 -'의 형태로 나타낼 수 있으므로 최상급 the least를 비교급 the less로 고쳐야 한다.

[오답 분석]
① **동명사 관련 표현** 문맥상 '고려할 가치가 있을지도 모른다'라는 의미가 되어야 자연스러운데, '-할 가치가 있다'는 동명사 관련 표현 be worth -ing를 사용하여 나타낼 수 있으므로 동명사 considering이 올바르게 쓰였다.
③ **수량 표현 | 비교급** 가산 복수 명사(calories) 앞에는 수량 표현 few가 올 수 있고, '예전에 그랬던 것보다 더 적은 칼로리'는 비교급 표현 '형용사의 비교급 + 명사(calories) + than'을 사용하여 나타낼 수 있으므로, calories than 앞에 비교급 fewer가 올바르게 쓰였다.
④ **조동사 should의 생략** 주절에 제안을 나타내는 동사 recommend

가 나오면 종속절에는 '(should +) 동사원형'이 와야 하므로 (should) add가 올바르게 쓰였다.

정답 ②

어휘
peak 정점, 정상   workout 운동   challenging 도전 의식을 북돋우는, 힘든
rep 반복 (운동), 의원   strength 근력, 체력, 힘

이것도 알면 합격!

다양한 비교급 관련 표현들을 함께 알아 두자.

- much[still] less 하물며 ~ 아닌
- all the more 더욱더
- no longer 더 이상 ~ 않다
- no later than ~까지는
- other than ~ 외에, ~ 말고, ~ 않은
- no more than 단지 ~밖에 안 되는
- no sooner ~ than - ~하자마자 -하다
- more often than not 대개, 자주

---

04 생활영어 He was really grateful when I finally made it.   난이도 하 ●○○

밑줄 친 부분에 들어갈 말로 가장 적절한 것은?

A: Did you have any trouble with the delivery last night?
B: Yeah. The address was wrong and I couldn't find the place at first.
A: That's not good. Did you end up delivering it eventually?
B: Yes. I called the customer, and he gave me the correct address.
A: I see. Was he understanding about the delay?
B: _____
A: I'm glad to hear that. We should probably update our system to verify addresses more carefully.

① He complained and asked for a refund on the delivery fee.
② He was really grateful when I finally made it.
③ I'm not sure if I can work next weekend.
④ You can count on him to be punctual.

해석

A: 어젯밤 배송에 무슨 문제라도 있었나요?
B: 네. 주소가 잘못되어서 제가 처음에는 장소를 찾지 못했어요.
A: 좋지 않은 일이었네요. 결국에는 배송을 한 건가요?
B: 네. 제가 고객에게 전화했더니, 정확한 주소를 알려 주었어요.
A: 그렇군요. 그가 지연에 대해 이해하던가요?
B: 제가 마침내 시간에 맞춰 가자 그는 정말 고마워했어요.
A: 다행이네요. 아무래도 주소를 더 꼼꼼히 확인하기 위해 우리 시스템을 업데이트해야겠어요.

DAY 24 하프모의고사 24회

① 그는 불평하면서 배송비 환불을 요청했어요.
② 제가 마침내 시간에 맞춰 가자 그는 정말 고마워했어요.
③ 제가 다음 주말에 일할 수 있을지 모르겠어요.
④ 그가 시간을 지킬 것이라고 믿으셔도 돼요.

포인트 해설

A가 어젯밤 배송 지연에 대해 고객이 이해했는지 묻자 B가 대답하고, 빈칸 뒤에서 다시 A가 I'm glad to hear that. We should probably update our system to verify addresses more carefully(다행이군요. 아무래도 주소를 더 꼼꼼히 확인하기 위해 우리 시스템을 업데이트해야겠어요)라고 말하고 있으므로, '제가 마침내 시간에 맞춰 가자 그는 정말 고마워했어요'라는 의미의 ② 'He was really grateful when I finally made it'이 정답이다.

정답 ②

어휘

eventually 결국   verify 확인하다, 증명하다   complain 불평하다, 항의하다
refund 환불; 환불하다   count on ~을 믿다   punctual 시간을 지키는

이것도 알면 합격!

실수했을 때 쓸 수 있는 다양한 표현들을 알아 두자.
• I'll make sure to fix it right away. 바로 수정할게요.
• It won't happen again. 다시는 이런 일이 없을 거예요.
• I didn't mean to cause any trouble. 문제를 일으키려던 건 아니었어요.
• It was my mistake, and I take full responsibility.
  제 실수였고, 제가 전적으로 책임지겠습니다.

05~06 다음 글을 읽고 물음에 답하시오.

_____(A)_____

Residents of Fairview increasingly have to drive for miles just to purchase fresh, nutritious food.

When the MegaStore branch opened on the outskirts of town last year, most small grocery shops in the area closed their doors. Now, our town is quickly becoming a place where fast food is the easiest option for some.

This situation is not acceptable, and people are working to effect change. A community meeting will be held to discuss plans to open a cooperative grocery store—one that's owned and governed by its customers—and we need everyone's input.

Who wants to live in a food desert?

• Location: Fairview Public Library, across from Bellamy Memorial Park
• Date: Sunday, January 14
• Time: 3:00 p.m. – 5:00 p.m. (End time is approximate.)

For more information, visit www.fairviewfood.org or call (215) 835-8222.

해석

(A) **Fairview가 식품 불모지가 되어 가고 있습니다**

Fairview 주민분들은 단지 신선하고 영양가 있는 식품을 구매하기 위해 점점 더 먼 거리를 운전해서 가셔야 합니다.

작년에 마을 외곽에 MegaStore 분점이 문을 열면서, 지역 내 대부분의 소규모 식료품점들이 문을 닫았습니다. 이제, 우리 마을은 빠르게 패스트푸드가 일부 사람들에게 가장 쉬운 선택지인 곳이 되고 있습니다.

이 상황은 용인될 수 없으며, 사람들은 변화를 가져오기 위해 노력하고 있습니다. 소비자에 의해 소유되고 운영되는 협동조합 식료품점을 열 계획을 논의하기 위해 주민 회의가 열릴 예정이며, 저희는 모든 분들의 조언이 필요합니다.

누가 식품 불모지에 살고 싶어 하겠습니까?

• 장소: Fairview 공공 도서관, Bellamy 추모 공원 맞은편
• 날짜: 1월 14일, 일요일
• 시간: 오후 3시 – 오후 5시 (종료 시간은 대략적인 시간입니다.)

더 자세한 정보를 얻으시려면, www.fairviewfood.org를 방문하시거나 (215) 835-8222로 전화 주세요.

어휘

nutritious 영양가 있는   branch 분점, 지사; 나뭇가지   outskirt 외곽, 교외
grocery shop 식료품점   acceptable 용인될 수 있는
effect (결과를) 가져오다; 영향   cooperative 협동의
govern 운영하다, 지배하다   input 조언, 입력   desert 불모지, 사막
memorial park 추모 공원   approximate 대략적인

05 독해 제목 파악   난이도 중 ●●○

(A)에 들어갈 윗글의 제목으로 가장 적절한 것은?

① The Consequences of Fast Food on Public Health
② Importance of Governments in Fighting Hunger
③ Relocating Grocery Stores to Fairview
④ Fairview Is Becoming a Food Desert

해석

① 패스트푸드가 공중 보건에 미치는 영향
② 굶주림과 싸우는 데 있어 정부의 중요성
③ Fairview로 식료품점들을 이전하기
④ Fairview가 식품 불모지가 되어 가고 있습니다

포인트 해설

지문 앞부분에서 Fairview 주민들은 신선하고 영양가 있는 식품을 구하기 위해 점점 더 멀리 가야 하는데, 이는 작년에 마을 외곽에 생긴 대형 마트로 인해 지역 내 대부분의 소규모 식료품점이 문을 닫았기 때문이며, 이 상황은 용인될 수 없다고 주장하고 있다. 따라서 ④ 'Fairview가 식품 불모지가 되어 가고 있습니다'가 이 글의 제목이다.

정답 ④

어휘

consequence 영향, 결과

---

06 독해 내용 불일치 파악   난이도 중 ●●○

위 안내문의 내용과 일치하지 않는 것은?

① MegaStore opened its branch around Fairview last year.
② There are plans to open a cooperative grocery store.
③ The meeting will be held across from Fairview Public Library.
④ When the meeting will end is uncertain.

해석

① MegaStore는 작년에 Fairview 인근에 분점을 열었다.
② 협동조합 식료품점을 열 계획이 있다.
③ 회의는 Fairview 공공 도서관 맞은편에서 열릴 것이다.
④ 회의가 언제 끝날지는 확실하지 않다.

포인트 해설

③번의 키워드인 Fairview Public Library(Fairview 공공 도서관)가 그대로 언급된 지문 주변의 내용에서 주민 회의는 Bellamy 추모 공원 맞은편에 있는 Fairview 공공 도서관에서 열린다고 했으므로, ③ '회의는 Fairview 공공 도서관 맞은편에서 열릴 것이다'는 지문의 내용과 다르다.

정답 ③

---

07 독해 요지 파악   난이도 중 ●●○

다음 글의 요지로 적절한 것은?

Foreign Policy
Punishing those who conduct terrorism, drug trafficking, human rights abuses, and other illegal activities opposed to the country's foreign policy mandates is the primary goal of the Office of Foreign Assets (OFA). These illegal activities disrupt international order and put people at risk.

Economic Sanctions
Economic sanctions are restrictions on access to money or financial systems, including asset freezes and bans on transactions, used against individuals, organizations, or countries to force them into complying with international laws or norms.

The OFA maintains a team of financial investigators to monitor financial activity to find transactions linked to entities under financial sanctions. When such activity is detected, the OFA can cancel transactions or seize assets to put financial pressure on those involved, encouraging them to act in the desired way.

① OFA teaches financial professionals to identify illegal transactions.
② OFA's activities are meant to force proper behavior through monetary means.
③ OFA oversees the movement of money through international transactions.
④ OFA aims to identify the accounts of those who hide money from investigators.

해석

외교 정책
외국 자산 관리국(OFA)의 주요 목표는 테러, 마약 불법 거래, 인권 남용, 그리고 국가의 외교 정책 명령에 반하는 기타 불법 활동을 하는 사람들을 처벌하는 것입니다. 이러한 불법 활동들은 국제 질서를 방해하고 사람들을 위험에 빠뜨립니다.

경제 제재
경제 제재는 국제법이나 국제 규범을 준수하도록 강제하기 위해 개인, 기관 또는 국가에 사용되는 자금이나 금융 시스템에 대한 접근 제한인데, 이것은 자산 동결과 거래 금지를 포함합니다.

외국 자산 관리국은 금융 제재를 받는 주체들과 연관된 거래를 찾기 위해 금융 활동을 추적 관찰하는 금융 조사관들로 이루어진 팀을 보유하고 있습니다. 이러한 활동이 감지되면, 외국 자산 관리국은 거래를 취소하거나 자산을 압류하여 관련된 사람들에게 재정적인 압력을 가할 수 있는데, 이는 그들(관련된 사람들)이 바람직한 방식으로 행동하도록 장려합니다.

① 외국 자산 관리국은 금융 전문가들에게 불법 거래를 식별하는 방법을 가르친다.
② 외국 자산 관리국의 활동은 금전적 수단을 통해 적절한 행동을 하게 하기 위한 것이다.
③ 외국 자산 관리국은 국제 거래를 통해 돈의 이동을 감독한다.
④ 외국 자산 관리국은 조사관들로부터 돈을 은폐하는 사람들의 계좌를 식별하는 것을 목표로 한다.

포인트 해설

지문 처음에서 외국 자산 관리국의 목표는 국가의 외교 정책에 반하여 불법 행위를 하는 사람들을 처벌하는 것이라고 하고, 지문 뒷부분에서 불법 활동이 감지되면 거래를 취소하거나 자산을 압류하는 등 조치를 취함으로써 바람직한 방식으로의 행동을 장려한다고 설명하고 있다. 따라서 ② '외국 자산 관리국의 활동은 금전적 수단을 통해 적절한 행동을 하게 하기 위한 것이다'가 이 글의 요지이다.

정답 ②

어휘

punish 처벌하다   conduct (특정한 활동을) 하다, 수행하다
traffick 불법 거래를 하다   abuse 남용; 남용하다
mandate 명령, 권한; 명령하다   asset 자산   disrupt 방해하다
sanction 제재, 승인   freeze 동결; 얼리다   ban 금지; 금지하다
transaction 거래   comply with ~을 준수하다   norm 규범, 표준
investigator 조사관   entity 주체, 독립체   detect 감지하다   seize 압류하다
pressure 압력, 압박   monetary 금전적인   oversee 감독하다
account 계좌, 계정

08 독해 무관한 문장 삭제

다음 글의 흐름상 어색한 문장은?

One of the most famous acts of resistance against the slavery system in the United States was the Underground Railroad. ① Bridges on the Underground Railroad were marked with bright red paint for safety. ② This was a route dotted with safe houses that led enslaved people to freedom in northern states and Canada. Those who followed this path were helped by humanitarians sensitive to their plight. ③ However, due to laws that punished those who attempted to escape slavery and anyone who assisted them, there were no published guides, and paths were marked through a series of coded messages. ④ Marks on trees, rock piles, and even the arrangement of laundry on clotheslines directed those escaping. They let them know the location of places where they were safe to stop for rest, food, or assistance along the way.

해석

미국에서 노예 제도에 반대하는 가장 유명한 저항 행위 중 하나는 지하 철도였다. ① 지하 철도 위 다리는 안전을 위해 밝은 빨간색 페인트로 표시되었다. ② 이것은 북부의 주들과 캐나다에서 노예들을 자유로 이끈 은신처들이 여기저기 흩어져 있는 경로였다. 이 길을 따라간 사람들은 그들의 곤경에 신경을 쓰는 인도주의자들에게 도움을 받았다. ③ 하지만, 노예 제도에서 벗어나려고 시도하는 사람들과 그들을 도운 사람들을 처벌하는 법 때문에, 발행된 안내서가 없었고 그 경로는 일련의 암호화된 메시지들을 통해 표시되었다. ④ 나무, 바위 더미 그리고 심지어는 빨랫줄 위의 정리된 세탁물에 있는 표시들이 벗어나려는 사람들에게 길을 가르쳐 주었다. 그것들은 그들이 여정에서 휴식, 음식 또는 도움을 위해 멈추기에 안전한 장소들의 위치를 알게 해주었다.

포인트 해설

지문 앞부분에서 미국 노예 제도에 대한 저항 행위로 가장 유명한 것은 지하 철도였다고 한 뒤, ②번은 '지하 철도 경로 위에 흩어져 있던 노예들의 은신처', ③, ④번은 '안내서가 없었음에도 불구하고 노예들이 지하 철도에서 길을 찾아 인도주의자들로부터 도움을 받은 방법'에 대해 설명하고 있다. 그러나 ①번은 '지하 철도 위 다리의 안전을 위한 표시'에 대한 내용으로, 지문 앞부분의 내용과 관련이 없다.

정답 ①

어휘

resistance 저항 slavery 노예 (제도) mark 표시하다; 표시 route 경로, 길
dot 여기저기 흩어 놓다; 점 safe house 은신처 enslave 노예로 만들다
path 길 humanitarian 인도주의자; 인도주의적인
sensitive 신경을 쓰는, 예민한 plight 곤경 punish 처벌하다
escape 벗어나다, 탈출하다 code 암호화하다 pile 더미 laundry 세탁물
clothesline 빨랫줄 direct 길을 가르쳐 주다, 지시하다

09 독해 문단 순서 배열

주어진 문장 다음에 이어질 글의 순서로 적절한 것은?

Parker Peterson stood on the pitcher's mound, gripping the ball tightly and locking eyes with the batter.

(A) As he took a deep breath, Peterson could hear his coach's words echoing through his head. "Stay calm and focused on the game."
(B) After all, his team was up by only one point. If he could get the final batter out, they would win the championship game. However, if even one of the runners made it to home plate, the game would go into extra innings. Or, if two runners reached home plate, his team would lose.
(C) He knew that this was good advice, but with so much riding on just one pitch, the weight of the moment sat heavily on his shoulders.

*inning: (야구 9회 중의 한) 회

① (A) – (C) – (B)   ② (B) – (A) – (C)
③ (B) – (C) – (A)   ④ (C) – (A) – (B)

해석

Parker Peterson은 공을 꽉 움켜쥐고 타자에 눈을 고정한 채 투수 마운드에 섰다.

(A) 심호흡을 하면서, Peterson은 코치의 말이 머릿속에 울려 퍼지는 것을 들을 수 있었다. "경기 중에 침착하고 집중해"라고 말이다.
(B) 어찌 되었든, 그의 팀은 겨우 1점 앞서고 있었다. 만약 그가 마지막 타자를 아웃시킬 수 있다면, 그들은 결승전에서 이길 것이다. 하지만, 만약 주자들 중 한 명이라도 홈 플레이트에 도착한다면, 경기는 연장 회차로 들어갈 것이었다. 아니면, 만약 두 명의 주자가 홈 플레이트에 이른다면, 그의 팀은 질 것이었다.
(C) 그는 이것이 좋은 조언이라는 것은 알고 있었지만, 단 한 번의 투구에 너무 많은 것이 달려 있게 되자, 그 순간의 무게는 그의 어깨에 무겁게 내려앉았다.

포인트 해설

주어진 문장에서 Parker Peterson이 투수 마운드에 서 있는 장면을 묘사하고, (A)에서 Peterson이 침착하고 집중하라는 감독의 말을 떠올렸음을 보여 주고 있다. 이어서 (C)에서 그는 이것(this)이 좋은 조언이라는 것은 알고 있지만 단 한 번의 투구에 너무 많은 것이 달려 있는 상황에서 부담감을 느꼈다고 하고, (B)에서 어찌 되었든(After all), 그가 마지막 타자를 아웃시킨다면 그의 팀이 결승전에서 이기지만, 주자들 중 한 명이라도 홈에 들어가면 연장전이 되거나 패배하는 부담스러운 상황이었음을 부연 설명하고 있다. 따라서 ① (A) – (C) – (B)가 정답이다.

정답 ①

어휘

pitcher 투수 batter 타자 deep breath 심호흡
echo 울려 퍼지다, 메아리치다 home plate 홈 플레이트, 홈 베이스
ride on ~에 달려 있다

24회 정답·해설

해커스공무원 매일 하프모의고사 영어 5

구문 분석

If he could get the final batter out, / they would win the championship game.
: 이처럼 가정법 과거(If + 주어 + 과거동사, 주어 + would/could/should/might + 동사원형) 구문은, '~한다면, -할 것이다'라고 해석한다.

어휘

permanent 영구적인 asset 자산 inherent 본질적인
non-profit 비영리의 duration 기간 on display 전시된
from one day to the next 하루하루 storehouse 창고
establish 설립하다

---

10 독해 문장 삽입   난이도 중 ●●○

주어진 문장이 들어갈 위치로 적절한 것은?

> For example, visitors to the Louvre can be sure to see the *Mona Lisa* and the *Venus de Milo*, as these are part of its permanent collection.

> Art galleries are great cultural assets. This may seem to be the same purpose as an art museum, but there are inherent differences. (①) A gallery is almost certainly a private business, while museums tend to be public entities owned by non-profit organizations or local governments. (②) Also, the exhibitions at art galleries are generally of shorter duration than those at museums, which can go on for years. (③) If they go to a gallery, however, the items on display can be totally different from one day to the next. (④) These differences are due to the differing goals of the two. Museums are meant to act as storehouses for art, while galleries are established to sell it.

해석

예를 들어, 루브르 박물관의 방문객들은 〈모나리자〉와 〈밀로의 비너스〉를 당연히 볼 수 있는데, 이것들이 영구 소장품의 일부이기 때문이다.

화랑은 훌륭한 문화적 자산이다. 이것은 미술관과 같은 용도인 것처럼 보일 수도 있지만, 본질적인 차이점들이 있다. ① 화랑이 거의 확실히 개인 사업체인 반면, 박물관은 비영리 단체나 지방 정부에 의해 소유되는 공공 단체인 경향이 있다. ② 또한, 화랑에서의 전시회는 몇 년 동안 계속될 수 있는 박물관의 그것들(전시회)보다 보통 기간이 더 짧다. ③ 하지만, 만약 그들이 화랑에 간다면, 전시된 물품들은 하루하루 완전히 다를 수 있다. ④ 이러한 차이점들은 그 둘의 다른 목표 때문이다. 박물관은 예술품을 위한 창고로서의 역할을 하게 의도된 반면 화랑은 그것을 판매하기 위해 설립된다.

포인트 해설

③번 앞 문장에 화랑의 전시회는 몇 년 동안 계속될 수 있는 박물관의 전시회보다 보통 기간이 더 짧다는 내용이 있고, 뒤 문장에 하지만(however) 화랑에서는 전시된 물품들이 하루하루 완전히 다를 수 있다는 내용이 있으므로, ③번 자리에 예를 들어(For example) 루브르 박물관에 가는 사람은 〈모나리자〉와 〈밀로의 비너스〉 같은 작품들이 영구 소장품이므로 그것들을 당연히 볼 수 있다는 내용, 즉 전시된 물품들이 날마다 달라질 수 있는 화랑과 대조되는 박물관의 특징을 언급하는 주어진 문장이 나와야 지문이 자연스럽게 연결된다.

정답 ③

2025 최신개정판

해커스공무원
매일 하프모의고사
영어 5

개정 4판 1쇄 발행 2025년 5월 9일

지은이	해커스 공무원시험연구소
펴낸곳	해커스패스
펴낸이	해커스공무원 출판팀
주소	서울특별시 강남구 강남대로 428 해커스공무원
고객센터	1588-4055
교재 관련 문의	gosi@hackerspass.com
	해커스공무원 사이트(gosi.Hackers.com) 교재 Q&A 게시판
	카카오톡 플러스 친구 [해커스공무원 노량진캠퍼스]
학원 강의 및 동영상강의	gosi.Hackers.com
ISBN	979-11-7244-978-0 (13740)
Serial Number	04-01-01

저작권자 ⓒ 2025, 해커스공무원

이 책의 모든 내용, 이미지, 디자인, 편집 형태에 대한 저작권은 저자에게 있습니다.
서면에 의한 저자와 출판사의 허락 없이 내용의 일부 혹은 전부를 인용, 발췌하거나 복제, 배포할 수 없습니다.

공무원 교육 1위,
해커스공무원 gosi.Hackers.com

해커스공무원

· **해커스공무원 학원 및 인강**(교재 내 인강 할인쿠폰 수록)
· 공무원 영어 기출 어휘를 언제 어디서나 외우는 **공무원 보카 어플**
· 공무원 시험에 출제될 핵심 어휘를 엄선하여 정리한 **출제예상 핵심 어휘리스트**
· **공무원 매일영어 학습, 합격수기** 등 공무원 시험 합격을 위한 다양한 무료 학습 콘텐츠
· 정확한 성적 분석으로 약점 극복이 가능한 **합격예측 온라인 모의고사**(교재 내 응시권 및 해설강의 수강권 수록)

한경비즈니스 2024 한국품질만족도 교육(온·오프라인 공무원학원) 1위

해커스공무원 **단기 합격생**이 말하는

공무원 합격의 비밀!

해커스공무원과 함께라면
다음 합격의 주인공은 바로 여러분입니다.

대학교 재학 중,
7개월 만에 국가직 합격!

김*석 합격생

영어 단어 암기를 하프모의고사로!

하프모의고사의 도움을 많이 얻었습니다. **모의고사의 5일 치 단어를 일주일에 한 번씩 외웠고,** 영어 단어 100개씩은 하루에 외우려고 노력했습니다.

가산점 없이
6개월 만에 지방직 합격!

김*영 합격생

국어 고득점 비법은 기출과 오답노트!

이론 강의를 두 달간 들으면서 **이론을 제대로 잡고 바로 기출문제로 들어갔습니다.** 문제를 풀어보고 기출강의를 들으며 **틀렸던 부분을 필기하며 머리에 새겼습니다.**

직렬 관련학과 전공,
6개월 만에 서울시 합격!

최*숙 합격생

한국사 공부법은 기출문제 통한 복습!

한국사는 휘발성이 큰 과목이기 때문에 **반복 복습이 중요하다고 생각했습니다.** 선생님의 강의를 듣고 나서 바로 **내용에 해당되는 기출문제를 풀면서 복습**했습니다.

해커스공무원 gosi.Hackers.com

더 많은 합격수기가 궁금하다면 ▶